ŒUVRES

DE

J. F. COOPER

IMPRIMERIE DE H. FOURNIER ET C°, 14 RUE DE SEINE.

J. F. COOPER

TRADUCTION

par Defauconpret

LA PRAIRIE.

Paris.
FURNE & Cie, CH. GOSSELIN
Éditeurs

OEUVRES
DE
J. F. COOPER
TRADUITES

PAR

A. J. B. DEFAUCONPRET

TOME SEPTIÈME

LA PRAIRIE

PARIS
FURNE ET C⁀, CHARLES GOSSELIN
ÉDITEURS

M DCCC XXXIX

INTRODUCTION.

La formation géologique de la partie des Etats-Unis située entre les Alleghanies et les Montagnes Rocheuses, a donné naissance à plusieurs théories ingénieuses. En apparence du moins, sinon tout à fait en réalité, cette immense région est une plaine; car, à la distance de près de 1,500 milles de l'est à l'ouest, et 600 milles du nord au sud, il existe à peine une élévation digne d'être appelée une montagne. Les collines même n'y sont pas communes, bien qu'une partie de la contrée ait plus ou moins ce caractère inégal qui est décrit dans les premières pages de cet ouvrage.

Il y a de bonnes raisons de supposer que le territoire qui compose maintenant l'Ohio, l'Illinois, l'Indiana, le Michigan, et une grande partie du pays situé à l'ouest du Mississipi, reposait autrefois sous les eaux. Le sol de tous ces Etats ressemble à un dépôt formé par les eaux, et l'on a trouvé des rocs isolés d'une nature et dans une position qui rendent difficile de réfuter l'opinion qu'ils ont été apportés par des glaces flottantes. Cette théorie fait supposer que les grands lacs étaient dépositaires d'une immense quantité d'eau douce, située trop bas pour être desséchée par l'irruption qui découvrit la terre.

On doit se rappeler que les Français, lorsqu'ils étaient maîtres du Canada et de la Louisiane, réclamaient tout le territoire en question. Leurs chasseurs et leurs troupes avancées entretinrent les premières communications avec les sauvages qui occupaient alors le pays, et les premiers écrits que nous possédions sur ces vastes contrées sont dus à la plume de leurs missionnaires. Beaucoup de mots français sont en conséquence devenus d'un usage local dans cette partie de l'Amérique, et beaucoup de noms donnés dans cet idiome ont été conservés. Lorsque les aventuriers qui pénétrèrent les premiers dans ces déserts trouvèrent au milieu de ces forêts d'immenses plaines couvertes d'une riche verdure, ils leur donnèrent naturellement le titre de *prairies*. Les Anglais succédant aux Français, et trouvant aussi une nature nouvelle, différente de tout ce qu'ils avaient vu sur le continent, et déjà désignée par un nom qui n'exprimait rien dans leur propre langage, laissèrent à ces *prairies* naturelles leur titre de convention : de cette manière le mot *prairie* fut adopté dans la langue anglaise.

Les prairies américaines sont de deux espèces. Celles qui sont situées à l'est du Mississipi sont comparativement peu étendues, d'une extrême fertilité et toujours entourées de forêts. Elles sont susceptibles d'une culture productive, et se peuplent rapidement. Elles abondent dans l'Ohio, le Michigan, l'Illinois et l'Indiana. Les premiers habitants y éprouvent une grande difficulté à se procurer du bois et de l'eau, désavantages bien graves jusqu'à ce que l'art vienne à bout de suppléer à la nature. Comme le charbon est commun dans ces contrées, et qu'il est facile d'y creuser des puits, les établissements des émigrants y deviennent de jour en jour moins pénibles.

La seconde espèce de ces prairies est située à l'ouest du Mississipi, à quelques centaines de milles de cette rivière ; elles portent le nom de *grandes prairies;* elles ressemblent aux *steppes* de Tartarie plus qu'à aucune autre partie du monde, étant par le fait une vaste région incapable de donner asile à une population considérable, par les deux inconvénients que nous venons de signaler. Les rivières abondent, il est vrai, mais ce pays est entièrement dépourvu de ruisseaux et des plus petits courants d'eau, qui donnent à la terre tant de fertilité.

L'origine et la date des prairies d'Amérique présentent un des plus majestueux mystères de la nature. Le caractère général des États-Unis, du Canada et du Mexique est celui d'une fertilité luxueuse. Il serait difficile de trouver, dans aucune autre partie du monde, de la même étendue, si peu de terre inutile qu'il en existe dans l'Union. La plupart des montagnes sont labourables, et même les prairies de cette partie de la république sont profondément arrosées. C'est la même chose entre les Montagnes Rocheuses et l'océan Pacifique. C'est entre ces montagnes et cette mer que se trouve cette large ceinture qu'on peut appeler un désert comparativement aux autres parties de l'Amérique, et où se passe la scène de cet ouvrage. On croirait qu'il a été posé dans ce lieu comme une barrière entre les Américains et l'ouest de leur pays.

Les grandes prairies paraissent être le dernier refuge des hommes rouges. Les restes des Mohicans, des Delawares, des Creeks, des Choctaws et des Cherokees, sont destinés à fournir leur carrière sur ces vastes plaines. Le nombre entier des Indiens dans l'intérieur de l'Union est différemment évalué depuis cent jusqu'à trois cent mille âmes. La plupart d'entre eux habitent le pays à l'ouest du Mississipi. A l'époque où se passe le roman, ils étaient en guerre ouverte, les querelles nationales passant de génération en génération. La république a beaucoup fait en rendant la paix à ces sauvages solitudes, et il est maintenant possible de voyager avec sécurité dans les mêmes lieux, où l'homme civilisé n'osait passer sans escorte il y a vingt-cinq ans.

Le lecteur qui a lu les deux premiers ouvrages auquel celui-ci succède retrouvera une vieille connaissance dans le principal personnage de cette histoire. Nous l'avons conduit jusqu'au terme de sa carrière, et nous espérons qu'il lui sera permis de sommeiller dans la paix du juste.

PRÉFACE

DE LA PREMIÈRE ÉDITION.

La manière dont l'auteur de ce livre s'est procuré les principaux matériaux de sa composition est rapportée dans l'ouvrage même. Le lecteur intelligent concevra sans peine qu'il peut avoir mille raisons pour ne pas en dire davantage sur les sources secrètes où il a puisé. Il dira seulement, sous sa propre reponsabilité, que les parties de la légende, pour lesquelles aucune autorité n'est citée, sont tout aussi vraies que celles qui ne sont pas dépourvues de cet avantage particulier, et que toutes méritent d'être crues également.

Il se trouve cependant que, dans les pages suivantes, l'auteur s'est quelquefois écarté de la stricte véracité historique, et il est peut-être à propos de donner quelques éclaircissements à ce sujet. Dans la confusion infinie de noms, de coutumes, d'opinions et de langage, qui existe parmi les peuplades de l'ouest, il a mis plus de soin à éviter de blesser l'oreille, ou de mettre à la torture l'intelligence du lecteur, qu'à s'attacher à la vérité littérale. Par exemple, il a appelé uniformément Grand-Esprit, le Wahcondah, quoiqu'il sache fort bien que les deux nations qu'il met en présence ne l'appellent pas de la même manière. De même, en d'autres occasions, il a cherché plutôt à mettre de la simplicité dans son récit, qu'à le rendre strictement correct, aux dépens de tout ordre et de toute clarté. Il suffisait pour le but qu'il se proposait que le portrait reproduisît les traits principaux de l'original. Pour ce qui regarde l'ombre, la pose et l'arrangement de la figure, il s'est donné un peu de liberté. Cette courte explication aurait même paru inutile à l'auteur, s'il ne savait qu'il existe une certaine classe de « doctes Thébains[1] », tout aussi bien en état de lire un ouvrage dont l'imagination seule peut assurer le succès, qu'ils le sont de l'écrire.

Il n'est peut-être pas inutile de prévenir des objections beaucoup plus graves, et d'une solution plus difficile, qui pourraient se présenter à l'esprit d'une classe plus élevée de lecteurs. Introduire un seul et même personnage comme acteur principal, dans non moins de trois ouvrages; et dans ces temps d'entreprises aventureuses en fait de livres de ce genre, choisir pour la chaîne d'une légende un désert, qui n'est peuplé d'aucun souvenir historique, et auquel si peu d'idées poétiques, s'il en est même quelques-unes, viennent s'associer, c'est ce qui peut avoir besoin d'apologie. Néanmoins, s'il est possible de lever la première objection, la seconde devra nécessairement tomber d'elle-même, puisqu'il était évidemment du devoir d'un fidèle historien de suivre son héros partout où il lui plaisait d'aller.

Il est plus que probable que le narrateur de ces simples événements s'est fait illusion sur l'intérêt qu'ils pourraient avoir aux yeux d'autres personnes; mais il lui a semblé que la vie d'un vétéran de la forêt, qui, ayant commencé sa carrière près de l'Atlantique, s'est vu forcé par la marche progressive de la population, avançant toujours sur ses pas avec une rapidité sans exemple, de chercher un dernier refuge contre la société, dans les plaines vastes et inhabitées de l'ouest, présentait quelque chose d'assez instructif, d'assez touchant, pour le décider à en tenter la publication. Que les changements qui ont contraint un homme de ce caractère à ces migrations successives se soient opérés effectivement dans le cours d'une seule vie, c'est un point d'histoire qu'on ne saurait révoquer en doute; qu'ils aient produit un effet semblable sur le Chasseur du *Dernier des Mohicans*, le Bas-de-Cuir des *Pionniers*, et le Trappeur de *la Prairie*, c'est ce qui est prouvé par une autorité non moins imposante que ces pages véridiques, dont l'attention du lecteur ne sera pas détournée plus longtemps, s'il est encore tenté de les parcourir après cet aveu sincère du peu de valeur de ce qu'elles contiennent.

---

1. Expression de Shakspeare employée dans un sens indéterminé ou ironique. Dans un de ses accès de folie, le roi Lear prend Edmond pour un philosophe de Thèbes, et veut interroger ce savant Thébain sur de hautes questions métaphysiques. (*King Lear*, act. III.)

LA PRAIRIE.

> Remarquez son état; voyez les événements,
> et dites-moi si c'est là un frère?
> SHAKSPEARE. *La Tempête*, act. I, scène II.

CHAPITRE PREMIER.

> Je t'en prie, berger, si l'affection ou l'or peuvent procurer des rafraîchissements dans ce lieu désert, conduis-nous là où nous pourrons nous reposer et prendre quelque nourriture.
> SHAKSPEARE. *Comme il vous plaira.*

On a beaucoup parlé et beaucoup écrit dans les temps sur la question de savoir s'il était politique de réunir les vastes contrées de la Louisiane au territoire déjà immense, et seulement à demi habité, des Etats-Unis; cependant, quand la chaleur de la discussion se fut un peu calmée, et que les motifs d'intérêt personnel eurent fait place à des idées plus libérales, on commença généralement à convenir de la sagesse de la mesure. Il devint bientôt évident, même pour le cerveau le plus étroit, que, tandis que la nature avait arrêté à l'ouest notre population par une barrière de déserts, cette mesure nous avait rendus maîtres d'une ceinture de contrées fertiles, qui, dans les révolutions journalières, auraient pu devenir la possession d'une nation rivale. Elle nous donnait exclusivement la clé d'un grand commerce intérieur, et mettait entièrement sous notre dépendance les féroces tribus de sauvages qui habitent le long de nos frontières. Elle conciliait des intérêts opposés, et calmait des méfiances nationales; elle ouvrait mille voies au commerce intérieur et à la navigation de l'océan Pacifique ; et, si le temps ou la nécessité amenait une division paisible de ce vaste empire, elle nous assurait un voisin qui parlerait la même langue que nous, qui aurait la même religion, les mêmes institutions, et, il faut aussi l'espérer, les mêmes principes de droit politique.

Quoique la cession eût été faite en 1803, le printemps de l'année suivante s'ouvrit avant que la prudente discrétion de l'Espagnol qui administrait la province au nom de son souverain voulût permettre la prise de possession, ou même l'entrée des nouveaux propriétaires. Mais, à peine les formalités de la cession eurent-elles été accomplies, et le nouveau gouvernement reconnu, que des essaims de ce peuple turbulent, qui s'agite sans cesse aux extrémités de la population américaine, s'enfoncèrent dans les bois qui bordent la rive droite du Mississipi, avec la même persévérance et le même courage insouciant qui avaient guidé un si grand nombre d'entre eux dans leur pénible émigration des pays atlantiques à la rive orientale du *Père des fleuves*[1].

Le temps seul pouvait effectuer le mélange des nombreux et riches colons de la Basse-Louisiane avec leurs nouveaux compatriotes ; mais la population plus pauvre et plus disséminée de la province supérieure fut presque immédiatement engloutie par le torrent de l'émigration. Cette invasion du côté de l'est était le réveil violent et subit d'un peuple qui s'était imposé une contrainte momentanée, après que le succès avait rendu sa force presque irrésistible. Les fatigues et les périls de leurs premières entreprises furent bientôt oubliés, quand ces contrées immenses et inconnues, se présentant à leurs yeux avec tous leurs avantages réels ou supposés, leur ouvrirent une nouvelle carrière. Les conséquences furent celles qu'on devait aisément prévoir, lorsqu'une occasion aussi attrayante s'offrait à une race habituée depuis longtemps aux entreprises aventureuses, et nourrie dans les périls.

Des milliers des plus anciens habitants de ce qu'on appelait alors les *Nouveaux-Etats*[2], s'arrachèrent aux douceurs de la vie paisible

---

1. On appelle ainsi le Mississipi dans différentes langues indiennes. Le lecteur se formera une plus juste idée de l'importance de cet immense cours d'eau, s'il se rappelle que le Missouri et le Mississipi sont regardés comme le même fleuve. Leurs deux cours réunis forment à peu près quatre mille milles.
2. Tous les Etats admis à l'union américaine depuis la révolution sont appelés nouveaux

qu'ils avaient achetées par tant de travaux, et, à la tête de bandes nombreuses de jeunes descendants que les forêts de l'Ohio et du Kentucky avaient vus naître, ils s'enfoncèrent plus avant dans les terres, cherchant ce qu'on pourrait appeler, sans le secours de la poésie, leur atmosphère naturelle, celle qui était plus conforme à leurs goûts. De ce nombre fut le brave et intrépide forestier [1] qui, le premier, avait pénétré dans les déserts du Kentucky. On vit alors ce vénérable vieillard se déplacer de nouveau, entreprendre son dernier voyage, mettre le Fleuve-sans-Fin entre lui et la multitude que le succès de son audace avait attirée autour de lui, et aller chercher plus loin le renouvellement de ces jouissances qui n'avaient plus de prix à ses yeux dès qu'elles étaient entravées par les formalités des institutions humaines [2].

Lorsque des hommes courent après des aventures pareilles, ils sont ordinairement entraînés par la force d'habitudes antérieures, ou trompés par les espérances qu'ils ont formées en secret. Quelques-uns, suivant ce vain fantôme, et voulant devenir riches tout à coup, se mirent à chercher les mines du territoire encore vierge, mais ce fut le petit nombre; et la très-grande partie des émigrants se bornèrent à s'établir sur le bord des grands courants d'eau, se contentant des riches récoltes que le voisinage des rivières assure même à la plus faible industrie. Ce fut ainsi que des établissements se formèrent avec une rapidité magique; et la plupart de ceux qui ont été témoins de l'acquisition de cette province inhabitée ont vécu pour voir déjà un peuple nombreux et indépendant se former, s'isoler du reste de l'Etat, et se faire recevoir dans le sein de la confédération nationale sur le pied de l'égalité politique [3].

Etats, à l'exception de Vermont, qui pouvait réclamer les mêmes droits avant la guerre; ils ne furent cependant reconnus que plus tard.

1. *Forester*: habitant des forêts. Les Américains ont aussi pour synonyme de ce mot celui de *backwoodsman*, homme des bois éloignés: c'est ainsi qu'ils désignent ces espèces de *pionniers* de la civilisation dont chaque pas qu'ils font dans le désert est au profit de cette civilisation qu'ils croient laisser bien loin derrière eux.

2. C'est l'idée qui a inspiré au poète américain Paulding, souvent cité par l'auteur, son poème du *Backwoodsman*. M. F. Cooper fait ici allusion au colonel Daniel Boon, qui, après avoir habité trente ans les déserts du Kentucky, les quitta lorsqu'ils commencèrent à se peupler, et, à l'âge de quatre-vingt-douze ans, alla chercher à plus de trois cents milles de distance d'autres déserts où les hommes n'eussent pas encore pénétré. Le caractère de Daniel Boon excitait souvent l'admiration de lord Byron, qui lui a consacré plusieurs stances dans le poëme de *Don Juan*, où il l'appelle — *un ermite actif et enfant de la nature jusque dans sa vieillesse.* — (*Don Juan*, chant VIII.) Byron avait eu quelquefois l'idée d'aller vivre lui-même en Amérique.

3. Le Missouri.

Les scènes et les incidents qui se rapportent à notre légende actuelle se passèrent dans ce qu'on peut appeler la première époque des entreprises qui ont amené de si grands et si prompts résultats.

La moisson de la première année de notre entrée en possession était faite depuis longtemps; le feuillage flétri de quelques arbres épars commençait déjà à se couvrir des teintes mélancoliques de l'automne, lorsqu'une file de chariots sortit du lit desséché d'une petite rivière, et continua à s'avancer à travers les ondulations de ce qui se nomme, dans le langage du pays que nous décrivons, « une prairie roulante[1]. » Les chariots chargés de meubles grossiers et d'instruments d'agriculture, le petit troupeau de brebis errantes et de bétail noir qui formait l'arrière-garde, l'aspect sauvage, l'air insouciant des hommes robustes dont le pas lourd et pesant suivait celui des animaux attelés, tout annonçait une troupe d'émigrants qui cherchaient l'El-Dorado de leurs désirs. Contre l'usage ordinaire des hommes de leur caste, ils avaient quitté les vallées fertiles de la basse contrée, et franchissant torrents et ravines, solitudes arides et profonds marécages, par des moyens qui ne sont connus que de pareils aventuriers, ils avaient su se frayer un passage jusque bien au-delà des limites ordinaires des habitations civilisées. Devant eux se prolongeaient ces vastes plaines qui s'étendent avec une triste monotonie jusqu'à la base des Montagnes Rocheuses, tandis qu'à bien des milles derrière eux, au milieu d'une affreuse solitude, bouillonnaient les eaux rapides et bourbeuses de la Platte.

L'apparition de ce singulier attirail dans cette plage nue et solitaire était d'autant plus remarquable, que le pays environnant offrait bien peu qui pût tenter la cupidité d'un spéculateur, et encore moins, s'il était possible, flatter les espérances de ceux qui cherchent à former un établissement sur des terres encore incultes.

L'herbe de la prairie était maigre, et ne promettait rien en faveur d'un sol dur et ingrat sur lequel les chariots roulaient aussi légèrement que sur un chemin battu, le pas des animaux et les roues des voitures ne laissant de traces que sur cette herbe desséchée, broutée par le bétail de temps en temps, mais rejetée aussitôt comme un aliment trop amer pour que la faim même pût le rendre supportable.

---

[1]. *A rolling prairie*. En français le mot *prairie* ne peut s'appliquer que par convention à ces plaines américaines qui ressemblent plutôt aux steppes de la Russie.

Quelle que fût la destination dernière de ces aventuriers, quelles que fussent les causes secrètes de leur sécurité apparente dans un lieu si retiré et loin de tout secours, il est certain que rien dans leur contenance ni dans leurs manières n'annonçait la moindre alarme ni la plus légère inquiétude. En y comprenant les femmes et les enfants, la troupe se composait de plus de vingt personnes.

A quelque distance en avant de tous les autres marchait l'individu qui, par sa position ainsi que par son maintien, paraissait être le chef de la bande. C'était un homme d'une grande taille, brûlé du soleil, déjà sur le retour de l'âge, dont l'air épais et insouciant ne peignait aucune émotion, aucun sentiment de regret pour le passé, ou d'anxiété pour l'avenir. Ses membres semblaient flasques et comme détendus ; mais ils étaient, en réalité, d'une force et d'une vigueur extraordinaires. Ce n'était pourtant que lorsque quelque léger obstacle venait s'opposer à sa marche que ce corps qui, dans sa manière d'être habituelle, paraissait énervé, et en quelque sorte affaissé sous son propre poids, montrait cette énergie surprenante dont le principe, quoique caché, n'en était pas moins inhérent à son organisation ; semblable à l'éléphant, qui, lourd et pesant dans sa démarche, n'en est pas moins terrible lorsque sa force assoupie se réveille tout à coup. La partie inférieure de sa figure n'offrait que des traits larges, grossiers et insignifiants ; tandis que le haut de sa tête, cette partie plus noble, siége de l'intelligence, avait quelque chose de bas et de repoussant.

Son costume offrait un mélange bizarre de l'accoutrement grossier d'un laboureur, avec ces vêtements de cuir, commodes et même nécessaires dans de pareilles émigrations. Tout cela était entouré d'une foule d'ornements disparates, qui, placés sans aucun goût, formaient l'effet le plus grotesque. Au lieu du ceinturon ordinaire de peau de daim, il portait autour du corps une ceinture de soie fanée des couleurs les plus apparentes. Le manche de son couteau en corne de bouc était décoré d'une quantité de plaques d'argent ; la fourrure de son bonnet était d'une finesse et d'un moelleux qui aurait pu faire envie à une reine ; les boutons de son habit de laine, sale et grossier, étaient du metal éclatant du Mexique ; ce même métal brillait sur son fusil, dont la monture était en superbe acajou, et les chaînes et breloques de trois mauvaises montres pendaient à différentes parties de sa personne.

Indépendamment du sac et du fusil, de la giberne et de la poire à poudre qu'il portait sur le dos, il avait jeté négligemment sur ses épaules une hache brillante et bien affilée ; et, malgré tout ce poids, il paraissait marcher avec autant d'aisance que si rien n'eût embarrassé ses pas, et qu'il n'eût point porté le plus léger fardeau.

A quelques pas derrière lui s'avançait un groupe de jeunes garçons dont le costume était, à peu de choses près, semblable, et dont la ressemblance avec leur chef, ainsi que celle qu'ils avaient entre eux, annonçait assez que c'étaient les enfants d'une même famille. Quoique le plus jeune eût à peine passé cette époque de la vie qui, d'après la définition subtile de la loi, s'appelle l'âge de discrétion, déjà il s'était montré digne de ses ancêtres en cela du moins que dès lors sa taille hardie égalait celle des hommes de sa race. Nous ne ferons pas ici la description de ses compagnons ; elle trouvera naturellement sa place dans le cours régulier de notre récit.

Deux femmes seulement se trouvaient dans cette petite troupe, quoiqu'on vît sortir de temps en temps du premier chariot quelques petites figures olivâtres, où se peignaient une grande curiosité et une vivacité caractéristique. La plus âgée était ridée et avait un teint livide, c'était la mère de la plus grande partie de la bande ; l'autre était une jeune fille de dix-huit ans, à la démarche prompte et légère, dont l'habillement, l'air et le maintien semblaient indiquer que, sur l'échelle de la société, elle était placée de plusieurs degrés au-dessus de ceux qui l'accompagnaient. Le second chariot était couvert d'une toile attachée avec tant de soin qu'il était impossible de voir ce qu'il contenait. Les autres voitures étaient chargées de meubles et d'effets, tels qu'on peut en supposer à des êtres qui sont prêts à changer à tous moments de demeures sans faire attention à la saison ou à la distance.

Peut-être n'y avait-il ni dans cet équipage, ni dans l'extérieur de ceux auxquels il appartenait, rien qu'on ne puisse rencontrer tous les jours sur les grandes routes de notre pays remuant et agité ; mais le cadre dans lequel ce tableau mouvant était renfermé, la solitude, la singularité du lieu, lui imprimaient un caractère particulier.

Dans les petites vallées qui, d'après la conformation régulière du terrain, se présentaient à chaque mille sur leur route, la vue était bornée, de deux côtés, par les collines graduelles et presque insensibles qui donnent leur nom à ce genre de prairie dont nous avons parlé, tandis que la perspective des deux autres, se prolongeant dans un espace étroit et resserré, ne montrait qu'une végétation grossière, quoique assez abondante. Du haut de ces collines, de quelque côté que l'œil plongeât, il était fatigué de l'uniformité d'un paysage dans lequel tout glaçait d'horreur. La terre ressemblait assez à l'océan lorsque ses vagues fatiguées se soulèvent pesamment après que l'agitation et la fureur de la tempête ont commencé à se calmer. C'étaient ces mêmes ondulations régulières, cette même absence d'objets étrangers, cette même étendue immense n'ayant d'autres bornes que l'horizon. Le géologiste sourira sans doute d'une théorie aussi simple, mais telle était la ressemblance que la terre avait avec l'eau, qu'un poëte n'aurait pu s'empêcher de sentir que la formation de l'une avait été produite par la retraite successive de l'autre. De distance en distance un grand arbre, sortant du creux des vallées, étendait au loin ses branches flétries, comme quelque vaisseau isolé ; et, pour ajouter à l'illusion, sur le plan le plus reculé s'élevaient deux ou trois bouquets d'arbres touffus, qui semblaient, au milieu de l'horizon brumeux, autant d'îles assises sur le sein des eaux. Il est inutile d'avertir le lecteur qui a voyagé que l'uniformité de la surface et la position peu élevée des spectateurs exagéraient les distances ; mais cependant, à voir les îles se succéder et les collines s'élever l'une après l'autre aussi loin que l'œil pouvait s'étendre, on était obligé de faire cette réflexion décourageante qu'il faudrait traverser une bien longue étendue de pays, des plaines en apparence interminables, avant que les espérances du plus humble agriculteur pussent être réalisées.

Malgré cela, le chef des émigrants n'en poursuivait pas moins fermement sa route ; et, sans autre guide que le soleil, il tournait résolument le dos au séjour de la civilisation, et à chaque pas il s'enfonçait davantage dans les repaires des barbares et sauvages habitants du pays. Cependant, lorsque le jour commença à toucher à sa fin, son esprit, incapable sans doute de former un plan suivi pour l'avenir, et n'ayant d'autre prévoyance que celle qui se rattachait au moment présent, parut s'occuper des moyens de pourvoir aux besoins de sa troupe à l'approche de la nuit.

Arrivé sur le haut d'une colline qui était un peu plus élevée que les autres, il s'arrêta un instant, et jeta à droite et à gauche un regard à demi curieux pour chercher à apercevoir quelques-uns de ces signes qui indiquent un endroit où se trouvent réunies les trois choses qui leur étaient les plus nécessaires, l'eau, le bois et le fourrage.

Il paraîtrait que sa recherche fut infructueuse ; car, après avoir regardé quelques instants avec cette indolence qui lui était habituelle, il redescendit la colline à pas pesants et réguliers, comme ces animaux chargés de graisse, qui, en descendant, sont entraînés en bas autant par leur poids que par la rapidité de la descente.

Son exemple fut suivi en silence par ceux qui arrivèrent après lui ; les jeunes garçons jetèrent aussi leur coup d'œil chacun à leur tour, mais avec plus d'attention et d'intérêt. Le pas des hommes et des animaux s'était alors ralenti ; et il était évident que le temps n'était pas éloigné où le repos serait absolument nécessaire. L'herbe de la Prairie commençait à présenter des obstacles que la fatigue augmentait encore, et il fallait que le fouet stimulât à plusieurs reprises les attelages fatigués. Dans ce moment où, à l'exception du personnage principal, une lassitude générale gagnait les voyageurs, et où tous les yeux, par une sorte d'impulsion commune, se fixaient en avant, toute la troupe s'arrêta tout à coup, frappée d'un spectacle aussi soudain qu'inattendu.

Le soleil était descendu derrière la colline la plus prochaine, laissant après lui cette traînée de lumière qui marque son passage. Au milieu de cette lumière éclatante se dessinait une forme humaine, appuyée contre la hauteur, et aussi distincte et en apparence aussi palpable que s'il eût suffi d'étendre la main pour la toucher. La taille était colossale, l'attitude, celle d'une pensive mélancolie, et la place qu'elle occupait, exactement sur la route des voyageurs. Mais le reflet étincelant dont elle était entourée empêchait d'en distinguer plus particulièrement les proportions.

L'effet d'un pareil spectacle fut instantané. Celui qui marchait en avant s'arrêta et se mit à regarder l'objet mystérieux avec un morne intérêt qui bientôt fit place à une sorte de terreur superstitieuse. Ses fils, dès que le premier mouvement de surprise fut passé, se rapprochèrent lentement de lui ; ceux qui conduisaient leurs chariots imitèrent successivement leur exemple, et tous ne formèrent bientôt qu'un seul groupe silencieux et immobile. Quoique la première idée produite fût celle d'une apparition surnaturelle, un bruit d'armes se fit entendre ; c'étaient les deux plus courageux des garçons qui saisissaient leurs fusils pour être prêts au premier signal.

— Envoyez les garçons en avant sur la droite, s'écria la mère intrépide d'une voix aigre et discordante; je vous garantis qu'Asa ou Abner nous rendront bon compte de la créature !

— Ce serait peut-être assez bien d'essayer le fusil, murmura un homme à l'air épais et stupide, dont les traits et l'expression de la figure avaient un rapport assez marqué avec ceux de la vieille femme, et qui, tout en parlant d'un ton décidé, détacha son fusil, et, par un mouvement adroit et rapide, le plaça à la hauteur de ses yeux; — les Pawnies-Loups[1] ne chassent, dit-on, que par troupe de cent, dans les plaines; s'il en est ainsi, ils ne perdront jamais un seul homme de leur tribu.

— Arrêtez! s'écria la plus jeune des deux femmes, dont la voix douce tremblait d'émotion; nous ne sommes pas tous ensemble, c'est peut-être un ami !

— Qui bat l'estrade à présent? s'écria le père jetant en même temps un regard sombre et mécontent sur ses fils vigoureux. — Mettez bas votre arme, — bas votre arme, ajouta-t-il en étendant l'index de sa large main, et en s'adressant à son compagnon, de l'air d'un homme qu'il pourrait être dangereux de contredire; — ma besogne n'est pas encore terminée; achevons en paix le peu qui reste à faire.

L'homme qui avait manifesté des intentions si hostiles, parut comprendre à demi-mot, et il remit son fusil à sa place. Les garçons se tournèrent du côté de la jeune fille qui avait pris si vivement la parole, et leurs regards semblaient demander une explication; mais comme si elle était contente du répit qu'elle avait obtenu pour l'étranger, elle s'était déjà retirée à sa place, et paraissait vouloir se renfermer dans un modeste silence.

Pendant ce temps, l'horizon avait changé plusieurs fois de couleur. A cette lumière éclatante qui avait ébloui l'œil, avaient succédé des teintes plus foncées et plus douces; et à mesure que le reflet était moins vif, les proportions du fantôme réel ou supposé devinrent moins gigantesques, et finirent par être tout à fait distinctes. Rougissant d'hésiter, maintenant que la vérité n'était plus douteuse, le chef de la troupe se remit en marche, ayant toutefois la précaution de détacher la courroie qui tenait son fusil, et

---

1. Il y a trois peuplades de Pawnies: les Pawnies-Loups, les Grands-Pawnies et les Pawnies-Républicains.

de le tenir de manière à pouvoir s'en servir au premier besoin.

Cet excès de prudence semblait peu nécessaire. Depuis l'instant où cette apparition s'était montrée tout à coup d'une manière aussi inexplicable, suspendu en quelque sorte entre le ciel et la terre, le fantôme animé n'avait point bougé de place, ni manifesté la moindre intention hostile. En supposant même qu'il eût de sinistres desseins, l'individu dont on pouvait alors distinguer tous les traits, semblait bien peu en état de les exécuter.

Un corps qui avait souffert les rigueurs de plus de quatre-vingts hivers n'avait rien qui pût effrayer un homme aussi robuste que l'émigrant. Dans cet état de décrépitude, on voyait encore que c'était le temps et non la maladie, qui avait pesé si sévèrement sur lui. Ses traits maigres portaient l'empreinte de l'âge, mais n'étaient point défigurés par la souffrance. Les saillies de ses muscles relâchés, qui autrefois annonçaient une grande force, étaient encore visibles; et dans cet état même il y avait dans toute sa personne un air de vie et de durée qui, sans la fragilité trop connue de l'espèce humaine, aurait pu défier le temps d'étendre plus loin ses ravages. Son costume se composait en grande partie de peaux avec le poil en dehors; une corne à poudre et une poche de cuir pour ses autres munitions de chasse pendaient à ses épaules, et il était appuyé sur une carabine d'une longueur extraordinaire, mais qui, comme son maître, portait les traces de longs et pénibles services.

Lorsque la troupe fut assez près de lui pour entendre, un hurlement prolongé sortit de l'herbe aux pieds du vieillard, et un vieux chien de chasse, maigre et édenté, redressa lentement sa haute taille, et, après s'être secoué, fit mine de vouloir empêcher les voyageurs d'approcher davantage.

— Tout beau, Hector, tout beau, dit son maître d'une voix que l'âge avait rendue un peu tremblante; — qu'as-tu à démêler, mon vieux, avec des gens qui voyagent pour leurs affaires?

— Etranger, si vous connaissez ce pays, dit le chef des émigrans, pourriez-vous apprendre à un voyageur où il y trouvera ce qui lui est nécessaire pour la nuit?

— La terre est-elle remplie de l'autre côté de la grande rivière? demanda le vieillard d'un ton solennel sans paraître écouter la question qui lui était adressée; autrement pourquoi mes yeux voient-ils ce qu'il avaient cru ne jamais revoir?

— Sans doute, il y a encore de la place pour ceux qui ont de l'argent, et à qui tout lieu est égal, reprit l'émigrant; mais pour mon goût, il y a déjà trop de monde. Comment peut-on appeler la distance de cet endroit au point le plus rapproché de la grande rivière?

— Un daim relancé à la chasse ne saurait rafraîchir ses flancs dans le Mississipi, sans franchir plus de cinq cents milles.

— Et de quel nom appelez-vous le district ici à l'entour?

— De quel nom, reprit le vieillard en lui montrant le ciel par un geste expressif, appelleriez-vous l'endroit où vous voyez ce nuage?

L'émigrant le regarda de l'air d'un homme qui ne comprend pas ce qu'on lui dit, et qui a un demi-soupçon qu'on veut se jouer de lui; il se contenta pourtant de répondre:

— Vous n'êtes sans doute comme moi qu'un nouvel habitant, étranger; autrement vous ne refuseriez pas d'aider un voyageur de quelques conseils, ce qui coûte bien peu, puisque ce n'est qu'un don en paroles.

— Ce n'est pas un don, c'est une dette dont les vieux sont redevables aux jeunes. Que désirez-vous savoir?

— Où je pourrais camper pour la nuit. Pour ce qui est du lit et de la nourriture, je ne suis pas difficile; mais tous les vieux voyageurs comme moi connaissent le prix de l'eau douce, et d'une bonne pâture pour les bestiaux.

— Venez donc avec moi et vous aurez l'une et l'autre; c'est à peu près tout ce que je puis offrir sur cette aride Prairie.

En disant ces mots, le vieillard posa sa lourde carabine sur ses épaules avec une facilité assez remarquable pour son âge; et, sans plus de paroles, marchant en avant pour leur montrer le chemin, il franchit la colline pour descendre dans la vallée adjacente.

CHAPITRE II.

> Dressez ma tente, je veux me reposer ici cette nuit; mais demain? — Demain? — Eh bien! peu importe!
>
> SHAKSPEARE. *Richard III.*

Les voyageurs découvrirent bientôt les preuves ordinaires et infaillibles que ce qu'ils cherchaient n'était pas très-éloigné. Une source claire et limpide sortant du flanc de la colline, mêlait ses eaux à celles de plusieurs autres petites sources des environs, et formait avec elles un ruisseau qu'on pouvait suivre de l'œil pendant plusieurs milles sur la Prairie, grâce au feuillage et à la verdure qui, croissant çà et là sur ses bords humides, en marquaient le passage. Le vieillard se dirigea de ce côté, et les animaux fatigués pressèrent d'eux-mêmes le pas, leur instinct leur indiquant l'approche d'un bon pâturage et d'un lieu de repos.

Arrivé à ce qu'il regardait comme un endroit convenable, le guide s'arrêta, et son regard expressif semblait demander à ceux qui le suivaient s'ils y trouvaient tout ce qui leur était nécessaire. Le chef des émigrants regarda autour de lui, et examina les lieux avec la sagacité d'un homme qui était en état de juger une question aussi délicate, quoiqu'il mît à cet examen cette lente circonspection qui présidait à ses moindres mouvements.

— Oui, c'est tout ce qu'il faut, dit-il enfin comme s'il était content du résultat de ses observations; enfants, vous avez vu le coucher du soleil, mettez-vous à l'ouvrage.

Les jeunes gens manifestèrent leur obéissance d'une manière toute caractéristique. L'ordre, car c'en était un, à en juger d'après le ton dont il avait été donné, fut reçu avec respect; mais il n'y eut d'autre mouvement que celui d'une ou deux haches qui tombèrent des épaules à terre, tandis que ceux à qui elles appartenaient continuaient de rester les yeux fixés à la même place, dans une espèce d'apathie. Pendant ce temps, le chef des émigrants, sans remarquer cette insouciance apparente, connaissant la nature des impulsions auxquelles cédaient ses enfants, s'était débarrassé de son sac et de son fusil, et, aidé de celui que nous avons vu disposé à faire un si prompt usage de ses armes, il se mit en devoir de dételer les chevaux.

A la fin, l'aîné des garçons s'avança d'un pas pesant, et, sans effort, il enfonça sa hache tout entière dans le tronc mou d'un cotonnier. Il resta un instant immobile, regardant l'effet du coup qu'il avait porté, avec cet air de dédain dont un géant verrait la vaine résistance d'un pygmée; ensuite, brandissant sa hache au-dessus de sa tête avec la grâce et la dextérité que pourrait déployer le maître d'escrime le plus habile en maniant son arme plus noble, mais moins utile, il eut bientôt séparé la racine et le tronc de l'arbre, qui, tombant à terre avec fracas, rendit témoignage de son adresse. Ses compagnons avaient regardé l'opération avec une curiosité indolente ; mais dès qu'ils virent ce tronc énorme étendu à leurs pieds, comme si c'eût été le signal d'une attaque générale, ils s'avancèrent tous ensemble, se mirent à l'ouvrage, et avec une précision qui eût étonné un spectateur ignorant, ils dépouillèrent le petit emplacement qui leur convenait des arbres touffus qui l'encombraient, et cela, aussi complètement et presque aussi promptement que si un tourbillon furieux eût balayé la place en apparence.

L'habitant des Prairies les regardait en silence, mais avec attention. A mesure que ces arbres venaient frapper la terre, il levait les yeux, jetait un regard douloureux sur la place qu'ils laissaient vacante dans les airs, puis un sourire amer se peignait sur sa figure, et il se détournait en murmurant tout bas je ne sais quelles plaintes, comme s'il dédaignait d'élever la voix pour les exprimer. Mais bientôt, passant à travers le groupe des jeunes gens actifs et empressés qui avaient déjà allumé un grand feu, le vieillard se mit à observer les mouvements du chef des émigrants et de son compagnon à l'air farouche et sauvage.

Ils avaient déjà dételé les chevaux, qui dévoraient avidement les feuilles des arbres abattus, et ils étaient alors occupés autour du chariot qui était couvert avec tant de soin. Poussant chacun une roue de leurs fortes épaules, ils le roulèrent à l'écart sur un tertre peu élevé, près du bord du petit bois. Ils prirent ensuite de grandes perches qui semblaient servir depuis longtemps à cet usage, et, enfonçant le plus gros bout dans la terre, ils attachèrent l'autre aux cerceaux qui soutenaient la toile qui couvrait la voiture. Une autre toile, d'une dimension beaucoup plus grande, fut tirée du chariot, tendue par-dessus, et attachée à terre avec des chevilles, de manière à former une tente vaste et commode. Après avoir regardé leur ouvrage d'un air d'intérêt et de satisfaction, tantôt arrangeant un pli, tantôt enfonçant une cheville avec plus de force, ils se réunirent de nouveau pour pousser le chariot par le timon hors de la tente, jusqu'à ce qu'il parût en plein air, dépouillé de l'enveloppe qui le couvrait, et ne contenant plus que quelques effets ou ustensiles insignifiants. Le chef des émigrants les prit aussitôt et les porta de ses propres mains dans la tente, comme si y entrer était un privilége auquel même son compagnon intime n'avait pas droit.

La curiosité est un sentiment que l'isolement, bien loin de l'affaiblir, semble au contraire augmenter encore. Le vieil habitant des Prairies ne vit pas ces arrangements secrets et mystérieux sans en éprouver jusqu'à un certain point l'influence. Il s'approcha de la tente, et il se préparait à en écarter quelques plis, dans l'intention très-manifeste d'examiner de plus près ce qu'elle contenait, lorsque le même homme qui avait déjà failli attenter à ses jours le saisit par le bras, et, par un mouvement un peu brusque, comme pour montrer sa force, le fit reculer à quelques pas de l'endroit qu'il avait choisi comme le point d'observation le plus convenable.

— C'est un principe honnête, camarade, lui dit-il d'un ton sec en jetant sur lui le regard le plus menaçant, — et qui du moins est sans danger, que celui qui dit : mêlez-vous de vos affaires.

— Il est rare que des hommes apportent dans ces déserts des choses qu'il faille cacher, répondit le vieillard, comme s'il voulait excuser la liberté qu'il avait été sur le point de se permettre, et qu'il ne sût trop comment s'y prendre, et je ne croyais pas faire mal en jetant un coup d'œil là-dedans.

— Il est même rare qu'on y trouve des hommes, à ce qu'il me paraît, répondit brusquement son interlocuteur; ceci m'a l'air d'une vieille contrée, quoiqu'elle ne me semble pas prodigieusement peuplée.

— Cette terre est aussi vieille que le reste des ouvrages du Seigneur, je le crois; mais quant à ses habitants vous ne vous trompez pas. Bien des mois se sont écoulés depuis que je n'ai reposé mes yeux sur une figure de ma couleur. Je vous le répète, ami, je ne croyais pas vous offenser; je ne savais pas s'il n'y aurait point derrière cette toile quelque chose qui rappelât les anciens jours à ma mémoire.

En terminant cette simple explication, le vieillard s'éloigna lentement, comme un homme fortement pénétré du droit que chacun a de jouir, comme il l'entend, de ce qui lui appartient, sans que son voisin vienne s'entremettre dans ses affaires, principe juste et salutaire, qu'il avait sans doute puisé également dans les habitudes de sa vie retirée. En retournant à l'endroit où les émigrants étaient campés, — car ce lieu avait alors toute l'apparence d'un petit camp, — il entendit le chef, qui, de sa voix rauque et impérieuse, appelait :

— Hélène Wade!

A ce nom, la jeune fille que nous avons déjà présentée à nos lecteurs, et qui était occupée auprès des feux avec la vieille femme, s'avança avec empressement, et, passant devant le vieillard avec la légèreté d'une gazelle, elle disparut bientôt derrière les plis de la tente, dont l'enceinte redoutable était interdite aux profanes. Ni sa disparition soudaine, ni aucun des arrangements que nous avons décrits, ne parurent exciter la plus légère surprise parmi le reste de la troupe. Les jeunes garçons qui avaient déposé la hache, la coupe des arbres étant déjà terminée, étaient tous occupés alors avec cet air de vague insouciance qui les caractérisait, les uns à partager également le fourrage entre les divers animaux, d'autres à faire travailler le lourd pilon d'un mortier portatif pour préparer l'*hommany*[1], et un ou deux à rouler à l'écart le reste des chariots, et à les disposer de manière à former une espèce d'ouvrage avancé pour protéger leur bivouac autrement sans défense.

Les différents travaux furent bientôt terminés, et l'obscurité commençait à cacher les objets sur la Prairie environnante, lorsque la bruyante mégère, dont les poumons avaient été continuellement en exercice depuis qu'on s'était arrêté, pour gourmander et presser ceux de ses enfants qui n'allaient pas assez vite, annonça, d'une voix qui aurait pu être entendue à une énorme distance, que le repas du soir n'attendait plus que la présence de ceux qui devaient le manger. Quelles que soient les autres qualités d'un habitant des frontières, il est rare du moins qu'il ne s'empresse pas d'exercer l'hospitalité. A peine l'émigrant eut-il entendu la voix perçante de sa femme, qu'il jeta les yeux autour de lui pour chercher le vieillard, et lui offrir la place d'honneur dans le repas frugal auquel ils étaient appelés avec si peu de cérémonie.

— Ami, je vous remercie, dit l'habitant des Prairies, en réponse à l'invitation qui lui était faite de prendre place autour de la chaudière bouillante, je vous remercie du fond du cœur ; mais j'ai mangé pour la journée, et je ne suis pas de ces gens qui creusent leur tombe avec leurs dents. Cependant, puisque vous le désirez, je m'assiérai à côté de vous ; car voilà bien longtemps que je n'ai vu des hommes de ma couleur manger leur pain quotidien.

— Alors il y a longtemps que vous êtes fixé dans ces districts, dit l'émigrant d'un ton qui indiquait qu'il faisait une remarque

---

[1]. Mets du pays, espèce de bouillie de maïs.

plutôt qu'une question, et la bouche remplie presque à comble du délicieux *hommany*, préparé par sa femme, qui, toute repoussante qu'elle était, n'en était pas moins une habile cuisinière. — On nous a dit en bas que nous trouverions les habitants un peu clair-semés par ici, et je dois convenir qu'on ne nous avait pas trompés ; car, à l'exception des marchands du Canada sur la grande rivière, vous êtes la première figure blanche que nous ayons rencontrée depuis cinq cents grands milles, à compter du moins d'après votre propre calcul.

— Quoique j'aie passé plusieurs années dans cette contrée, on ne peut guère dire que j'y sois établi, attendu que je n'ai pas de demeure fixe, et qu'il est rare que je passe plus d'un mois de suite dans le même endroit.

— Votre état est sans doute celui de chasseur ? reprit l'émigrant jetant un regard de côté comme pour examiner l'accoutrement de sa nouvelle connaissance. Vos armes ne semblent pas être des meilleures pour un pareil métier.

— Elles sont vieilles, et tirent à leur fin comme leur maître, dit le vieillard en jetant sur sa carabine un regard où se peignaient tout à la fois le regret et l'affection ; et je puis dire aussi qu'elles n'ont plus grande occupation. Ami, vous vous trompez en me donnant le nom de chasseur ; je ne suis rien de mieux qu'un trappeur [1].

— Si vous êtes principalement l'un, je puis dire avec raison que vous êtes tant soit peu l'autre ; car les deux états vont presque toujours ensemble dans ces districts.

— A la honte de l'homme à qui ses forces permettent encore de chasser ! s'écria le Trappeur, auquel nous continuerons à donner ce nom à l'avenir. Pendant plus de cinquante ans j'ai porté ma carabine dans les déserts sans dresser le plus petit piége même à l'oiseau qui vole dans les airs, bien moins encore au pauvre animal qui n'a été doué que de pattes pour tout avantage.

— Qu'un homme se procure les peaux qui lui sont nécessaires pour se couvrir, à l'aide du fusil ou de la trappe, dit le compagnon de mauvaise mine de l'émigrant avec son air morose et bourru, je n'y vois pas grande différence. La terre n'a-t-elle pas

---

1. Il est à peine nécessaire d'expliquer que ce mot américain s'applique au chasseur qui prend son gibier dans une trappe. C'est une coutume générale sur les frontières. Le castor, animal trop subtil pour être aisément tué, est plus souvent pris de cette manière que d'aucune autre.

été faite pour lui? et tout ce qu'elle porte est également pour son usage.

— Etranger, vous paraissez n'avoir que peu de butin [1], pour quelqu'un qui vit loin de toute habitation, dit l'émigrant d'un ton brusque, en l'interrompant, comme s'il avait quelque raison pour désirer de changer le cours de la conversation. J'espère que vous êtes mieux monté en peaux.

— Je fais peu d'usage de tout cela, reprit le vieillard avec douceur. A mon âge, un peu de nourriture et quelques vêtements, c'est tout ce qu'il faut, et je n'ai guère besoin de ce que vous appelez butin, à moins que ce ne soit de temps en temps pour troquer contre un peu de poudre ou de plomb.

— Vous n'êtes donc pas né dans ces districts? dit l'émigrant, ayant présent à l'esprit l'acception dans laquelle le vieillard avait pris le mot très-équivoque que lui-même avait employé, d'après l'usage du pays, pour *bagage* ou *effets*.

— Je suis né sur le bord de la mer, quoique la plus grande partie de ma vie se soit passée dans les bois.

A ces mots toute la troupe ouvrit de grands yeux, et le regarda avec cet intérêt profond qu'excite l'apparition d'un objet inattendu. Une ou deux voix répétèrent les mots *sur le bord de la mer;* et, à partir de ce moment, la femme, malgré toute sa rudesse, montra pour lui des attentions qu'elle était peu dans l'habitude d'avoir pour ses hôtes; mais c'était une sorte d'hommage qu'elle rendait au titre respectable de voyageur. Après une pause assez longue, qu'il parut employer à réfléchir, l'émigrant, ne voyant sans doute pas la nécessité de suspendre plus longtemps les opérations du repas, reprit la conversation.

— Il y a loin, à ce que j'ai entendu dire, des eaux de l'ouest aux bords de la Rivière-Sans-Fin.

— Oh! oui, bien loin: et j'ai eu beaucoup à voir, et un peu à souffrir en faisant cette route.

— Ce doit être un voyage dur et pénible que de la parcourir dans toute sa longueur?

— Pendant soixante-quinze ans j'ai été sur cette route; et,

---

1. On se sert dans les Etats de l'ouest du mot *butin* pour exprimer le bagage d'un voyageur. Ce mot pourrait induire en erreur sur le caractère de ce peuple, qui, malgré son singulier usage d'un terme aussi expressif, est, ainsi que les habitants de tous les nouveaux établissements, honnête et hospitalier. La friponnerie à laquelle pourrait faire croire le mot *butin* se trouve généralement dans les régions plus civilisées.

dans toute la distance, à partir des rives de l'Hudson, il n'y a pas la moitié de ce nombre de lieues où je n'aie mangé de la venaison provenant de ma propre chasse. Mais ce sont de vaines farfaronnades : à quoi servent les anciennes prouesses lorsque la vie touche à son terme ?

— J'ai rencontré une fois un homme qui avait été en bateau sur la rivière qu'il vient de nommer, dit l'un des enfants en parlant à voix basse, comme quelqu'un qui se défie de ses connaissances, et qui juge prudent de ne parler qu'avec circonspection en présence d'un homme qui en avait tant vu ; à l'en croire, ce doit être un courant considérable, assez profond pour porter les plus grands bateaux.

— Oui, c'est une immense étendue d'eau, et un grand nombre de belles villes s'élèvent sur ses bords, reprit le vieillard, et cependant ce n'est qu'un ruisseau auprès de la Rivière-Sans-Fin.

— Je n'appelle courant que ce dont personne ne saurait faire le tour, s'écria l'homme de mauvaise mine ; une véritable rivière doit être traversée, et non point tournée comme un ours dans une chasse de comté[1].

— Avez-vous été fort loin du côté du coucher du soleil ? demanda l'émigrant en interrompant de nouveau son compagnon morose, comme s'il voulait l'empêcher, autant que possible, de prendre part à la conversation. Je m'aperçois que par ici ce ne sont que clairières interminables.

— Vous pouvez voyager des semaines entières, et vous verrez toujours la même chose. Je pense souvent que le Seigneur a placé cette ceinture aride de prairies derrière les États, pour faire sentir aux hommes à quelle situation déplorable leur folie peut encore ramener le pays. Oui, vous pouvez parcourir pendant des semaines, pendant des mois entiers, ces plaines ouvertes, sans rencontrer aucune habitation, aucune cabane, aucun abri. Il n'est point jusqu'aux animaux sauvages qui n'aient bien des milles à franchir pour trouver leurs repaires ; et pourtant il est rare que le vent souffle de l'est, sans que je croie entendre des coups de hache et un bruit d'arbres qui tombent à terre.

Le vieillard parlait avec autant de noblesse que de gravité, et

---

1. Dans les nouvelles contrées, on a l'habitude d'assembler tous les hommes d'un district, et quelquefois d'un comté tout entier, pour exterminer les animaux de proie. On forme un cercle de plusieurs milles d'étendue, et les chasseurs se rapprochent graduellement tuant tout ce qui se rencontre sur leur passage. L'auteur fait allusion à cette coutume, lorsqu'il dit que les animaux de proie doivent être tournés.

son grand âge donnait un nouveau poids à ses paroles. Ses récits intéressaient tellement ses auditeurs qu'ils restaient immobiles autour de lui, silencieux comme le tombeau. Le vieillard fut obligé de relever lui-même la conversation, ce qu'il fit par une de ces questions indirectes si fort en usage chez les habitants des frontières.

— Il ne vous a pas été facile de traverser à gué les courants d'eau et de pénétrer aussi avant dans les Prairies avec vos attelages de chevaux et vos troupeaux de bêtes à cornes?

— J'ai suivi la rive gauche du grand fleuve, répondit l'émigrant, jusqu'à ce que j'aie vu que le courant nous conduisait trop vers le nord. Alors nous l'avons traversé sur des radeaux sans trop souffrir. La femme a perdu une toison ou deux sur la tonte de l'année prochaine, et les filles ont une vache de moins dans leur troupeau. Depuis ce temps nous nous en sommes tirés à merveille en jetant un pont sur les petites rivières qui se présentaient presque tous les jours.

— Il est probable que vous continuerez à avancer vers l'ouest, jusqu'à ce que vous trouviez une terre plus convenable pour vous y établir.

— Jusqu'à ce que je voie quelque raison pour m'arrêter ou pour revenir sur mes pas, répondit l'émigrant d'un ton brusque et d'un air mécontent. Il se leva en même temps, et ce mouvement rapide et inattendu mit fin à l'entretien. Le Trappeur suivit son exemple, les autres en firent autant, et, sans faire grande attention à la présence de leur hôte, ils se mirent à commencer leurs dispositions pour la nuit. Des berceaux ou plutôt de petites cabanes avaient été formées avec des branches d'arbres, des couvertures grossièrement fabriquées, et des peaux de buffles, le tout arrangé pêle-mêle, sans qu'on eût en vue autre chose que la commodité du moment. Les jeunes enfants s'y retirèrent aussitôt avec leur mère; et il est plus que probable qu'ils ne tardèrent pas à être tous plongés dans un profond sommeil. Quant aux hommes, ils avaient encore quelques devoirs à remplir avant de songer au repos. Il fallait compléter leurs ouvrages extérieurs de défense, donner de nouveau fourrage au bétail, couvrir les feux avec soin, et choisir ceux qui devaient veiller pour la sûreté de la troupe pendant la nuit.

Pour se fortifier davantage, ils traînèrent quelques troncs d'arbres pour remplir les intervalles laissés entre les chariots, et ils en firent autant tout le long de l'espace resté libre entre les voitures et le petit bois auquel, pour employer les termes de guerre, le camp était appuyé, formant ainsi une sorte de chevaux de frise de trois côtés de la position. Toute la troupe, tant hommes que bêtes, se trouvait renfermée dans ces étroites limites, à l'exception de ce que la tente pouvait contenir; les animaux se trouvaient trop heureux de pouvoir reposer leurs membres fatigués, pour donner quelque embarras à leurs maîtres doués à peine de plus de raison. Deux des jeunes émigrants prirent leurs fusils, en renouvelèrent l'amorce ; examinèrent la pierre avec le plus grand soin, et allèrent se poster aux deux extrémités du camp, l'un à droite, l'autre à gauche, se tenant à couvert sous l'ombrage du bois, mais de manière cependant à pouvoir planer chacun sur la partie de la Prairie dont la surveillance lui était plus particulièrement confiée.

Le Trappeur, après avoir remercié l'émigrant qui lui offrait de partager sa paille, était resté dans l'enceinte à considérer ce qui se passait, et ce ne fut que lorsque tous les arrangements furent terminés, qu'il s'éloigna à pas lents en s'épargnant la cérémonie d'un adieu.

C'était alors la première veille de la nuit, et cette lueur pâle et tremblante que jette une nouvelle lune, se jouait sur les ondulations de la Prairie, dont elle éclairait légèrement le sommet, tandis que de grandes masses d'ombres en marquaient les intervalles. Accoutumé aux scènes de la solitude, le vieillard s'enfonça seul dans ces déserts sans bornes, comme le vaisseau hardi qui quitte le port pour se confier aux plaines infinies de l'océan. Il marcha quelque temps au hasard, sans savoir où ses jambes le portaient, et sans paraître s'en inquiéter. A la fin, arrivé sur le sommet de l'une de ces collines onduleuses, il s'arrêta, et pour la première fois, depuis qu'il avait quitté ceux qui avaient éveillé dans son âme tant de souvenirs et de si profondes réflexions, le vieillard revint au sentiment de son existence et de sa situation actuelle. Posant à terre la crosse de son fusil, il appuya ses deux mains sur le bout, et resta de nouveau abîmé dans ses méditations. Son chien était venu se coucher à ses pieds. Un hurlement prolongé et menaçant de ce fidèle animal fut le premier bruit qui le tira de sa rêverie.

— Qu'y a-t-il, mon vieux? dit-il en se courbant vers son chien, comme s'il eût adressé la parole à un être doué d'une intelligence égale à la sienne, et du ton de voix le plus affectueux. Qu'est-ce, mon garçon? Que nous sert ton odorat, à présent? Ah! mon pauvre Hector, tout cela est inutile! il n'est point jusqu'aux faons eux-mêmes qui ne viennent folâtrer jusque sous nos yeux, sans s'inquiéter de deux vieux invalides tels que nous. Ils ont l'instinct pour eux, Hector; et ils se sont aperçus que nous sommes bien peu à craindre; — oui, Hector, ils s'en sont aperçus.

Le chien leva la tête et répondit à son maître par un gémissement plaintif, qui se prolongea, même après qu'il se fut recouché sur l'herbe, comme s'il continuait à s'entretenir avec celui qui savait si bien interpréter son langage muet.

— C'est un avertissement manifeste, Hector! dit le Trappeur en baissant la voix par prudence, et en regardant avec soin autour de lui; — qu'y a-t-il, mon vieux? qu'y a-t-il?

Le chien avait déjà placé son museau contre terre; on ne l'entendait plus, et il semblait sommeiller. Mais l'œil vif et exercé de son maître distingua bientôt une espèce de fantôme qui, à la clarté vacillante de la lune, semblait errer le long de la colline sur laquelle il se trouvait lui-même. Bientôt les proportions en devinrent plus distinctes, et il put apercevoir la taille svelte et légère d'une femme qui paraissait hésiter comme si elle réfléchissait s'il était prudent d'avancer davantage. Quoique le chien entr'ouvrît de nouveau ses yeux vigilants, il ne donna plus de signes de mécontentement.

— Approchez, nous sommes vos amis, dit le Trappeur, qui, par l'habitude d'être ensemble, et peut-être par la force du lien secret qui les unissait, s'identifiait en quelque sorte avec son vieux compagnon; — approchez, vous n'avez rien à craindre de nous.

Encouragée par la douceur de sa voix, entraînée sans doute en même temps par les motifs les plus impérieux, la personne qu'il appelait s'approcha, jusqu'à ce qu'elle fût à ses côtés, et il vit alors que c'était la jeune femme que le lecteur connaît déjà sous le nom d'Hélène Wade.

— Je vous croyais parti, dit-elle en jetant autour d'elle un regard timide et inquiet. Ils disaient que vous étiez bien loin, et que nous ne vous reverrions jamais. Je ne pensais pas que ce fût vous.

— Les hommes ne sont pas des objets fort communs dans ces plaines désertes, répondit le Trappeur, et quoique je vive depuis si longtemps au milieu des bêtes des forêts, j'ose espérer que je n'ai pas encore tout à fait perdu la forme humaine.

— Oh! je savais que vous étiez un homme, et je croyais aussi reconnaître le chien à ses gémissements plaintifs, répondit-elle précipitamment, comme si elle voulait expliquer elle ne savait quoi; puis elle s'arrêta tout à coup, comme si elle craignait d'en avoir déjà trop dit.

— Je n'ai pas vu de chiens parmi les troupeaux de votre père, dit froidement le vieillard.

— De mon père! s'écria la jeune fille avec un accent qui allait à l'âme; — je n'ai point de père; hélas! je pourrais presque dire que je n'ai point d'ami.

Le vieillard se retourna vers elle et la regarda d'un air de compassion; ses traits flétris par l'âge, qui portaient l'empreinte de la bienveillance et de la bonté, avaient encore quelque chose de plus doux et de plus affectueux qu'à l'ordinaire.

— Pourquoi vous êtes-vous hasardée dans des régions où le fort seul doit venir? lui demanda-t-il; ne saviez-vous pas qu'en traversant le grand fleuve, vous laissiez derrière vous un ami qui est obligé de protéger celui qui est trop faible ou trop jeune pour se défendre?

— De quel ami parlez-vous?

— De la loi. C'est une triste chose, sans doute; mais je pense quelquefois que c'est encore pis là où elle ne se trouve nulle part. Oui, oui, la loi est nécessaire pour prendre soin de ceux qui ne sont doués ni de force ni de prudence. Sans doute, mon enfant, si vous n'avez pas de père, vous avez du moins un frère?

La jeune fille sentit le reproche secret que couvrait cette question, et son embarras lui fit garder un instant le silence. Mais, ayant levé les yeux sur lui, et voyant l'air tout à la fois doux et sérieux du vieillard qui continuait à la regarder avec un vif intérêt, elle répondit d'un ton ferme, et de manière à ce qu'il ne pût lui rester aucun doute qu'elle eût compris ce qu'il avait voulu dire :

— A Dieu ne plaise qu'aucun de ceux que vous avez vus soit mon frère ou rien qui puisse m'être cher à quelque titre que ce soit! Mais dites-moi, bon vieillard, vivez-vous absolument seul dans cette contrée déserte? n'y a-t-il véritablement ici personne autre que vous?

— Il y a des centaines, que dis-je? des milliers de légitimes possesseurs du pays, qui sont errants dans les plaines, mais bien peu de notre couleur.

— Ainsi donc vous n'avez rencontré aucun blanc, si ce n'est nous? dit-elle en l'interrompant, comme si son impatience ne lui permettait pas d'attendre les lentes et tardives explications d'un vieillard.

— Aucun, depuis bien longtemps. — Tout beau, Hector, paix, paix! ajouta-t-il en réponse à un murmure sourd et étouffé de son fidèle ami. — Ceci ne nous annonce rien de bon; il faut que le chien ait senti quelque chose. Les ours noirs descendent quelquefois des montagnes pour se répandre même encore plus bas dans les plaines. Hector ne nous avertirait pas s'il ne s'agissait que d'un gibier peu redoutable. Je ne suis pas si leste qu'autrefois à saisir ma carabine, et mon coup d'œil n'a plus la même justesse; cependant j'ai abattu dans mon temps même les plus féroces animaux de la Prairie. Ainsi, vous avez peu sujet de craindre, jeune fille.

La jeune personne baissa d'abord les yeux à terre, puis elle les releva lentement, et les promena successivement de tous les côtés; mais son air annonçait moins de crainte que d'impatience.

Cependant un léger aboiement du chien attira de nouveau leur attention, et ils commencèrent alors à distinguer le véritable objet de ce second avertissement.

CHAPITRE III.

Allons, allons, tu es un Jean aussi chaud que Jean qui vive en Italie, aussi vif que susceptible, et aussi susceptible que vif[1].
SHAKSPEARE. *Roméo et Juliette.*

Quoique le Trappeur manifestât quelque surprise en voyant s'approcher encore une forme humaine, et cela dans une direction opposée à l'endroit où l'émigrant avait établi son camp, il n'en conserva pas moins le sang-froid d'un homme accoutumé depuis longtemps à braver les dangers.

---

1. Ces paroles sont dans la bouche de Mercutio, à qui Shakspeare prête encore plus d'antithèses et de concetti que d'esprit. La manière la plus simple de s'exprimer n'est guère la sienne: il veut dire ici à Benvolio qu'il est prompt à se fâcher, à prendre de l'humeur, etc.

— C'est un homme, dit-il, et un homme qui a du sang blanc dans les veines; autrement sa marche serait plus légère. Il sera bon de nous tenir sur nos gardes, car les métis [1] que l'on rencontre dans ces régions éloignées sont souvent plus barbares que les véritables sauvages.

En disant ces mots, il examina la pierre de sa carabine, s'assura qu'elle était en bon état, et il s'apprêtait à coucher en joue l'inconnu pour le tenir en respect, lorsque sa compagne, d'une main tremblante, arrêta vivement son bras.

— Au nom de Dieu! s'écria-t-elle, ne précipitez rien; c'est peut-être un ami, une connaissance, un voisin.

— Un ami! répéta le vieillard en dégageant le bras qu'elle avait saisi; les amis sont rares partout, et ici, peut-être, encore plus qu'ailleurs; et le voisinage est trop faiblement peuplé pour faire présumer que celui qui vient vers nous soit même une connaissance.

— Mais quand même ce serait un étranger, vous ne voudriez pas verser son sang.

Le vieillard la regarda fixement; la frayeur et l'inquiétude se peignaient dans tous les traits de la jeune fille. Il posa de nouveau à terre la crosse de son fusil, comme un homme qui a changé tout à coup d'idée.

— Non, dit-il en se parlant à lui-même plutôt qu'à sa timide compagne; elle a raison; le sang ne doit pas être versé pour défendre une vie inutile et si près de s'éteindre. Qu'il vienne; mes peaux, mes trappes, ma carabine elle-même, tout est à lui, s'il juge à propos de les demander.

— Il ne demandera rien, il n'a besoin de rien, s'écria sa compagne; s'il a de l'honneur, il doit être content de ce qu'il a, et il ne demandera rien de ce qui appartient à un autre.

Le vieillard n'eut pas le temps de lui exprimer la surprise que lui causaient ces phrases incohérentes et contradictoires; car l'étranger n'était plus qu'à cinquante pas de lui. Cependant Hector n'était pas resté spectateur indifférent de ce qui se passait. Au bruit des pas devenus plus distincts, il s'était levé du lit qu'il s'était fait aux pieds de son maître; et, voyant approcher un inconnu, il alla lentement à lui, rampant à terre comme une panthère qui s'apprête à s'élancer sur sa proie.

---

1. Métis, hommes nés de femmes indiennes et de pères blancs. Cette race a beaucoup des vices de la civilisation sans avoir les vertus des sauvages.

— Rappelez votre chien, dit une voix ferme et sonore avec l'accent de l'amitié plutôt que de la menace; j'aime un chien de chasse, et je serais fâché de lui faire du mal.

— Vous entendez ce qu'on dit de vous, mon vieux camarade? dit le Trappeur. Ici, Hector! Aboyer et gronder, voilà tout ce qu'il sait faire à présent. Ami, approchez sans crainte; la pauvre bête n'a plus de dents.

L'étranger ne se fit pas attendre : en un instant il était à côté d'Hélène Wade. Il jeta sur elle un regard rapide, comme pour s'assurer de son identité; puis, avec une promptitude et une impatience qui témoignaient l'intérêt qu'il prenait à cet examen, il se mit à regarder attentivement celui qui l'accompagnait.

— De quel nuage êtes-vous tombé, mon bon vieillard? dit-il d'un ton de légèreté et d'abandon qui semblait trop naturel pour être affecté; ou bien demeurez-vous en effet ici dans la Prairie?

— Voilà longtemps que je suis sur la terre, et jamais, je crois, je n'ai été plus près du ciel que je ne le suis dans ce moment, répondit le Trappeur. Ma demeure, si tant est qu'on puisse dire que j'en aie une, n'est pas fort éloignée. Maintenant puis-je prendre avec vous la liberté que vous êtes si prompt à prendre avec les autres? D'où venez-vous, et où est votre habitation?

— Doucement, doucement; lorsque j'aurai fini mes questions il sera temps de commencer les vôtres. Qui peut vous appeler hors de chez vous à une pareille heure? Assurément vous ne vous amusez pas à courir après les buffles au clair de la lune?

— Tel que vous me voyez, je reviens d'un bivouac que des voyageurs ont établi sur cette colline, et je retourne dans mon vigwam [1]. Je ne vois pas que dans tout cela je fasse tort à personne.

— Fort bien. Et cette jeune femme? vous l'avez prise sans doute pour qu'elle vous montrât le chemin, elle qui le connaît si bien, et vous qui le connaissez si peu!

— Je l'ai rencontrée, comme je vous ai rencontré vous-même, par hasard. Depuis dix longues années je demeure dans ces plaines ouvertes, et c'est la première fois que je rencontre à pareille heure deux créatures humaines ayant des peaux blanches. Si ma présence ici est importune, je continuerai mon chemin. Il est plus que probable que lorsque votre jeune amie aura raconté son histoire, vous serez plus porté à croire la mienne.

1. Tente. Voyez les notes du *Dernier des Mohicans*.

— Amie! dit le jeune homme en ôtant de dessus sa tête un bonnet fait avec des peaux, et en passant lentement les doigts à travers ses cheveux noirs et crépus; si jamais mes yeux ont vu la jeune fille avant cette nuit, puissé-je...

— Arrêtez, Paul, dit Hélène en l'interrompant et en lui mettant la main sur la bouche avec une familiarité qui donnait un démenti assez formel aux protestations qu'il allait faire. Notre secret ne court aucun danger avec ce bon vieillard. Je le vois dans ses yeux; j'en suis sûre d'après ses paroles affables.

— Notre secret! Hélène, avez-vous oublié...

— Non, je n'ai rien oublié que je dusse me rappeler. Mais, je vous le répète, nous n'avons rien à craindre de cet honnête Trappeur.

— Trappeur! c'est donc un Trappeur! Donnez-moi la main, mon père, nous aurons bientôt fait connaissance, puisque nos états se ressemblent.

— Se ressemblent! répéta le vieillard en regardant les formes athlétiques du jeune homme qui était appuyé nonchalamment, mais non sans grâce, sur son fusil; pour prendre les créatures de Dieu dans des trappes et des filets, il faut moins de force que d'adresse, et voilà où j'en suis réduit à présent. Mais un jeune homme tel que vous ferait aussi bien de suivre une autre profession qui convînt mieux à votre âge et à vos forces.

— Moi! je n'ai jamais pris même un pilori[1] ou un pauvre musc dans une trappe, quoique, je l'avoue, j'aie fait feu plus d'une fois sur ces diables de peaux noires, lorsque j'aurais mieux fait de laisser ma poudre à sa place et mon plomb dans son sac de peau. Non, non, vieillard, rien de ce qui rampe sur la terre ne concerne mon état.

— Comment pouvez-vous donc pourvoir à votre subsistance? car il y a peu de profit à faire dans ces districts, si l'on s'interdit le droit légitime que tout homme a sur les bêtes des forêts.

— Je ne m'interdis rien. Si un ours gêne ma marche, il n'est bientôt plus. Les daims commencent à me connaître, et quant aux buffles, vieillard, j'en ai tué plus que le boucher le plus renommé de tout le Kentucky.

— Vous savez donc tirer? demanda le Trappeur; et ses yeux, petits et enfoncés, semblaient s'animer et briller d'un feu nouveau; avez-vous la main sûre et le coup d'œil rapide?

---

[1]. Espèce de rat.

— La main, comme la meilleure trappe d'acier ; le coup d'œil plus rapide que la balle qui va frapper le chevreuil. Je voudrais qu'il fît encore jour, et qu'il y eût une bande ou deux de vos cygnes blancs ou de vos canards à plumes noires, qui se dirigeassent vers le midi, au-dessus de nos têtes ; Hélène ou vous, vous pourriez choisir le plus beau de la troupe, et que je sois perdu de réputation si en moins de cinq minutes l'oiseau ne tombait pas la tête la première, et cela avec une seule balle. Je méprise un fusil chargé à petit plomb, et jamais personne n'a pu dire m'en avoir vu un semblable entre les mains.

—Bien, mon garçon ! C'est un brave jeune homme, dit le Trappeur en regardant Hélène d'un air ouvert et satisfait. Je prends sur moi de déclarer que vous n'avez nullement tort de lui donner ainsi des rendez-vous. Dites-moi, mon garçon, avez-vous jamais frappé un daim, pendant qu'il était lancé, entre les andouillers ? Tout beau, Hector, tout beau, mon vieux. Le nom seul du gibier lui fait dresser l'oreille. — Avez-vous jamais pris l'animal, de cette manière, sur son long élan ?

— Autant vaudrait me demander, vieillard, si j'ai jamais mangé. Il n'y a point de manière dont un daim n'ait été abattu par ma main, si ce n'est lorsqu'il était endormi.

—Très-bien, très-bien ; vous avez une longue carrière à fournir, et une heureuse et honnête carrière, entendez-vous ? Je suis vieux, épuisé, je ne suis plus bon à rien ; mais s'il m'était donné de recommencer ma vie, et de choisir mon âge et ma demeure..... je sais que ce sont de ces choses qui ne sont pas et qui ne doivent jamais être laissées à la volonté de l'homme ; mais enfin, si une pareille faveur m'était accordée, je dirais : Vingt ans et le désert !
— Mais dites-moi, comment vous défaites-vous des fourrures ?

— Des fourrures ! jamais je n'ai pris la peau d'un daim, ni arraché une plume à une oie ! Je les abats de temps en temps, il est vrai, soit pour ma nourriture, soit pour tenir mes doigts en haleine ; mais une fois la faim apaisée, j'abandonne le reste aux loups de la Prairie. Non, non, je m'en tiens à ma profession, qui me rapporte plus que toutes les fourrures que je pourrais vendre de l'autre côté de la grande rivière.

Le vieillard parut réfléchir un instant, et dit ensuite en branlant la tête, et comme s'il continuait ses réflexions :

— Je ne connais qu'une seule profession qu'on puisse exercer ici avec cet avantage...

Il fut interrompu par le jeune homme, qui, prenant à la main une petite boîte d'étain, la présenta au vieillard, en fit sauter le couvercle, et celui-ci sentit s'exhaler l'odeur délicieuse du miel le plus pur.

— Un chasseur aux abeilles! dit le Trappeur avec une promptitude qui montrait que c'était une profession qui lui était connue; mais en même temps avec quelque surprise de voir un jeune homme qui avait l'air aussi brave et aussi résolu, se livrer à une pareille occupation; cela rapporte assez sur les frontières; mais il me semble que ce doit être un triste métier dans les districts ouverts.

— Croyez-vous qu'un essaim ne trouve pas toujours bien un arbre pour s'y établir? Moi je sais le contraire, et c'est ce qui m'a fait venir quelques centaines de milles plus loin que les autres, pour goûter votre miel. Et maintenant que j'ai satisfait à votre curiosité, j'espère, étranger, que vous allez vous tenir à l'écart pendant que je raconterai le reste de mon histoire à cette jeune femme.

— Il est inutile, complètement inutile qu'il nous quitte, dit Hélène avec un empressement qui montrait qu'elle sentait un peu, sinon l'inconvenance, du moins la singularité de la demande. Vous ne pouvez avoir rien à me dire que tout le monde ne puisse entendre.

— Non? Eh bien! puissent les guêpes me piquer jusqu'au sang si je comprends rien aux caprices d'une femme! Pour moi personnellement, Hélène, je ne m'inquiète ni de qui, ni de quoi que ce soit au monde; et je suis prêt, si vous le désirez, à me diriger vers l'endroit où votre oncle, si vous pouvez donner ce nom à un homme qui, je le jurerais, ne vous est rien, a dételé ses chevaux; je suis prêt à lui dire ce que je pense, à présent aussi bien que dans un an. Vous n'avez qu'à dire un seul mot, et je vais le trouver, que cela lui plaise ou non.

— Vous êtes si vif et si emporté, Paul Hover, que je sais à peine comment m'y prendre avec vous. Comment se peut-il que vous, qui savez combien il est important qu'on ne nous voie point ensemble, vous parliez d'aller trouver mon oncle et ses fils?

— A-t-il fait quelque chose dont il doive rougir? demanda le Trappeur, qui n'avait pas bougé d'une ligne de la place où il s'était arrêté d'abord.

— A Dieu ne plaise! mais il y a des raisons pour lesquelles il ne doit pas être vu dans ce moment,... des raisons qui ne lui feraient aucun tort si elles étaient connues, mais qui ne peuvent être dites encore. Ainsi donc, mon père, si vous vouliez attendre près de ces saules que j'aie entendu ce que Paul peut avoir à me dire, je ne manquerai pas d'aller vous dire adieu avant de retourner au camp.

Le Trappeur parut se contenter des raisons un peu incohérentes qu'Hélène lui donnait pour rester seule, et il se retira lentement. Lorsqu'il fut hors de portée d'entendre la conversation vive et animée qui s'établit aussitôt entre les deux jeunes gens, le vieillard s'arrêta de nouveau, et attendit patiemment le moment où il pourrait se rapprocher d'eux; car il s'intéressait de plus en plus à leur sort, soit par suite de la nature mystérieuse des relations qu'ils paraissaient avoir ensemble, soit par un sentiment de pitié pour deux êtres si jeunes, et, comme il se plaisait aussi à le croire dans la simplicité de son cœur, si dignes d'être heureux. Il était accompagné de son chien indolent, mais fidèle, qui avait fait de nouveau son lit aux pieds de son maître, et qui bientôt s'assoupit comme à son ordinaire, la tête presque enfoncée dans l'herbe de la Prairie.

C'était un spectacle si inusité de voir des formes humaines au milieu des solitudes dans lesquelles il demeurait, que le Trappeur resta les yeux attachés sur ses jeunes amis, que dans l'obscurité il distinguait à peine, éprouvant des sensations auxquelles il était étranger depuis longtemps. Leur présence éveillait des souvenirs et des émotions dont son cœur plus honnête que tendre ne se croyait plus susceptible, et ses pensées commencèrent à se promener vaguement sur les scènes diverses d'une vie passée dans de pénibles travaux, mais qui avait eu aussi ses moments de jouissances sauvages, en harmonie avec les lieux où il avait vécu. Son imagination l'avait déjà entraîné dans un monde idéal, lorsqu'il se trouva encore une fois rappelé tout à coup à la vie réelle par les mouvements de son fidèle chien.

Hector, qui, abattu par l'âge et les infirmités, avait manifesté tant de penchant à dormir, se leva alors, et sortant de l'ombre que projetait la taille élevée de son maître, il regarda au loin dans la Prairie, comme si son instinct lui apprenait encore l'arrivée de quelque nouvel hôte. Puis, paraissant content de son examen, il revint à sa place et s'étendit tout de son long avec un soin et une attention qui prouvaient qu'il savait fort bien prendre toutes ses aises.

— Qu'est-ce, Hector? dit le Trappeur d'un ton d'amitié, mais en ayant soin cependant de ne parler qu'à demi-voix ; qu'y a-t-il, mon chien? dites à votre maître, qu'y a-t-il encore?

Hector répondit par un nouveau gémissement, mais ne quitta pas sa couche. C'en était assez néanmoins pour mettre sur ses gardes un homme aussi expérimenté que le Trappeur. Il parla de nouveau à son chien, et il siffla doucement entre ses dents pour l'encourager à la vigilance. Cependant Hector, comme s'il croyait avoir déjà fait suffisamment son devoir, resta obstinément la tête enfoncée dans l'herbe.

— Un simple indice donné par un semblable ami vaut beaucoup mieux qu'un avis de la part d'un homme, dit tout bas le Trappeur en se dirigeant lentement vers les deux jeunes gens qui, tout entiers à leur conversation, étaient encore trop occupés pour s'apercevoir de son approche; et il faudrait être fou pour ne pas y avoir égard. — Enfants, ajouta-t-il lorsqu'il fut assez près de ses compagnons pour en être entendu, nous ne sommes point seuls dans ces sombres plaines ; d'autres que nous les parcourent ; ainsi donc, il faut le dire à la honte de notre espèce, le danger est proche.

—Si quelqu'un de ces fils indolents de Skirting Ismaël s'amuse à rôder hors de son camp pendant la nuit, dit le jeune chasseur d'abeilles avec beaucoup de vivacité, et d'un ton qui pouvait aisément passer pour menaçant, son voyage pourrait finir beaucoup plus tôt que ni lui ni son père ne l'ont calculé.

— J'en réponds sur ma vie, ils sont tous au camp, s'écria précipitamment Hélène. Je les ai vus tous endormis, à l'exception des deux qui ont été placés en sentinelles, et ils sont bien changés si, dans ce moment même, ils ne sont pas tous deux plongés dans quelque rêve, faisant la chasse aux dindons ou se battant sur quelque place publique.

— Quelque bête à odeur forte a passé entre le vent et votre chien, bon vieillard, dit le jeune homme ; et c'est ce qui le trouble, ou bien peut-être rêve-t-il aussi. J'avais dans le Kentucky un lévrier qui, au sortir d'un profond sommeil, se mettait aussitôt à courir au loin dans la plaine, et tout cela sur la foi de quelque rêve. Appelez ce pauvre animal, et pincez-lui l'oreille pour vous assurer qu'il est bien éveillé.

— Non, non, répondit le Trappeur en branlant la tête de l'air d'un homme qui connaissait mieux son chien; la jeunesse peut dormir, oui, et rêver aussi; mais la vieillesse est vigilante et toujours sur ses gardes. Le nez d'Hector ne l'a jamais trompé, et une longue expérience m'a appris à ne pas mépriser ses avertissements.

— L'avez-vous jamais lancé sur la piste de quelque charogne?

— Mais j'avoue que j'en ai été quelquefois tenté pour faire pièce à ces animaux carnassiers qui sont aussi avides de venaison que l'homme lui-même; mais non, je savais qu'Hector ne s'y tromperait pas; car jamais, voyez-vous, il ne se jettera sur une fausse piste lorsqu'il y en a une bonne à suivre.

— Parbleu! j'ai deviné l'affaire : vous l'avez lancé sur la trace d'un loup, et son nez a plus de mémoire que son maître, dit le chasseur d'abeilles en riant.

— J'ai vu la bonne bête dormir des heures entières, tandis qu'il en passait des centaines auprès de lui. Un loup pourrait venir manger dans son écuelle sans qu'il sourcillât, à moins toutefois qu'il n'y eût disette, auquel cas Hector saurait faire valoir son droit tout comme un autre.

— Il y a des panthères qui sont descendues des montagnes, j'en ai vu une s'élancer sur un daim malade, au moment où le soleil se couchait. Croyez-moi, allez auprès de votre chien, et dites-lui ce qui en est, bon vieillard; dans une minute, je... Il fut interrompu par un hurlement long et plaintif du chien; on eût dit les gémissements de quelque esprit du lieu, et le son s'élevait et baissait tour à tour comme la surface ondoyante de la Prairie. Le Trappeur, immobile à sa place, et dans un profond silence, écouta de toutes ses oreilles. Le jeune chasseur d'abeilles, malgré son air d'insouciance, fut frappé de ce hurlement prolongé, qui semblait avoir quelque chose de sauvage et en même temps de prophétique. Après une courte pause, le vieillard siffla pour appeler son chien auprès de lui, et alors, se tournant vers ses compagnons, il dit avec la gravité que lui semblaient demander les circonstances :

— Ceux qui pensent que l'homme réunit en lui seul toute l'intelligence des créatures de Dieu, se verront désabusés tôt ou tard, s'ils arrivent comme moi à l'âge de quatre-vingts ans. Je ne prendrai pas sur moi de dire quel péril nous menace, et je ne garantirai pas que le chien lui-même en sache tant; mais ce qui est certain, c'est que nous courons quelque danger, que ce danger est proche, et que la sagesse nous ordonne de l'éviter : voilà ce que j'ai appris de la bouche d'un être qui ne ment jamais. J'avais d'abord cru qu'Hector n'était plus habitué à entendre des pas d'homme, et que c'était de là que provenait son inquiétude; mais c'est dans le lointain que, pendant toute la soirée, il a flairé quelque chose, et ce que j'avais pris mal à propos pour l'annonce de votre approche annonçait quelque chose de beaucoup plus sérieux. Ainsi donc, mes enfants, si vous en croyez les avis d'un vieillard, vous vous séparerez sur-le-champ pour retourner chacun dans le lieu qui vous offre un abri et une retraite.

— Si je quitte Hélène dans un pareil moment, s'écria le jeune homme, je consens qu'à jamais...

— C'est assez! dit Hélène en lui mettant de nouveau sur la bouche une main dont la blancheur et la délicatesse eussent été remarquées dans les plus brillants salons; le temps presse, je n'ai plus un seul instant à moi, il faut nous quitter, quoi qu'il arrive. Adieu, Paul. — Mon père, adieu.

— Chut! dit le jeune homme en lui saisissant le bras au moment où elle allait s'éloigner. — Silence! n'entendez-vous rien? Il y a des buffles qui font leur vacarme assez près d'ici! oui, c'est quelque troupeau furieux qui court en désordre.

Ses deux compagnons prêtèrent l'oreille, comme des personnes dont toutes les facultés sont concentrées pour découvrir la véritable cause de quelque bruit douteux et lointain, d'autant plus effrayant qu'il avait été précédé de tant d'avertissements si remarquables. Les sons, quoique encore faibles, s'entendaient alors clairement. Le jeune homme et sa compagne avaient fait à la hâte quelques conjectures diverses sur ce qu'ils pouvaient être, lorsqu'un coup de vent apporta jusqu'à leurs oreilles le bruit de pas qui frappaient la terre d'une manière trop distincte pour qu'il fût possible de s'y méprendre.

— J'avais raison, dit le chasseur d'abeilles; c'est un troupeau qu'une panthère chasse devant elle, ou bien il y a quelque bataille parmi les animaux.

— Vos oreilles vous trompent, répondit le vieillard qui, depuis le moment où ses organes avaient pu saisir les sons éloignés, était resté immobile comme une statue, les sauts sont trop longs pour être ceux du buffle, et trop réguliers pour des animaux qui fuiraient épouvantés. Ecoutez! les voilà dans un bas-fond où l'herbe est haute, et le bruit est étouffé. Ah! voilà qu'ils passent sur la terre dure. Chut! ils montent la colline et viennent droit sur nous. Ils seront ici avant que vous puissiez trouver un abri.

— Venez, Hélène, dit le jeune homme en prenant sa compagne par la main ; essayons de gagner le camp.

— Il est trop tard! trop tard, s'écria le Trappeur, car les voilà qui se montrent devant nous, et c'est une bande infernale de ces maudits Sioux, à en juger à leur air de voleurs et à la manière dont ils se sont débandés dans la Prairie.

— Sioux ou diables, quels qu'ils soient, ils verront que nous sommes des hommes! s'écria le chasseur d'abeilles, d'un air aussi fier que s'il eût commandé une troupe d'une force supérieure et d'un courage égal au sien. Vous avez un fusil, bon vieillard, et vous en tirerez bien un coup en faveur d'une jeune fille chrétienne, sans défense.

— Ventre à terre! couchez-vous dans l'herbe tous les deux, vite dans l'herbe! dit le Trappeur à voix basse en lui montrant tout près d'eux un endroit où l'herbe était plus épaisse que partout ailleurs. Vous n'avez pas le temps de fuir, et vous n'êtes pas en nombre pour combattre, jeune insensé. Vite dans l'herbe, si vous voulez sauver la jeune fille, ou si votre vie vous est chère!

Ses remontrances, accompagnées de gestes prompts et énergiques, produisirent aussitôt leur effet, et ses conseils furent suivis avec cette obéissance passive que l'imminence du danger commandait impérieusement. La lune était descendue derrière un rideau de nuages minces et vaporeux qui bordait l'horizon, et à travers lequel sa clarté faible et vacillante perçait tout juste assez pour rendre les objets visibles, et en dessiner les formes et les proportions. Le Trappeur, en prenant sur ses compagnons cette espèce d'ascendant que la résolution et l'expérience exercent d'ordinaire dans les cas désespérés, avait réussi à les cacher dans l'herbe ; et, à l'aide du peu de lumière que jetait l'astre obscurci, il suivait les mouvements de cette troupe désordonnée, qui, comme autant de démons répandus dans la plaine pour y célébrer pendant la nuit leurs bruyantes orgies, courait de tous côtés par bonds impétueux.

C'était bien une troupe d'êtres humains qui approchait avec une rapidité vraiment effrayante, et dans une direction qui laissait peu d'espoir que quelques-uns d'entre eux pour le moins ne passassent point à l'endroit où le Trappeur et ses compagnons s'étaient retirés. Par intervalles, le bruit des pas des chevaux retentissait à leurs oreilles, apporté par le vent du soir; l'instant d'après la marche de la troupe à travers l'herbe plus épaisse était légère et presque insensible, et alors on eût pu croire que cette apparition n'avait rien de terrestre. Le Trappeur, qui avait rappelé son chien, et l'avait fait coucher à côté de lui, se mit aussi à genoux dans l'herbe, son œil prompt et vigilant suivant toujours les Sioux, tandis que sa voix calmait tour à tour les craintes de la jeune fille, et retenait l'impatience du jeune homme.

— Il y a plus de trente de ces mécréants, ou il n'y en a pas un, dit-il en guise d'épisode après maints commentaires qu'il avait murmurés entre ses dents. — Bon! voilà qu'ils s'éloignent du côté de la rivière. — Paix, Hector! paix, mon garçon! — Allons, voilà qu'ils viennent par ici à présent; on dirait que les brigands ne savent pas eux-mêmes où ils vont. Si nous étions seulement six, mon jeune ami, quelle belle embuscade nous pourrions leur dresser ici même! Allons, allons, de la prudence, jeune tête! baissez-vous davantage, ou vous serez découvert. En outre, je ne sais pas trop si nous serions dans notre droit, attendu qu'ils ne nous ont fait aucun mal. — Allons, voilà qu'ils redescendent vers la rivière. — Non, parbleu! ils montent la colline. — Voilà le moment d'être aussi immobile que si la respiration avait fini sa tâche et qu'elle eût quitté le corps.

A peine avait-il dit ces mots, qu'il s'enfonça dans l'herbe, comme si la séparation dernière, à laquelle il venait de faire allusion, se fût effectivement opérée en lui; et au même instant une troupe d'hommes à cheval passa comme un tourbillon auprès d'eux, avec autant de rapidité et avec aussi peu de bruit que si c'eût été autant de spectres qui eussent apparu tout à coup. A peine se furent-ils éloignés que le Trappeur se hasarda à lever la tête au niveau de la tige des herbes touffues, faisant signe en même temps à ses compagnons de rester à leur place et de garder le silence.

— Ils descendent la colline du côté du camp, dit-il à voix basse. — Non, ils s'arrêtent en bas, et se rassemblent en conseil comme un troupeau de daims. De par le ciel! ils reviennent sur leurs pas, et nous ne sommes pas encore débarrassés de ces brigands.

Il s'enfonça de nouveau dans l'herbage, et l'instant d'après la troupe sauvage parut sur le point le plus élevé de la petite colline, continuant à courir en désordre. Il devint bientôt évident qu'ils étaient revenus dans l'intention de profiter de l'élévation du terrain pour examiner l'horizon.

Quelques-uns mirent pied à terre, d'autres se mirent à caracoler dans toutes les directions, comme s'ils cherchaient à reconnaître les lieux. Heureusement pour les trois amis, l'herbe dans laquelle ils étaient cachés ne servait pas seulement à les dérober aux regards des barbares, mais elle opposait encore un obstacle qui empêchait les chevaux, non moins sauvages et non moins farouches que les maîtres, de les fouler aux pieds dans leurs bonds rapides et irréguliers.

A la fin un Indien au regard sombre et à la taille gigantesque, qui, par son air d'autorité, semblait être le chef, appela ses principaux compagnons autour de lui, et ils tinrent conseil entre eux sans descendre de cheval. Paul Hower, en levant les yeux, ayant vu l'air féroce et menaçant de la troupe qui s'augmentait à chaque instant de quelque nouvelle figure, encore plus repoussante s'il était possible que les premières, ne put s'empêcher par un mouvement machinal, de porter la main sur son fusil, et le tirant de dessous lui, il commença à l'apprêter pour pouvoir s'en servir au premier moment. La jeune femme, par un mouvement tout aussi naturel à son sexe, enfonça sa tête dans l'herbe, le laissant libre de suivre l'impulsion de son caractère bouillant ; mais le vieillard plus prudent lui dit à l'oreille d'une voix ferme :

— Le bruit du ressort d'une arme à feu est aussi familier à ces misérables que le son de la trompette l'est au soldat. Baissez le fusil, baissez le fusil, vous dis-je ; si la lune vient à donner sur la platine, il sera infailliblement aperçu par ces diables incarnés, dont les yeux sont aussi perçants que ceux du serpent le plus noir. Le moindre mouvement à présent ne peut manquer d'attirer sur nous une grêle de flèches.

Le chasseur d'abeilles obéit, en cela qu'il resta immobile et qu'il garda le silence. Mais il faisait encore assez clair pour que son compagnon pût se convaincre, d'après les sourcils froncés, et le regard menaçant du jeune homme, que, s'ils étaient découverts, la victoire pourrait coûter cher aux sauvages. Voyant que ses conseils n'étaient point écoutés, le Trappeur prit ses mesures en conséquence, et il parut attendre le résultat avec un calme et une résignation tout à fait caractéristique.

Pendant ce temps les Sioux (car la sagacité du vieillard n'avait pas été en défaut en donnant ce nom à cette horde sauvage) avaient terminé leur conseil, et ils s'étaient de nouveau dispersés de côté et d'autre comme s'ils cherchaient quelque objet caché.

— Les démons ont entendu le chien! dit tout bas le Trappeur, et leurs oreilles sont trop exercées pour se tromper sur la distance. Cachez-vous, mon ami, cachez-vous bien, la tête contre terre, comme un chien qui dort.

— Relevons-nous plutôt, et fions-nous à notre courage, répondit son compagnon impatient.

Il allait continuer, mais sentant une main qui s'étendait lourdement sur son épaule, il tourna la tête, leva les yeux, et vit les traits durs et sauvages d'un Indien dont le regard menaçant était fixé sur lui. Malgré le premier mouvement de surprise et le désavantage de sa position, le jeune homme n'était pas disposé à se laisser faire prisonnier sans chercher à se défendre. Plus prompt que l'éclair, d'un bond il est debout, et sautant à la gorge de son ennemi il le serrait avec une force qui eût bientôt terminé le combat, lorsqu'il sentit les bras du Trappeur entrelacés autour de son corps, arrêter ses efforts, et le réduire à l'inaction avec une vigueur qui ne le cédait que de bien peu à la sienne. Avant qu'il eût le temps de reprocher à son compagnon cette trahison apparente, une douzaine de Sioux étaient autour d'eux, et ils furent obligés tous trois de se rendre prisonniers.

CHAPITRE IV.

<blockquote>Et je vois le combat avec plus de terreur que ceux qui combattent.
SHAKSPEARE. <i>Le Marchand de Venise.</i></blockquote>

Le malheureux chasseur d'abeilles et ses compagnons étaient tombés entre les mains d'un peuple qu'on pourrait appeler sans exagération les Ismaélites ou Bédouins des déserts de l'Amérique. De temps immémorial, les Sioux s'étaient rendus redoutables à leurs voisins des Prairies par leurs incursions continuelles, et aujourd'hui même que l'influence et l'autorité d'un gouvernement civilisé commence à se faire sentir autour d'eux, ils passent encore pour une race perfide et dangereuse. C'était bien pis encore à l'époque de notre histoire, et il y avait bien peu de blancs qui osassent s'aventurer dans les régions écartées qu'on savait habitées par une peuplade aussi perfide.

Malgré la soumission paisible du Trappeur, il savait bien entre les mains de quels barbares il était tombé ; mais il eût été difficile à l'observateur le plus fin de décider quel était le motif secret, soit crainte, soit politique, soit résignation à son sort, qui agit sur le vieillard lorsqu'il se laissa dépouiller sans murmurer. Loin d'opposer à ses vainqueurs la moindre résistance, lorsque, avec leurs manières rudes et violentes, ils se mirent à faire sur lui les perquisitions d'usage, il fut le premier à satisfaire leur cupidité en offrant à leur chef les objets qu'il croyait pouvoir lui être le plus agréables.

Paul Hower ne se montrait pas de si bonne composition ; il ne s'était rendu qu'à la force, et manifesta la plus grande répugnance à permettre les libertés grossières qu'on prenait en le dépouillant de tout ce qu'il portait sur lui. Il témoigna même plus d'une fois son mécontentement de la manière la moins équivoque pendant cette opération désagréable, et il aurait sans doute fini par éclater, et par opposer une résistance ouverte et désespérée, sans les prières et les supplications de la tremblante Hélène, qui, attachée à ses côtés, lui peignait éloquemment, par l'expression de ses regards, qu'elle n'avait plus d'espoir que dans sa prudence et dans l'empire qu'il saurait prendre sur lui-même.

Dès que les Indiens eurent dépouillé les prisonniers de leurs armes et de leurs munitions, et qu'ils leur eurent pris quelques colifichets de peu d'utilité et d'encore moins de valeur, ils parurent disposés à leur accorder un moment de répit. Une affaire d'une grande importance semblait les occuper, et réclamer à l'instant toute leur attention. Les chefs se rassemblèrent de nouveau, un autre conseil fut tenu, et aux gestes véhéments et expressifs du petit nombre de ceux qui portèrent la parole, il était évident qu'ils étaient loin de regarder encore leur victoire comme complète.

— Nous aurons du bonheur, dit tout bas le Trappeur qui entendait assez leur langage pour comprendre parfaitement le sujet de la discussion, si les voyageurs qui sont campés près des saules ne sont pas troublés dans leur sommeil par la visite de ces mécréants. Ils sont trop fins pour croire qu'une femme des visages pâles se trouve aussi loin des habitations, et à une pareille heure, sans qu'il y ait près d'elle quelque endroit préparé pour la recevoir.

— S'ils veulent transporter la troupe errante d'Ismaël jusqu'au pied des Montagnes Rocheuses, dit le jeune chasseur d'abeilles en riant avec une sorte d'amertume, je crois que je pourrais pardonner aux drôles.

— Paul! Paul! s'écria sa compagne d'un ton de reproche, vous oubliez tout! Pensez aux conséquences terribles...

— Bon! Hélène, c'est en pensant à ce que vous appelez les conséquences que je me suis laissé tranquillement arrêter par ce diable à peau rouge que je vois là bas, au lieu de l'étendre à terre et de lui arracher sa chienne de vie! C'est une lâcheté et une infamie qui est votre ouvrage, vieux Trappeur, et que la honte en retombe sur vous! Mais, du reste, vous ne faites sans doute que votre métier, en prenant les hommes, aussi bien que les animaux, dans vos filets.

— Je vous en conjure, Paul, calmez-vous, montrez plus de raison.

— Eh bien! Hélène, puisque vous le désirez, reprit le jeune homme en se mordant les lèvres, je tâcherai de me contenir, quoi qu'il m'en coûte; car vous devez savoir que cela fait partie de la religion du Kentucky, de regimber un peu lorsqu'on a de l'humeur.

— Je crains bien que vos amis là-bas n'échappent pas aux regards des coquins! dit le Trappeur avec autant de calme que s'il n'eût pas entendu un mot de ce qui venait de se dire. Ils sentent le butin de loin, et, une fois qu'ils sont sur la trace, ils la suivent avec la même ardeur qu'un chien qui s'élance sur la piste du gibier.

— N'y a-t-il donc rien à faire? demanda Hélène d'un ton suppliant qui démontrait un intérêt véritable.

— Il me serait facile, répondit Paul, de pousser un cri assez fort pour faire tressaillir le vieil Ismaël dans son sommeil, et lui faire croire que les loups sont au milieu de son troupeau; je puis me faire entendre à un mille de distance dans ces plaines ouvertes, et il n'est campé qu'à un quart de mille d'ici tout au plus.

— Oui, et vous faire assommer pour votre peine! reprit le Trappeur. Non, non, il faut opposer la ruse à la ruse, ou les bandits massacreront la famille tout entière.

— La massacrer! Oh! non, c'est par trop fort! Ismaël aime

tant à voyager qu'il n'y aurait pas grand mal qu'on lui fît voir un instant les bords de l'autre mer ; mais le vieux drôle est loin d'être préparé à entreprendre le long voyage ; moi-même je brûlerais une amorce en sa faveur, avant de le laisser assommer tout à fait.

— Sa troupe est nombreuse et bien armée ; pensez-vous qu'ils se défendent ?

— Ecoute, vieux Trappeur : peu d'hommes détestent plus cordialement que moi Ismaël Bush et ses sept fils ; mais Paul Hower dédaigne de médire même d'un fusil de Tenessee [1]. Sachez donc qu'il y a en eux autant de vrai courage que dans aucune famille qui soit jamais sortie du Kentucky, et qu'il ne faudrait pas être manchot pour leur faire mesurer la terre.

— Chut ! les sauvages ont fini leur délibération, et maintenant ils vont se mettre en devoir d'exécuter ce qu'ils auront résolu. De la patience ; les choses peuvent encore prendre une tournure favorable pour vos amis.

— Mes amis ! Ne donnez ce nom à aucun de cette race, si vous faites le moindre cas de mon estime. Ce que je viens de dire en leur faveur ne provient point d'un sentiment d'amitié pour eux ; ce n'est qu'une justice que je leur rends.

— Je croyais que la jeune femme était des leurs, répondit le vieillard un peu sèchement ; si j'ai fait une méprise, il n'y a pas de quoi s'offenser ; l'intention seule fait l'offense.

Les deux doigts d'Hélène se posèrent de nouveau sur la bouche de Paul, et elle se chargea de répondre, ce qu'elle fit avec sa voix douce et conciliante : — Nous devons être tous de la même famille, lorsqu'il est en notre pouvoir de nous rendre mutuellement service. Nous nous abandonnons entièrement à votre expérience, bon vieillard, pour trouver quelque moyen d'apprendre à nos amis le danger qu'ils courent.

— Elle aura du moins servi à quelque chose, dit le chasseur d'abeilles entre ses dents, si les garçons se mettent à travailler comme il faut ces peaux rouges !

Il fut interrompu par un mouvement général qui se fit alors

---

[1]. C'est une expression de mépris : un fusil de Tenessee est un fusil de chasse. Il existe une rivalité entre les Kentuckiens et les Tenesséens. Les uns et les autres dédaignent de se servir d'une arme moins honorable que la carabine, qui, il est vrai, tue avec une seule balle et exige la plus grande adresse. Paul Hover donne au fusil de chasse cette épithète de tenesséen comme pour insinuer fièrement qu'on ne s'en sert pas dans le Kentucky.

dans la troupe. Les Indiens mirent pied à terre, et confièrent leurs chevaux à trois ou quatre d'entre eux, qui furent aussi chargés de la garde des prisonniers. Ils se formèrent alors en cercle autour d'un guerrier qui paraissait avoir l'autorité principale ; et à un signal donné ils s'éloignèrent du centre à pas lents et mesurés, en suivant des lignes droites et par conséquent divergentes. Bientôt la plupart de ces corps basanés se confondirent avec l'herbe foncée des Prairies. Seulement les captifs, qui suivaient d'un œil avide les moindres mouvements de leurs ennemis, apercevaient de temps en temps une forme humaine qui se dessinait sur l'horizon, quelque Indien sans doute qui se redressait de toute sa hauteur, pour pouvoir étendre plus au loin sa vue ; mais ces apparitions fugitives et momentanées ne tardèrent pas à cesser tout à fait, et l'incertitude vint ajouter à la crainte.

Ce fut ainsi que se passèrent bien des minutes lentes et pénibles, les prisonniers se figurant à chaque instant entendre le cri d'attaque poussé par les assaillants, et les cris de désespoir des assiégés. Mais il paraîtrait que la recherche qui se faisait avec tant d'activité fut infructueuse ; car au bout d'une demi-heure les Indiens commencèrent à revenir un à un, l'air morne et mécontent, comme des gens qui se voient trompés dans leur attente.

— C'est notre tour à présent, dit le Trappeur qui, toujours à l'affût, savait reconnaître au moindre indice les intentions des sauvages ; nous allons être interrogés ; et, si je ne me trompe pas sur notre position, je crois qu'il serait sage de charger l'un d'entre nous de répondre, pour éviter que nos témoignages ne se contredisent. Et qui plus est, si l'opinion d'un vieux chasseur de quatre-vingts ans vaut la peine qu'on y ait quelque égard, j'oserai dire que cet homme doit connaître à fond le caractère des Indiens, et avoir aussi quelque idée de leur langue. — Jeune homme, savez-vous la langue des Sioux ?

— Distillez votre miel comme vous le voudrez, s'écria le chasseur d'abeilles, dont la mauvaise humeur était toujours la même ; vous êtes excellent pour pérorer, pour le reste vous n'êtes bon à rien.

— La jeunesse est imprudente et présomptueuse, repartit le Trappeur avec calme. Il y a eu un temps, jeune homme, où mon sang était aussi trop vif et trop bouillant pour couler tranquillement dans mes veines. Mais à quoi bon parler de périls affrontés,

LA PRAIRIE.

d'entreprises hasardeuses, à cette époque de la vie? Des paroles de jactance vont mal à une barbe grise, et il doit se trouver un peu plus de cervelle sous une tête chauve.

— Chut! chut! dit tout bas Hélène; ne parlons plus de tout cela; il s'agit bien d'autre chose. Voici l'Indien qui vient commencer ses questions.

La jeune fille ne s'était pas trompée. Elle parlait encore lorsqu'un sauvage à demi nu et de haute stature s'approcha de l'endroit où ils étaient, et après les avoir examinés l'un après l'autre, les avoir toisés de la tête aux pieds avec autant d'attention que les rayons de la lune le lui permettaient, il leur adressa dans sa langue et d'une voix rauque et gutturale le compliment de bien venue. Le Trappeur lui répondit de son mieux, et de manière à se faire comprendre. Pour ne pas nous exposer au reproche de pédantisme, nous rendrons dans notre langue la substance et autant que possible la forme du dialogue qui s'établit entre eux.

— Les visages pâles ont-ils donc mangé leurs buffles et pris les peaux de tous leurs castors, qu'ils viennent compter combien il en reste chez les Pawnies? ajouta le sauvage après avoir laissé par bienséance un moment d'intervalle entre les paroles de félicitation qu'il avait adressées en arrivant, et celles qu'il prononçait alors.

— Quelques-uns d'entre nous sont ici pour acheter et d'autres pour vendre, répondit le Trappeur; mais personne n'ira plus loin, si l'on apprend qu'il y a du danger à s'approcher de la cabane d'un Sioux.

— Les Sioux sont des brigands, et ils demeurent au milieu des neiges. Pourquoi parlez-vous d'un peuple qui est si éloigné, lorsque nous sommes dans le pays des Pawnies?

— Si les Pawnies sont les possesseurs de cette terre, alors les blancs et les rouges ont ici les mêmes droits.

— Les visages pâles n'ont-ils pas assez dérobé aux rouges, sans que vous veniez si loin apporter un mensonge? J'ai dit que ce terrain appartient à ma tribu, et qu'elle a seule le droit d'y chasser.

— Mon droit d'être ici est égal au vôtre, repartit le Trappeur avec un sang-froid imperturbable; je ne parle pas comme je pourrais le faire; — il vaut mieux garder le silence. Les Pawnies et les blancs sont frères, mais un Sioux n'ose pas montrer sa figure dans le pays des Loups.

— Les Dahcotahs[1] sont des hommes! s'écria fièrement le sauvage, la colère lui faisant oublier de soutenir son personnage, tandis qu'il reprenait le titre dont sa nation est le plus fière; — les Dahcotahs ne craignent rien! Parlez; quel objet vous amène si loin des habitations des visages pâles?

— J'ai assisté à bien des conseils et au lever et au coucher du soleil, et jamais je n'ai entendu parler que des sages. Que vos chefs viennent, et ma bouche ne sera point fermée.

— Je suis un grand chef, dit le sauvage en affectant un air de dignité blessée. Me prenez-vous pour un Assiniboine[2]? Wencha est un guerrier dont le nom est souvent cité, et dont la parole inspire la confiance.

— Suis-je donc aveugle pour ne point reconnaître un Teton de bois brûlé? dit le Trappeur d'une voix ferme qui faisait beaucoup d'honneur à son sang-froid. Allez, il fait sombre, et vous ne voyez pas que mes cheveux sont gris.

L'Indien parut alors convaincu qu'il avait employé un artifice trop grossier pour tromper un vieillard aussi subtil que celui auquel il avait affaire, et il cherchait dans son esprit comment il s'y prendrait pour parvenir à ses fins, lorsqu'un léger mouvement qui s'opéra dans la troupe vint renverser toutes ses batteries. Il jeta les yeux derrière lui, comme s'il craignait d'être bientôt interrompu, et d'un ton beaucoup moins arrogant que celui qu'il avait pris d'abord:

— Donnez à Wencha le lait des *Longs-Couteaux*, et il chantera votre nom aux oreilles des grands hommes de sa tribu.

— Allez, dit le Trappeur d'un air dédaigneux, en lui faisant signe de la main de se retirer. Vos jeunes gens parlent de Mahtoree, — mes paroles sont pour les oreilles d'un chef.

Le sauvage jeta sur le vieillard un regard qui, malgré l'obscurité, exprimait assez clairement une haine implacable. Il se retira aussitôt et se glissa au milieu de ses compagnons, honteux du mauvais succès de sa feinte, et craignant qu'on ne vînt à découvrir la trahison qu'il avait méditée pour s'approprier une partie du butin, au préjudice du chef nommé par le Trappeur, et dont il avait appris aussi l'approche par la manière dont son nom passait de bouche en bouche. A peine avait-il disparu, qu'un guer-

---

1. C'est la même peuplade que l'auteur désigne indifféremment sous le nom de Sioux, de Dahcotahs, et plus bas de Tetons.
2. Autre tribu d'Indiens.

rier d'une taille imposante s'avança vers les captifs et s'arrêta devant eux. Il avait cette démarche fière et hautaine qui distingue toujours un chef indien. Toute la troupe le suivait, et elle se forma en cercle autour de lui, dans un profond et respectueux silence.

— La terre est vaste, dit le chef après une courte pause, avec cet air de dignité que sa misérable copie avait vainement essayé de prendre; pourquoi les enfants des blancs ne peuvent-ils jamais trouver place sur sa surface?

— Quelques-uns d'entre eux ont entendu dire que leurs amis des Prairies avaient besoin de plusieurs choses, répondit le Trappeur, et ils viennent voir si on leur a dit vrai. D'autres ont besoin à leur tour de ce que les hommes rouges ont à vendre, et ils viennent pour offrir à leurs amis de la poudre et des couvertures.

— Des marchands traversent-ils la grande rivière les mains vides?

— Nos mains sont vides, parce que vos jeunes gens, pensant que nous étions fatigués, nous ont déchargés de nos fardeaux. Ils se sont trompés; je suis vieux, mais je suis fort.

— Impossible! Vos fardeaux seront tombés dans la Prairie. Montrez la place à nos jeunes gens, afin qu'ils les ramassent avant que les Pawnies les trouvent.

— Il y a beaucoup de circuits à faire pour y arriver, et il y fait nuit à présent. Il est temps de songer au repos, reprit le Trappeur avec un calme parfait. Envoyez vos guerriers sur cette éminence que vous voyez là-bas; ils y trouveront de l'eau et du bois; qu'ils allument leurs feux, et qu'ils se couchent les pieds chauds. Quand le soleil reparaîtra, je vous parlerai.

Un murmure étouffé, mais assez clair cependant pour exprimer un profond mécontentement, circula dans les rangs des sauvages qui écoutaient attentivement, et apprit au vieillard qu'il s'était trop hasardé en proposant une mesure qui n'avait d'autre but que d'apprendre aux voyageurs campés près des saules la présence de voisins aussi dangereux. Mais Mahtoree, sans montrer la moindre émotion, sans paraître partager en aucune manière l'indignation que ses compagnons manifestaient si énergiquement, continua l'entretien avec le ton de dignité qu'il avait eu jusqu'alors.

— Je sais que mon ami est riche, dit-il, qu'il a non loin d'ici beaucoup de guerriers, et qu'il a plus de chevaux que les peaux rouges n'ont de chiens.

— Vous voyez mes guerriers et mes chevaux.

— Quoi! la jeune femme a-t-elle les pieds d'un Dahcotah, pour pouvoir marcher pendant trente jours dans les Prairies, et cela sans succomber! Je sais que les hommes rouges des bois font de longues marches à pied; mais nous qui demeurons là où l'œil ne peut voir d'une habitation à l'autre, nous aimons nos chevaux.

A cette remarque, le Trappeur hésita à son tour. Il savait très-bien qu'en cachant la vérité il courait les plus grands dangers si la ruse venait à être découverte; d'ailleurs c'était un rôle qui répugnait à son caractère plein de franchise; mais réfléchissant qu'il ne s'agissait pas seulement de lui, et qu'il avait deux compagnons dont l'existence était également compromise, il se décida en une minute à laisser les choses prendre leur cours, et à laisser le chef dahcotah se tromper lui-même, s'il le voulait. Sa réponse fut donc évasive.

— Les femmes des Sioux et celles des blancs, dit-il, ne sont pas du même wigwam. Un guerrier teton voudrait-il élever sa femme au-dessus de lui-même? Je sais qu'il ne le voudrait pas; et cependant mes oreilles ont entendu dire qu'il y a des pays où les conseils sont tenus par des *squaws* [1].

Un léger mouvement qui se fit de nouveau parmi les sauvages apprit au Trappeur que, si sa déclaration n'inspirait pas de défiance, elle causait du moins quelque surprise. Le chef seul resta impassible, et continua à conserver toute sa dignité.

— Mes pères blancs qui demeurent près des grands lacs, dit-il au vieillard, ont déclaré que leurs frères du côté du soleil levant ne sont pas des hommes; et je vois à présent qu'ils n'en imposaient point. — Allez! — Qu'est-ce qu'une nation dont le chef est un squaw! Vous êtes donc le chien et non point le mari de cette femme?

— Je ne suis ni l'un ni l'autre. Jamais je n'avais vu sa figure avant ce jour. Elle est venue dans les Prairies parce qu'on lui a dit qu'il s'y trouvait un peuple grand et généreux, nommé les Dahcotahs, et qu'elle voulait voir des hommes. Les femmes des blancs, comme les femmes des Sioux, ouvrent leurs yeux pour voir des choses qui sont nouvelles; mais elle est pauvre comme moi, et comment se procurera-t-elle du blé et des buffles, si vous lui prenez ainsi qu'à son ami le peu qui leur reste?

---

[1]. Mot indien qui signifie femme.

— C'est à présent que mes oreilles entendent de détestables mensonges! s'écria le guerrier teton d'une voix si terrible que les Indiens qui l'entouraient en tressaillirent eux-mêmes. Suis-je une femme? un Dahcotah n'a-t-il point d'yeux? Répondez, chasseur blanc; quels sont les hommes de votre couleur qui dorment près des saules?

En disant ces mots, le chef irrité étendait la main dans la direction du camp d'Ismaël, et le Trappeur ne put douter que, plus adroit et plus habile que ses compagnons, il n'eût découvert lui-même ce qui avait échappé aux recherches actives de sa troupe. Malgré le regret qu'il éprouvait d'une découverte qui pouvait avoir des suites si fatales pour les voyageurs endormis, et le dépit secret qu'il ne pouvait s'empêcher de ressentir de s'être laissé vaincre en finesse et d'avoir eu un désavantage si marqué dans le dialogue qui vient d'être rapporté, le vieillard n'en continua pas moins à garder un sang-froid imperturbable.

— Il se peut, répondit-il, qu'il y ait des blancs qui dorment dans la Prairie; puisque mon frère le dit, cela doit être; mais quels sont les hommes qui se confient de cette manière à la générosité des Tetons? c'est ce que je ne saurais dire. S'il s'y trouve des voyageurs endormis, envoyez vos gens les réveiller, et qu'ils leur demandent ce qu'ils font ici; les blancs ont des langues.

Le chef branla la tête avec un sourire fier et dédaigneux, puis, se détournant tout à coup pour mettre fin à la conférence, il s'écria brusquement :

— Les Dahcotahs sont un peuple sage, et Mahtoree est leur chef. Il n'appellera pas les étrangers à haute voix, pour qu'ils puissent se lever et lui répondre avec leurs carabines. Il leur parlera tout bas à l'oreille. Alors que les hommes de leur couleur viennent les éveiller.

A peine eut-il dit ces mots qu'il s'éloigna, suivi des sauvages qui l'entouraient, et qui témoignèrent leur approbation par un sourire farouche. Il s'arrêta à peu de distance des prisonniers, et ceux qui pouvaient se permettre d'énoncer leur opinion en présence d'un si grand guerrier se réunirent de nouveau autour de lui pour délibérer. Wencha profita de cette occasion pour renouveler ses importunités; mais le Trappeur, qui savait alors que ce n'était qu'un coquin subalterne, repoussa ses instances avec indignation. Mais ce qui mit fin efficacement aux persécutions du perfide sauvage, ce fut l'ordre qui fut donné sur-le-champ à toute la troupe, hommes et chevaux, de changer de position. Le mouvement se fit dans un morne silence, et avec un ordre qui aurait fait honneur au bataillon le mieux discipliné. Lorsqu'on fit halte, et que les prisonniers eurent le loisir de reconnaître où ils étaient, ils virent qu'ils se trouvaient en vue du petit bois près duquel était campé Ismaël.

Il se tint alors une nouvelle délibération très-courte, mais extrèmement grave et réfléchie.

Les chevaux, qui semblaient habitués à ces attaques couvertes, silencieuses, furent de nouveau placés sous la surveillance de gardiens qui furent chargés en même temps, comme la première fois, de veiller sur les prisonniers. Le Trappeur, dont l'inquiétude augmentait à chaque instant, ne fut aucunement tranquillisé quand il vit que c'était Wencha qui était placé près de sa personne, et qui, à en juger du moins par son air de triomphe et d'autorité, commandait aussi le détachement. Néanmoins le sauvage, qui avait sans doute ses instructions secrètes, se contenta de brandir son tomahawk[1] avec un geste expressif en regardant Hélène. Après cet avertissement éloquent donné aux deux prisonniers du sort qui attendait à l'instant leur compagne, au moindre signe d'alarme que l'un d'eux se permettrait de donner, il se renferma dans un rigide silence, et, grâce à ce répit qu'ils étaient loin d'attendre de la part de Wencha, ils purent donner toute leur attention à ce qu'ils pouvaient voir du spectacle intéressant qui se passait devant eux.

Toutes les dispositions furent faites par Mahtoree en personne. Il indiqua lui-même le poste précis que chacun devait occuper, comme un homme qui connaissait à fond les qualités respectives de ses compagnons, et on lui obéit à l'instant avec cette déférence que les Indiens montrent toujours aux ordres de leur chef dans les moments décisifs. Il détacha les uns à droite, d'autres à gauche. Sitôt qu'il avait fait un signe, l'homme désigné partait d'un pas rapide, mais sans faire aucun bruit, et bientôt chacun fut à son poste, à l'exception de deux guerriers qui restèrent près de la personne de leur chef. Dès qu'il se vit seul avec ces compagnons de son choix, Mahtoree se tourna vers eux, et leur annonça par un geste expressif que le moment critique était arrivé de mettre à exécution le plan qu'ils avaient concerté ensemble.

---

1. Hache des sauvages. Voyez les notes du *Dernier des Mohicans*.

Ils commencèrent tous trois par déposer le petit fusil de chasse que, sous le nom de carabine, ils portaient en vertu de leur rang; puis se débarrassant de toutes les parties de leur costume qui pouvaient gêner leur mouvements, ils restèrent un instant immobiles, ressemblant assez à ces statues antiques à peine drapées, qui représentent des héros célèbres. Mahtoree s'assura alors que son tomahawk était bien à sa place, et que son couteau tenait bien dans sa gaîne de peau; il serra sa ceinture, et arrangea le lacet de ses brodequins ornés de franges, qui aurait pu entraver sa marche. Toutes ces dispositions une fois faites, le chef teton, prêt à tout entreprendre, donna le signal d'avancer.

Les trois guerriers se dirigèrent vers le camp des voyageurs de manière à le prendre en flanc. A peine les prisonniers pouvaient-ils les apercevoir encore, lorsqu'ils s'arrêtèrent, et regardèrent autour d'eux comme des hommes qui délibèrent et qui pèsent mûrement les conséquences avant de prendre un parti décisif. Alors s'enfonçant ensemble dans l'herbe de la Prairie, ils disparurent entièrement aux regards.

Il n'est pas difficile de se figurer l'anxiété terrible avec laquelle Hélène et ses compagnons regardaient ces divers mouvements, dont le résultat les intéressait si particulièrement. Quelque raison qu'elle pût avoir de ne pas porter un attachement très-vif à la famille dans laquelle elle a d'abord été vue par le lecteur, la pitié naturelle à son sexe, et peut-être un sentiment de bienveillance plus prononcé, agissaient puissamment sur son cœur. Plus d'une fois elle se sentit tentée de braver le danger terrible et immédiat qui la menaçait, et d'élever sa faible voix, tout impuissante qu'elle était, pour pousser le cri d'alarme. Entraînée même par une impulsion aussi forte que naturelle, il est probable qu'elle aurait fini par y céder, sans les représentations muettes, mais énergiques, de Paul Hover.

Le jeune chasseur d'abeilles se trouvait livré lui-même aux sensations les plus diverses. La plus vive, la plus puissante sans doute était celle que lui inspirait la position critique de la jeune fille placée sous sa protection; mais à cette anxiété déchirante se joignait l'intérêt profond qu'il ne pouvait s'empêcher de prendre à ce spectacle, et qui, pour ce cœur impétueux et sauvage, ne laissait pas que d'avoir des charmes. Quoique les sentiments qu'il avait manifestés pour les émigrants ne fussent pas équivoques, et qu'ils fussent loin de leur être aussi favorables même que ceux d'Hélène, il brûlait d'entendre le bruit de leurs fusils, et si l'occasion s'était offerte, il aurait été volontiers des premiers à voler à leur secours. Lui-même il éprouvait parfois le désir, presque irrésistible, de s'élancer pour éveiller les imprudents voyageurs ; mais un coup d'œil jeté sur Hélène suffisait pour rappeler sa prudence prête à l'abandonner, en le faisant souvenir qu'elle serait victime de sa témérité.

Le Trappeur seul était calme en apparence, observant tout aussi froidement que s'il n'eût pas eu un intérêt direct à la tournure que prendraient les choses. Son regard vigilant semblait être partout. C'était celui d'un homme trop habitué aux scènes de danger pour se laisser aisément émouvoir, et qui ne pensait qu'aux moyens de trouver ses gardiens en défaut, et de tromper leur vigilance.

Pendant ce temps les guerriers tetons n'étaient pas restés oisifs. A la faveur de l'herbe touffue accumulée dans les bas-fonds, ils s'étaient frayé un chemin à travers cette couche épaisse, comme autant de serpents perfides qui se glissent vers leur proie, jusqu'à ce qu'ils fussent arrivés à un point où il devenait nécessaire de redoubler de précaution avant d'avancer davantage. Mahtoree seul avait de temps en temps élevé sa taille imposante au-dessus de l'herbage, pour darder un regard perçant à travers l'obscurité qui régnait le long du petit bois. Ces observations rapides, jointes à celles qu'il avait déjà faites dans sa première recherche, lui suffirent pour reconnaître parfaitement la position de ceux dont il voulait faire ses victimes, quoiqu'il ignorât encore leur nombre et les moyens de défense qu'ils pouvaient avoir.

Ses efforts pour avoir au moins quelques données sur ces deux points essentiels furent complètement inutiles, tant le camp était plongé dans un profond silence. On eût dit un enclos qui n'aurait été habité que par des morts. Trop défiant et trop circonspect pour s'en rapporter à d'autres qu'à lui-même, dans des conjonctures aussi critiques, le Dahcotah dit à ses compagnons de l'attendre où ils étaient, et poursuivit seul son chemin.

Mahtoree n'avança qu'à pas lents et d'une manière qui, pour un homme moins accoutumé à cette espèce d'exercice, n'aurait pu manquer d'être extrêmement pénible. Le plus adroit reptile n'aurait pu ramper avec plus de souplesse ni avec moins de bruit. Accroupi jusqu'à terre, il avançait un pied, puis l'autre, s'arrêtant à chaque mouvement pour saisir le plus léger son qui aurait pu annoncer que les voyageurs étaient sur leurs gardes. Il réussit enfin à se glisser jusque sous l'ombrage du petit bois, où, n'étant plus éclairé par la faible lueur de la lune, il courait moins de risques d'être aperçu, en même temps que de là les objets environnants s'offraient d'une manière plus distincte à ses regards perçants.

Le Teton s'arrêta longtemps dans cet endroit pour y faire ses observations, avant de se hasarder plus loin. Sa position lui présentait le camp de profil, avec sa tente, ses chariots et ses cabanes; une teinte sombre, mais suffisamment visible, dessinait les contours de tous les objets, et l'œil exercé du guerrier put estimer assez exactement la force de la troupe à laquelle il allait avoir affaire. Un silence trop profond pour sembler naturel continuait à régner dans l'enceinte; on eût dit que les hommes retenaient même cette respiration paisible qui s'échappe pendant le sommeil, pour inspirer plus de confiance à leurs ennemis. Le chef pencha sa tête jusqu'à terre et écouta attentivement. Il allait la relever sans être plus avancé, lorsque le bruit de la respiration tremblante et prolongée de quelqu'un qui dormait vint parfaitement frapper son oreille. L'Indien connaissait trop toutes les ruses de guerre pour se laisser prendre aux pièges qu'on aurait essayé de lui tendre. Il écouta de nouveau; s'étant assuré que le son était naturel, il n'hésita plus.

Un homme d'un courage moins éprouvé que le fier Mahtoree aurait pu hésiter à l'aspect des dangers auxquels il s'exposait volontairement. Ce n'étaient pas les premiers aventuriers de leur couleur qui pénétraient dans les déserts habités par sa nation ; leur audace, leur force lui étaient bien connues ; mais il n'en poursuivit pas moins son entreprise, avec la prudence, il est vrai, et la circonspection qu'un ennemi brave ne manque jamais de donner, mais en même temps avec l'animosité vindicative d'un homme de couleur, furieux des invasions illicites de l'étranger.

Se détournant de la ligne qu'il suivait d'abord, Mahtoree, toujours enfoncé dans l'herbe, se dirigea vers la lisière du petit bois. Lorsqu'il y fut arrivé, il se leva, et examina les lieux avec plus de soin encore. Il ne lui fallut qu'un instant pour découvrir l'endroit où le voyageur sans défiance était étendu. Le lecteur a sans doute déjà deviné que celui qui, sans le savoir, se trouvait être dans un si dangereux voisinage, était un de ces fils indolents d'Ismaël qui avaient été chargés de la garde du camp.

Lorsqu'il fut certain de n'avoir pas été découvert, le Dahcotah s'approcha du dormeur, se pencha sur lui, et tandis que sa figure mobile voltigeait en quelque sorte autour de celle de son ennemi pour l'examiner dans tous les sens, on eût dit un de ces reptiles qu'on voit souvent se dresser en jouant autour de leur victime. Satisfait de son examen, Mathoree retirait sa tête lorsque le jeune émigrant fit un léger mouvement comme s'il allait se réveiller. Le sauvage saisit le couteau qui pendait à sa ceinture, et en un instant il fut posé sur la poitrine du malheureux; puis tout à coup, changeant d'idée, il se retira d'un pas par un mouvement aussi rapide que la pensée, se blottit derrière le tronc d'arbre contre lequel l'autre avait la tête appuyée, et resta étendu protégé par son ombre, aussi immobile et en apparence aussi privé de sentiment que le tronc lui-même.

Le jeune homme qui était en sentinelle ouvrit ses yeux appesantis, regarda le ciel, et faisant un effort extraordinaire, il souleva sa masse pesante pour regarder autour de lui. Ses regards incertains parcoururent avec une sorte de vigilance les différentes parties du camp, puis se perdirent dans l'immense horizon de la Prairie. Ne voyant rien qui pût justifier ses craintes, il changea de position de manière à tourner complètement le dos à son dangereux voisin, puis il se laissa retomber lourdement à terre, et s'étendit de nouveau tout de son long. Il y eut alors un long intervalle de silence, intervalle pénible et inquiétant pour le Teton avant que le ronflement du voyageur annonçât qu'il était endormi. Le sauvage était trop circonspect pour se fier aux premières apparences du sommeil. Mais les fatigues d'une journée de marche forcée pesaient trop visiblement sur la sentinelle pour que le doute fût longtemps possible. Néanmoins ce ne fut que par un mouvement presque imperceptible, et par des degrés que l'œil le plus attentif aurait eu peine à suivre, que le Dahcotah se releva; et il se pencha de nouveau sur son ennemi sans avoir fait plus de bruit que la feuille du cotonnier qui flottait dans l'air auprès de lui.

Mahtoree vit alors que le sort de l'émigrant était entre ses mains. En même temps qu'il examinait les membres robustes et les formes athlétiques du jeune homme, avec cette espèce d'admiration que la force physique manque rarement d'exciter dans le cœur d'un sauvage, il se prépara froidement à éteindre le principe de vie qui seul la rendait formidable. Après avoir cherché l'endroit où une blessure est mortelle en écartant doucement les plis du vêtement qui le cachait à sa vue, il leva son arme acérée, et il allait réunir ses forces et son adresse pour frapper, lorsque le jeune émigrant étendit nonchalamment en arrière son bras nerveux, dont les muscles, ainsi tendus, se dessinaient en bosse et annonçaient sa force extraordinaire.

Le Teton s'arrêta. Une nouvelle révolution s'était faite dans ses idées. Le sommeil de son ennemi lui parut offrir moins de dangers que sa mort même. Le plus petit bruit pouvait lui être funeste. Il réfléchit que la dissolution de ce corps gigantesque ne se ferait pas sans une lutte violente, sans une agonie terrible. Cette pensée se présenta avec la rapidité de l'éclair à son expérience. Ses yeux étincelants se portèrent d'abord sur le camp derrière lui, ensuite sur le bois en face, puis de tous côtés sur la vaste et silencieuse Prairie. Se courbant de nouveau sur celui qui avait été si près de devenir sa victime, il s'assura qu'il dormait profondément, et abandonna son premier projet, non par humanité, mais par politique.

Mahtoree ne se retira qu'avec la même précaution qu'il était venu. Il se dirigea alors en droite ligne vers le camp, en ayant soin de suivre la lisière du bois afin de pouvoir s'y jeter en cas d'alarme. La tente isolée attira d'abord son attention. Après avoir examiné l'intérieur et avoir écouté longtemps afin de prendre conseil de ses oreilles, le sauvage se hasarda à soulever la toile par en bas, et à glisser par-dessous sa tête basanée. Ce ne fut qu'au bout d'une minute qu'il la retira, et, s'asseyant à terre, il resta dans l'inaction, les yeux fixés sur le sol, comme s'il réfléchissait profondément. Puis, reprenant sa première position, il passa de nouveau la tête sous la toile mystérieuse. Cette fois son examen dura plus longtemps, et sa visite semblait avoir quelque chose de plus solennel. Cependant elle eut un terme comme toutes les choses du monde, et, retirant sa tête, il s'éloigna à pas lents.

Il se dirigeait alors vers l'endroit où des objets accumulés, mais que l'obscurité empêchait de distinguer, indiquaient que se trouvait le centre du camp. Après avoir marché pendant quelque temps, il s'arrêta de nouveau, tourna la tête pour regarder la petite enceinte solitaire qu'il venait de quitter, et parut hésiter s'il ne retournerait point sur ses pas. Mais les chevaux de frise formés par des branchages se trouvaient alors à portée de son bras, et ces précautions mêmes annonçaient la valeur des objets pour lesquels on avait cru devoir les prendre. Sa cupidité n'en fut que plus vivement excitée, et il continua sa marche.

La manière dont le sauvage se glissa entre les branches tendres et flexibles du cotonnier ressemblait assez à la marche sinueuse du serpent; son corps semblait se ramasser et s'étendre à volonté, selon que le passage était plus ou moins étroit. Dès qu'il fut parvenu dans l'enceinte, il commença par jeter un coup d'œil rapide sur les localités, puis il eut la précaution de s'assurer une retraite facile en écartant tout ce qui aurait pu mettre obstacle à la rapidité de sa marche. Alors, se levant pour la première fois de toute la hauteur de sa taille, il parcourut le camp, comme le génie du mal, cherchant sur quel objet il exercerait d'abord ses projets infernaux. Déjà il avait visité la cabane où s'étaient retirés la femme de l'émigrant et ses jeunes enfants; déjà il avait passé devant plusieurs corps gigantesques, étendus nonchalamment à terre, dans un état d'insensibilité complète, lorsqu'il arriva enfin à l'endroit occupé par Ismaël en personne. Un homme de la sagacité de Mahtoree ne pouvait manquer de deviner qu'il avait alors en son pouvoir le chef des émigrants. Il resta longtemps à le contempler : ses yeux étaient fixés sur ses membres robustes, tandis que son esprit calculait les chances de son entreprise, et les moyens les plus sûrs d'en tirer tout le fruit.

Il avait remis dans sa gaîne le couteau que, dans le premier mouvement, il avait été tenté de tirer, et il allait passer outre, lorsque Ismaël, s'agitant sur sa couche, demanda d'un ton rude qui était là. Il fallait toute l'astuce et toute la présence d'esprit d'un sauvage pour se tirer d'un pas aussi critique. Imitant les sons entrecoupés et presque inintelligibles de la voix qui lui parlait, il se jeta pesamment à terre et parut se disposer à dormir. Ismaël vit bien ces mouvements, mais d'une manière confuse et à travers ses paupières à peine entr'ouvertes. D'ailleurs le stratagème était trop hardi et trop habilement exécuté pour ne pas avoir un plein succès. L'émigrant ne tarda pas à refermer les yeux, et il dormit bientôt avec un hôte aussi dangereux au sein même de sa famille.

Le Teton dut conserver pendant bien des minutes, qui lui semblaient bien longues, la position qu'il avait prise, afin de s'assurer qu'il n'était plus observé. Mais si son corps était immobile, son esprit actif n'en agissait pas moins. Il mit ces instants à profit pour combiner un plan qui devait livrer le camp et tout ce qu'il contenait entièrement à sa merci. Dès qu'il crut pouvoir le faire sans danger, le sauvage infatigable fut de nouveau sur pied, et se traînant à terre avec l'agilité et la prudence qu'il avait toujours montrées, il se dirigea vers l'enclos où étaient renfermés les animaux domestiques.

Le premier animal qu'il rencontra fut soumis à l'examen le plus long et le plus minutieux. Le Teton passa plusieurs fois la main sur son épaisse toison et sur tous ses membres minces et délicats, avec une curiosité infatigable. La pauvre bête se laissait faire avec la patience et la docilité la plus complète, comme si un instinct secret l'avertissait que, dans ces immenses solitudes, l'homme était encore le protecteur le plus sûr qu'elle pût trouver. Cependant Mahtoree finit par renoncer à sa proie, qui n'eût pu lui être d'aucune utilité dans ses expéditions hasardeuses ; mais ce fut lorsqu'il se trouva au milieu des bêtes de somme que sa joie fut extrême, et il eut de la peine à contenir les exclamations bruyantes qui étaient sur le point de s'échapper de ses lèvres. Les dangers qu'il lui avait fallu braver pour arriver jusque là furent aussitôt oubliés, et la prudente circonspection du guerrier fit place un instant aux transports immodérés du sauvage.

CHAPITRE V.

> Eh bien ! mon respectable père, qu'avons-nous à perdre ? — La loi ne nous protége pas : pourquoi serions-nous assez bons pour nous laisser menacer par un arrogant morceau de chair ? Soyez à la fois juge et bourreau.
>
> SHAKSPEARE. *Cymbelyne.*

PENDANT que le guerrier teton accomplissait avec tant d'audace sa périlleuse entreprise, aucun bruit ne troublait la tranquillité de la Prairie. Toute sa troupe, immobile aux différents postes qui lui avaient été assignés, attendait, avec la patience bien connue des sauvages, le signal qui devait lui ordonner d'agir. Aux regards des spectateurs inquiets et soucieux qui occupaient la petite éminence dont nous avons déjà parlé, la scène ne présentait que l'aspect monotone d'une solitude sur laquelle les pâles rayons de la lune, qui avait peine à percer le sein des nuages, ne jetaient qu'une clarté douteuse. Une teinte un peu plus sombre que celle qui régnait sur les bas-fonds indiquait l'emplacement du camp, et de distance en distance une raie plus brillante sillonnait les sommets ondoyants des collines. Du reste, c'était partout le calme profond et imposant du désert.

Mais pour ceux qui savaient si bien ce qui se tramait sous ce voile nocturne et silencieux, la scène avait un intérêt qu'il est impossible de dépeindre. Leur anxiété augmentait graduellement à mesure que les minutes s'écoulaient sans que le plus léger son parvînt à leurs oreilles. La respiration de Paul était de plus en plus forte et précipitée, et Hélène éprouva plus d'une fois une frayeur involontaire en le sentant tressaillir tout à coup, tandis qu'elle cherchait sur son bras un appui protecteur.

La bassesse et la cupidité de Wencha se sont déjà montrées dans tout leur jour. Le lecteur ne sera donc pas surpris d'apprendre qu'il fut le premier à oublier les règles qu'il s'était prescrites lui-même. Ce fut au moment même où nous avons laissé Mahtoree s'abandonnant à ses transports de joie immodérés en voyant le nombre et la qualité des bêtes de somme d'Ismaël, que l'homme qu'il avait choisi pour veiller sur ses prisonniers se fit un malin plaisir de tourmenter ceux qu'il était de son devoir de protéger. Penchant la tête près des oreilles du Trappeur, il lui dit d'une voix basse et presque étouffée :

— Si les Tetons perdent leur grand chef par les coups des *Longs-Couteaux*[1], les vieux mourront aussi bien que les jeunes !

— La vie est dans la main du Wahcondah[2], répondit le vieillard sans s'émouvoir ; le guerrier intrépide est soumis à ses lois aussi bien que ses autres enfants. Les hommes ne meurent que lorsqu'il lui plaît, et aucun Dahcotah ne peut en changer l'heure.

— Regarde ! reprit le sauvage en faisant briller la lame de son couteau aux yeux de son prisonnier ; Wencha est le Wahcondah d'un chien.

Le vieillard leva les yeux sur son farouche gardien : l'expression d'un profond dédain et d'une vertueuse indignation se peignait dans tous ses traits ; mais elle s'effaça presque aussitôt pour faire place à celle, sinon de la douleur, du moins de la pitié.

— Pourquoi un homme fait à la véritable image de Dieu s'offenserait-il des propos d'un être qui n'a pas eu les mêmes dons

---

1. Les blancs sont ainsi appelés par les Indiens à cause de leurs sabres.
2. Le Grand-Esprit, l'Être-Suprême que les Indiens appellent aussi Atahacan.

que lui? dit-il en anglais, mais d'un ton beaucoup plus élevé que celui sur lequel Wencha avait commencé la conversation. Celui-ci s'en offensa, et saisissant son captif par le peu de cheveux gris qui s'échappaient de dessous son bonnet, il allait avec la lame de son couteau les lui couper jusqu'à la racine, lorsqu'un cri long et perçant fendit l'air, et, répété par mille échos, retentit comme si une légion d'esprits infernaux avaient réuni leurs poumons pour le pousser. Wencha lâcha prise et fit une exclamation de joie.

— Allons, s'écria Paul, incapable de contenir plus longtemps son impatience, allons, vieil Ismaël, voilà l'instant de se montrer! fais voir que le sang du Kentucky coule dans tes veines. Enfants, tirez en bas, tirez à rase terre; car les peaux rouges rampent sous l'herbe.

Mais sa voix se perdit au milieu des cris, des clameurs, des acclamations de toute espèce qui partirent en même temps de cinquante bouches différentes. Les gardiens seuls restèrent encore à leur poste auprès des prisonniers; mais ce fut avec cette contrainte, cette impatience que manifestent les coursiers qui, placés à la barrière, n'attendent que le signal pour s'élancer dans l'arène. Ils agitaient les bras en l'air, sautaient, cabriolaient plutôt comme des enfants dans l'ivresse de la joie que comme des hommes raisonnables, et continuaient à pousser les cris les plus frénétiques et les plus sauvages.

Au milieu de ce désordre, un nouveau bruit se fit entendre, semblable à celui que pourrait produire le passage tumultueux d'une quantité de buffles, et en effet c'étaient les bestiaux d'Ismaël qui, ne formant qu'un seul troupeau confus, dirigeaient de leur côté leur fuite rapide.

— Ils ont volé à l'émigrant tout son bétail, dit le Trappeur attentif; et ses chevaux aussi, Dieu me pardonne! les enragés ne lui en ont pas laissé un seul dans son camp!

Il parlait encore lorsque la troupe tout entière des animaux effrayés grimpa la petite colline sur laquelle ils étaient restés, et passa rapidement contre eux, suivie d'une bande d'êtres à figures à peine humaines, qui, courant bride abattue, les talonnait par derrière.

L'impulsion s'était communiquée aux chevaux tetons, qui, habitués depuis longtemps à partager la fougueuse impatience de leurs maîtres, s'élançaient avec une rapidité qu'il était presque impossible de modérer. Dans ce moment où tous les yeux étaient fixés sur ce tourbillon d'hommes et d'animaux qui semblaient emportés par le vent, le Trappeur arracha le couteau des mains de son gardien inattentif, avec une force dont son grand âge n'aurait point paru susceptible, et d'un seul coup il coupa la longue courroie de cuir à laquelle tout le troupeau était attaché. Aussitôt les animaux sauvages frappant du pied la terre, hennissant et beuglant à l'envi, se débandèrent dans le reste de la Prairie, et se mirent à fuir dans plus de vingt directions différentes.

Wencha se tourna sur son assaillant avec la férocité et l'agilité d'un tigre. Il porta la main à la gaîne de son couteau, comme pour y prendre l'arme qui venait de lui être si soudainement enlevée, puis chercha en tâtonnant la poignée de son tomahawk, et en même temps il suivait de l'œil le troupeau fugitif avec tous les regrets d'un Indien de l'ouest. La soif de la vengeance et la cupidité étaient aux prises; la lutte fut terrible, mais de peu de durée. La cupidité ne pouvait manquer de prendre le dessus dans une âme basse et rampante; elle le prit en effet, et il se passa à peine un moment entre la fuite précipitée du bétail et la poursuite rapide de tous les gardiens.

Le Trappeur avait continué à regarder tranquillement son ennemi pendant l'instant d'indécision qui avait suivi son acte d'audace, et dès que Wencha se fut précipité sur les traces de ses compagnons, il dit, en le montrant du doigt, et avec ce rire sourd et presque étouffé qui le caractérisait :

— Ces peaux rouges, leur naturel est partout le même, qu'il se manifeste sur la Prairie ou dans les forêts! Que quelqu'un se fût permis une semblable liberté avec une sentinelle chrétienne, un bon coup sur la tête aurait été pour le moins sa récompense; mais le Teton, le voilà qui court après ses chevaux, comme s'il pensait que deux jambes en valent quatre à une pareille course! Eh bien! les coquins les auront tous avant la pointe du jour, parce que c'est la raison contre l'instinct, raison bien chétive, j'en conviens, mais cependant il y a beaucoup de l'homme dans un Indien. Ah! Dieu! vos Delawares étaient les peaux rouges dont l'Amérique pouvait être fière! mais qu'est devenue cette nation puissante? elle est dispersée et presque anéantie! —Ma foi! l'émigrant fera aussi bien de rester où il se trouve et de s'y établir; l'eau y est en abondance, si la nature lui a envié le plaisir de dépouiller la terre des arbres qu'elle a le droit de porter. Il a vu le dernier de ses animaux à quatre pattes, ou je connais bien peu l'astuce des Sioux.

— Ne ferions-nous pas mieux de gagner le camp? dit le chasseur d'abeilles; il y aura quelque engagement régulier de ce côté, ou le vieil Ismaël est bien changé.

— Non, non! s'écria vivement Hélène.

Elle fut interrompue par le Trappeur, qui lui mit doucement la main sur les lèvres en disant :

— Chut! parlez bas! le moindre éclat de voix peut nous exposer. — Votre ami, ajouta-t-il en s'adressant à Paul, a-t-il assez de cœur....?

Le jeune homme l'interrompit à son tour. — Gardez-vous, dit-il, de l'appeler mon ami; jamais la moindre relation...

— C'est bon, c'est bon. Enfin, quel qu'il soit, est-il homme à ne ménager ni la poudre ni le plomb pour défendre son bien?

— Son bien! oui, sans doute, et même celui qui ne lui appartient pas. Pourriez-vous me dire, vieux Trappeur, quel fut celui qui coucha par terre l'envoyé du shérif, qui voulut chasser les planteurs qui s'étaient établis illégalement près du lac des Buffles dans le vieux Kentucky? J'avais suivi ce jour-là même un essaim magnifique jusque dans le creux d'un hêtre mort; eh bien! au pied même de ce hêtre était étendu l'officier de justice. La balle avait pénétré à travers la *grâce de Dieu*[1], qu'il portait dans la poche de son gilet à la place du cœur, comme s'il pensait qu'un morceau de peau de mouton pût servir de cuirasse contre la balle d'un squatter[2]. Eh bien! pourquoi vous effaroucher, Hélène? il n'a jamais été clairement prouvé que ce fût lui, et cinquante autres pouvaient tout aussi bien avoir fait le coup.

La pauvre fille tressaillit, et fit un effort sur elle-même pour étouffer le soupir qui, en dépit d'elle, s'élevait du fond de son cœur.

Le vieillard ne poussa pas plus loin ses questions pour savoir si Ismaël serait disposé à se venger; la réponse de Paul, le récit court mais substantiel qu'il lui avait fait, lui en avaient assez appris; il aima mieux s'abandonner à la succession d'idées que les circonstances suggéraient à son expérience.

1. C'est à dire le mandat d'arrêt dont il était porteur, tous les actes en Amérique commençant par ces mots: « Le peuple, par la grâce de Dieu, libre et indépendant »

2. Ta *squat*, s'accroupir; *squatter*, celui qui s'accroupit. Les Américains appellent *squatter* celui qui s'établit (*s'accroupit*) aux extrêmes frontières d'un comté, en s'emparant sans aucun titre de la terre qu'il veut cultiver.

— Chacun sait le mieux les liens qui l'unissent à ses semblables, répondit-il, quoiqu'il soit bien à regretter que la couleur et le langage, la fortune et la science, établissent une si grande différence entre ceux qui, après tout, sont les enfants d'un même père. Toutefois, ajouta-t-il par une transition qui peignait son caractère, comme c'est une affaire dans laquelle il est beaucoup plus probable qu'il y aura des coups de donnés, qu'il n'est besoin d'un sermon, le mieux est de se préparer à ce qui peut arriver.— Chut! il se fait un mouvement du côté du camp. Il est possible qu'on nous voie.

— La famille d'Ismaël approcherait-elle? s'écria Hélène avec un tremblement de voix qui prouvait que l'approche de ses amis lui causait presque autant de frayeur que la présence des Sioux lui en avait inspiré auparavant. Partez, Paul, laissez-moi. Vous, du moins, il ne faut pas que vous soyez aperçu.

— Hélène, si je vous quitte dans ce désert avant de vous avoir remise saine et sauve sous la protection au moins du vieil Ismaël, puissé-je ne jamais entendre le bourdonnement d'une abeille, ou plutôt, ce qui est bien pis, puissé-je manquer de coup d'œil pour la suivre jusqu'à sa ruche!

— Vous oubliez ce bon vieillard. Il ne m'abandonnera pas. Ce n'est pas la première fois que nous nous séparons, Paul, et cette solitude est moins affreuse que celle...

— Jamais! jamais! ces Indiens n'auraient qu'à revenir, et alors que deviendriez-vous? vous seriez entraînée vers les Montagnes Rocheuses, et déjà plus d'à moitié chemin avant qu'il fût possible de découvrir vos traces et de voler à votre secours. Qu'en dites-vous, vieux Trappeur? Croyez-vous que ces Tetons, comme vous les appelez, tardent beaucoup à revenir pour s'approprier le reste des effets et des provisions d'Ismaël?

— Pour ce qui est d'eux, vous pouvez être tranquille, répondit le vieillard en riant à sa manière; je vous garantis que les scélérats en ont pour six heures à courir après les pauvres bêtes : mais, silence! j'entends de nouveau du bruit dans les bas-fonds près des saules. Vite à terre! enfoncez-vous dans l'herbe! Comme je ne suis qu'un misérable morceau d'argile, j'ai entendu le bruit de la platine d'un fusil!

Le Trappeur ne laissa pas à ses compagnons le temps d'hésiter, mais les entraînant avec lui, il s'enfonça tout entier dans l'herbe de la Prairie. Il fut heureux que les sens du vieillard eussent conservé autant de subtilité, et qu'il eût mis autant de promptitude à agir ; car à peine étaient-ils penchés contre terre, que les coups brefs et aigus du fusil de l'ouest retentirent à leurs oreilles, et le plomb meurtrier passa en sifflant au-dessus de leur tête.

— A merveille, jeunes drôles ! à merveille, vieille cervelle ! dit tout bas Paul, dont aucun péril, aucune position ne pouvait arrêter tout à fait l'impétuosité ; voilà une décharge qui vous fait honneur. Eh bien ! Trappeur, il me semble que la guerre gagne de ce côté. Ce serait mal à nous de rester leurs débiteurs ; si je leur répondais?

— Ne leur répondez pas, reprit vivement le vieillard, ou que ce ne soit qu'en paroles ; autrement vous êtes perdus tous deux.

— Je doute que si je faisais parler ma langue au lieu de mon fusil, les choses y gagnassent beaucoup, dit Paul d'un ton de plaisanterie, mais qui n'était pas sans aigreur.

— Au nom du ciel, qu'ils ne vous entendent point ! s'écria Hélène; partez, Paul, éloignez-vous ; vous le pouvez aisément.

Plusieurs décharges successives, plus rapprochées les unes que les autres, lui coupèrent la parole, et la crainte autant que la prudence l'empêchèrent de la reprendre.

— Il faut que cela finisse, dit le Trappeur en se relevant avec la dignité et le sang-froid d'un homme qui médite un acte de dévouement; je ne sais, enfants, quel besoin vous pouvez avoir de craindre ceux que vous devriez aimer et honorer l'un et l'autre ; mais il faut prendre un parti pour vous sauver la vie. Quelques heures de plus ou de moins importent peu à un homme qui compte déjà tant de jours; je vais donc me montrer, profitez de cet instant pour vous retirer, et puisse Dieu vous bénir l'un et l'autre, et vous accorder tout le bonheur que vous méritez !

Sans attendre de réponse, le Trappeur descendit hardiment la colline, et se dirigea vers le camp d'un pas ferme et assuré, qu'aucun sentiment de crainte ne lui fit ni presser ni ralentir. Les rayons de la lune, plus vifs dans ce moment, tombaient sur sa personne, et servaient à informer les émigrants de son approche. Indifférent à cette circonstance défavorable, il continuait silencieusement sa marche, lorsqu'une voix forte et menaçante l'arrêta en criant :

— Qui est là ? un ami ou un ennemi ?

— Un ami, répondit-il, un homme qui a vécu trop longtemps pour troubler par des querelles la fin de sa vie.

— Mais pas assez longtemps pour oublier les tours de sa jeunesse, dit Ismaël en levant la tête au-dessus d'un buisson derrière lequel il s'était placé en embuscade; c'est vous qui avez amené cette troupe de diables à peaux rouges, et demain vous aurez votre part du butin.

— Qu'avez-vous perdu? demanda tranquillement le Trappeur.

— Les huit plus belles juments qui aient jamais porté le harnais, sans parler d'un poulain qui vaut trente des plus beaux mexicains qui portent l'effigie du roi d'Espagne. Et le lait, et la laine, où la femme en trouvera-t-elle? tout le bétail a disparu; je crois que les pourceaux eux-mêmes, tout boiteux qu'ils étaient, sont dans ce moment à courir la Prairie. Dites-moi à votre tour, étranger, ajouta-t-il en frappant la terre de la crosse de son fusil avec un bruit et une violence qui auraient intimidé un homme moins résolu que le Trappeur; dites-moi combien de ces animaux pourront vous échoir en partage?

— Et qu'en ferais-je? je n'ai jamais désiré de chevaux, je ne m'en suis même jamais servi, quoique peu d'hommes aient parcouru plus que moi dans tous les sens les vastes déserts de l'Amérique, tout faible et tout vieux que je suis; mais on n'a guère besoin de cheval au milieu des rochers et des forêts de l'York, — c'est-à-dire de l'York, tel qu'il était, mais comme je crains bien qu'il ne soit plus à présent! Quant au lait de vache, aux couvertures de laine, tout cela est bon pour les femmes, et ne m'inspire aucune envie; les bêtes de la plaine fournissent à ma nourriture et à mes vêtements. Non, je ne désire point d'autres vêtements que la peau du daim, ni de nourriture plus succulente que sa chair.

L'air de sincérité avec lequel le Trappeur prononça cette courte justification fit quelque impression sur l'émigrant, qui, sorti de sa torpeur ordinaire, sentit augmenter de plus en plus son ressentiment, qui n'aurait pas tardé à éclater d'une manière terrible. Il écouta comme un homme qui doutait, mais qui n'était pas entièrement convaincu, et il marmotta tout bas entre ses dents les sanglants reproches dont l'instant d'auparavant il avait résolu de l'accabler, lorsqu'il était décidé à en tirer aussitôt vengeance.

— Ce sont de belles paroles, dit-il enfin, mais qui, selon moi, sentent trop l'avocat pour un franc et brave chasseur.

— Je ne suis rien de mieux qu'un Trappeur, répondit doucement le vieillard.

— Chasseur ou Trappeur, il y a peu de différence. Vieillard, je suis venu dans cette contrée parce que la loi me serrait de trop près, et que je n'aime pas à avoir des voisins qui ne sauraient arranger une querelle sans fatiguer un juge et douze autres hommes ; mais je ne suis pas venu pour me voir enlever mon bien, et dire ensuite merci à l'homme qui me l'a pris.

— Celui qui s'aventure si avant dans les Prairies doit se faire aux manières de ceux qui en sont les maîtres.

— Les maîtres ! répéta l'émigrant avec humeur ; j'ai des droits tout aussi légitimes à la terre sur laquelle je marche qu'aucun des gouverneurs des Etats ! Pourriez-vous me dire, étranger, où est la loi, où est la raison qui dit qu'un homme aura une section, une ville, peut-être même une province à lui tout seul, tandis qu'un autre homme sera obligé de mendier un coin de terre pour y creuser sa fosse ? Ce n'est donc point dans la nature, et je nie que ce soit dans la loi, — la loi du moins telle qu'elle doit être, et non pas telle que vous l'avez faite.

— Je ne puis dire que vous ayez tort, répondit le Trappeur, dont les opinions sur cette matière importante, quoique partant de principes bien différents, étaient cependant merveilleusement d'accord avec celles de son compagnon ; j'ai toujours pensé de même, et j'en ai souvent dit autant, lorsque j'ai cru que ma voix pouvait être entendue. Mais ceux qui ont dérobé vos troupeaux se prétendent les maîtres de tout ce qu'ils trouvent dans les déserts.

— Ils feront bien de ne pas le soutenir en face d'un homme qui sait mieux ce qui en est, dit l'émigrant d'une voix sourde et menaçante. Je puis m'appeler un honnête marchand, qui donne en retour autant qu'il reçoit. Vous avez vu les Indiens ?

— Oui, j'étais leur prisonnier lorsqu'ils se sont glissés dans votre camp...

— Est-ce ainsi qu'un blanc, un chrétien aurait dû agir en pareille occasion ? ne devait-il pas m'avertir à temps ? reprit Ismaël en jetant un regard sinistre sur le Trappeur, comme s'il méditait encore d'attenter à ses jours. Je ne suis pas très-empressé d'appeler cousin le premier homme qui se trouve sur ma route ; mais pourtant la couleur doit être quelque chose, surtout lorsque des chrétiens se rencontrent dans un lieu comme celui-ci. Au surplus, ce qui est fait est fait, et tous les discours du monde n'y changeraient rien. Enfants, sortez de votre embuscade ; il n'y a ici que le vieillard. Il a mangé de mon pain, et je dois le traiter en ami, quoique j'aie de bonnes raisons pour le soupçonner d'être d'intelligence avec nos ennemis.

A ces soupçons injurieux que l'émigrant ne se fit pas scrupule de proférer sans la moindre délicatesse, malgré les explications qu'il venait d'entendre, le Trappeur ne répondit rien. L'appel du chef de famille produisit sur-le-champ son effet. A sa voix, cinq ou six de ses fils sortirent de derrière autant de buissons où ils s'étaient postés dans l'idée que les êtres qu'ils apercevaient sur la colline faisaient partie de la bande de Sioux. A mesure qu'ils approchaient l'un après l'autre, ils remettaient nonchalamment leur fusil sous leur bras, et jetaient un regard sur l'étranger, sans cependant qu'aucun d'eux montrât la moindre curiosité d'apprendre d'où il venait, ni pourquoi il était là. C'était en partie l'effet de l'insouciance de leur caractère; mais c'était surtout une suite de l'habitude qu'ils avaient de se trouver au milieu de scènes pareilles, et qui leur avait fait connaître le besoin de la prudence et de la discrétion. Le Trappeur supporta leurs regards sombres, mais silencieux, avec la fermeté d'un homme qui avait pris plus longtemps encore les leçons de l'expérience, et en même temps avec le calme parfait de l'innocence. Content de l'examen rapide qu'il avait fait, l'aîné des enfants, celui justement dont la vigilance assoupie avait laissé un si beau champ à l'entreprenant Mahtoree, se tourna du côté de son père, et dit brusquement:

— Si c'est là tout ce qui reste de ceux que je voyais là-bas, sur la hauteur, nous n'avons pas tout à fait perdu notre poudre.

— Asa dit vrai, reprit le père en regardant le Trappeur comme si la phrase de son fils lui rappelait des idées dont il avait perdu la trace; d'où vient cela, étranger? Vous étiez trois tout à l'heure, ou la clarté de la lune est tout à fait trompeuse.

— Si vous aviez vu les Tetons rasant la terre comme autant de démons ailés, en poursuivant vos troupeaux, mon ami, il ne vous eût pas été difficile de supposer qu'ils étaient plus de mille.

— Oui, quelque enfant élevé dans les villes, ou bien quelque femme; et encore, il y a la vieille Esther, voyez-vous, qui n'a pas plus peur d'une peau rouge que d'un ourson ou d'un louveteau. Je vous garantis que si vos diables rampants eussent fait leur équipée à la clarté du jour, la brave femme les aurait travaillés d'une vigoureuse manière, et que les Sioux auraient vu qu'elle n'était pas d'humeur à céder son beurre et ses fromages sans coup férir.

Mais le temps viendra, étranger, où justice sera faite, et cela très-prochainement, et sans le secours de ce que vous appelez la loi. Nous sommes d'une race naturellement lente, je le sais, et on le dit souvent de nous; mais la lenteur n'atteint que plus sûrement le but; et il y a peu d'hommes qui puissent se vanter d'avoir donné un coup à Ismaël Bush, sans en avoir reçu de lui un pareil en retour.

— Eh bien! dans ce cas, Ismaël Bush a suivi l'instinct des bêtes plutôt que les vrais principes qui doivent guider ceux de son espèce, répondit le courageux Trappeur. J'ai porté moi-même plus d'un coup; mais ce qu'un homme doué de raison éprouve nécessairement lorsqu'il a tué, ne fût-ce qu'un daim, sans avoir besoin ni de sa chair ni de sa peau, je ne l'ai éprouvé qu'une seule fois, et ce fut lorsque je laissai un Mingo dans les bois sans sépulture, à l'époque où je faisais franchement et loyalement la guerre.

— Vous avez donc été soldat, Trappeur ? J'ai fait une ou deux expéditions chez les Cherokees, quand j'étais jeune aussi, et j'ai suivi Mad Anthony [1], pendant toute une campagne, à travers les hêtres; mais bah! il y avait trop de régularité et de précision dans ses troupes pour moi; de sorte que je l'ai quitté sans passer chez le quartier-maître pour régler mon compte. Il est vrai que, comme Esther s'en est vantée ensuite, elle avait su tirer un tel parti du bon qui m'avait été donné pour ma solde, que les Etats ne gagnèrent pas beaucoup à ma négligence. Vous avez entendu parler de Mad Anthony, si vous êtes resté longtemps dans le pays ?

— La dernière fois que je me suis battu, c'était sous ses ordres, reprit le Trappeur, et ses yeux éteints brillèrent un instant comme si ce souvenir lui était agréable; mais bientôt son front se rembrunit, et il baissa un moment la tête comme s'il lui en coûtait de reporter son esprit sur les scènes violentes dans lesquelles il avait si souvent joué un rôle. — Je passai des Etats situés sur le bord de la mer dans ces régions éloignées lorsque je rencontrai l'arrière-garde de son armée. Je la suivis quelque temps comme simple spectateur; mais, lorsqu'on en vint aux mains, le bruit

---

1. Antoine Wayne, Pensylvanien qui se distingua dans la guerre de la révolution et contre les Indiens de l'Orient par sa témérité comme général, ce qui lui valut de la part de ses troupes le surnom d'Antoine-le-Fou. Le général Wayne était fils de la personne dont on fait mention dans la vie de West comme commandant le régiment qui excitait son ardeur militaire.

de ma carabine se fit entendre au milieu des autres, et cependant, je dois le dire à ma honte, je ne savais pas de quel côté était le bon droit, et je n'agis pas ainsi qu'aurait dû le faire un homme de soixante-dix ans qui doit mûrement réfléchir avant d'attenter à la vie d'un de ses semblables, puisque c'est un don qu'il ne sera jamais en son pouvoir de lui rendre.

— Croyez-moi, étranger, dit l'émigrant dont la colère s'était considérablement adoucie en voyant qu'ils avaient combattu tous deux du même côté dans la guerre sanglante de l'ouest, il importe fort peu de savoir quel est le principe de la querelle, lorsque c'est un chrétien contre un sauvage. Nous reparlerons demain de ce vol de bestiaux ; pour cette nuit, nous n'avons rien de mieux à faire que de dormir.

En disant ces mots, Ismaël reprit le chemin du camp, accompagné de l'homme dont, quelques minutes auparavant, la vie avait couru de si grands dangers. Dès qu'il y fut arrivé, après quelques mots d'explication, entremêlés d'invectives courtes mais énergiques contre les pillards, il apprit à sa femme où en étaient les choses dans la Prairie, et il annonça ensuite sa détermination de se reposer de tant de fatigues en consacrant le reste de la nuit au sommeil.

Le Trappeur donna volontiers son assentiment à cette mesure, et il s'étendit sur le tas de broussailles qui lui fut offert, avec le calme et la tranquillité d'un monarque qui s'apprêterait à goûter les douceurs du repos au sein de sa paisible capitale, et entouré de ses protecteurs armés. Cependant le vieillard ne ferma pas les yeux avant de s'être assuré qu'Hélène Wade était avec les autres femmes de la famille, et que son jeune ami, cousin ou amant, n'importe, avait eu la prudence de se tenir à l'écart. Alors seulement il s'endormit, quoiqu'il conservât encore jusque dans son sommeil une partie de cette vigilance à laquelle il était accoutumé depuis si longtemps.

CHAPITRE VI.

> C'est trop vétilleux, trop susceptible, trop affecté, trop bizarre, et je pourrais dire, je crois, trop étranger[1].
>
> SHAKSPEARE.

L'ANGLO-AMÉRICAIN aime à se vanter, et ce n'est pas sans une apparence de raison, que sa nation a des titres bien mieux fondés à une origine honorable qu'aucun peuple dont l'histoire mérite quelque crédit. Quels qu'aient été les faibles des colons originaires, on leur a rarement contesté leurs vertus. Si leur piété n'était pas sans mélange de superstition, elle était sincère, et par conséquent ils étaient probes. Les descendants de ces hommes simples se sont plu à rejeter les moyens artificiels, communément en usage pour perpétuer les honneurs dans les familles, et ils y ont substitué une nouvelle base d'illustration, qui soumet chaque homme individuellement à l'épreuve de l'estime publique, en ayant aussi peu d'égards que possible à ceux qui l'ont précédé. Cette preuve de modération, d'abnégation de soi-même, ou de bon sens, suivant le nom qu'on voudra donner à cette mesure, a donné lieu de croire que la nation avait une basse origine. Mais si la chose valait la peine d'être recherchée, on verrait que les noms illustres de la mère-patrie se retrouvent en nombre au moins égal dans ces ci-devant colonies, et c'est un fait bien connu du peu de personnes qui ont eu assez de temps à perdre pour s'occuper de pareilles bagatelles, que les descendants directs de plus d'une famille près de s'éteindre, que l'aristocratie anglaise n'a pu soutenir qu'au moyen de branches collatérales, remplissent maintenant les simples devoirs de citoyens au sein de notre république. La ruche est toujours restée à la même place, et les abeilles qui voltigent encore alentour réclament tous les jours la vaine distinction d'une antique origine, sans faire attention à la fragilité de leur demeure, non plus qu'aux jouissances des essaims nombreux et pleins de vie qui recueillent les sucs plus doux d'une terre encore vierge. Mais c'est un sujet qui est de la

---

1. À la fois trop étrange et trop étranger.

compétence du politique et de l'historien, plutôt que de l'humble narrateur des incidents domestiques que nous allons rapporter ; nous bornerons nos réflexions à ce qui est intimement lié à notre récit.

Quoique le citoyen des Etats-Unis puisse faire valoir à si juste titre une illustre origine, il est loin d'être exempt des peines portées contre sa race déchue. Les mêmes causes, on le sait, produisent les mêmes effets. Le tribut que les peuples semblent condamnés à payer par une pénible épreuve aux autels de Cérès, avant d'être admis à jouir de ses plus riches faveurs, est acquitté jusqu'à un certain point en Amérique par le descendant, au lieu de l'être par l'ancêtre. La marche de notre civilisation a une grande analogie avec tous les événements de la vie, qui, dit-on, « jettent leur ombre devant eux [1]. » Tous les degrés de l'état social, depuis celui qui est appelé policé, jusqu'à celui qui est aussi voisin de la barbarie que peuvent le permettre des relations avec un peuple éclairé, se retrouvent à partir du sein des Etats-Unis, où commencent à fleurir les arts, le luxe et l'opulence, jusqu'à ces frontières éloignées, et tous les jours plus reculées qui annoncent l'approche de la nation, comme des vapeurs mobiles précèdent l'arrivée du jour.

C'est sur ces frontières, et là seulement, qu'on rencontre cette classe d'hommes répandue au loin, quoique peu nombreuse, qu'on peut comparer à ceux qui ont frayé le chemin aux progrès des nations civilisées dans l'ancien monde. La ressemblance de l'habitant américain des frontières avec son type originaire en Europe, est remarquable, sans être toujours uniforme. Libre de toute entrave, l'un étant au-dessus, l'autre au-delà de la portée des lois, ils pourraient être appelés tous deux braves, parce qu'ils affrontaient les périls ; fiers, parce qu'ils étaient indépendants ; enfin vindicatifs, parce que chacun était le vengeur de sa propre querelle. Il serait injuste pour l'habitant des frontières de pousser plus loin le parallèle. Il est irréligieux, parce qu'il a hérité de la croyance que la religion ne consiste pas dans les formes, et que sa raison rejette des momeries que sa conscience ne peut approuver. Il n'est pas chevalier, parce qu'il n'a pas le pouvoir de donner des distinctions, et il n'en a pas le pouvoir, parce qu'il est l'enfant et non le père d'un système. On verra dans le cours

---

[1]. Expression de Th. Campbell, poëte souvent cité en Amérique à cause de sa *Gertrude*, qui est un sujet américain.

de cette narration le développement de ces qualités chez quelques-uns des individus de cette classe où elles sont le plus fortement empreintes [1].

Ismaël Bush avait passé toute la durée d'une vie de plus cinquante ans sur les extrémités de la société américaine, il se vantait de n'être jamais resté dans un endroit où il n'était pas libre d'abattre tous les arbres qu'il pouvait voir du seuil de sa porte, d'avoir laissé rarement pénétrer la loi dans sa demeure, et de n'avoir jamais laissé volontairement arriver jusqu'à son oreille le son de la cloche d'une église. Son industrie ne s'étendait pas plus loin que ses besoins, qui étaient en petit nombre, et trop simples pour qu'il ne fût pas facile d'y pourvoir ; il n'avait de respect que pour une seule branche de connaissance, l'art de guérir, parce qu'il ne comprenait l'application d'aucune autre science que de celle qui frappait les sens ; sa déférence pour la médecine lui avait fait accepter la proposition d'un docteur qui, désirant profiter du goût d'Ismaël pour les émigrations et les voyages, lui avait offert de l'accompagner, dans l'espoir d'enrichir de nouvelles découvertes l'histoire naturelle, dont l'étude était pour lui un véritable soin, ou plutôt une manie. Le docteur fut admis dans la famille de l'émigrant, qui le prit sous sa protection spéciale, et ils avaient voyagé ensemble jusqu'à cet endroit de la Prairie, dans l'harmonie la plus parfaite ; Ismaël se félicitait à chaque instant avec sa femme d'avoir un compagnon de voyage qui leur serait si utile dans leur nouvelle demeure, quelque part qu'il leur plût de l'établir, jusqu'à ce que la famille fût complètement acclimatée.

Les recherches du naturaliste l'entraînaient souvent hors de la route directe d'Ismaël, qui n'avait pour guide que le soleil, et il n'était pas rare que ses absences se prolongeassent pendant plusieurs jours de suite. Il est bien peu de personnes qui à sa place ne se fussent pas félicitées de ne point se trouver au camp au moment critique de l'attaque des Sioux, comme s'en applaudit en effet l'intrépide naturaliste en question, Obed Bat, ou, comme il aimait beaucoup à s'entendre appeler, Battius, docteur en médecine et membre de plusieurs sociétés savantes.

Quoique l'indolence naturelle d'Ismaël eût été un peu vivement secouée par la perte qu'il venait de faire, et que son humeur fût

---

[1]. L'auteur désigne ici ceux que les Américains appellent *squatters*. Voyez une note précédente sur ce mot.

loin d'être calmée, il se coucha cependant, d'abord parce que c'était l'heure consacrée au repos, et ensuite parce qu'il savait que tous les efforts qu'il pourrait faire au milieu de l'obscurité pour recouvrer ses troupeaux seraient complètement inutiles. Il connaissait aussi trop bien le danger de sa position actuelle pour hasarder ce qui lui restait en courant après ce qu'il avait perdu. Quoique les habitants des Prairies soient connus pour l'attachement qu'ils portent à leurs chevaux, il est cependant beaucoup d'autres choses qui étaient en la possession des voyageurs pour lesquelles ils n'ont pas moins de goût. C'était un artifice ordinaire de disperser les troupeaux, afin de profiter de la confusion et d'avoir une occasion de pillage, tandis que les maîtres cherchaient à les rassembler. Mais il paraîtrait que, sous ce rapport, Mahtoree avait trop compté sur la simplicité de ceux qu'il dépouillait. On a déjà vu avec quel flegme l'émigrant supporta sa perte; il ne nous reste plus qu'à montrer le résultat de ses mûres délibérations, et c'est ce que nous ferons bientôt.

Si bien des yeux furent longtemps à se fermer, si plus d'une oreille écouta avidement pour recueillir le moindre bruit qui pourrait indiquer de nouveaux dangers, le camp n'en resta pas moins plongé dans un profond repos pendant le reste de la nuit. Le calme et la fatigue produisirent leurs effets ordinaires, et avant l'aurore tout était plongé dans le sommeil, à l'exception des sentinelles, qui, pour cette fois, remplirent ponctuellement leur devoir, du moins à ce qu'il est permis de supposer, puisque du reste il n'arriva rien qui pût accuser ou prouver leur vigilance.

Au moment où le jour commençait à poindre et l'horizon à se débrouiller insensiblement, une personne, dont la figure portait l'expression de l'inquiétude et de la crainte, leva la tête au-dessus de la masse confuse d'enfants qui dormaient profondément. C'était Hélène Wade, qui, lors de son retour furtif au camp, s'était glissée au milieu d'eux. Elle passa furtivement entre les corps étendus à terre, et, retenant son haleine, elle arriva jusqu'aux limites de l'enceinte formée par Ismaël. Alors elle s'arrêta et parut réfléchir s'il était convenable d'aller plus loin; mais cette pause ne fut que d'un instant, et bien avant que la sentinelle postée de ce côté eût eu le temps de distinguer sa taille légère, elle s'était déjà glissée dans la Prairie, et avait gravi le sommet de l'éminence la plus voisine.

Hélène écouta alors longtemps dans une attente pénible, mais sans rien entendre que le souffle de l'air du matin qui agitait faiblement l'herbe autour d'elle. Elle allait revenir sur ses pas, douloureusement trompée dans son espoir, lorsque le bruit de pas qui foulaient la Prairie arriva jusqu'à son oreille. Tournant aussitôt la tête de ce côté, elle aperçut dans l'éloignement le profil d'un individu qui montait l'éminence du côté opposé au camp, et qui venait droit à elle comme s'il l'avait reconnue. Ne doutant point que ce ne fût Paul, elle avait déjà prononcé son nom, et elle commençait à parler avec cette vivacité empressée que l'affection d'une femme témoigne en revoyant un ami, lorsque la pauvre fille s'interrompit tout à coup, et, se retirant en arrière, ajouta froidement :

— Ah ! c'est vous, docteur ! je ne m'attendais guère à vous rencontrer à une pareille heure.

— Toutes les heures, toutes les saisons, ma bonne Hélène, conviennent également au véritable amant de la nature, répondit un petit homme un peu sur le retour de l'âge, d'une taille frêle, d'une activité extraordinaire, accoutré d'un mélange bizarre de vêtements de drap et de peaux, et qui s'approcha d'elle avec la familiarité d'une vieille connaissance ; — et celui qui ne sait pas tout ce qu'il y a de choses à contempler avec admiration à la lueur de ce faible crépuscule, ignore une grande partie des jouissances qu'il peut se procurer.

— Il est vrai, dit Hélène, se rappelant tout à coup la nécessité d'expliquer à son tour comment elle se trouvait dehors à une pareille heure : je connais beaucoup de personnes qui pensent que la terre a un aspect plus agréable la nuit que par le soleil le plus éclatant.

— C'est que chez elles l'organe de la vue est trop convexe. Mais l'homme qui veut étudier les habitudes actives de la race *féline*, ou de la variété Albinos, doit courir les champs à cette heure. Je dirai plus, c'est qu'il y a des hommes qui préfèrent regarder les objets au crépuscule, par la seule raison qu'ils voient mieux à cette époque de la journée [1].

— Et c'est pour cela, sans doute, que vous courez toute la nuit ?

— Je cours la nuit, ma chère enfant, parce que la terre, dans

---

1. Le docteur veut parler de l'affection appelée *nyctalopie*, ou vue de nuit, que les savants allemands appellent aussi une *héliophobie* (horreur du soleil).

ses révolutions diverses, ne laisse la lumière du soleil que la moitié du temps sur tout méridien donné, tandis que ce que j'ai à faire ne peut s'accomplir qu'en douze ou quinze heures consécutives; or, voilà deux jours que je suis à chercher une plante que je sais exister dans ces climats, sans avoir vu seulement un brin d'herbe qui ne soit pas déjà analysé et classé.

— Vous avez eu du malheur, mon cher docteur; mais du moins...

— Du malheur! répéta le petit homme en se rapprochant encore plus d'Hélène, et en tirant ses tablettes d'un air de triomphe; non, non, ma chère, je n'ai pas à me plaindre. Et de quoi se plaindrait en effet un homme dont la fortune est faite, dont la réputation est dès ce moment établie à jamais, dont le nom passera à la postérité avec celui de Buffon! — Buffon, un simple compilateur, qui ne s'est fait un nom qu'à l'aide des travaux des autres, et qui ne saurait marcher de pair, *pari passu*, avec Solander[1] qui a acheté sa science au prix de ses sueurs et de ses fatigues.

— Avez-vous découvert une mine, docteur Bat?

— Bien plus qu'une mine, mon enfant! un trésor inappréciable, et dont je suis déjà l'heureux possesseur; écoutez: — Après mes recherches infructueuses, j'étais occupé à décrire l'angle nécessaire pour rencontrer la ligne suivie par votre oncle, lorsque j'entendis un bruit semblable à la détonation d'armes à feu.

— Oui, s'écria vivement Hélène, nous avons eu une alarme.....

— Et vous crûtes que je m'étais égaré, ajouta le savant, trop préoccupé pour saisir le véritable sens de ses paroles. C'est un danger que je ne puis jamais courir; ma base une fois prise, connaissant la longueur de la perpendiculaire, par la force du calcul je n'avais plus qu'à former mon angle pour tirer l'hypoténuse. Cependant, persuadé que cette décharge n'avait été faite que pour m'appeler, je changeai de route, d'après la direction du bruit qui frappait mon oreille; — non pas que j'ajoute plus de foi ou même autant de foi au rapport des sens qu'à un calcul mathématique; mais je craignais que l'un des enfants n'eût besoin de mes services.

— Ils sont tous heureusement...

— Ecoutez, écoutez, dit le docteur, l'interrompant de nouveau,

---

[1]. Daniel Solander, Suédois comme Linnée, qui fut son maître, mais qui fit sa réputation en Angleterre.

et oubliant déjà sa tendre sollicitude pour ses malades, tant le sujet qui l'occupait avait d'importance à ses yeux. J'avais traversé une grande étendue de Prairie, — car le son se porte à une grande distance lorsqu'il rencontre peu d'obstacles, — lorsque j'entendis des trépignements de pieds, comme si des bisons battaient la terre; alors j'aperçus dans l'éloignement une troupe d'animaux, qui, gravissant et descendant la colline, se précipitaient de tous côtés, — d'animaux qui seraient encore inconnus, qui n'auraient jamais été décrits, sans l'accident le plus heureux. L'un d'eux, et c'était un noble échantillon des autres, courait à quelque distance de ses frères; ceux-ci, s'étant précipités de mon côté, l'animal solitaire suivit l'impulsion donnée, et bientôt il n'était plus qu'à près de cent pas de moi. Je me gardai bien de laisser échapper cette bonne fortune, et grâce à mon briquet et à ma lampe, j'écrivis sa description sur le lieu même; j'aurais donné mille dollars, ma chère Hélène, pour avoir là un de nos garçons avec son fusil.

— Mais vous avez un pistolet, docteur; pourquoi ne l'avoir pas employé? dit Hélène d'un air distrait, tandis que ses regards se promenaient sur la Prairie, quoique son corps restât toujours fixé à la même place.

— Oui, mais il n'est chargé que de particules de plomb extrêmement fines, adaptées à la destruction des grands insectes et des reptiles. Non, je fis beaucoup mieux que de hasarder un combat dans lequel j'aurais fort bien pu n'être pas le vainqueur. Je couchai cet événement sur mon journal, ayant soin de noter les plus petits détails avec la précision indispensable en pareil cas. Je vais vous le lire, Hélène; car vous êtes une fille sensée et judicieuse, et en retenant ce que vous apprendriez de cette manière vous pourriez encore rendre de grands services à la science si un malheur venait à m'arriver. C'est que, voyez-vous, ma chère enfant, le métier que je fais a ses dangers comme celui de soldat. Cette nuit même, ajouta-t-il en jetant involontairement un regard derrière lui, — cette nuit mémorable, le principe de la vie a couru les plus grands dangers d'être à jamais éteint en moi.

— Et par qui?

— Par le monstre que j'ai découvert. Il approchait souvent de moi, et à mesure que je reculais, il avançait toujours davantage. Sans doute je ne dus la vie qu'à la petite lampe que je portais. Tout en écrivant, j'eus soin de la tenir entre nous deux, de sorte qu'elle me servait tout à la fois de flambeau et de bouclier. Mais vous allez entendre la description de l'animal, et vous jugerez alors des dangers que nous autres savants nous courons tous les jours pour agrandir le domaine de la science.

Le naturaliste approcha les tablettes de ses yeux, et se disposa à lire du mieux qu'il lui serait possible, à la clarté du firmament; cependant il ne put s'empêcher de dire encore quelques mots d'introduction avant de commencer sa lecture.

— Ecoutez, ma chère enfant, répéta-t-il encore, et vous saurez de quel trésor j'ai eu le bonheur d'enrichir les pages de l'histoire naturelle.

— C'est donc une création de votre génie? dit Hélène faisant trêve un instant à ses reproches inutiles pour s'amuser du faible du docteur avec l'enjouement qui lui était naturel.

— Une création! l'homme a-t-il donc le pouvoir de donner la vie à la matière inanimée? Plût à Dieu qu'il en fût ainsi! vous verriez bientôt une *Historia naturalis americana*, qui ferait rentrer sous terre les risibles imitateurs de ce Français de Buffon! Par exemple, il y aurait moyen de simplifier extrêmement la machine animale, et de l'améliorer d'une manière sensible, surtout pour les animaux dans lesquels l'agilité est une vertu. Il faudrait que deux des membres inférieurs fussent disposés d'après le principe du levier; des roues, peut-être, telles qu'on les fait à présent, quoique je n'aie pas encore bien arrêté si ce changement devrait tomber sur les pattes de devant ou sur celles de derrière, attendu que je suis encore à apprendre ce qui demande la plus grande force musculaire, ou de tirer ou de pousser. Une exsudation naturelle de l'animal pourrait prévenir l'effet du frottement, et l'on obtiendrait les plus heureux résultats. Mais il n'en faut point parler, du moins pour l'instant, ajouta-t-il en soupirant; puis, levant de nouveau ses tablettes vers le ciel, il se mit à lire à haute voix :

« Six octobre 1805, — c'est simplement la date, que, j'ose le dire, vous savez aussi bien que moi. — *Quadrupède* vu au clair de la lune, et à l'aide d'une petite lampe de poche, dans les Prairies de l'Amérique septentrionale (voyez le journal pour la latitude et le méridien). *Genus*, inconnu, appelé en conséquence du nom de celui qui l'a découvert, et d'après l'heureuse coïncidence qui l'a fait découvrir la nuit, *vespertilio horribilis americanus*[1]. *Dimensions*

---

[1]. *Bat*, en anglais, veut dire *chauve-souris*, que le naturaliste traduit par *vespertilio*.

(par estimation), *plus grande longueur*, onze pieds; *hauteur*, six pieds; *tête*, droite; *narines*, ouvertes; *yeux*, fiers et expressifs, *queue*, horizontale et légèrement *féline*; *talons*, crochus et dangereux; *oreilles*, imperceptibles; *cornes*, longues, divergentes et formidables; *couleur*, gris-cendré; *voix*, sonore et imposante; *goûts*, carnivores; *naturel*, farouche et indomptable. « Voilà, s'écria Obed, lorsqu'il eut terminé cette pompeuse description, — voilà une bête qui va très-probablement disputer au lion son titre de roi des animaux!

— Je n'entends rien à tout ce que vous venez de dire, seigneur Battius, répondit la jeune fille, dont les yeux bleus pétillaient de malice, et qui se plaisait souvent à lui donner un nom qu'il aimait tant à entendre, — mais je n'oserai plus m'aventurer hors du camp si de pareils monstres rôdent dans la prairie.

— Et vous ferez bien, reprit le naturaliste en se serrant près d'elle et en baissant la voix d'un air d'intelligence qui semblait faire entendre plus encore qu'il ne disait; — jamais le système nerveux chez moi n'avait été mis à une pareille épreuve; et il y eut un moment, je l'avoue, où le *fortiter in re*[1] faillit lâcher prise devant un ennemi si terrible; mais l'amour de la science soutint mon courage et me fit sortir triomphant.

— Vous parlez un langage si différent de celui auquel nous sommes habitués dans le Tenessee, dit Hélène en s'efforçant de garder son sérieux, que je ne sais vraiment pas si je comprends ce que vous voulez dire. Si je ne me trompe, vous voulez exprimer que dans ce moment vous aviez un peu le cœur d'un poulet[2].

— Comparaison absurde, qui prouve l'ignorance la plus complète de la structure du bipède. Le cœur du poulet est proportionné à ses autres organes, et l'oiseau domestique est, dans l'état de nature, rempli de courage. Hélène, ajouta-t-il d'un air si solennel qu'il fit quelque impression sur la jeune fille attentive, — j'ai été poursuivi, lancé et relancé, et dans un danger tel que, sans mon courage.... Eh! qu'est-ce que cela?

Hélène tressaillit, car le ton grave et l'air profondément pénétré du docteur avait fini par triompher en partie de sa crédulité. Regardant du côté que lui indiquait son compagnon, elle vit en effet un animal qui courait dans la Prairie, et qui semblait venir droit à eux. Le jour n'était pas encore assez avancé pour lui

---

1. Le courage.
2. *Chicken-hearted*, comme nous disons en français *une poule mouillée*.

permettre d'en distinguer la forme et les proportions, mais pourtant ce qu'elle voyait suffisait pour lui faire présumer que c'était quelque animal sauvage et terrible.

— Le voilà! le voilà! s'écria le docteur en portant machinalement la main sur ses tablettes, tandis que ses jambes tremblaient sous lui, malgré tous ses efforts pour leur donner un peu de fermeté. — Il me semble, Hélène, que la fortune m'offre l'occasion de rectifier les erreurs que j'ai pu commettre à la faible lueur du firmament. Voyez un peu... gris-cendré... *oreilles*, imperceptibles... *cornes*, longues...

Sa voix tremblante et sa main, qui n'était guère plus assurée, furent arrêtées tout à coup par un mugissement de l'animal, assez terrible pour intimider un courage encore plus déterminé que celui du naturaliste. A ce cri, qui retentit dans la prairie en cadences bizarrement sauvages, succéda un silence profond et solennel, qui ne fut interrompu que par les éclats de rire répétés et irrésistibles qui partirent de la bouche plus harmonieuse d'Hélène. Pendant ce temps le naturaliste était comme frappé de stupeur, se laissant flairer par l'animal terrible dont il ne cherchait même plus à empêcher l'approche en lui opposant son bouclier de lumière, sans faire la moindre résistance ni le plus petit commentaire.

— C'est votre âne en personne! s'écria Hélène dès qu'il lui fut possible de respirer; — votre cher âne, qui vous est si attaché!

Le docteur promena un œil hagard de l'âne sur Hélène, et d'Hélène sur l'âne; mais aucun son ne sortit de sa bouche.

— Comment, docteur, ne reconnaissez-vous pas un animal qui a vieilli à votre service? ajouta la jeune fille dont l'accès de gaieté n'était pas encore passé; un animal qui, vous l'avez dit mille fois vous-même, vous a toujours si doucement porté, et que vous aimiez comme un frère?

— *Asinus domesticus!* marmotta le docteur en reprenant son haleine, comme quelqu'un qui aurait été près de suffoquer. Il n'y a pas le moindre doute sur le genre, et je soutiendrai toujours que l'animal n'est pas de l'espèce *equus*. C'est indubitablement l'*asinus* lui-même, ma pauvre Hélène; mais ce n'est pas le *vespertilio horribilis* des Prairies. Ce sont des animaux bien distincts, je vous l'atteste, et qui diffèrent du tout au tout sur beaucoup de points essentiels. Celui-là est carnivore, ajouta-t-il en jetant un coup d'œil sur la page ouverte de ses tablettes; celui-ci, granivore; *naturel*, farouche et indomptable; ici naturel patient et pacifique; *oreilles*, imperceptibles, ici longues oreilles; *cornes*, divergentes, ici, cornes, aucune.

Il fut interrompu par un nouvel éclat de rire d'Hélène, qui, en le rappelant à lui, changea le cours de ses réflexions.

— L'image du *vespertilio* était sur la rétine, dit l'intrépide investigateur des secrets de la nature, sentant le besoin de donner à sa phrase une tournure tant soit peu apologétique; et dans ma préoccupation, j'ai eu la sottise de prendre mon fidèle animal pour le monstre, — quoique j'en sois encore à me demander pourquoi cette pauvre bête court ainsi à travers champs.

Hélène se mit alors à lui raconter l'histoire de l'attaque nocturne, et des suites qu'elle avait eues. Elle décrivit avec une fidélité scrupuleuse la manière dont les animaux effrayés s'étaient précipités hors du camp, pour se répandre dans la Prairie; et elle entra même à ce sujet dans des détails qui auraient pu faire soupçonner à un esprit moins simple et moins préoccupé que le bon docteur qu'elle en avait vu plus qu'il ne lui convenait de dire. Sans se permettre de l'exprimer en termes précis, elle sut faire jaillir naturellement de son récit, aux yeux du naturaliste, la très-forte probabilité que ce qu'il avait pris pour des animaux sauvages n'était autre chose que le troupeau dispersé d'Ismaël; et elle finit par des lamentations énergiques sur la perte qu'il avait faite, et par quelques remarques très-naturelles sur la position critique de la famille, qui se trouvait sans ressource.

Le naturaliste écouta dans une muette surprise, sans qu'une seule exclamation lui échappât pendant son récit. L'œil perçant d'Hélène remarqua seulement que, tandis qu'elle parlait, la page importante fut arrachée des tablettes avec un soin qui prouvait que la douce illusion du naturaliste s'était entièrement dissipée. Depuis ce moment, le monde n'a plus entendu parler du *vespertilio horribilis americanus*; et les sciences naturelles ont à jamais perdu un anneau précieux de cette grande chaîne animée qui unit, dit-on, le ciel à la terre, et dans laquelle l'homme se trouve si rapproché du singe.

Lorsque le docteur Bat eut appris à fond toutes les circonstances de l'attaque, ses inquiétudes prirent une autre direction. Il avait laissé sous la garde d'Ismaël d'énormes in-folios, une quantité de boîtes renfermant une foule de plantes rares et d'animaux empaillés; et l'idée lui vint tout à coup que des maraudeurs aussi adroits que les Sioux ne laisseraient pas échapper l'occasion de lui enlever tous ses trésors. Hélène eut beau employer tous ses efforts pour calmer ses craintes, ses frais d'éloquence furent en pure perte, et ils se séparèrent, lui, pour voir tout de suite, par ses propres yeux, ce qui en était et sortir d'une aussi pénible incertitude, et elle pour regagner doucement et sans bruit la tente solitaire devant laquelle elle avait passé avec tant de rapidité quelques instants auparavant.

CHAPITRE VII.

> Quoi ! cinquante d'un coup !
> SHAKSPEARE. *Le roi Lear.*

Le jour avait alors entièrement soulevé le voile qui couvrait l'horizon. L'entrée d'Obed dans le camp à cette heure avancée, et surtout les lamentations bruyantes que lui arrachait la crainte d'avoir perdu le fruit de tant de pénibles recherches, ne manquèrent pas de réveiller la famille du squatter[1]. Ismaël et ses fils, ainsi que le frère de sa femme, ce compagnon à l'aspect repoussant, dont nous avons déjà parlé, furent bientôt debout; et à mesure que le soleil commençait à répandre sa lumière autour d'eux, ils apprirent toute l'étendue de leurs pertes.

Ismaël, les dents fortement serrées l'une contre l'autre, regarda d'abord les chariots immobiles et pesamment chargés; de là ses yeux se portèrent sur le groupe d'enfants qui, d'un air affamé, se pressaient autour de leur mère, dont le regard sombre annonçait le désespoir; puis tout à coup il sortit dans la plaine, comme si l'air du camp était trop renfermé pour qu'il pût y respirer librement. Ses compagnons attentifs, qui cherchaient à lire ses projets sur sa physionomie soucieuse, le suivirent dans un morne silence jusqu'au sommet de la colline voisine, d'où la vue s'étendait presque à l'infini sur la plaine; mais ils ne découvrirent rien qu'un buffle solitaire qui broutait à peu de distance l'herbe

---

1. Le *squatter* comme le *Trappeur* sont des noms nouveaux en français, mais leur adoption nous semble aider à l'imagination du lecteur à se transporter au milieu des scènes décrites par le romancier.

déjà flétrie, et l'âne du médecin, qui profitait de sa liberté pour faire un régal un peu plus long qu'à l'ordinaire.

— Voilà donc ce que les brigands nous ont laissé, dit Ismaël en apercevant la paisible bête ; pour nous railler encore, ils nous renvoient ce qu'il y avait de plus inutile dans nos troupeaux ! — C'est une terre bien dure pour y trouver quelque chose à moissonner ; et cependant il faut bien se procurer de quoi remplir tant de bouches affamées.

— Le fusil vaut mieux que la houe, dans un lieu comme celui-ci, répondit l'aîné des garçons en frappant du pied d'un air dédaigneux sur le sol aride ; il n'est bon que pour ceux qui aiment mieux faire leur dîner de fèves, comme les mendiants, que d'*homminie*. Un corbeau verserait des larmes, s'il lui fallait traverser ce district.

— Qu'en dites-vous, Trappeur ? dit le père en lui montrant le peu d'impression que le talon vigoureux de son fils avait fait sur la terre compacte ; est-ce là le terrain que doit choisir de préférence celui qui ne va jamais importuner l'officier public du comté pour lui demander des titres de propriété ?

— Il y a des terres infiniment meilleures dans les bas-fonds, répondit le vieillard d'un ton calme ; et pour arriver à cet endroit aride, il vous a fallu traverser des millions d'acres, où celui qui aime à labourer la terre serait sûr de recueillir autant de boisseaux qu'il aurait semé de poignées de grain, et cela sans se donner de grandes peines. Si c'est de la terre que vous êtes venu chercher, vous avez fait cent milles de trop, ou bien il vous reste encore autant de lieues à faire.

— Il y a donc plus de choix du côté de l'autre océan ? demanda l'émigrant en étendant la main dans la direction de la mer Pacifique.

— Oui, j'ai vu tout cela, moi, reprit le Trappeur en laissant tomber son fusil à terre, et en s'appuyant sur le canon comme quelqu'un qui rappelle avec une douce mélancolie les souvenirs de sa jeunesse. J'ai vu les eaux des deux mers ! Ce fut sur l'une d'elles que je naquis et que je commençai à prendre mon essor, comme ce petit gaillard qui se roule à terre. Depuis lors, l'Amérique a grandi aussi, camarades, et elle est devenue une contrée plus vaste que je n'avais supposé autrefois le monde entier. Pendant près de soixante-dix ans, je suis resté dans l'York, province et Etat tout à la fois... Vous avez été dans l'York, sans doute ?

— Non, non, je n'ai jamais visité les villes, mais j'ai souvent entendu nommer le lieu dont vous parlez. Ce sont de grands défrichements par là sans doute?

— Oh! oui, de grands, de trop grands même; leurs haches sont toujours à fatiguer la terre! Grand Dieu! dépouiller des collines et des terrains de chasse, tels que j'en ai vu, des dons du Seigneur! et ils n'ont pas eu honte! Je suis resté tant que j'ai pu, mais enfin, assourdi par les coups des défricheurs, je suis venu du côté de l'ouest y chercher le repos. Ce fut un voyage pénible que celui-là; un spectacle bien douloureux que de voir tomber de tous côtés sur mon passage des arbres superbes, tandis que, pendant des semaines entières, je ne respirais que l'air épais de clairières embrasées! Il y a loin d'ici à cet état d'York?

— Il est situé à l'extrémité du vieux Kentucky, à ce que je crois; quoique je n'aie jamais su quelle pouvait en être la distance.

— Une mouette aurait à fendre l'air pendant un millier de milles avant de trouver la mer de l'est. Et cependant ce n'est pas encore un espace si difficile à franchir pour un chasseur, quand il y trouve de l'ombre et du gibier. Il y a eu un temps où, dans la même saison, je chassais le daim sur les montagnes de la Delaware et de l'Hudson, et je prenais le castor sur le bord du lac Supérieur; mais alors mon coup d'œil était sûr et rapide, et mes jambes étaient comme les jambes d'un chevreuil. La mère d'Hector, ajouta-t-il en jetant un regard d'affection sur le vieux chien qui était couché à ses pieds, vivait encore alors; et il fallait la voir courir sur le gibier, dès qu'elle avait senti la piste. C'était une gaillarde qui m'a donné bien de l'occupation!

— Votre chien est bien vieux, étranger, et ce serait vraiment avoir pitié de cette pauvre bête que de l'achever.

— Le chien est comme son maître, répondit le Trappeur sans paraître remarquer l'avis brutal qui lui était donné, et il comptera ses jours quand sa tâche auprès du gibier sera terminée, mais non auparavant. Toutes les choses, comme je le vois, me semblent ordonnées pour aller l'une avec l'autre. Ce n'est pas toujours le daim le plus agile qui met les chiens en défaut, ni le bras le plus robuste qui tire le coup le plus sûr. Regardez autour de vous, camarades. Que diront les défricheurs yankees[1], lorsqu'ils se

---

1. Nous avons déjà plusieurs fois expliqué ce terme désignant les Américains.

seront frayé un chemin des eaux de l'est à celles de l'ouest, et qu'ils verront qu'une main, qui, d'un seul coup, peut, si bon lui semble, mettre à nu la terre, a défriché d'avance ce pays, comme pour se jouer de leur malice? Ils reviendront sur leurs pas comme le renard qui ruse, et l'odeur infecte produite par leur passage leur montrera toute la folie de leurs dévastations. Quoi qu'il en soit, ce sont de ces pensées qui viennent à celui qui a vu les travers de quatre-vingts saisons, mais qui ne corrigeront pas les hommes qui sont esclaves des plaisirs de leur race. Pour vous, je dois vous en avertir, vous vous trompez fort si vous croyez en être quitte avec les Indiens. Ils se disent les légitimes propriétaires de cette contrée, et il est rare qu'ils laissent à un blanc autre chose que la peau dont il est fier, lorsqu'une fois ils ont le pouvoir (car pour la volonté, elle ne leur manque jamais) de lui faire du mal.

— Vieillard! dit le squatter d'une voix forte, de quel peuple faites-vous partie? A votre langage, à la couleur de votre peau, on dirait que vous êtes chrétien, tandis qu'il paraît que votre cœur est pour les peaux rouges.

— A mes yeux, il y a peu de différence entre les nations : le peuple que j'aimais le plus est dispersé comme le sable du lit desséché d'une rivière que l'ouragan balaie devant lui, et la vie est trop courte pour que l'on prenne les usages et les habitudes des étrangers, comme on peut le faire quand on a passé des années entières au milieu d'un peuple. Cependant je suis un homme qui n'ai point une goutte de sang indien dans les veines, et ce qu'un guerrier doit à sa nation, je le dois aux Etats, qui, du reste, avec leur milice et leurs chaloupes armées, n'ont guère besoin d'un bras de quatre-vingts ans.

— Puisque vous avouez votre origine, je puis vous faire une seule question : où sont les Sioux qui ont volé mes bestiaux?

— Où est le troupeau de buffles que nous avons vus fuir à travers la plaine, poursuivis par une panthère, pas plus tard que hier matin? Il n'est pas plus facile...

— Ami, dit le docteur Bat, qui jusque-là avait écouté attentivement, mais qui éprouva dans ce moment une envie irrésistible de prendre part à la conversation, je suis fâché de voir qu'un *venator* ou chasseur de votre âge et de votre expérience suive le courant de l'erreur vulgaire. L'animal dont vous parlez est en effet de l'espèce du *bos ferus*, ou *bos sylvestris*, pour me servir de l'heureuse expression des poëtes; mais, quoiqu'il y ait entre eux beaucoup d'affinité, il est tout à fait distinct du *bobulus* commun. Bison est l'expression propre, et je crois qu'il serait convenable de l'adopter à l'avenir, lorsque vous aurez à parler de l'espèce.

— Bison ou buffle, il importe fort peu. L'animal est toujours le même, quelque nom que vous lui donniez, et...

— Pardonnez-moi, vénérable chasseur; comme la classification est l'âme des sciences naturelles, il est indispensable que l'animal ou le végétal soit distingué par les caractères particuliers de son espèce, qui est toujours indiquée par le nom...

— Ami, dit le Trappeur d'un ton qui prouvait assez qu'il ne se laissait pas intimider par cet étalage d'érudition, une queue de castor sera-t-elle un mets moins agréable parce qu'on l'appellera *mink?* ou mangeriez-vous du loup avec plaisir, parce que quelque savantasse lui aurait donné le nom de venaison?

A la vivacité énergique avec laquelle ces questions étaient faites, il était probable qu'une discussion assez chaude se serait élevée entre les deux hommes dont l'un ne connaissait que la pratique, tandis que l'autre était voué exclusivement à la théorie, si Ismaël n'eût jugé à propos de mettre fin à la dispute, en ramenant l'attention générale sur un sujet beaucoup plus important pour ses intérêts immédiats.

— Des queues de castors et de la chair de *mink* peuvent fournir des sujets d'entretien devant un feu d'érable et auprès d'un foyer paisible, dit le squatter sans s'amuser à examiner les opinions diverses des deux antagonistes; mais ce n'est point de mots étrangers ni de toutes ces fadaises qu'il s'agit dans ce moment. Dites-moi, Trappeur, où vos Sioux sont-ils cachés?

— Il serait aussi facile de vous dire la couleur du faucon qui vole là-bas sous un nuage blanc. Lorsqu'une peau rouge a frappé son coup, elle n'est pas dans l'usage d'attendre qu'on la paie de la même monnaie.

— Ces chiens de sauvages croiront-ils en avoir assez, lorsqu'ils se verront maîtres de tout le troupeau?

— Le naturel est toujours à peu près le même, quoique la couleur de la peau puisse différer. Votre avidité est-elle moins grande lorsque vous avez fait une riche moisson, que lorsque vous n'aviez qu'un boisseau de blé? S'il en est ainsi, vous n'êtes point fait comme l'expérience d'une longue vie m'a appris que sont faits la plupart des hommes.

— Expliquez-vous clairement, vieillard, dit Ismaël en frappant lourdement la terre de la crosse de son fusil, son intelligence bornée ne trouvant aucun plaisir à une conversation dont chaque phrase renfermait des allusions obscures auxquelles il ne comprenait rien : ma question était simple, et je sais que vous pouvez y répondre.

— Vous dites vrai ; oui, je puis y répondre ; car j'ai trop vécu pour ne pas connaître les dispositions de mes semblables, lorsqu'il y a quelque mal à faire. Quand les Sioux auront retrouvé tout le bétail, et qu'ils se seront assurés que vous ne vous êtes point mis à leur poursuite, ils reviendront comme des loups affamés, et, rôdant à l'entour, ils chercheront l'instant favorable pour se jeter sur ce qu'ils n'ont pu prendre la première fois ; ou bien, il se peut encore qu'ils montrent le naturel des grands ours qu'on trouve à l'embouchure de la grande rivière, et qu'ils fassent de suite usage de leurs griffes sans s'amuser à flairer leur proie.

— Vous avez donc vu les animaux dont vous parlez? s'écria le docteur Bat, qui s'était abstenu de prendre part à la conversation aussi longtemps que son impatience avait pu le lui permettre, mais qui prit sur-le-champ la parole, tenant ses tablettes tout ouvertes à la main, pour les consulter. Pourriez-vous me dire si celui que vous eûtes le bonheur de rencontrer était de l'espèce *ursus horribilis?* Les oreilles rondes, le front arqué, les yeux dépourvus de la paupière additionnelle si remarquable... les dents...

— Continuez, Trappeur, dit Ismaël en interrompant la description du naturaliste ; ainsi donc vous pensez que nous reverrons les voleurs ?

— Les voleurs? Non, non, je ne les appelle pas ainsi ; car c'est l'usage de leur nation, et ce qu'on pourrait appeler la loi de la Prairie.

— Voilà cinq cents milles que je fais pour trouver un endroit où personne ne puisse me corner aux oreilles ce mot de loi! s'écria Ismaël d'un ton d'impatience; et je ne suis pas d'humeur à comparaître tranquillement devant un tribunal dont une peau rouge sera le juge ! Je ne vous dis qu'une chose, Trappeur, c'est que si un Sioux vient à rôder autour de mon camp, il sentira ce que contient ce vieux Kentucky! dit-il en agitant son fusil d'une manière qu'il n'était pas difficile d'interpréter ; oui, portât-il la médaille de Washington[1] lui-même, j'appelle voleur celui qui prend ce qui ne lui appartient pas !

— Les Tetons, les Pawnies, les Konzas, et une douzaine d'autres peuplades prétendent que ces plaines désertes leur appartiennent.

— Eh bien ! la nature a placé le mensonge dans leur bouche. L'air, la terre et l'eau sont des dons communs à tous les hommes, et personne n'a le droit de les diviser ni de les partager à son gré. Pourquoi chaque homme n'en aurait-il pas sa part, puisqu'il faut que chaque homme marche, qu'il boive et qu'il respire ? Si les arpenteurs des Etats tracent partout des lignes sous nos pas, que n'en tirent-ils aussi au-dessus de nos têtes ? Que ne couvrent-ils leurs beaux parchemins de grands mots bien ronflants ? Que ne divisent-ils l'air aussi bien que le sol, assignant à l'un tant de verges de ciel, avec telle étoile pour limite, et à l'autre tel nuage pour faire tourner son moulin.

En proférant ce sarcasme de l'air du plus profond dédain, l'émigrant se mit à pousser un de ces gros rires qui semblaient sortir du fond de sa poitrine. Cet accès de gaieté sauvage et presque effrayant dérida successivement la figure épaisse des fils d'Ismaël, et passa de l'un à l'autre, jusqu'à ce que le rire contagieux eût fait le tour de la famille.

— Allons, Trappeur, ajouta Ismaël d'un ton de meilleure humeur, comme un homme qui sent qu'il a pris le dessus, ni vous ni moi, je présume, nous n'avons jamais eu grand'chose à démêler avec les officiers de justice, leurs démarcations et leurs titres de propriété ; ainsi donc nous ne perdrons pas notre temps en fadaises. Voilà longtemps que vous errez dans cette Prairie ; maintenant, je vous demande votre avis, face à face, sans crainte et sans scrupule : si vous étiez à ma place, que feriez-vous ?

Le vieillard hésita ; il semblait éprouver la plus grande répugnance à donner l'avis qu'on lui demandait. Cependant, voyant que, de quelque côté qu'il tournât la tête, tous les yeux étaient fixés sur lui et semblaient l'interroger, il répondit à voix basse et lentement, comme si chaque parole s'échappait à regret :

— J'ai vu verser trop de sang humain dans de vaines querelles, pour désirer jamais de voir encore un fusil dirigé contre des hommes. Pendant les dix longues années que j'ai passées seul

---

[1]. Le gouvernement américain crée des chefs parmi les tribus de l'ouest et les décore de médailles d'argent à l'effigie de plusieurs présidents. Celles qui représentent Washington sont les plus estimées.

dans ces plaines arides, attendant ma dernière heure, je n'ai jamais tiré sur un ennemi plus civilisé que l'ours gris...

— *Ursus horribilis*, grommela le docteur.

Le Trappeur s'arrêta en entendant sa voix; mais voyant que ce n'était qu'une sorte d'exclamation mentale, il reprit sa phrase :

— Plus civilisé que l'ours gris ou que la panthère des Montagnes Rocheuses, à moins que le castor, qui est un animal sage et intelligent, ne puisse être regardé comme tel. Que vous dirai-je? la femelle du buffle elle-même combattra pour ses petits !

— Alors il ne sera jamais dit qu'Ismaël Bush a moins de tendresse pour ses enfants qu'une bête n'en a pour les siens.

— Et pourtant c'est un lieu bien découvert que celui-ci, pour que deux hommes y tiennent tête à cinq cents.

— Oui, il est vrai, répondit l'émigrant en jetant un regard sur son humble camp; mais on pourrait tirer parti des chariots et des cotonniers.

Le Trappeur secoua la tête d'un air d'incrédulité, et, étendant la main sur la plaine ondoyante, dans la direction de l'ouest, il répondit :

— Du haut de ces collines un fusil enverrait une balle jusque dans vos cabanes; du milieu même de ce petit bois, qui est derrière vous, des flèches suffiraient pour vous tenir en respect et vous acculer au fond de votre terrier. A trois grands milles d'ici, il se trouve une position dans laquelle je me suis dit bien des fois, en traversant le désert, qu'on pourrait tenir pendant des jours et même des semaines entières, s'il se trouvait seulement des cœurs intrépides et des mains aguerries pour la défendre.

Le mouvement qui se fit parmi les jeunes gens annonça d'une manière assez claire qu'ils étaient prêts à tenter une entreprise même plus difficile. Leur père saisit avidement cette idée, que le Trappeur n'avait donnée qu'avec une répugnance marquée, persuadé peut-être, par une suite de raisonnements qui lui étaient propres, qu'il était de son devoir d'observer une stricte neutralité. Quelques questions directes et positives lui apprirent le peu de particularités qu'il lui importait de connaître pour opérer le mouvement projeté, et alors Ismaël, qui dans les cas extrêmes déployait une énergie aussi terrible qu'il montrait ordinairement d'apathie, commença sur-le-champ les apprêts du départ.

Malgré le zèle et l'ardeur de ses fils, c'était une entreprise qui n'était pas sans difficultés. Il fallait tirer à force de bras, à travers une vaste étendue de Prairie, les chariots pesamment chargés, sans autre secours pour se guider sur la route que les explications que le Trappeur leur avait données de son mieux. Si les hommes étaient obligés de déployer toute leur force, les femmes et les enfants ne restaient pas non plus oisifs; et tandis que les fils d'Ismaël, les bras tendus et le corps plié, traînaient péniblement les chariots, et s'efforçaient de monter la colline voisine, Hélène et leur mère, entourées d'un groupe de petits enfants, les suivaient lentement par derrière, ployant chacun sous le poids d'un fardeau proportionné à son âge et à ses forces.

Ismaël surveillait et dirigeait tout lui-même; si quelque chariot se trouvait en retard, il y appliquait aussitôt sa vigoureuse épaule, et il accompagna ainsi le convoi jusqu'à ce qu'arrivés sur la hauteur, ses fils n'eurent plus à suivre qu'une route plate et unie. Il leur indiqua alors la direction qu'ils devaient suivre, leur recommanda de ne point prendre de relâche, de peur de perdre l'avantage qu'ils avaient obtenu avec tant de peine; puis, faisant signe à son beau-frère de le suivre, ils retournèrent ensemble au camp.

Pendant toute la durée de ce mouvement qui exigea près d'une heure, le Trappeur était resté à l'écart, appuyé sur sa carabine, son vieux chien sommeillant à ses pieds. Il observait en silence, et un sourire déridait parfois cette figure minée par le temps, comme un rayon de soleil perce à travers de vieilles ruines, muet indice du plaisir qu'il éprouvait à voir se déployer la force gigantesque des jeunes émigrants. Mais à mesure que les chariots montaient lentement la colline, cette physionomie animée se rembrunit insensiblement, et reprit la teinte de gravité qui lui était habituelle. Au départ de chacun des voyageurs, son attention semblait redoubler, et ses regards se reportaient de temps en temps sur la petite tente qui était toujours à l'écart, ainsi que le chariot sur lequel elle avait été apportée, et qui semblait être oubliée. Mais le Trappeur vit bientôt que l'appel fait par Ismaël à son compagnon avait pour objet cette partie mystérieuse de leur mobilier.

Commençant par jeter un regard de défiance tout autour de lui, Ismaël et son beau-frère s'approchèrent du chariot et le firent entrer dans l'enceinte de la tente, à peu près de la même manière qu'ils l'en avaient retiré la veille. Ils disparurent ensuite l'un et l'autre derrière la draperie, et pendant les longues minutes d'attente qui suivirent, le vieillard, poussé par un désir secret de connaître la cause de tant de mystère, se rapprocha insensiblement de plus en plus, jusqu'à ce qu'il ne fût qu'à quelques pas de l'enceinte sacrée. L'agitation de la toile annonçait seule la présence de ceux qu'elle cachait et qui du reste gardaient le silence le plus rigide. Il paraissait que tous deux étaient habitués depuis longtemps à faire ce qui les occupait alors ; car Ismaël n'avait pas besoin de dire un seul mot, de faire un seul geste pour apprendre à son sinistre associé comment il devait s'y prendre. En moins de temps qu'il n'en a fallu pour le raconter, tous les arrangements intérieurs étaient terminés, et les deux hommes reparurent hors de la tente.

Trop occupé de ses préparatifs pour remarquer la présence du Trappeur, Ismaël se mit à détacher les plis de la toile qui tenaient à terre et à les disposer autour du chariot couvert, de manière à former une sorte de draperie flottante qui entourait le petit pavillon. A chaque impulsion qui était donnée à la voiture, le cintre voûté tremblait ; et il était évident qu'elle portait de nouveau le fardeau secret qui nécessitait toutes ces précautions. Au moment où il venait d'achever son travail, le regard distrait d'Ismaël se porta par hasard sur celui qui l'observait si attentivement. Laissant tomber le timon qu'il avait déjà levé de terre pour occuper la place qui était ordinairement remplie par un animal moins raisonnable et peut-être moins dangereux que lui, il s'écria brusquement :

— Je suis un fou, comme vous dites souvent ! oui, je devais en être certain. Si cet homme n'est pas un ennemi, je consens à être l'opprobre de ma famille, à m'appeler Indien, et à aller chasser avec les Sioux.

Le nuage, au moment où il s'apprête à lancer l'éclair rapide, n'est ni plus sombre ni plus menaçant que ne l'était le regard qu'Ismaël lança sur le vieillard. Il tourna la tête de tous côtés comme s'il cherchait quelque arme assez terrible pour le pulvériser d'un seul coup ; mais, se rappelant sans doute qu'il pourrait avoir encore besoin de ses conseils, il parvint à se contenir assez pour dire avec une apparence de modération :

— Etranger, je croyais que fourrer ainsi le nez dans les affaires des autres était bon pour les femmes qui vivent dans les villes et les habitations, mais que ce n'était pas ainsi qu'agissaient des hommes accoutumés à vivre là où il y a assez de place pour chacun. A quel homme de loi, à quel schérif vous proposez-vous de vendre vos nouvelles?

— Je n'ai de relations qu'avec un seul, et cela pour mes propres affaires, répondit le vieillard sans manifester la moindre crainte, et en montrant le ciel d'un air imposant. Ce juge sait tout; il n'a pas besoin que je lui apprenne rien, et vous feriez de vains efforts pour lui cacher quelque chose, même dans ce désert.

Les deux émigrants furent frappés du ton simple et solennel du Trappeur. Ismaël était morne et pensif, tandis que son compagnon jetait à la dérobée un regard involontaire sur le firmament, qui roulait des flots d'azur au-dessus de sa tête, comme s'il s'attendait à voir le juge suprême assis en effet sous la voûte céleste. Mais les impressions graves et sérieuses ne durent pas longtemps sur des esprits peu habitués à réfléchir. L'hésitation d'Ismaël cessa donc bientôt; il prit la parole, mais son ton, quoique assez sec pour montrer son mécontentement, n'était plus menaçant, et il était évident que le langage ferme et imposant du vieillard avait produit quelque effet, et arrêté les outrages ou au moins les invectives qu'on s'apprêtait à lui prodiguer.

— C'eût été se conduire en ami, répondit-il, et en bon camarade, de donner un coup d'épaule à ces chariots qui s'éloignent, au lieu de vous amuser à rôder ici où personne n'a besoin de vos services.

— Je puis aussi bien, reprit le Trappeur, employer le peu de forces qui me restent à vous aider à traîner ce chariot, tandis que les autres...

— Nous prenez-vous pour des enfants? s'écria Ismaël avec un ricanement affreux; et en même temps d'une main vigoureuse il se mit à tirer la petite voiture, qui roula sur l'herbe avec autant de facilité en apparence, que si elle eût été traînée par son attelage ordinaire.

Le Trappeur resta à la même place, et suivit des yeux le chariot qui s'éloignait, jusqu'à ce qu'il eût atteint le sommet de la colline, et qu'il eût disparu à son tour derrière la descente. Alors il se retourna pour contempler l'endroit où avaient campé les émigrants. L'absence de figures humaines aurait à peine excité la plus légère sensation dans l'âme de celui qui était accoutumé depuis si longtemps à la solitude, si l'emplacement n'eût porté des traces qui rappelaient péniblement et ceux qui venaient de l'occuper, et leur folle prodigalité. Il leva les yeux en l'air, et, branlant tristement la tête, il regarda la place, alors vide, qui, si récemment encore, était remplie par les branches de ces arbres qui, dépouillées de leur verdure, étaient étendus à ses pieds, troncs devenus inutiles et ne devant plus repousser.

— Oui, murmura-t-il entre ses dents, j'aurais dû le prévoir ! Il en est toujours ainsi, et cependant je les ai conduits moi-même en ce lieu, et je viens encore de leur indiquer le seul endroit semblable qu'il soit possible de trouver à bien des milles à la ronde. Voilà donc les vains désirs de l'homme et sa coupable prodigalité ! il apprivoise les animaux sauvages pour satisfaire ses futiles besoins, et après les avoir privés de leur nourriture naturelle, il leur apprend à dépouiller la terre de ses arbres pour apaiser leur faim.

Un léger bruit dans les buissons qui croissaient à peu de distance du petit bois auquel Ismaël avait adossé son camp vint frapper son oreille dans ce moment, et interrompit son soliloque. Son premier mouvement fut d'ajuster sa carabine, et il le fit avec l'activité et la promptitude d'un jeune homme ; mais, reprenant au même instant son calme ordinaire, il la remit sous son bras, et élevant la voix :

— Sortez, dit-il, sortez librement, qui que vous soyez, oiseau ou animal quelconque ; vous n'avez rien à craindre de ces mains décharnées. J'ai bu et j'ai mangé, pourquoi attaquer une vie, lorsque mes besoins n'exigent pas ce sacrifice ? Il ne se passera pas longtemps sans que les oiseaux viennent becqueter des yeux qui ne pourront plus les voir, et se reposer peut-être sur mes ossements desséchés ; car si des choses telles que celles-ci ne sont faites que pour périr, pourquoi m'attendrais-je à vivre éternellement ? Sortez, sortez sans crainte, vous ne courez aucun danger.

— Je vous remercie de ces paroles, vieillard, dit Paul Hover en sortant lestement de sa retraite. Lorsque vous avez abaissé votre canon de fusil, il y avait dans votre air quelque chose qui ne me plaisait pas. Diable ! on eût dit qu'il n'était pas possible de faire un seul mouvement sans votre permission, et que la plus légère infraction à vos ordres eût reçu sur-le-champ sa récompense.

— Vous dites vrai, vous avez raison, s'écria le Trappeur en souriant involontairement de plaisir au souvenir de son ancienne adresse. J'ai vu le jour où peu d'hommes savaient manier mieux que moi un long fusil tel que celui que je porte, et en tirer un meilleur parti. Vous avez raison, jeune homme, et il fut un temps où il y avait du danger à remuer une feuille à la portée de mon oreille, ou, ajouta-t-il en baissant la voix et en prenant un air sérieux, à un Mingo rouge à sortir, ne fût-ce qu'un œil, de son embuscade. Vous avez entendu parler des Mingos rouges.

— Oui, des minks, dit Paul en prenant le vieillard par le bras, et en l'entraînant doucement du côté du bois; tandis qu'en même temps il jetait derrière lui des regards inquiets, pour s'assurer s'il n'était pas observé, de vos minks noirs communs, mais non pas d'une autre couleur.

— Bon Dieu! s'écria le Trappeur en branlant la tête, et en ricanant à sa manière, il prend une brute pour un homme! quoique, à vrai dire, un Mingo ne vaille guère mieux qu'une brute, si même il n'est pis encore, surtout quand il est alléché par l'odeur du rum et par l'occasion... Il y eut ce maudit Huron des lacs Supérieurs que je fis descendre du haut de son nid, au milieu des rochers derrière l'Hori...[1]

Sa voix se perdit dans le bois où, tout en parlant, il s'était laissé conduire par Paul, trop absorbé par des pensées qui se reportaient sur des scènes arrivées plus d'un demi siècle auparavant dans l'histoire du pays, pour opposer la moindre résistance.

CHAPITRE VIII.

> Maintenant qu'ils sont à se chamailler je m'en vais regarder : ce perfide et abominable varlet, ce Diomède a pris avec lui ce jeune coquin, cet étourdi sans cervelle.
>
> SHAKSPEARE. *Troïlus et Cressida.*

Pour éviter de donner à notre récit une étendue qui pourrait fatiguer le lecteur, nous le prions de se figurer qu'il s'est écoulé une semaine entre la scène qui termine le dernier chapitre et les événements pour la relation desquels nous nous proposons de

---

1. Voyez *le Dernier des Mohicans*, chap. VIII.

reprendre dans celui-ci le fil de notre histoire. La saison était au moment de changer ; la verdure de l'été faisait place de plus en plus à la sombre livrée de l'automne [1]. Les cieux étaient chargés de nuages qui, amoncelés les uns au-dessus des autres, roulaient avec une effrayante rapidité, s'entr'ouvrant quelquefois pour laisser entrevoir la voûte azurée dont l'éclat étincelant frappait d'autant plus que l'horizon était plus sombre et plus couvert. En dessous les vents se déchaînaient sur la Prairie désolée, avec une violence dont on n'a d'idée dans presque aucune autre partie du continent. On aurait pu croire, dans les temps fabuleux, que le dieu des vents avait permis à ses bruyants sujets de s'échapper de leur antre, et qu'ils prenaient alors librement leurs ébats dans des solitudes où ils ne trouvaient ni arbres, ni montagnes, ni constructions humaines, ni obstacle qui s'opposât à leurs jeux terribles.

Quoique la nudité fût, comme partout ailleurs, le caractère dominant du lieu où nous sommes obligés de transporter maintenant la scène de notre histoire, on y retrouvait cependant quelques vestiges de la vie humaine. Au milieu des ondulations monotones de la Prairie s'élevait un roc escarpé, sur le bord d'une petite rivière, qui, après de longs détours à travers les plaines, allait se jeter dans le sein de l'un des nombreux tributaires du père des fleuves. Près de la base du roc, dans une espèce de bas-fond, régnait une rangée d'aulnes et de sumachs, qui semblaient n'avoir été épargnés que pour indiquer l'emplacement d'un petit bois ; le reste des arbres avait été abattu pour différents usages. C'était là que se trouvaient les indices qui annonçaient la présence de l'homme.

D'en bas on ne distinguait qu'une sorte de parapet formé avec des pierres et des troncs d'arbres, grossièrement entremêlés, de manière à éviter tout travail inutile ; plus loin on voyait quelques toits très-bas, faits d'écorces et de branchages ; de distance en distance, une barrière placée sur les points qui semblaient offrir un accès plus facile ; et enfin, au haut d'une petite pyramide qui faisait saillie sur un des angles du roc, une tente de toile dont la blancheur brillait au loin comme un bloc de neige, ou, pour me servir d'une comparaison plus convenable au sujet, comme un étendard sans tache et soigneusement gardé, que ceux qui occu-

---

1. *Fall.* Les Américains appellent l'automne *la chute*, à cause de la chute des feuilles

paient la citadelle située plus bas étaient décidés à défendre au prix du plus pur de leur sang. Il est à peine nécessaire d'ajouter que cette forteresse, grossièrement construite, était l'endroit où Ismaël Bush s'était réfugié après le vol de ses troupeaux.

Le jour où nous nous trouvons maintenant transportés, le squatter, debout au pied du roc et appuyé sur son fusil, jetait sur le sol stérile qui le portait un regard où se peignaient tout à la fois le mépris et le désappointement.

— Il est temps que nous changions de nature, dit-il au frère de sa femme, qui était presque toujours à ses côtés, et que nous imitions les animaux ruminants, faute de pouvoir nous procurer la nourriture qui convient à des hommes et à des chrétiens. Vous ne seriez pas plus à plaindre, Abiram; vous êtes un homme actif, et vous sauriez devancer le plus agile brouteur d'herbe.

— Il n'y a rien à faire de ce pays, reprit l'autre qui ne goûtait guère les plaisanteries forcées d'Ismaël, et il est bon de se rappeler que la route est longue pour qui s'amuse en chemin.

— Voudriez-vous que je traînasse un chariot après moi à travers ce désert, pendant des semaines, ou peut-être des mois entiers? repartit Ismaël, qui, comme tous ceux de sa classe, savait déployer une énergie extraordinaire dans les moments d'urgence, mais dont l'apathie naturelle, trop rarement excitée, ne pouvait goûter une proposition qui demandait tant de travail. C'est bon pour ceux de votre espèce, qui vivent dans les habitations, de se hâter de regagner leurs demeures. Mais, grâce au ciel, ma ferme est trop vaste pour que son maître manque jamais d'un lieu de repos.

— Eh bien donc! puisque vous aimez cette plantation, il ne s'agit plus que de faire la récolte.

— C'est plus aisé à dire qu'à faire dans cette partie du pays; mais, Abiram, il faut que nous avancions encore, et cela pour plus d'une raison. Vous me connaissez; vous savez que si je fais rarement un marché, du moins je remplis toujours mes engagements mieux que tous vos faiseurs d'actes et de contrats griffonnés sur des chiffons de papier. Il y a encore cent milles à faire, ou il n'y en a pas un, pour compléter la distance à laquelle je me suis engagé de vous conduire.

En disant ces mots, Ismaël leva les yeux vers la tente qui couronnait la cime de sa forteresse escarpée. Ce coup d'œil fut compris par son compagnon, qui répondit par un regard non moins expressif; et, par quelque influence secrète qui agissait sur leurs sentiments ou sur leurs intérêts, il suffit pour rétablir l'harmonie qui commençait à se troubler.

— Je le sais, et je le sens jusque dans la moelle des os; mais je me rappelle trop bien la raison qui m'a fait entreprendre ce maudit voyage pour oublier la distance qui me sépare du terme; ni vous ni moi, nous ne nous trouverons bons marchands de ce que nous avons fait, si nous n'achevons jusqu'au bout ce que nous avons si bien commencé. — Oui, et c'est la doctrine de tout le monde, à ce que je crois. J'ai entendu, il y a du temps — c'était sur les bords de l'Ohio, — j'ai entendu un prédicateur ambulant qui disait que, quand même un homme vivrait dans la foi pendant cent ans, s'il venait ensuite à faillir un seul jour, son compte serait réglé d'après la manière dont il aurait achevé sa tâche, et que tout le mal serait mis dans la balance, et tout le bien laissé de côté.

— Et vous avez cru ce que le famélique hypocrite vous débitait?

— Qui dit que je l'ai cru? repartit Abiram en affectant un air de dédain qui cachait mal les craintes que lui avaient inspirées ses réflexions sur ce sujet; — l'ai-je cru, parce que je répète ce qu'un drôle...? Et cependant, après tout, Ismaël, cet homme pouvait avoir quelque raison. Il nous dit que le monde n'était, à proprement parler, qu'un désert, et qu'il n'y avait qu'une main qui pût diriger l'homme le plus savant au milieu des routes qui, se croisant sans cesse, conduisaient les unes au bien, les autres au mal. Si cela est vrai du monde entier, à plus forte raison devons-nous le croire d'une partie...

— Allons, Abiram, soyez homme, et laissez là vos doléances, s'écria l'émigrant avec un rire moqueur. Allez-vous vous mettre à prier? mais que servira-t-il, d'après vos principes même, de servir Dieu cinq minutes, et le diable une heure? Écoutez-moi, mon ami, je ne suis pas grand laboureur, mais voici ce que je sais à mes dépens : c'est que pour une riche moisson, même sur le terrain le plus fertile, il faut travailler fort et ferme; et tous vos nasillards, dont vous retenez si bien les belles paroles, comparent souvent la terre à un champ de blé, et les hommes qui l'habitent à ce que le champ produit. Eh bien! Abiram, c'est moi qui vous le dis : vous ne valez guère mieux que le chardon ou l'ivraie. Oui, vous êtes d'un bois dont les pores sont trop ouverts pour être bon, même à brûler.

Un dépit amer se peignit un instant sur la sombre figure d'Abiram; sa fureur était visible, mais la contenance ferme et immobile d'Ismaël suffit pour le faire rentrer en lui-même, tant celui-ci semblait avoir pris d'empire par son courage sur l'esprit pusillanime de son beau-frère.

Satisfait de son ascendant, qu'il avait lui-même exercé trop de fois dans des occasions semblables, pour pouvoir douter qu'il fût toujours le même, Ismaël reprit froidement la conversation, et parla plus directement de ses plans pour l'avenir.

— Quoi qu'il en soit, dit-il, vous reconnaîtrez la justice de rendre à chacun la monnaie de sa pièce : on m'a volé mes troupeaux, et je cherche à redevenir ce que j'étais auparavant, en reprenant bête pour bête; et lorsqu'un homme se donne la peine de faire un marché pour les deux parties, il serait bien dupe s'il ne s'adjugeait pas quelque chose pour ses peines en forme de commission.

Au moment où le vieil émigrant faisait cette déclaration d'un ton ferme et décidé, qu'il élevait de plus en plus à mesure qu'il s'échauffait lui-même, quatre de ses fils, qui étaient appuyés contre le pied du rocher, s'avancèrent vers lui de ce pas traînant qui était commun à toute la famille.

— Voilà une heure que j'appelle Hélène Wade qui est sur le roc à faire sentinelle, pour savoir si elle ne voit rien, dit l'aîné, et elle se contente de secouer la tête pour toute réponse. Hélène est avare de ses paroles, pour une femme; et elle pourrait être un peu plus honnête, sans être moins jolie pour cela.

Ismaël leva les yeux en l'air, du côté où la jeune fille qui, sans le savoir, avait donné lieu à cette boutade, faisait le guet avec tant d'attention. Elle était assise sur le bord du roc le plus élevé, à côté de la petite tente, et au moins à cent pieds au-dessus du niveau de la plaine. Tout ce qu'on pouvait distinguer à cette distance, c'étaient les contours de sa personne, sa blonde chevelure qui flottait au gré du vent sur ses épaules, et son regard fixe et en apparence immobile qui semblait attaché sur quelque point éloigné de la Prairie.

— Qu'y a-t-il, Nelly[1]? s'écria Ismaël en élevant sa voix puissante au-dessus du bruit de l'élément furieux; apercevez-vous quelque chose de plus que quelque chèvre ou quelque buffle errant dans la plaine?

1. Abréviation d'Hélène.

Les lèvres de l'attentive Hélène s'entr'ouvrirent; elle se leva de toute la hauteur que sa petite taille comportait, semblant toujours regarder l'objet inconnu; mais si elle prononçait quelques paroles, sa voix était trop faible pour se faire entendre au milieu du murmure des vents.

— Il est certain que cette enfant voit quelque chose d'extraordinaire, s'écria Ismaël. — Eh bien, Nelly! — êtes-vous sourde? — Nelly, entendez-vous? — Je voudrais que ce fût une armée de peaux rouges qu'elle eût devant les yeux; car j'aimerais fort à trouver l'occasion de leur rendre ce que je leur dois, à la faveur de ces rocs et de ces barricades.

Ismaël avait accompagné ces paroles de gestes énergiques qui avaient ramené sur lui l'attention que ses fils avaient jusque là concentrée sur Hélène; mais lorsqu'il eut fini de parler, et qu'ils se retournèrent en même temps pour examiner de nouveau les mouvements de la jeune sentinelle, la place qu'elle occupait l'instant d'auparavant était vide.

— Comme je suis un pécheur, s'écria Asa avec une chaleur d'autant plus remarquable qu'il était ordinairement le plus phlegmatique des enfants d'Ismaël, la pauvre fille a été emportée par le vent!

Au mouvement soudain qui se fit parmi ses frères, il était évident que, malgré leur lenteur et leur apathie naturelle, ils n'avaient pas été insensibles à l'influence des yeux bleus, des blonds cheveux et des joues riantes d'Hélène; et l'expression d'un étonnement stupide, mêlée à celle de quelque intérêt particulier, passa de l'un à l'autre, tandis qu'ils regardaient successivement le roc abandonné.

— Cela pourrait bien être, ajouta un autre; elle était assise trop près du bord, et voilà une heure que je pense à lui dire le danger qu'elle court.

— N'est-ce point un de ses rubans que je vois flotter là-bas? s'écria Ismaël. — Ah! qui est entré dans la tente? ne vous ai-je pas dit à tous...?

— Hélène! c'est Hélène! s'écrièrent à la fois tous les garçons en l'interrompant; et dans ce moment elle reparut pour mettre fin à leurs diverses conjectures, et pour calmer des inquiétudes dont ces lourdes machines n'auraient pas paru susceptibles. En sortant de dessous la tente, Hélène s'avança légèrement d'un pas délibéré, et reprenant la position dangereuse qu'elle venait de quitter, la main étendue du côté de la Prairie, elle semblait parler vivement à quelque être qu'on ne pouvait voir.

— Nelly est folle, dit Asa d'un ton de mépris que modifiait cependant une nuance assez marquée d'intérêt ; elle rêve les yeux ouverts, et s'imagine voir quelqu'une de ces bêtes féroces aux noms durs, dont le docteur lui rebat sans cesse les oreilles.

— Il est possible que l'enfant ait aperçu un parti de Sioux, dit Ismaël en dirigeant ses regards vers la plaine ; mais quelques mots qu'Abiram lui dit à l'oreille les lui firent tourner juste à temps pour voir que les rideaux de la tente étaient agités d'une manière qu'il était impossible de confondre avec le mouvement occasionné par le vent. — Qu'elle le fasse, si elle l'ose, murmura le squatter entre ses dents. Abiram, elle connaît trop bien mon caractère pour se jouer à moi !

— Regardez vous-même. Si le rideau n'est pas levé, je ne vois pas mieux qu'une chouette en plein jour.

Ismaël frappa violemment la terre de la crosse de son fusil, et poussa un cri qui eût été facilement entendu d'Hélène, si son attention n'avait pas toujours été absorbée par l'objet qui attirait ses regards dans l'éloignement d'une manière si inexplicable.

— Nelly ! reprit Ismaël, retirez-vous, folle que vous êtes ! voulez-vous attirer le châtiment sur votre tête ? Nelly, vous dis-je !

— Ah ! elle a oublié sa langue naturelle ; voyons un peu si elle entendra un autre langage. Le squatter leva son fusil à la hauteur de son épaule, et au même instant l'arme fut dirigée vers la cime du roc. Avant qu'on eût le temps de lui adresser un seul mot de remontrance, le coup était parti, annoncé par un rayon soudain de flamme. Hélène tressaillit comme le chamois effrayé, et, poussant un cri perçant, elle s'élança dans la tente avec une légèreté qui laissait douteux si la crainte ou bien une blessure avait été la punition de sa légère offense.

L'action d'Ismaël avait été trop soudaine et trop inattendue pour pouvoir être prévenue, mais à peine eut-elle été commise que ses fils manifestèrent d'une manière non équivoque l'impression que cet acte de violence avait faite sur eux ; le mécontentement et la colère se peignirent dans leurs regards, et un murmure de désapprobation circula de bouche en bouche.

— Qu'a fait Hélène, mon père, dit Asa avec une vivacité qui ne lui était pas habituelle, pour qu'on tire sur elle comme sur un daim aux abois ou un loup affamé ?

— Elle a été contre mes ordres, répondit Ismaël avec un regard de froid mépris qui montrait combien peu il était affecté de l'humeur mal déguisée de ses enfants ;—contre mes ordres, entendez-vous ? Prenez garde, vous, que le mal ne se propage pas.

— Il faudrait traiter un homme autrement que cette pauvre fille qui pleure !

— Asa, vous êtes un homme, comme vous le répétez souvent : mais rappelez-vous que je suis votre père et votre maître.

— Je le sais, et quel père !

— Ecoute, jeune insensé. Je suis plus d'à moitié sûr que c'est à ton exacte vigilance que nous devons la visite des Sioux. Soyez donc réservé dans vos propos, mon fils, qui savez si bien tenir vos yeux ouverts, ou vous pourriez avoir à répondre des malheurs que votre imprudence a attirés sur nous.

— Je ne resterai pas plus longtemps pour être sermonné comme une jeune fille. Vous parlez de la loi comme si vous n'en reconnaissiez aucune, et cependant vous me tenez à l'attache, comme si je n'avais pas aussi des besoins à satisfaire et une vie à soutenir. Je ne resterai pas plus longtemps pour être traité comme le dernier de vos bestiaux.

— Le monde est grand, mon brave garçon, et il y a plus d'une belle plantation sur sa surface qui est sans habitants. Allez, vous avez vos titres à la main. Il est peu de pères qui dotent mieux leurs enfants qu'Ismaël Bush ; c'est une justice que vous pourrez du moins me rendre, lorsque vous serez à la fin de votre voyage.

— Regardez, mon père ! regardez ! s'écrièrent plusieurs voix à la fois, comme si elles saisissaient avidement l'occasion d'interrompre un entretien qui menaçait de devenir encore plus animé.

— Regardez ! répéta Abiram d'une voix creuse et avec un accent expressif ; voyez si vous avez du temps à perdre en vaines querelles, Ismaël !

Le vieillard détourna lentement les yeux de dessus le fils qui l'avait offensé, et les leva encore chargés de ressentiment dans la direction que lui indiquait Abiram ; mais du moment qu'il eut aperçu l'objet qui attirait alors l'attention de tous ceux qui l'entouraient, ils n'eurent plus qu'une expression, celle de l'étonnement et de la stupeur.

Une femme était debout à la place même qu'Hélène venait de quitter avec tant de frayeur. Elle était de la plus petite taille qui semble compatible avec la beauté, et que les poëtes et les artistes semblent choisir de préférence lorsqu'ils veulent peindre une jolie femme. Une robe de soie noire flottait autour d'elle, et de longues tresses de cheveux, encore plus noirs que la robe, tantôt l'enveloppaient presque tout entière en retombant sur ses épaules, et tantôt se jouaient dans l'air au gré du vent. La hauteur et la distance empêchaient d'examiner en détail des traits qui, autant qu'on en pouvait juger, étaient gracieux et expressifs, et qui, dans le moment de son apparition inattendue, semblaient porter l'empreinte d'une vive émotion. On ne pouvait douter que cet être délicat et faible ne fût d'une extrême jeunesse, si même elle était entièrement sortie de l'enfance. Une petite main délicate et bien faite était pressée contre son cœur, tandis que, de l'autre, elle faisait un geste expressif qui semblait inviter Ismaël, s'il méditait encore quelque acte de violence, à le diriger contre son sein.

Le muet étonnement avec lequel les émigrants regardaient un spectacle si extraordinaire, ne fut interrompu qu'au moment où Hélène sortit de la tente avec une timidité marquée, comme si, partagée également entre les craintes qu'elle éprouvait pour elle-même et celles qu'elle ressentait pour sa compagne, elle ne savait si elle devait rester cachée ou avancer. Elle parla, mais ses paroles n'arrivèrent pas jusqu'à ceux qui étaient en bas, et celle à qui elles semblèrent adressées ne parut y faire aucune attention. Cependant, comme si elle croyait en avoir fait assez en appelant sur elle le ressentiment d'Ismaël, et en s'offrant comme victime, l'inconnue se retira alors avec calme, laissant les spectateurs stupéfaits douter presque si ce qu'ils venaient de voir n'était pas quelque apparition surnaturelle.

Il continua à régner un profond silence, et les fils du squatter avaient toujours les yeux fixés avec un étonnement stupide sur la cime du roc. Se regardant ensuite les uns les autres comme pour s'interroger, ils reconnurent, à leur surprise mutuelle, que pour eux du moins, l'apparition de celle qui semblait habiter le pavillon était aussi inattendue qu'elle était inexplicable. A la fin, Asa, en sa qualité d'aîné, et cédant aussi peut-être à un reste d'humeur, suite de la querelle qu'il venait d'avoir, se chargea des fonctions d'interrogateur. Mais au lieu de braver le ressentiment de son père, dont il connaissait trop bien le caractère inflexible pour espérer d'en tirer quelque éclaircissement, il se tourna vers Abiram, qu'il était plus facile d'intimider, et prenant un air de sarcasme :

— Voilà donc, lui dit-il, la bête que vous ameniez dans les Prairies comme un leurre pour en attirer d'autres ! Je savais bien que vous étiez un homme qui ne s'inquiétait guère de la vérité, lorsqu'elle pouvait contrarier ses desseins ; mais j'avoue que pour cette fois vous vous êtes surpassé vous-même. Les journaux du Kentucky vous appelaient un marchand de chair noire ; ils l'ont répété plus de cent fois, mais ils étaient loin de penser que vous étendiez le trafic aux familles blanches.

— Qui fait un trafic d'esclaves? demanda Abiram d'un ton d'impudence et en élevant la voix avec force. Ai-je à répondre de tous les mensonges qu'il plaît d'imprimer dans toute l'étendue des Etats ? Pensez à votre famille, enfant; pensez à vous-même : il n'y a pas un arbre dans le Kentucky et le Tenessee qui n'élève la voix contre vous ! Oui, mon jeune discoureur, qui avez la langue si bien pendue, j'ai vu un père et une mère, et trois enfants, — et vous étiez du nombre, — affichés sur tous les poteaux et tous les troncs d'arbres des habitations, avec promesse d'un nombre suffisant de dollars pour faire la fortune d'un honnête homme, à qui...

Un coup fortement appliqué d'un revers de main qu'il reçut sur la bouche lui coupa la parole, le fit chanceler, et le sang qui jaillit à l'instant rendit témoignage qu'il avait été donné de main de maître.

— Asa, dit Ismaël en s'avançant avec une partie de cette dignité dont la Providence semble avoir imprimé le caractère à tous les pères, — vous avez levé la main sur le frère de votre mère!

— J'ai levé la main sur l'être vil qui calomnie toute ma famille, répondit le jeune homme en fureur ; et s'il ne sait point faire un meilleur usage de sa langue, ou s'il ne peut la maîtriser, qu'il s'arrache ce membre indocile. Je ne manie pas fort bien le couteau, mais, au besoin, je parviendrais peut-être à couper la gorge au vil diffamateur...

— Enfant, vous vous êtes oublié deux fois aujourd'hui; que cela n'arrive pas une troisième. Quand la loi du pays est faible, il est nécessaire que la loi de la nature soit forte. Vous m'entendez, Asa, et vous me connaissez. Quant à vous, Abiram, on vous a fait un outrage, et c'est à moi de veiller à ce qu'il soit réparé. Soyez tranquille, justice vous sera rendue; mais vous avez tenu des propos bien durs contre ma famille et contre moi. Si les limiers de la loi ont placardé leurs affiches sur les arbres des clairières, ce ne fut point par suite d'aucune action répréhensible de ma part, vous le savez bien, mais parce que je soutenais le principe que la terre est la propriété de tous. Non, Abiram, si je pouvais me laver les mains de ce que j'ai fait à votre instigation, aussi aisément que je le puis de ce que j'ai fait à l'instigation du diable, mon sommeil serait plus paisible la nuit, et aucun de ceux qui portent mon nom n'aurait jamais à rougir en l'entendant prononcer. Silence, Asa, et vous aussi, Abiram; on en a dit assez. Songeons tous, avant qu'on ajoute un seul mot, que ce seul mot peut rendre encore pire ce qui n'est déjà que trop mal.

Ismaël, à ces mots, fit un geste expressif, et il s'éloigna d'un air grave, comme s'il avait la certitude que ceux auxquels il venait de parler n'auraient pas la témérité d'enfreindre ses ordres. Asa, dans le premier moment, eut besoin de faire un effort sur lui-même pour se contraindre; mais bientôt il retomba naturellement dans son apathie ordinaire, et il redevint ce qu'il était en effet, un être qui ne pouvait être dangereux que par accès, et dont les passions participaient trop de la pesanteur du reste de la machine pour rester longtemps dans un état d'effervescence.

Il n'en fut pas de même d'Abiram. Tant qu'il y avait eu l'apparence de conflit personnel entre son neveu et lui, sa physionomie avait exprimé la terreur portée au plus haut degré ; mais aussitôt que le père eut interposé son autorité, et qu'il se vit soutenu par un athlète aussi vigoureux, la pâleur de son visage fit place à une teinte livide qui annonçait que l'outrage qu'il avait reçu était comme un levain qui fermentait sourdement dans son cœur. Comme Asa, cependant, il se soumit à la décision d'Ismaël, et l'harmonie se rétablit, du moins en apparence, parmi des êtres qui n'étaient contenus que par le lien bien fragile de l'autorité qu'Ismaël était parvenu à imposer jusqu'alors à ses enfants.

Un des effets de cette querelle avait été de donner un autre cours aux pensées des jeunes émigrants, et de leur faire entièrement oublier la belle étrangère. Quelques conférences secrètes et animées se tinrent, il est vrai, à l'écart ; et les regards des différents interlocuteurs annonçaient assez le sujet qui les occupait, mais ces symptômes menaçants disparurent bientôt, et tout rentra dans l'ordre et le silence accoutumés.

— Je vais monter sur le roc et épier les sauvages, dit Ismaël bientôt après en s'avançant vers ses enfants et en donnant à sa voix un accent plus paternel que de coutume, quoiqu'elle conservât en même temps cette fermeté qui n'admet point de contradiction. — S'il n'y a rien à craindre, nous descendrons dans la plaine; le jour est trop précieux pour le perdre en paroles comme les femmes des villes qui babillent autour de leur théière.

Sans attendre de réponse, Ismaël s'avança vers la base du rocher, qui formait une sorte de muraille perpendiculaire de près de vingt pieds de hauteur tout autour de la citadelle. Arrivé au pied du roc, il tourna jusqu'à un endroit où il était possible de monter à travers une ouverture étroite, qu'il avait pris la précaution de fortifier en élevant un parapet avec des troncs de cotonniers, parapet qu'il avait défendu à son tour par des chevaux de frise construits avec des branches du même arbre. Comme c'était la clé de la citadelle, un homme armé y était ordinairement placé, et le jeune guerrier qui s'y trouvait alors était indolemment appuyé contre un quartier de roc, prêt à en défendre l'entrée, s'il était nécessaire, pour donner à toute la troupe le temps de se répartir sur les différents points de défense.

De ce côté même le roc était encore difficile à gravir. Aux obstacles créés par la nature se joignaient ceux que l'art avait cherché à susciter en outre, et ce ne fut pas sans peine qu'Ismaël atteignit à une sorte de terrasse sur laquelle il avait construit les cabanes où résidait toute la famille. Ces habitations, semblables à celles qu'on voit si souvent sur les frontières des provinces, et qui appartiennent à l'enfance de l'art, étaient construites en bois. Des troncs d'arbres, des écorces, des perches, en formaient tous les matériaux. L'emplacement qu'elles occupaient pouvait avoir une centaine de pieds carrés, et il était assez élevé au-dessus de la plaine, sinon pour se mettre entièrement à l'abri des armes des Indiens, du moins pour diminuer beaucoup le danger. C'est là qu'Ismaël crut qu'il pouvait laisser sans crainte ses enfants sous la garde de leur courageuse mère, et c'est là qu'il trouva dans ce moment Esther se livrant à ses occupations domestiques, entourée de ses filles, élevant de temps en temps la voix pour gronder celle de ces petites filles qui venait à encourir sa colère, et trop occupée de ces soins divers pour avoir fait attention à l'orage qui avait grondé soudainement à ses pieds.

— C'est un bel endroit, en vérité, que vous avez choisi là pour votre camp, Ismaël, dit-elle en accordant un instant de répit à une petite fille de dix ans qui sanglotait à ses côtés, pour transporter l'attaque sur son mari. — On y est en bon air; que je meure si je ne suis pas sans cesse à compter ces enfants pour voir si le vent ne m'en a pas emporté quelqu'un ! Pourquoi restez-vous tous en cercle autour de ce roc, comme autant de serpents engourdis, tandis que le ciel commence à se couvrir d'oiseaux ? Pensez-vous que les bouches puissent se remplir et la faim se passer toute seule, si vous restez toute la journée à dormir et à ne rien faire ?

— Vous avez votre franc-parler, *Isther*, dit son mari en prononçant son nom avec l'accent particulier des provinces d'Amérique, et jetant sur son bruyant cortége un regard plutôt de tolérance que d'affection. — Des oiseaux ! eh bien ! vous en aurez, pourvu que votre langue ne les effraie pas et ne leur fasse pas prendre une trop haute volée. Oui, femme, ajouta-t-il, — et il était alors à la place même d'où il avait renvoyé Hélène avec si peu de cérémonie, — et du buffle aussi, si mon œil sait encore distinguer l'animal à la distance d'une lieue d'Espagne.

— Descendez, descendez, et agissez au lieu de parler. Un homme qui parle ne vaut pas mieux qu'un chien qui aboie. Si quelque peau rouge vient à se montrer, Nelly déploiera la toile à temps pour vous en avertir. Mais, Ismaël, sur qui avez-vous donc tiré ? car c'était bien votre fusil que j'ai entendu il y a quelques minutes, ou je ne sais plus distinguer les sons.

— Bah ! c'était pour effrayer le faucon que vous voyez planer au-dessus du roc.

— Le faucon ! c'est bien le moment vraiment de tirer après des faucons et des buses, lorsque vous avez dix-huit bouches ouvertes à nourrir ! Regardez l'abeille, regardez aussi le castor, mon mari, et apprenez d'eux la prévoyance. — Ismaël ! — Je crois en honneur, ajouta-t-elle en laissant tomber l'étoupe qu'elle mettait sur une quenouille, je crois qu'il est entré de nouveau dans la tente. Il passe plus de la moitié de son temps auprès de l'inutile....

Le retour soudain de son mari lui ferma la bouche, et elle se contenta de grommeler entre ses dents, sans manifester autrement sa mauvaise humeur.

La conversation qui eut lieu alors entre les deux époux fut courte, mais expressive. La femme ne répondit d'abord que par des monosyllabes ; mais sa sollicitude pour ses enfants lui fit bientôt oublier tout son ressentiment. Du reste, comme cet entretien n'avait pour but que de régler les apprêts de la chasse qu'Ismaël devait faire pendant le reste du jour pour se procurer les aliments indispensables, nous nous abstiendrons de le rapporter.

Dans cette résolution, le vieillard descendit dans la plaine et divisa ses forces en deux corps, dont l'un devait rester pour garder la forteresse, et l'autre devait l'accompagner dans son excursion. Il eut soin de comprendre dans cette dernière troupe Asa et Abiram, sachant bien qu'il n'y avait point d'autorité, autre que la sienne, capable de réprimer le caractère bouillant de son fils, s'il venait à être provoqué. Lorsque tous ces arrangements furent terminés, les chasseurs partirent, et à peu de distance du roc ils se séparèrent pour former un cercle de manière à cerner le troupeau de buffles qu'on apercevait dans l'éloignement.

CHAPITRE IX.

Le nom est un peu défiguré! il servira.
SHAKSPEARE.

MAINTENANT que nous avons appris au lecteur les dispositions prises par Ismaël dans des circonstances où beaucoup d'autres, à sa place, auraient pu se trouver très-embarrassés, nous transporterons de nouveau la scène à quelques milles du lieu que nous venons de décrire, en conservant néanmoins l'ordre naturel des temps.

Au moment où le squatter et ses fils partaient, comme nous l'avons dit à la fin du chapitre précédent, deux hommes assis dans un bas-fond sous quelques arbres, au bord d'un petit ruisseau, à une portée de canon du rocher, semblaient profondément occupés à discuter le mérite d'une excellente bosse de bison, qui avait été préparée avec toute l'attention que demande un mets de ce genre. Le morceau le plus délicat avait été séparé des parties plus grossières de l'animal, et, après avoir été enveloppé dans sa peau, il avait été soumis le temps convenable à l'action du feu dans un four creusé sous terre. C'était devant ce glorieux échantillon des talents culinaires de la Prairie, que deux gourmets avaient pris place. Offrant tout à la fois une chair tendre et délicate, et une nourriture substantielle, cette viande pouvait réclamer à juste titre une supériorité marquée sur les ragoûts les plus laborieusement composés du plus célèbre restaurateur, quoique l'art ne fût entré pour rien dans la manière dont elle avait été apprêtée. Au reste, les deux heureux mortels à qui était destiné un repas aussi friand, qu'un excellent appétit devait faire paraître encore meilleur, ne semblaient nullement insensibles à leur bonne fortune.

L'un, et c'était celui qui s'était chargé des apprêts du banquet, montrait le moins d'empressement à faire honneur à sa cuisine. Il mangeait sans doute, et même de très-bon appétit, mais cependant avec la modération qui est naturelle à la vieillesse. Il n'en était pas de même de son compagnon. Dans la force de l'âge, rayonnant de santé, l'hommage qu'il rendait aux talents de son hôte était exclusif et l'occupait tout entier. Les morceaux les plus succulents se succédaient sans interruption dans sa bouche, et les regards de satisfaction qu'il jetait sur le vieillard, lui exprimaient la reconnaissance qu'il n'avait pas le temps de lui manifester autrement.

—Coupons plus près du milieu de la bosse, mon garçon, dit le Trappeur, car c'était le vénérable habitant de la Prairie qui avait servi au chasseur d'abeilles ce repas délicieux ; coupez au milieu, mon ami ; c'est là que vous trouverez les véritables trésors de la nature ; il n'y a pas besoin d'épices ici, ni de votre moutarde piquante pour lui donner un goût étranger.

—Si j'avais seulement un verre d'hydromel, dit Paul s'arrêtant malgré lui pour respirer, je jurerais que jamais homme n'a fait un plus fort repas !

—Oui, oui, vous pouvez l'appeler *fort*, reprit le vieillard charmé de voir le contentement infini de son compagnon : c'est une viande forte et qui fortifie celui qui en mange. Ici ! Hector, dit-il en en jetant un morceau à son chien fidèle qui regardait son maître comme pour se recommander à lui ; tu as besoin de prendre des forces à ton âge, mon vieux, ainsi que ton maître. C'est un chien, voyez-vous, qui mange avec plus de discernement et de raison, oui, et de meilleurs morceaux aussi que tous vos hommes de là-bas. Et pourquoi ? parce qu'il a fait usage des dons de son Créateur, mais qu'il n'en a point abusé. Il avait été créé chien ; il s'est contenté de la nourriture destinée aux chiens ; mais eux, ils ont été créés hommes, et ils mangent comme des loups affamés. C'est un brave et bon chien qu'Hector, qui m'a toujours été fidèle et que son nez n'a jamais trompé. Maintenant, savez-vous la différence qu'il y a entre la cuisine du désert et celle des établissements? Non, je vois clairement, à votre appétit, que vous ne le savez pas. Eh bien! je vais vous le dire. L'une suit l'homme, l'autre, la nature; l'une croit pouvoir ajouter aux dons du Créateur, tandis que l'autre se contente d'en jouir humblement; voilà tout le secret.

— Ecoutez, Trappeur, dit Paul qui était fort peu sensible aux propos de morale dont il plaisait à son compagnon d'assaisonner leur repas, faisons un arrangement : tous les jours, tant que nous serons dans cette plaine, et il est probable qu'il s'en passera plus d'un, je tuerai un buffle, et vous, vous nous ferez cuire sa bosse.

— Je ne puis promettre cela, je ne saurais le promettre. La chair de buffle est bonne, prenez-en telle partie que vous voudrez, et c'est à la nourriture de l'homme qu'elle est destinée; mais je ne puis promettre de donner les mains à ce qu'il en soit tué un chaque jour. C'est une prodigalité que je ne saurais autoriser.

— Prodigalité! ne craignez rien, vieillard, il n'y aura rien de perdu. S'ils sont tous aussi bons que celui-ci, je m'engage à bien nettoyer les os... Mais qui vient de ce côté? C'est du moins quelqu'un qui a le nez bon, à ce que je puis croire, et qui ne s'est pas fourvoyé, s'il suit la piste d'un dîner.

L'individu qui avait interrompu la conversation, et qui avait donné lieu à cette remarque, marchait d'un pas grave en suivant le bord du ruisseau, et il venait droit aux deux gastronomes. Comme il n'y avait rien d'hostile ni de formidable dans son extérieur, le chasseur d'abeilles, au lieu de suspendre ses opérations, redoubla au contraire d'activité, comme s'il craignait que la bosse délicieuse ne pût suffire à l'appétit de tous les convives, si un tiers venait mal à propos en augmenter le nombre. Le Trappeur tint une conduite toute différente; sa faim, plus modérée, était déjà satisfaite, et il regarda le nouvel arrivant avec un air de cordialité qui montrait que pour lui il était le bien-venu.

— Avancez, ami, dit-il en voyant que l'étranger s'arrêtait un instant et semblait hésiter; avancez, vous dis-je : si la faim est votre guide, elle ne pouvait mieux vous conduire. Voilà de la viande, et ce jeune homme va vous donner du maïs que la cuisson a rendu plus blanc que la neige des montagnes. Approchez sans crainte. Nous ne sommes pas des animaux carnassiers, qui nous mangeons les uns les autres; nous sommes des chrétiens qui recevons avec reconnaissance ce qu'il a plu au Seigneur de nous donner.

— Vénérable chasseur, répondit le docteur, car c'était le naturaliste en personne, qui, dans une de ses excursions journalières, s'était dirigé de ce côté, je me réjouis infiniment de cette heureuse rencontre; nous avons la même ardeur pour la science et nous devons être amis.

— Parbleu! s'écria le vieillard en riant à la barbe même du philosophe, sans beaucoup d'égard pour les règles du décorum; c'est l'homme qui voulait me faire croire qu'un nom peut changer la nature d'un animal! Allons, ami, vous êtes le bien-venu quoique vos idées soient un peu brouillées, parce que vous avez lu trop de livres. Asseyez-vous, et lorsque vous aurez goûté de ce morceau, vous me direz, si vous le pouvez, le nom de la bête qui nous a fourni sa chair pour faire ce repas délicieux.

Les yeux du docteur Battius, car nous croyons dans les convenances de donner à ce digne homme le nom qui le flattait le plus; les yeux du docteur Battius témoignèrent assez la satisfaction que cette proposition lui faisait éprouver. L'air vif et piquant, l'exercice qu'il avait fait, avaient été d'excellents stimulants, et c'est tout au plus si Paul lui-même avait été en meilleures dispositions pour faire honneur à la cuisine du Trappeur, que ne l'était l'amant de la nature, lorsque l'agréable invitation vint frapper son oreille. Le plaisir qu'il éprouva se manifesta par un léger sourire que sa gravité ordinaire ne put réprimer, et, sans plus de cérémonie, il prit place à côté du vieillard, et se mit en devoir de commencer son repas.

— Ce serait une honte pour mon art, dit-il en savourant un morceau de la bosse, tandis qu'il s'efforçait en même temps de distinguer à quelque marque particulière la peau de l'animal, défigurée par la cuisson; ce serait une véritable honte pour mon art, s'il y avait sur le continent d'Amérique un animal ou un oiseau que je ne pusse reconnaître à quelqu'un de ces signes caractéristiques que la science a si admirablement définis. Celui-ci... voyons un peu. La chair est nutritive et savoureuse; une bouchée de votre maïs, mon jeune ami, s'il vous plaît.

Paul, qui continuait à manger avec un redoublement d'appétit, lui jeta sa besace, sans penser qu'il fût nécessaire de suspendre ses opérations pour lui répondre.

— Eh bien! dit le Trappeur attentif, vous prétendrez tout à

l'heure que vous aviez mille moyens pour reconnaître l'animal?

—Mille! oui, sans doute, et tous infaillibles. D'abord... Ecoutez-moi bien : les animaux carnivores se distinguent à leurs incisives...

— A leurs... quoi? demanda le Trappeur.

— Aux dents que la nature leur a données pour se défendre et pour couper leurs aliments. Ensuite...

—Eh bien! examinez ces dents, s'écria le Trappeur en l'interrompant; car il avait à cœur de convaincre d'ignorance grossière un homme qui avait osé se mesurer avec lui sur un sujet qui lui était si familier. Retournez-le dans tous les sens, et cherchez vos preuves *décisives*[1].

Le docteur se rendit à cette invitation; mais, comme on le présume bien, ses recherches furent inutiles. Il profita néanmoins de l'occasion pour examiner la peau de plus près.

— Eh bien! trouvez-vous ce que vous vouliez voir avant de décider si c'est un canard ou un saumon?

— Je soupçonne que l'animal n'est pas ici dans son entier.

— Vraiment! s'écria Paul dont le repas était enfin terminé. Ma foi! vous pouvez l'assurer sans vous compromettre, et je parierais bien pour vous quelques livres de la bête, pesées dans les meilleures balances des Etats. Allons, allons, il reste encore de quoi empêcher l'âme de quitter le corps, dit-il en regardant d'un air de regret le morceau où vingt hommes auraient encore trouvé abondamment de quoi dîner; coupez près du cœur, comme dit le vieillard, et vous trouverez la tranche la plus succulente.

— Le cœur[2]! s'écria le docteur charmé intérieurement d'apprendre qu'il y avait une partie distincte qu'il pouvait soumettre à l'analyse.—Attendez, que je voie un peu... cela va me mettre à même de prononcer de suite... Mais ce n'est point là le *cor*... si fait pourtant, c'est bien lui, et je déclare que l'animal doit être une *bellua*, à cause de l'obésité...

— *Une belle* quoi[3]? dit le vieillard, charmé de l'embarras évident de son rival; parbleu! il me semble que vous êtes encore plus éloigné de la vérité que vous ne l'êtes des habitations, malgré toute votre érudition de livres et tous vos mots bien durs, qui, je vous le répète, ne peuvent être compris d'aucune peu-

---

1. Il y a dans l'original un jeu de mots que la traduction n'a pu qu'indiquer.
2. *The heart* : le *cœur* d'une bosse est tout simplement le centre du morceau. Le docteur attache ici une signification au mot *heart*.
3. Nouveau jeu de mots. Ce genre de plaisanterie se reproduit assez souvent, et perd tout son sel dans la traduction.

plade habitant à l'est des Montagnes Rocheuses. Obésité ou non, vous avez vu mille fois cet animal dans la Prairie, et le morceau que vous tenez à la main est une tranche de bosse de buffle aussi succulente que tout ce que vous avez jamais pu manger de meilleur.

A ces mots le Trappeur ne put retenir un éclat de rire qui se prolongea longtemps, et qui déconcerta le naturaliste à un tel point que le fil de ses idées parut être coupé, et qu'il fut même quelque temps avant de retrouver la parole.

— Mon vieil ami, dit-il enfin en s'efforçant d'étouffer un mouvement d'humeur qu'il jugeait être incompatible avec la gravité de son caractère, votre système est erroné depuis les prémisses jusqu'à la conclusion; et votre classification est si fautive, qu'elle confond entièrement toutes les distinctions scientifiques. Le buffle n'a jamais eu de bosse. Sa chair n'est ni saine ni savoureuse, deux qualités qui, je dois l'avouer, se trouvent au plus haut degré dans le sujet que j'analyse; et dès lors...

— Pour le coup, je me range avec le Trappeur contre vous, s'écria Paul Hover en l'interrompant; l'homme qui prétend que la chair de buffle n'est pas bonne ne devrait pas en manger[1].

Le docteur, qui jusqu'alors n'avait pas fait grande attention au chasseur d'abeilles, fixa les yeux sur lui; et, à la manière dont il l'examinait, on eût dit qu'il cherchait à le reconnaître.

— Les principaux traits de votre figure me sont familiers, jeune homme, lui dit-il; certes je vous ai déjà vu quelque part, vous ou quelque individu de votre classe.

— C'est moi que vous rencontrâtes dans les bois à l'est de la grande rivière, et à qui vous voulûtes persuader de suivre un frelon jusqu'à son nid, comme si mon œil n'était pas trop exercé pour prendre en plein jour tout autre insecte pour une mouche à miel; nous passâmes une semaine ensemble, si vous vous en souvenez, cherchant, vous, vos crapauds et vos lézards, et moi, mes creux d'arbres. Nous fûmes bien récompensés de nos peines l'un et l'autre. Je recueillis le meilleur miel que j'aie jamais envoyé aux habitations, et votre sac avait peine à contenir votre ménagerie rampante. Je n'ai jamais osé vous le demander en face,

---

1. Il est inutile d'apprendre au lecteur que l'animal auquel on fait si souvent allusion dans cet ouvrage, et qui est vulgairement appelé buffle, n'est autre chose que le bison; de là tant de contradictions entre les habitants des Prairies et les savants.

étranger, mais je suppose que vous montez un cabinet de curiosités¹.

— Ah! c'est encore une de leurs infamies! s'écria le Trappeur. Ils tuent le daim, le chevreuil, le chat sauvage, tous les animaux qui habitent les forêts, et ensuite ils les bourrent de chiffons, et, leur mettant des yeux de verre dans la tête, ils disent : Regardez, voilà les créatures du Seigneur! comme si, avec tous leurs pitoyables artifices, ils pouvaient jamais égaler l'ouvrage de sa main!

— Je vous reconnais, dit le docteur sur lequel les plaintes du vieillard ne parurent faire aucune impression; je vous reconnais parfaitement, répéta-t-il en serrant cordialement la main de Paul; ce fut une semaine bien heureusement employée, ainsi que mon herbier et mes cartons l'attesteront un jour à l'univers. Oui, je me rappelle parfaitement vos traits, jeune homme. Vous êtes de la classe *mamwalie*; ordre, *primates*; genre, *homo*; espèce, *Kentucky*.

Il s'arrêta un instant pour sourire d'une plaisanterie dans laquelle il semblait se complaire; puis il ajouta :

— Depuis notre séparation j'ai fait de longs voyages, ayant conclu un arrangement ou traité avec un certain Ismaël...

— Bush! ajouta Paul avec son impatience ordinaire, de par le ciel! Trappeur, c'est la lettre de sang dont Hélène m'a parlé.

— Pour le coup, cette chère Nelly ne m'a pas rendu justice, dit le docteur préoccupé; je ne suis nullement de l'école *phlébotomisante*, préférant infiniment la méthode de purifier le sang, au lieu de le tirer.

— Vous avez mal compris, elle rend une entière justice à votre adresse.

— Elle a beaucoup trop d'indulgence pour moi, reprit le docteur Battius en baissant la tête d'un air d'humilité : c'est une bonne et tendre fille que cette Hélène, une fille qui a du caractère en même temps. Je n'ai jamais vu de plus charmante enfant!

— En vérité! s'écria Paul en laissant retomber l'os qu'il

---

1. La chasse aux abeilles n'est pas rare dans cette contrée, quoiqu'elle soit un peu embellie ici. Lorsqu'on voit plusieurs abeilles sucer les fleurs, on essaie d'en prendre une ou deux; on choisit alors un lieu convenable, et on en laisse échapper une, elle prend aussitôt son vol vers la ruche, changeant de terrain en s'éloignant ou se rapprochant. Suivant les circonstances, le chasseur d'abeilles permet à l'autre de s'échapper. Ayant surveillé la course des abeilles, qui est appelée habituellement doublure, il lui est possible de calculer l'angle des deux lignes qu'elles décrivent : c'est là qu'est la ruche.

s'amusait à sucer pour retarder le moment où il lui faudrait se séparer de la bosse favorite, et en jetant un regard menaçant sur l'innocent docteur; auriez-vous, par hasard, le dessein de comprendre Hélène dans la collection des curiosités que vous voulez emporter?

— Me préserve le ciel de vouloir faire le moindre mal à cette chère enfant! Pour toutes les richesses du monde, animal et végétal réunis, je ne lui couperais pas un cheveu de la tête! J'ai pour Hélène ce qu'on pourrait appeler *amor naturalis*, ou plutôt *paternus*, l'affection d'un père.

— En effet, cela convient mieux à votre âge, reprit Paul d'un air railleur; que ferait un vieux bourdon auprès de si gentille abeille?

— Il y a de la raison dans ce qu'il dit, observa le Trappeur, parce que ce qu'il dit est dans la nature. — Mais vous disiez donc que vous demeuriez dans le camp d'un nommé Ismaël Bush?

— Il est vrai, c'est en vertu d'un compact...

— Qu'il y ait compact ou non, je vous dirai, moi, que j'ai été témoin de la manière dont les Sioux se sont glissés dans votre camp, et ont enlevé au pauvre homme que vous appelez Ismaël tous ses troupeaux...

— *Asinus* excepté, murmura le docteur qui mangeait alors très-tranquillement sa part de bosse, sans s'inquiéter davantage de ses attributs domestiques; — *asinus domesticus americanus* excepté.

— Je suis bien aise d'apprendre qu'il y en ait autant de sauvés, quoique je ne connaisse pas les animaux que vous nommez, ce qui n'est pas étonnant, depuis si longtemps que je vis loin des habitations. Mais pourriez-vous me dire ce que le voyageur garde de si précieux sous la toile blanche, dont il défend l'entrée en montrant des dents aussi menaçantes que le loup qui dispute la carcasse que le chasseur a laissée dans la forêt?

— Vous en avez entendu parler? s'écria le naturaliste en laissant tomber, dans l'excès de sa surprise, le morceau qu'il portait à sa bouche.

— Moi, je n'ai rien entendu; mais j'ai vu la toile, et j'ai failli être mordu pour avoir voulu savoir ce qu'elle contenait.

— Mordu! alors il faut, après tout, que l'animal soit carnivore. Il est trop tranquille pour l'*ursus horridus*; si c'était le *canis latrans*, ses aboiements le trahiraient. Et d'ailleurs, Nelly Wade ne serait pas si familière avec un individu quelconque du genre *feræ*. Vénérable chasseur, l'animal solitaire qui est renfermé dans le chariot pendant le jour, et sous la tente pendant la nuit, m'a causé plus d'inquiétudes et de perplexités que toute la nomenclature des quadrupèdes ensemble. Et en voici la raison toute simple : c'est que je ne sais comment le classer.

— Vous pensez que c'est une bête sauvage ?

— Je sais que c'est un quadrupède ; le danger que vous avez couru vous-même prouve qu'il est carnivore.

Pendant cette explication faite à bâtons rompus, Paul Hover avait gardé le silence. Il paraissait pensif, et regardait ses deux compagnons l'un après l'autre avec une profonde attention. Mais à peine le docteur avait-il eu le temps de proférer cette assertion, que le jeune homme, comme s'il eût été frappé de l'air d'assurance qu'il montrait, lui demanda brusquement :

— Et, dites moi, je vous prie, qu'entendez-vous par un quadrupède ?

— Un jeu, un caprice de la nature, dans lequel elle a montré moins de sagesse infinie que dans ses autres ouvrages. Si des leviers à mouvement circulaire étaient substitués à deux jambes, d'après les améliorations introduites dans mon nouvel ordre de phalangacrura, il y aurait alors harmonie parfaite dans tout le système ; mais l'animal, tel qu'il est constitué à présent, je ne l'appelle qu'un jeu, rien qu'un jeu de la nature.

— Ecoutez, étranger ; dans le Kentucky nous ne faisons pas grand usage de dictionnaires. Jeu est un mot qui, pour moi, est aussi peu clair que quadrupède.

— Un quadrupède est une bête à quatre pattes, qui....

— Une bête ! pensez-vous donc qu'Ismaël Bush voyage avec une bête enfermée dans ce petit chariot ?

— J'en suis sûr, répondit le naturaliste ; je le sais, ajouta-t-il en voyant que Paul ne pouvait retenir un mouvement de surprise, non pas littéralement, mais figurément, et par conséquent d'une manière bien plus certaine, comme vous allez voir. Je vous ai déjà dit que c'est en vertu d'un compact que je voyage avec le susdit Ismaël Bush ; mais quoique je me sois engagé à remplir certains devoirs pendant le voyage, il n'y a aucun article du traité qui dise que ce voyage doive être *sempiternum*, ou éternel. Or, quoique cette région ait été à peine explorée, et que la science n'y ait peut-être jamais pénétré jusqu'ici, comme elle est grandement dépourvue des trésors du règne végétal, je me serais déjà dirigé quelques centaines de milles plus vers l'est, sans le désir intérieur que j'éprouve de voir un jour la bête en question, afin de la décrire et de la classer convenablement. Ce désir, ajouta-t-il en baissant la voix comme quelqu'un qui fait part d'un secret important, ce désir sera bientôt satisfait, et je ne suis pas sans espoir d'obtenir d'Ismaël la permission de la disséquer.

— Vous l'avez donc vue ?

— Non pas avec les yeux, mais avec les lumières bien plus certaines du raisonnement. Je sais observer, jeune homme, et par suite d'une foule de circonstances, légères en apparence, qui auraient échappé à un observateur vulgaire, je puis prononcer sans crainte que c'est un animal monstrueux, d'un appétit vorace, sans activité, et qui, de plus, d'après le témoignage irrécusable de ce digne chasseur, est carnivore.

— Tout ce que je voudrais savoir, étranger, dit Paul sur lequel la description du docteur n'avait pas laissé que de faire impression, c'est si vous êtes sûr que ce soit une bête.

— Quant à cela, s'il me fallait d'autres preuves d'un fait que j'ai établi d'une manière irréfragable, je pourrais citer le témoignage d'Ismaël lui même ; car je ne tire pas la plus légère induction que je ne puisse démontrer. Je ne suis point dominé par un vain sentiment de curiosité, jeune homme ; si je désire augmenter le cercle de mes connaissances, c'est d'abord, je dois l'avouer, pour l'avancement de la science, et, en second lieu, pour l'intérêt de mes semblables. Je brûlais intérieurement de savoir ce que contenait la tente que le squatter gardait avec tant de soin, et dont il m'avait fait jurer, *jurare per Deos*, que je n'approcherais pas d'un certain nombre de coudées, pendant un temps convenu. Un *jusjurandum*, ou serment, est une chose sérieuse, et avec laquelle il ne faut point badiner. Cependant, comme c'était la condition *sine quâ non* du traité, je m'y soumis, me réservant toutefois la faculté d'observer de loin. Il y a dix jours environ qu'Ismaël, prenant pitié de l'état où il me voyait, m'apprit que le chariot contenait une bête qu'il portait dans la Prairie comme un leurre à la faveur duquel il espérait en prendre d'autres du même *genus*, ou peut-être *species*. Depuis lors, mon rôle s'est réduit à observer simplement les habitudes de l'animal, et à noter les résultats. Lorsque nous serons arrivés à une certaine distance où l'on dit que ces sortes de bêtes abondent, il me sera permis d'examiner tout à mon aise l'animal en question.

Paul continua à écouter dans le silence le plus profond jusqu'à ce que le docteur eût terminé son récit; alors seulement il secoua la tête d'un air d'incrédulité.

— Étranger, dit-il, le vieil Ismaël vous a plongé la tête dans le fond d'un arbre creux, où vos yeux ne vous servent pas plus que son dard ne sert au frelon. Moi aussi, je sais quelque chose de ce chariot, et je suis certain que le vieux drôle n'est qu'un impudent menteur. Écoutez un peu ; croyez-vous qu'une fille comme Hélène Wade ferait sa société d'une bête sauvage ?

— Pourquoi pas ? pourquoi pas ? répéta le naturaliste; Nelly a du goût pour la science, et elle écoute souvent avec plaisir les leçons que je lui donne. Pourquoi n'étudierait-elle pas les habitudes d'un animal, fût-ce même un rhinocéros ?

— Doucement, doucement, reprit d'un ton tout aussi positif le chasseur d'abeilles, qui, quoique moins savant que le docteur, semblait du moins beaucoup mieux instruit sur ce sujet; Hélène est une fille de cœur, je le sais ; elle a du caractère, personne n'en est plus convaincu que moi ; mais, malgré tout son courage, elle est femme après tout. Combien de fois ne lui ai-je pas vu verser des larmes....

— Ah ! vous connaissez donc Nelly ?

— Un peu, si vous le trouvez bon ; mais je sais qu'une femme est une femme, et tous les livres du Kentucky ne sauraient faire qu'Hélène Wade restât seule dans la même tente avec une bête féroce.

— Il me semble, dit le Trappeur avec calme, qu'il y a quelque chose d'obscur et de mystérieux dans cette affaire. Je suis témoin que le voyageur n'aime pas qu'on aille fourrer le nez dans sa tente, et j'ai une preuve beaucoup plus sûre que toutes celles que vous pourriez alléguer l'un et l'autre, qu'aucune bête n'est renfermée dans le chariot. Vous voyez Hector : jamais chien n'a eu l'odorat plus fin ni plus subtil, et s'il y en avait eu quelqu'une près de nous, ce fidèle serviteur n'aurait pas manqué de le dire à son maître.

— Prétendez-vous opposer un chien à un homme, une brute à un savant, l'instinct à la raison ? s'écria le docteur avec quelque chaleur. Comment un chien pourrait-il distinguer, je vous prie, les habitudes, l'espèce, ou même le genre d'un animal, comme l'homme aidé du raisonnement et de la science ?

— Comment ? répéta froidement l'habitant de la Prairie; écoutez, et si vous croyez qu'un maître d'école puisse donner une intelligence plus prompte que le Seigneur, vous verrez à quel point vous êtes dans l'erreur. N'entendez-vous pas quelque bruit dans ces broussailles? voilà cinq minutes qu'il dure. A présent, dites-moi quelle est la créature qui le produit.

— J'espère qu'elle n'a rien de féroce! s'écria le docteur en tressaillant; car sa rencontre avec le *vespertilio horribilis* lui trottait encore dans la tête. Vous avez des fusils, mes amis: ne serait-il pas prudent de les charger? car il ne faut pas trop compter sur mes pistolets.

— Il y a peut-être de la raison dans ce qu'il dit, repartit le Trappeur en souriant et en relevant en effet sa carabine qu'il avait posée auprès de lui pendant le repas; maintenant dites-moi le nom de la créature.

— Cela excède les limites des connaissances humaines. Buffon lui-même ne pourrait dire si l'animal est un quadrupède ou un serpent, un mouton ou un tigre!

— Alors votre *Buffon* ne savait rien auprès de mon Hector. Ici, mon chien! Qu'y a-t-il là, mon vieux? Parlez à votre maître. Faut-il courir sus, ou le laisserons-nous passer?

Le chien, qui avait déjà fait entendre à son maître, par le tremblement de ses oreilles, qu'il flairait quelque chose dans les environs, leva alors sa tête d'entre ses pattes de devant, et entr'ouvrit légèrement ses lèvres, comme s'il se disposait à montrer les restes de ses dents. Mais tout à coup, abandonnant ses projets hostiles, il huma l'air un moment, se secoua, puis reprit tranquillement sa place aux pieds de son maître.

— Maintenant, docteur, dit le Trappeur d'un air triomphant, je suis convaincu qu'il n'y a derrière ces arbres aucun animal que nous ayons à redouter; et c'est une certitude qui n'est pas sans agrément pour un homme qui est trop vieux pour ne pas ménager ses forces, et qui cependant ne se soucierait pas de faire le dîner d'une panthère.

Le chien interrompit son maître par un long aboiement, mais il continua à rester la tête couchée contre terre.

— C'est un homme, s'écria le Trappeur en se levant; c'est un homme, je n'en puis douter. Nous ne nous en disons pas long, Hector et moi; mais il est rare que nous ne nous entendions point.

En un instant Paul Hover était debout, et, ajustant son fusil, il s'écria d'une voix menaçante :

— Qui que vous soyez, ami ou ennemi, sortez, ou vous êtes mort.

— C'est un ami, un blanc comme vous, et un chrétien, répondit une voix; et au même instant les broussailles s'entr'ouvrirent, et la personne qui avait parlé se montra.

CHAPITRE X.

> Tiens-toi à quelque distance, Adam, et tu entendras comme il va me secouer.
> SHAKSPEARE. *Comme il vous plaira.*

C'EST un fait bien connu que, même longtemps avant que les immenses régions de la Louisiane eussent changé de maîtres pour la seconde, et, comme on doit l'espérer, pour la dernière fois, ce pays, ouvert de toutes parts, n'était nullement à l'abri des incursions des aventuriers à peau blanche. Les chasseurs à demi barbares du Canada, la même classe de la population des Etats-Unis, seulement un peu plus éclairée; les métis, avaient la prétention d'être rangés au nombre des blancs, étaient dispersés parmi les différentes tribus indiennes, ou glanaient de quoi vivre misérablement au milieu des solitudes fréquentées par le castor et le bison, ou, pour adopter la nomenclature vulgaire du pays, le buffle [1].

Il n'était donc pas extraordinaire que des étrangers se rencontrassent dans les vastes déserts de l'ouest. Des signes auxquels un œil peu exercé n'aurait fait aucune attention, faisaient connaître à ces aventuriers quand un de leurs semblables était dans son voisinage, et ils l'évitaient ou s'en approchaient, suivant que leurs sentiments ou leurs intérêts les y portaient. En général, ces entrevues étaient pacifiques; car les blancs avaient à craindre un ennemi commun, les anciens et peut-être les plus légitimes possesseurs de cette contrée; mais il arrivait aussi quelquefois que

---

[1]. Outre les distinctions scientifiques qui marquent ces deux espèces, on peut ajouter, avec tout le respect possible pour le docteur Battius, un fait particulier beaucoup plus important, qui est que la chair du premier de ces animaux offre une nourriture délicieuse et salutaire, tandis que celle de l'autre est à peine mangeable.

la jalousie et la cupidité les faisaient se terminer par des scènes de violence, de cruauté et de trahison. La rencontre de deux chasseurs dans le désert américain, comme nous trouvons quelquefois à propos d'appeler cette contrée, avait donc lieu à peu près avec la prudence et la circonspection de deux navires qui s'approchent dans une mer qu'ils savent être infestée par des pirates. Ni l'un ni l'autre ne veut trahir sa faiblesse en montrant de la méfiance, mais ils sont encore moins disposés à se compromettre par quelque acte de confiance qui leur permettrait peut-être difficilement de reculer.

Tel fut jusqu'à un certain point le caractère de l'entrevue dont nous avons maintenant à parler. L'étranger s'avança avec circonspection, les yeux constamment fixés sur ceux dont il s'approchait, pour observer tous leurs mouvements, tandis qu'il se créait à dessein de petits obstacles pour rendre sa marche plus lente ; de l'autre part, Paul passait la main négligemment sur le chien de son fusil, trop fier pour donner à penser qu'un individu isolé pût causer quelque appréhension à trois hommes, et cependant trop prudent pour se dispenser entièrement des précautions d'usage. La principale raison de la différence marquée dans la manière dont les deux propriétaires légitimes du banquet accueillirent l'inconnu, devait s'expliquer par la différence totale qui se trouvait dans leur apparence respective.

Tandis que l'extérieur du naturaliste était décidément pacifique, pour ne pas dire abstrait, celui du nouveau-venu se distinguait par un air de vigueur, un port et une démarche qu'il aurait été difficile de ne pas reconnaître sur-le-champ comme ayant quelque chose de militaire.

Il portait un bonnet de fourrageur [1] en beau drap bleu, du haut duquel tombait un gland d'or, qui était presque enseveli dans une forêt de cheveux noirs comme le jais, et bouclés naturellement ; son col de soie noire était mis négligemment. Son corps était couvert d'un frac de chasse d'un vert foncé, décoré des franges et des ornements jaunes qu'on voyait quelquefois parmi les troupes des frontières des États confédérés ; et l'on apercevait par-dessous, le collet et les revers d'un gilet de même étoffe et de même couleur que son bonnet ; il portait des guêtres de peau de daim, et avait pour chaussure le mocassin des Indiens ; un poignard à

---

1. *A forage cap* : nous dirions en français un bonnet de police.

lame droite, richement orné et excessivement dangereux, était passé dans une écharpe de filet de soie rouge; une autre ceinture, ou plutôt un ceinturon de cuir écru soutenait une paire de très-petits pistolets, placés dans des fourreaux où ils s'adaptaient à merveille; sur ses épaules était suspendu un fusil de calibre, court et pesant; sa poire à poudre et sa giberne occupaient leurs places ordinaires sous son bras; enfin il portait sur le dos un havresac marqué des initiales bien connues, qui ont depuis valu au gouvernement des Etats-Unis le sobriquet plaisant et fantasque d'Oncle Sam [1].

— Je me présente comme ami, dit l'étranger, trop accoutumé à la vue des armes pour être ému par l'attitude grossièrement belligérante que venait de prendre le docteur Battius; vous ne voyez en moi qu'un ami, un homme dont les désirs et les projets ne croiseront nullement les vôtres.

— Etranger, dit Paul Hover d'un ton à demi brusque, sauriez-vous suivre une abeille depuis cette clairière jusqu'à un bois situé peut-être à une douzaine de milles?

— L'abeille est un oiseau que je n'ai jamais été obligé de chasser, répondit l'inconnu en souriant, quoique j'avoue que dans mon temps j'ai été aussi chasseur à la plume.

— C'est ce que je pensais, s'écria Paul en lui tendant la main avec cette franchise libre et cordiale qui caractérise l'habitant des provinces frontières des Etats-Unis; donnons-nous la main, vous et moi, nous ne nous disputerons jamais les gâteaux, puisque vous faites si peu de cas du miel; et maintenant s'il y a un coin vide dans votre estomac, et si vous savez apprécier une véritable goutte de rosée du ciel quand elle vous tombe dans la bouche, voici ce qu'il convient d'y verser. Goûtez cela, et après l'avoir goûté, si vous ne le trouvez pas aussi bon que quoi que ce soit que vous ayez bu depuis que... Combien y a-t-il de temps que vous avez quitté les habitations?

— Plusieurs semaines, et je crains qu'il ne s'en passe encore autant avant que je puisse y retourner. Cependant j'accepterai

---

[1]. Les troupes des Etats-Unis portent sur leurs havresacs les initiales U. S. (*United-States*). On dit qu'un plaisant du pays, voyant passer un soldat dont le havresac portait les lettres U. S. L. D. (c'est-à-dire *United States, Light Dragons*; Etats-Unis, Dragons Légers) s'est écrié: *Uncle Sam's Lazy dogs!* Chiens fainéants d'Oncle Sam! Peut-être n'en a-t-il pas fallu davantage pour que le sobriquet en soit resté au gouvernement. Les Indiens les plus près des villes, ceux qui voient le plus de soldats en uniforme, appellent souvent le président des Etats-Unis (U. S.) Oncle Samuel (*Uncle Sam*).

volontiers votre invitation, car je n'ai rien pris depuis le lever du soleil hier matin, et je connais trop bien le mérite d'une bosse de bison pour refuser une pareille bonne fortune.

— Ah! vous connaissez déjà ce plat! eh bien! en ce cas, vous êtes plus avancé que je ne l'étais tout à l'heure, quoique je pense pouvoir dire qu'à présent nous nous trouvons but à but. Je serais le plus heureux coquin qu'on pût trouver entre le Kentucky et les Montagnes Rocheuses, si j'avais une jolie cabane près de quelque vieux bois rempli d'arbres creux, un pareil plat tous les jours pour mon dîner, une charretée de paille fraîche pour des ruches, et une petite Hél...

— Une petite quoi? demanda l'étranger qu'amusait évidemment le caractère franc et communicatif du chasseur d'abeilles.

— Quelque chose que j'aurai un jour, et qui ne concerne que moi, répondit Paul en arrangeant la pierre de son fusil, et en commençant très-cavalièrement à siffler un air bien connu sur les eaux du Mississipi.

Pendant cet entretien préliminaire, l'étranger s'était assis en face de la bosse de bison, et en attaquait déjà les restes très-sérieusement. Le docteur Battius suivait de l'œil tous ses mouvements avec une jalousie encore plus frappante que la franchise avec laquelle Paul venait d'accueillir cet inconnu.

Mais les doutes ou plutôt les appréhensions du naturaliste n'avaient rien de commun avec les motifs qui donnaient de la confiance au chasseur d'abeilles. Il avait été frappé d'entendre l'étranger donner à l'animal dont il faisait son repas son nom légitime, au lieu de celui qu'on lui donnait vulgairement dans le pays; ayant été lui-même un des premiers à profiter de la levée des obstacles que la politique de l'Espagne opposait à quiconque voulait reconnaître ses domaines situés au-delà des mers, soit dans des vues commerciales, soit, comme lui-même, avec des projets scientifiques plus louables, il possédait une dose suffisante de cette philosophie qui est à la portée de tout le monde pour sentir que les mêmes motifs qui avaient eu sur lui une influence assez puissante pour le déterminer à son entreprise, pouvaient avoir produit le même résultat sur l'esprit d'un autre individu brûlant d'une même ardeur pour l'étude de la nature. Il voyait donc la perspective d'une rivalité alarmante qui menaçait de le dépouiller au moins d'une moitié des justes récompenses de ses travaux, de ses privations et de ses dangers. En envisageant son caractère sous ce point de vue, il n'est nullement étonnant que la douceur ordinaire du naturaliste se trouvât en ce moment mêlée d'un peu d'aigreur, et qu'il épiât tous les mouvements de l'inconnu avec la vigilance qu'il jugeait nécessaire pour découvrir ses projets sinistres.

— Ce repas est vraiment délicieux, dit le jeune et bel étranger (car il avait un droit incontestable à ces deux épithètes), sans faire attention aux regards du docteur. — Il faut que l'appétit donne une saveur particulière à cette viande, ou, de toute la famille du bœuf, le bison doit passer pour avoir la chair la plus délicate.

— Dans le langage familier, Monsieur, les naturalistes font l'honneur à la vache de décerner son nom à l'espèce, dit le docteur Battius, tout plein de ses inquiétudes secrètes, après avoir assuré sa voix en toussant préalablement, à peu près comme un duelliste examine la pointe de l'épée qu'il va enfoncer dans le corps de son antagoniste. — La figure est plus parfaite, car le bœuf, proprement dit, est incapable de propager son espèce, et le *bos* dans un sens plus étendu, ou la *vacca*, est certainement le plus noble des deux animaux.

Le docteur, en prononçant cette opinion, prit un air dont le but était d'annoncer qu'il était prêt à entrer en discussion à l'instant même sur chacun des nombreux points de contestation qu'il croyait devoir exister entre lui et l'étranger, et il attendait la riposte de son antagoniste afin d'y répliquer par un coup encore plus vigoureux. Mais le jeune militaire paraissait beaucoup plus disposé à profiter de la bonne chère que la Providence lui avait procurée, qu'à ramasser le gant pour argumenter sur quelques uns de ces points de controverse qui fournissent si souvent aux amis des sciences des armes pour une joute intellectuelle.

— Je crois que vous avez raison, Monsieur, répondit l'inconnu avec une indifférence qui piqua d'autant plus le docteur qu'elle annonçait le peu d'importance que son adversaire attachait à cette question; — oui, je pense que *vacca* aurait été le mot propre.

— Pardon, Monsieur, reprit le docteur, mais vous interprétez fort mal ce que je viens de dire, si vous supposez que je fasse entrer le *bubulus americanus* dans la famille *vacca*, sans un grand nombre de modifications particulières; car, comme vous le savez fort bien, Monsieur, — je présume que je devrais plutôt dire docteur, — vous en avez sans doute le diplôme?

— Vous me faites plus d'honneur que je ne mérite.

— Vous n'avez qu'un grade inférieur! — Mais peut-être vous avez pris vos degrés dans quelque autre branche des sciences libérales?

— Je vous assure que vous vous trompez encore.

— Bien certainement, jeune homme, vous n'avez pas entrepris cette tâche importante, — de première importance, j'ose le dire, — sans quelque preuve que vous êtes propre à la remplir. — Vous avez quelque commission qui autorise vos démarches, et qui vous donne droit à avoir des communications et à réclamer une sorte de parenté avec vos collaborateurs dans la même œuvre d'utilité publique, j'oserais même dire de charité.

— Je ne sais, Monsieur, ni par quels moyens, ni dans quelles vues vous avez pénétré mes projets, s'écria le jeune homme en rougissant; et il se leva avec une vivacité qui prouvait combien il lui était facile d'oublier les besoins grossiers du corps, quand il s'agissait de quelque sujet auquel son cœur prenait intérêt. — Cependant, Monsieur, ajouta-t-il, votre langage est incompréhensible. L'affaire qui m'occupe pourrait justement être appelée, à l'égard d'un autre, une œuvre de charité; mais pour moi, c'est un devoir aussi cher que sacré, et j'avoue que je ne conçois pas pourquoi une commission me serait nécessaire, ou me serait demandée pour m'en acquitter.

— Il est d'usage d'en avoir une, répondit gravement le docteur, et d'en justifier en toute occasion convenable, afin que les esprits disposés à l'affection et à la sympathie puissent bannir tout d'un coup d'étranges soupçons, et, franchissant ce qu'on peut appeler les éléments du discours, en venir sur-le-champ aux points qui sont un *desideratum*[1] pour les deux parties.

— C'est une étrange demande! murmura le jeune homme entre ses dents, en fronçant le sourcil, et en tournant tour à tour ses yeux noirs sur chacun de ses compagnons, comme s'il eût voulu juger de leur caractère, et apprécier leurs forces physiques. Mettant alors la main dans son sein, il en tira une petite boîte, et la présentant au docteur avec un air de dignité, il ajouta; — Examinez cela, Monsieur, vous y verrez que j'ai quelque droit à

---

1. Un regret.

voyager dans un pays qui appartient maintenant aux Etats-Unis.

— Qu'avons-nous ici ? s'écria le naturaliste en dépliant un grand parchemin. Comment ? la signature du philosophe Jefferson ! — le sceau de l'Etat ! — le contre-seing du ministre de la guerre ! — C'est véritablement une commission de capitaine d'artillerie, accordée à Duncan Uncas Middleton.

— A qui ? à qui ? s'écria le Trappeur, qui était resté assis pendant toute cette conversation, et qui regardait l'étranger avec des yeux qui semblaient vouloir saisir tous ses traits ; quel est son nom ? Ne l'avez-vous pas appelé Uncas ? — Uncas ! est-ce bien Uncas ?

— Tel est mon nom, répondit le jeune homme ; c'est celui d'un chef d'une tribu des naturels du pays ; et mon oncle et moi nous sommes fiers de le porter, parce que c'est en mémoire d'un service important rendu à notre famille par un guerrier dans les anciennes guerres des provinces.

— Uncas ! vous l'avez appelé Uncas ! répéta le vieillard en se levant ; et, s'approchant du jeune étranger, il sépara les boucles de cheveux noirs qui lui tombaient sur le front, sans que celui-ci, quoique fort surpris, y opposât aucune résistance.

— Mes yeux sont vieux, continua le Trappeur ; ils ne sont plus aussi perçants que lorsque j'étais moi-même un guerrier, mais je puis reconnaître les traits du père dans ceux du fils. Je les ai reconnus dès qu'il s'est approché ; mais depuis ce temps, il s'est passé tant de choses devant mes yeux affaiblis, que je ne pouvais me dire où j'avais vu sa ressemblance. — Dites-moi, jeune homme, quel est le nom de votre père ?

— Le même que le mien. Il était officier au service des Etats-Unis pendant la guerre de la révolution. Le frère de ma mère se nommait Duncan Uncas Heyward.

— Encore Uncas ! encore Uncas ! s'écria le vieillard en tremblant d'émotion ; et son père ?

— Portait les mêmes noms, à l'exception de celui du chef d'une des peuplades du pays. Ce fut à lui et à mon aïeule que fut rendu le service dont je viens de parler[1].

— Je le savais ! je le savais ! s'écria le Trappeur d'une voix tremblante ; et sur ses traits raidis par l'âge on distinguait une vive émotion, comme si ces noms qu'il venait d'entendre eussent

---

1. Il n'est pas inutile de rappeler encore ici au lecteur la liaison qui existe entre *le Dernier des Mohicans* et *la Prairie* : l'intervalle est rempli par les événements des *Pionniers*.

éveillé en lui des idées endormies depuis longtemps, et se rattachant aux événements d'un siècle passé ; je le savais ! fils ou petit-fils, c'est la même chose, — c'est le même sang, — ce sont les mêmes traits. — Dites-moi maintenant, celui qu'on nommait Duncan, et qui ne portait pas le nom d'Uncas, — vit-il encore ?

Le jeune homme secoua tristement la tête, et répondit : — Non ! il est mort plein de jours et d'honneur ; heureux, chéri, et répandant le bonheur sur tout ce qui l'entourait.

— Plein de jours ! répéta le Trappeur en jetant un coup d'œil sur ses mains maigres et desséchées, mais encore nerveuses. Ah ! il vivait dans les habitations, et il n'était sage qu'à leur manière. — Mais vous l'avez vu souvent ? vous l'avez entendu parler d'Uncas, et des bois solitaires de l'Amérique ?

— Bien souvent. Il était d'abord officier au service du roi ; mais quand la guerre éclata entre la couronne d'Angleterre et les colonies, mon aïeul n'oublia pas quelle était sa patrie, et secouant une fidélité qui ne consistait qu'en de vains mots, il fut fidèle à son pays, et combattit pour assurer sa liberté.

— Il y avait de la raison à cela, et, ce qui vaut encore mieux, il y avait de la nature. — Allons, asseyez-vous, jeune homme, asseyez-vous près de moi, et dites-moi de quoi votre grand-père vous parlait, quand il vous entretenait des merveilles de nos déserts.

Le jeune homme sourit de la curiosité du vieillard, et fut surpris de l'intérêt évident qu'il montrait ; mais, ne voyant dans ceux avec qui il se trouvait rien qui annonçât la moindre intention d'employer la violence contre lui, il s'assit sans hésiter.

— Oui, oui, racontez tout cela au Trappeur depuis le commencement jusqu'à la fin, dit Paul en s'asseyant avec beaucoup de sang-froid à côté du jeune militaire ; c'est l'usage de la vieillesse d'aimer ces anciennes relations ; et quant à cela, je puis dire que moi-même je ne suis pas fâché de les écouter.

Middleton sourit encore, et peut-être y avait-il quelque teinte de dérision dans son sourire ; mais, se tournant vers le vieillard avec un air de bonne humeur, il commença ainsi qu'il suit :

— C'est une longue histoire, aussi pénible à entendre qu'à raconter. Il s'y mêle à chaque instant des scènes de sang, et l'on y retrouve toutes les horreurs et les cruautés des guerres des Indiens.

— N'importe, contez-nous tout cela, dit Paul, nous y sommes

accoutumés dans le Kentucky ; et je dois vous dire qu'une histoire ne m'en paraît pas plus mauvaise parce qu'il s'y trouve quelques chevelures scalpées.

— Mais il vous a parlé d'Uncas, est-il bien vrai? demanda le vieillard sans s'inquiéter des interruptions du chasseur d'abeilles, qui n'étaient pour lui que des intermèdes ; et qu'en disait-il? qu'en pensait-il, dans son salon, jouissant de toutes ses aises, et entouré de tout le luxe des habitations ?

— Je ne doute pas que ses discours ne fussent les mêmes que ceux qu'il aurait tenus dans les bois, s'il se fût trouvé face à face avec son ami.

— Appelait-il le sauvage son ami? — Ce pauvre Indien, ce guerrier dont le corps nu était peint, n'était-il pas trop fier pour l'appeler son ami?

— Il se faisait honneur de cette liaison ; et, comme je vous l'ai déjà dit, il donna son nom à son fils aîné, nom qui se perpétuera probablement chez tous ses descendants, comme un héritage de famille.

— Il a bien fait! il a agi en homme ; oui, et en chrétien ! — Il avait coutume de dire que le Delaware avait le pied léger. — Se souvenait-il de cette circonstance?

— Léger comme l'antilope. Il le nommait souvent le Cerf-Agile, nom que lui avait obtenu sa légèreté à la course.

— Et il n'avait ni moins de hardiesse ni moins de courage, continua le Trappeur les yeux fixés sur ceux du jeune militaire avec une ardeur qui annonçait de quel plaisir il jouissait en entendant faire l'éloge d'un être auquel il était évident qu'il avait été vivement attaché.

— Mon aïeul disait qu'il était brave comme un lion et qu'il ne connaissait pas la crainte. Il citait toujours Uncas et son père, que sa prudence avait fait surnommer le Grand-Serpent, comme modèles d'héroïsme et de constance.

— Il leur rendait justice ; oui, justice. Dans aucune tribu, dans aucune nation, on n'aurait pu trouver deux hommes plus braves et plus fidèles, quelle que fût la couleur de leur peau. Je vois que votre grand-père était juste, et il a fait son devoir en donnant le nom d'Uncas à son fils. Il a passé des moments dangereux sur les montagnes, et il y a noblement joué son rôle. — Et dites-moi, jeune homme, — ou capitaine, devrais-je dire, puisque vous êtes capitaine, — est-ce là tout ce qu'il vous a dit?

— Non certainement. Je vous ai dit que c'est une longue histoire pleine d'incidents intéressants, et le souvenir qu'en avaient conservé mon aïeul et son épouse...

— Ah! elle s'appelait Alice! s'écria le vieillard en agitant une main en l'air, sa physionomie s'animant par les idées que ce nom faisait revivre en lui; Alice ou Elsie, car c'est la même chose. C'était une jeune fille vive et enjouée quand elle était heureuse; mélancolique et touchante dans le malheur. Elle avait de beaux cheveux blonds, comme le poil du jeune faon, et sa peau était plus blanche que l'eau la plus pure qui fût jamais tombée du haut d'un rocher. — Je me la rappelle bien; oui, oui, je me la rappelle fort bien.

Le jeune homme ne put retenir un léger sourire, et il regarda le vieillard avec une expression qu'on aurait pu regarder comme une déclaration que ce portrait ne s'accordait guère avec le souvenir qu'il avait conservé de sa vénérable aïeule. Cependant il parut penser qu'il était inutile de faire une protestation à ce sujet.

— Tous deux, dit-il, conservaient une trop vive impression des dangers qu'ils avaient courus, pour oublier aucun de ceux qui les avaient partagés.

Le Trappeur détourna les yeux, et parut lutter contre quelque sentiment intérieur qui l'agitait vivement. Il les reporta ensuite sur le jeune officier; mais ses regards n'avaient plus la même assurance, et n'annonçaient plus si évidemment l'intérêt qu'il prenait à la question qu'il allait lui faire.

— Vous a-t-il parlé de tous? lui demanda-t-il; étaient-ils tous des peaux rouges, à l'exception de lui-même et des deux filles de Munro?

— Non; il se trouvait un blanc avec les Delawares, un batteur d'estrade de l'armée anglaise, mais né en Amérique.

— Quelque ivrogne, — quelque misérable vagabond comme ceux qui vivent avec les sauvages, j'en réponds!

— Vieillard, vos cheveux gris devraient vous apprendre à mettre plus de retenue dans vos discours. L'homme dont je vous parle joignait un mérite réel à une grande simplicité d'esprit. Bien différent de la plupart de ceux qui vivent sur les frontières, il en réunissait les meilleures qualités sans aucun mélange des mauvaises. C'était un homme doué du don le plus précieux, et peut-être le plus rare de la nature, celui de savoir distinguer le bien et le mal. Il devait ses vertus à sa simplicité, parce qu'elles étaient le fruit de ses habitudes, et l'on pouvait même en dire autant de ses préjugés. En courage, il était égal à ses compagnons à peau rouge ; en science militaire, il leur était supérieur, parce qu'il avait été mieux instruit. En un mot, c'était un noble rejeton sorti du tronc de la nature humaine, et qui n'avait pu atteindre l'élévation et l'importance qu'il aurait dû acquérir, uniquement parce qu'il croissait dans la forêt. C'était en ces termes, vieillard, que mon aïeul parlait d'un homme que vous traitez avec un mépris si déplacé !

Pendant que Middleton parlait ainsi avec ce ton de chaleur généreuse si naturel à la jeunesse, le vieillard avait les yeux fixés sur la terre ; ses doigts jouaient tantôt avec les oreilles de son chien, tantôt avec les bords de ses vêtements ; il ouvrait et fermait le bassinet de son fusil d'une main qui tremblait de manière à faire croire qu'elle n'était plus en état de le manier.

— Votre grand-père n'avait donc pas tout à fait oublié l'homme blanc ? demanda le Trappeur quand le jeune homme eut cessé de parler.

— Il l'avait si peu oublié, qu'il y a dans notre famille trois personnes qui en portent le nom.

— Qui en portent le nom, dites-vous ? s'écria le vieillard en tressaillant. Quoi ! des hommes riches, élevés, honorés, et, ce qui vaut mieux encore, des hommes justes portent son nom, — son véritable nom ?

— C'est celui de mon frère et de deux de mes cousins, quel que soit leur titre aux épithètes dont vous venez de vous servir.

— Son nom véritable ? écrit avec les mêmes lettres ? — commençant par un N et finissant par un L[1].

— Exactement, répondit le jeune officier en souriant ; non, non, nous n'avons rien oublié de ce qui le concerne. J'ai en ce moment, à peu de distance d'ici, un chien qui poursuit un daim, et qui descend d'un chien que ce batteur d'estrade a envoyé à mon aïeul. Il l'avait dressé lui-même, et dans toute l'étendue des États-Unis on n'en trouverait pas un de meilleure race pour suivre le gibier à la piste ou le forcer à la course.

— Hector, dit le vieillard à son chien, d'un ton à peu près semblable à celui qu'il aurait pris pour parler à un enfant, et s'efforçant de vaincre une émotion qui lui permettait à peine

[1]. Nathaniel, et par contraction Natty, nom du chasseur dans *le Dernier des Mohicans*.

de respirer, — entends-tu cela, Hector? tu as un de tes parents dans la Prairie! — ce nom! — cela est merveilleux, très-merveilleux!

La nature ne put combattre plus longtemps. Accablé par une foule de sensations extraordinaires, stimulé par des souvenirs endormis depuis bien longtemps, et réveillés tout à coup d'une manière si étrange, le vieillard n'eut que la force d'ajouter d'une voix creuse dans laquelle les efforts qu'il faisait pour parler permettaient à peine d'en reconnaître le son ordinaire :

— Jeune homme, je suis ce batteur d'estrade, jadis guerrier, maintenant misérable Trappeur! — Et deux fontaines qui semblaient taries depuis longtemps lui fournirent de nouvelles larmes qui coulèrent avec abondance le long de ses joues ridées. Appuyant la tête sur ses genoux, il la couvrit d'un pan de son habit de peau de daim, et on l'entendit sangloter.

Ce spectacle produisit une sensation à peu près semblable sur tous ses compagnons. Pendant la courte conversation qui venait d'avoir lieu, les yeux de Paul Hover n'avaient cessé de rouler d'un interlocuteur à l'autre, et son émotion s'était accrue proportionnellement à l'intérêt que lui inspirait cette scène. Peu accoutumé à éprouver une pareille agitation, il tournait la tête de côté et d'autre, comme pour éviter de voir il n'aurait su dire quoi; mais quand il vit couler les larmes du vieillard, et qu'il entendit ses sanglots, il se leva brusquement, et, saisissant l'étranger à la gorge, il lui demanda de quel droit il faisait pleurer son vieux compagnon. Le souvenir de ce qui venait de se passer se représentant au même instant à sa mémoire, il laissa aller Middleton, et, étendant le bras dans un mouvement de satisfaction occasionné par cette reconnaissance inattendue, il saisit le docteur par la chevelure, qui trahit sa formation artificielle en lui restant dans la main; et en laissant le crâne blanc et luisant du naturaliste sans autre couverture que sa peau.

— Eh bien! monsieur le savant, s'écria-t-il, que pensez-vous de tout cela? N'est-ce pas une abeille bien étrange à suivre dans son tronc creux?

— Cela est remarquable, merveilleux, édifiant, répondit l'ami de la nature, les yeux humides et la voix altérée, rajustant sa perruque sans montrer aucun mécontentement de son dérangement momentané : cela est rare et louable, mais je ne doute pas que ce ne soit en raison exacte des causes et des effets.

Cette espèce de commotion électrique ne dura qu'un instant, et tous trois restèrent rangés autour du Trappeur dans une sorte de stupeur silencieuse, produite par la vue d'un vieillard fondant en larmes.

— Il n'a dit que la vérité, reprit enfin Middleton ; car, comment pourrait-il être si bien instruit des détails d'une histoire qui n'est guère connue que de ma famille ? Et, en parlant ainsi, il s'essuya les yeux, sans rougir de laisser voir combien il était affecté lui-même.

— Oui, c'est la vérité ! s'écria Paul ; et, s'il vous en faut une preuve, je suis prêt à l'attester par serment ; je sais moi-même que tout ce qu'il a dit est vrai comme l'Evangile.

— Et cependant nous le croyions mort depuis longtemps, continua le jeune militaire. Mon aïeul a vécu jusqu'à un âge avancé, et il se croyait plus jeune que lui.

— Il n'arrive pas souvent que la jeunesse ait l'occasion d'avoir ainsi sous les yeux la faiblesse d'un grand âge, dit le Trappeur en relevant la tête, et en regardant autour de lui avec un air de calme et de dignité ; si je suis encore sur cette terre, jeune homme, c'est que tel est le bon plaisir du Seigneur, qui m'a laissé vivre quatre-vingts longues et laborieuses années pour ses secrets desseins. Vous ne devez pas douter que je ne sois celui dont nous parlons ; pourquoi voudrais-je descendre au tombeau avec un mensonge si inutile sur mes lèvres ?

— Je n'hésite pas à vous croire ; je suis seulement émerveillé que cela soit. — Mais pourquoi, digne et vénérable ami de mes ancêtres, pourquoi vous trouvé-je dans ce désert, si loin de l'aisance et de la sûreté qu'on trouve dans la contrée habitée ?

— Je suis venu dans ces plaines pour ne plus entendre le bruit de la hache, car j'espère que les défricheurs ne m'y suivront pas. — Mais je puis vous faire la même question : êtes-vous du nombre de ceux que les Etats ont envoyés dans leur nouveau territoire, pour voir s'ils ont fait un bon ou un mauvais marché ?

— Je n'en suis pas. Lewis s'avance dans le pays en remontant la rivière à quelques centaines de milles d'ici. C'est un motif d'intérêt particulier qui m'a conduit en ces lieux.

— Il n'est pas étonnant qu'un chasseur qui sent ses yeux et ses forces l'abandonner, se trouve près des habitations des castors et leur tende des trappes, au lieu de manier le fusil ; mais il est bien étrange qu'un jeune homme à qui tout prospère, et qui est porteur d'une commission de capitaine, se trouve dans la Prairie, sans avoir même à sa suite un homme de couleur pour le servir.

— Vous jugeriez mes raisons suffisantes, si vous les connaissiez, et vous les connaîtrez, si vous êtes disposé à entendre mon histoire; car je vous regarde tous comme des hommes d'honneur, comme des gens qui, bien loin de vouloir trahir celui qui n'a que des projets légitimes, chercheraient au contraire à l'aider de tout leur pouvoir.

— Eh bien! racontez-nous cela à loisir, dit le vieillard en s'asseyant, et en faisant signe au jeune homme d'en faire autant. Middleton se plaça à son côté, et Paul ainsi que le docteur s'étant arrangés comme bon leur sembla, le nouveau venu leur fit le récit des motifs étranges qui l'avaient conduit si loin dans le désert.

CHAPITRE XI.

>Un firmament si noir ne s'éclaircit pas sans quelque orage.
>SHAKSPEARE. *Le roi Jean.*

CEPENDANT les heures fugitives poursuivaient leur course régulière. Le soleil, qui avait lutté pendant toute la journée contre d'énormes masses de vapeurs, était descendu lentement dans un espace du firmament dégagé de nuages, et s'était couché au fond de vastes déserts aussi glorieusement que si c'eût été dans le sein de l'océan. Les nombreux troupeaux qui avaient cherché leur pâture dans les Prairies disparaissaient graduellement; et les troupes immenses d'oiseaux aquatiques faisant, suivant leur usage, leur voyage ordinaire des lacs vierges du nord vers le golfe du Mexique, cessaient d'agiter de leurs ailes un air qui s'était chargé de vapeurs et de rosée. Enfin les ombres de la nuit tombèrent sur le rocher, et ajoutèrent le manteau de l'obscurité aux autres et sombres accompagnements de ce lieu désert.

Lorsque le jour commença à disparaître, Esther rassembla autour d'elle ses plus jeunes enfants, et se plaçant sur une pointe de rocher de sa forteresse isolée, elle s'y assit pour attendre patiemment le retour des chasseurs. Hélène Wade était à quelque distance, semblant se tenir un peu à l'écart de ce cercle inquiet, comme si elle eût voulu marquer la différence qui existait entre leurs caractères et le sien.

— Votre oncle est un mauvais calculateur, et il le sera toujours, Nelly, dit enfin la mère, après une longue pause à la fin d'une conversation qui avait roulé sur les travaux de la journée ; — oui, Ismaël Bush n'entend rien aux calculs, et ne sait ce que c'est que la prévoyance. Il est resté assis comme un fainéant au pied de ce rocher depuis le point du jour jusqu'à midi, ne faisant rien que projeter... projeter... projeter, ayant autour de lui sept garçons aussi beaux que jamais femme ait donnés à un homme ; et qu'en résulte-t-il ? voilà la nuit arrivée, et sa besogne n'est pas encore finie.

— Cela n'est pas prudent, certainement, ma tante, répondit Hélène d'un air distrait qui prouvait qu'elle songeait peu à ce qu'elle disait ; et c'est donner un fort mauvais exemple à ses enfants.

— En vérité, jeune fille ? et qui vous a donné le droit de vous ériger ainsi en juge de ceux qui ont plus de deux fois votre âge et qui sont au-dessus de vous ? Je voudrais bien savoir quel est l'homme, sur toute la lisière du pays, qui donne à ses enfants un exemple plus honorable qu'Ismaël Bush ? Vous qui savez si bien découvrir les défauts des autres, et qui ne songez pas à vous corriger des vôtres, montrez-moi, si vous le pouvez, une famille de garçons qui sauraient mieux que les miens, quand l'occasion le demande, abattre un arbre et l'équarrir, quoique ce ne soit pas à moi à les vanter ? où est le faucheur plus capable de se mettre à la tête d'une troupe de moissonneurs, dans un champ de blé, et qui laissera derrière lui un chaume plus égal que mon brave homme de mari ? — Et comme père, il est généreux comme un seigneur ; ses enfants n'ont qu'à lui indiquer l'endroit où ils veulent s'établir, et il leur en fait donation, sans jamais exiger qu'ils en paient les frais.

En finissant ces mots, elle fit un éclat de rire qui fut répété par une partie de sa couvée, qu'elle accoutumait à un genre de vie qui, tout précaire qu'il fût, n'était pas sans avoir quelques charmes secrets.

— Ho hé ! la vieille Esther ! s'écria la voix bien connue de son mari, du bas du rocher, ne songez-vous qu'à vous amuser, tandis que nous vous procurons de la venaison et de la chair de buffle ?
— Allons, allons, vieille poule, descendez avec tous vos poussins,

et venez nous aider à transporter le gibier. — Eh bien ! à quoi songez-vous donc ? arrivez ! voilà nos garçons qui viennent, et nous avons de la besogne pour deux fois le nombre de vos mains.

Ismaël aurait pu épargner à ses poumons la moitié des efforts qu'il en exigea pour se faire entendre, car à peine avait-il prononcé le nom de sa femme que toute sa progéniture se leva avec précipitation, et se mit à courir sur la pente dangereuse du rocher avec une impatience que rien ne pouvait arrêter. Esther suivait ses enfants d'un pas plus mesuré, et Hélène ne jugea ni sage ni prudent de rester en arrière. Toute la famille fut donc bientôt réunie dans la plaine au pied de la citadelle.

On y trouva le squatter, chancelant sous le poids d'un beau daim, accompagné de deux des plus jeunes de ses fils. Abiram ne tarda pas à paraître, et quelques minutes s'étaient à peine écoulées quand la plupart des chasseurs arrivèrent, les uns seuls, les autres deux à deux, chacun chargé des fruits de sa chasse.

— Pour ce soir du moins il n'y a point de peaux rouges dans la plaine, dit Ismaël quand le premier tumulte occasionné par son arrivée se fut un peu calmé. J'ai fait bien des milles dans la Prairie, et j'ose dire que je sais reconnaître les marques d'un moccassin indien. Ainsi, ma vieille, préparez-nous quelques tranches de venaison avant que nous n'allions nous reposer des travaux de la journée.

— Je ne voudrais pas jurer qu'il n'y ait pas de sauvages dans les environs, dit Abiram ; je crois savoir aussi reconnaître les traces des peaux rouges, et à moins que mes yeux ne soient plus aussi bons qu'autrefois, je jurerais hardiment qu'il y a des Indiens à peu de distance. Mais attendez qu'Asa soit arrivé ; il a passé à l'endroit où j'ai trouvé les marques, et je vous réponds qu'il s'y connaît aussi bien qu'un autre.

— Il ne connaît que trop bien les choses, répondit Ismaël d'un air sombre ; il vaudrait mieux pour lui qu'il crût en savoir moins. Mais qu'importe, Hetty [1] ? quand même toutes les tribus des Sioux qui sont à l'ouest de la grande rivière seraient à un mille de nous, nous leur ferions voir qu'il n'est pas facile d'escalader ce rocher défendu par dix hommes résolus.

— Dites par douze, Ismaël, dites par douze ! s'écria sa virago, car si vous comptez pour un homme votre imbécile d'ami qui ne

---

1. Hetty, diminutif d'Esther.

songe qu'à cueillir des mousses et à attraper des insectes, je demande à être comptée pour deux. Je ne le craindrais ni au fusil, ni au mousquet; et quant au courage, après le veau d'un an que ces coquins de Tetons nous ont volé, et qui était le plus grand poltron parmi nous, je placerai votre docteur. Ah! Ismaël, il est bien rare que vous fassiez un commerce régulier sans y perdre, et je crois qu'avoir pris cet homme avec vous est le plus mauvais marché que vous ayez fait de votre vie! Croiriez-vous qu'il m'a ordonné un vésicatoire autour de la bouche, parce que je me plaignais d'avoir mal au pied?

— C'est grand dommage que vous n'ayez pas suivi son conseil, Esther, lui dit son mari avec un grand sang-froid; je crois que ce remède vous aurait fait beaucoup de bien. Mais allons, enfants, s'il arrivait, comme Abiram le pense, que les Indiens soient près d'ici, nous pourrions être obligés de remonter bien vite sur ce rocher, et d'abandonner notre souper. Mettons donc notre gibier en sûreté, et nous parlerons des ordonnances du docteur quand nous n'aurons rien de mieux à faire.

On se hâta de lui obéir, et, au bout de quelques minutes, la famille était établie sur le haut du rocher. Là, Esther, tout en grondant, s'occupa des apprêts du souper, l'une de ces occupations ne nuisant pas à l'autre; et quand le repas fut prêt, elle appela son mari d'une voix aussi sonore que celle de l'iman qui appelle les croyants à un devoir plus important.

Lorsque chacun eut pris sa place ordinaire autour du mets tout fumant, Ismaël donna l'exemple en s'emparant d'une tranche délicieuse de venaison, préparée de la même manière que la bosse de bison, avec un talent qui, bien loin d'en dénaturer la saveur naturelle, semblait encore y ajouter. Un peintre aurait volontiers saisi cet instant pour reproduire sur la toile cette scène pittoresque et caractéristique.

Le lecteur se rappellera que la citadelle d'Ismaël était isolée, haute, escarpée, et presque inaccessible. Un feu clair allumé au centre du plateau qui en formait le sommet, et autour duquel ce groupe affairé était réuni, le faisait ressembler à quelque grand phare placé au centre des déserts pour éclairer les aventuriers qui erraient dans leurs vastes solitudes. La flamme brillante faisait ressortir des traits brûlés par le soleil, et offrant toutes les variétés d'expression, depuis la simplicité des enfants mêlée de je ne sais quoi de sauvage qu'ils devaient à leur genre de vie à demi barbare, jusqu'à l'apathie lourde et impassible qu'on remarquait sur la physionomie du père, toutes les fois qu'aucune passion ne l'agitait. De temps en temps un coup de vent, donnant une nouvelle activité à la flamme, lui prêtait un nouvel éclat en la faisant jaillir plus haut, et l'on apercevait la petite tente solitaire qui semblait comme suspendue en l'air au milieu des ténèbres. Au-delà, tout était enseveli, comme c'est l'usage à pareille heure, dans une obscurité impénétrable.

— Il est inconcevable qu'Asa ne soit pas encore rentré à l'heure qu'il est, dit Esther avec humeur. Quand nous aurons fini notre souper, et que tout sera rangé, nous le verrons arriver en grommelant pour avoir le sien, affamé comme un ours qui a dormi tout l'hiver. Son estomac est la meilleure pendule qui soit dans tout le Kentucky ; et il n'a pas besoin d'être remonté pour dire quelle heure il est. C'est un terrible mangeur qu'Asa, quand un peu d'ouvrage lui a aiguisé l'appétit.

Ismaël jeta un regard sévère à la ronde sur chacun de ses enfants, comme pour voir si quelqu'un d'entre eux oserait ouvrir la bouche en faveur du délinquant absent. Mais ils gardèrent le silence. Nulle cause extérieure n'agissant sur leur caractère engourdi, il semblait que ce fût pour eux un trop grand effort que de prendre la défense de leur frère inculpé. Cependant Abiram, qui, depuis leur raccommodement, prenait ou affectait de prendre un intérêt plus généreux à son ci-devant adversaire, jugea à propos de montrer une inquiétude que les autres ne paraissaient point éprouver.

— Il sera fort heureux s'il échappe aux Tetons, murmura-t-il à demi-voix. Je serais bien fâché qu'Asa, qui est un de nos plus utiles compagnons, tant pour le courage que pour l'adresse, tombât entre les mains de ces diables rouges.

— Songez à vous-même, Abiram, dit Ismaël, et ne donnez pas tant d'exercice à votre langue si vous ne savez vous en servir que pour effrayer une femme et ses filles. Vous avez déjà chassé toutes les couleurs du visage d'Hélène Wade, qui est aussi pâle que si elle avait devant elle en ce moment les Indiens dont vous parlez, ou que quand j'ai été obligé de lui parler par un coup de fusil parce que ma voix ne pouvait arriver à ses oreilles. Comment cela s'est-il fait, Nelly ? Vous ne m'avez jamais dit d'où vous était venue cette surdité subite.

Les joues d'Hélène changèrent de couleur aussi subitement que le coup de fusil d'Ismaël était parti lors de l'occasion dont il parlait. Un rouge éclatant lui couvrit tout le visage, et cette belle teinte de santé se répandit même jusque sur son cou. Elle baissa la tête d'un air confus, mais ne parut pas croire nécessaire de répondre à cette question.

Trop indolent pour la répéter, ou se contentant de la remarque caustique qu'il venait de faire, Ismaël quitta la place qu'il occupait, et, étendant ses gros membres comme un bœuf bien repu, il annonça son intention de dormir. Au milieu d'une race qui ne vivait en quelque sorte que pour satisfaire les besoins de la nature, un pareil exemple ne pouvait manquer de trouver des imitateurs. Tous disparurent les uns après les autres, chacun allant chercher le repos sur sa couche grossière, et, au bout de quelques minutes, Esther ayant endormi toute sa marmaille en grondant, se trouva la seule personne éveillée sur le rocher, à l'exception de la sentinelle placée au bas, suivant l'usage.

Quoique l'habitude d'une vie errante et le manque total d'éducation n'eussent pu produire en elle des fruits bien précieux, le grand principe placé par la nature dans tout cœur féminin était trop profondément enraciné dans celui de cette femme pour pouvoir jamais en être entièrement extirpé. Douée d'un caractère impétueux, elle avait des passions violentes et difficiles à maîtriser. Mais quoiqu'elle pût abuser et qu'elle abusât des prérogatives accidentelles de sa situation, son amour pour ses enfants, bien qu'il sommeillât souvent, ne pouvait jamais s'éteindre. Elle était inquiète de l'absence prolongée d'Asa. Trop intrépide elle-même pour hésiter un instant à traverser s'il le fallait le noir abîme dans l'obscurité duquel ses yeux cherchaient en vain à pénétrer, son imagination active, obéissant au sentiment qui la dominait, commença à se figurer tous les accidents qui pouvaient être arrivés à son fils. Il pouvait se faire, comme Abiram en avait montré la crainte, qu'il fût devenu captif de quelqu'une des tribus sauvages qui chassaient le buffle dans les environs, ou même que quelque malheur encore plus terrible lui fût arrivé. Ainsi pensait une mère, et le silence et les ténèbres donnaient une teinte encore plus sombre à des idées secrètement inspirées par la nature.

Agitée par ces réflexions, qui chassaient loin d'elle le sommeil, Esther resta à son poste, écoutant, avec cette sorte d'attention qu'on appelle instinct dans les animaux au-dessus desquels elle n'était élevée que de quelques degrés sur l'échelle de l'intelligence, si quelque bruit lui annoncerait l'approche de quelqu'un. Ses souhaits parurent se réaliser ; ses oreilles furent frappées des sons qu'elle désirait entendre depuis si longtemps, et enfin elle distingua dans l'obscurité un homme au pied du rocher.

— Vous mériteriez bien, Asa, de n'avoir cette nuit d'autre lit que la terre, et j'ai dans l'idée qu'elle sera dure à passer, murmura-t-elle alors, ses sentiments éprouvant une révolution soudaine, qui n'étonnera pas ceux qui ont fait une étude des contradictions étranges qui se trouvent dans le cœur humain. — Abner ! Abner ! eh bien, Abner ! êtes-vous endormi ? que je vous voie laisser passer quelqu'un avant que je sois descendue ! je veux savoir qui vient troubler une famille tranquille, une famille honnête, à une pareille heure de la nuit.

— Femme ! s'écria une voix qui voulait prendre un ton impérieux, mais qui laissait apercevoir quelques craintes des conséquences que pouvait avoir son arrivée pendant les ténèbres ; femme ! je vous défends, de par la loi, de faire rouler contre moi aucune de vos maudites pierres ! — Je suis citoyen, propriétaire, gradué dans deux universités ; et je suis ici en vertu de mes droits. Gardez-vous de commettre un homicide, soit de propos délibéré, soit par accident ! c'est moi, votre *amicus*, votre compagnon, le docteur Bathius.

— Qui ? demanda Esther d'une voix dont le son affaibli put à peine arriver aux oreilles de celui à qui elle parlait ; est-ce que ce n'est point Asa ?

— Non, répondit le docteur ; je ne suis ni Asa, ni Absalon ; ni aucun des princes hébreux. Je suis Obed, la racine et la souche de tous ces monarques. Ne vous ai-je pas dit, femme, que vous faites attendre ici un homme qui a le droit d'entrer librement et d'être reçu honorablement ? Me prenez-vous pour un animal de la classe des amphibies ? croyez-vous que je puisse faire jouer mes poumons comme le soufflet d'un forgeron ?

Les poumons du naturaliste n'en auraient pourtant pas été quittes à si bon marché, et il aurait été forcé à faire de nouveaux efforts avant d'arriver à un résultat désirable, s'il n'avait eu quelque autre auditeur qu'Esther, qui, trompée dans son attente, et plus alarmée que jamais, s'était déjà jetée sur sa couche avec une sorte d'indifférence produite par le désespoir, et cherchait à s'endormir. Mais Abner, placé en sentinelle au bas du rocher, avait été tiré d'une situation fort équivoque par la voix du docteur, et ayant repris l'usage de ses sens suffisamment pour le reconnaître, il ouvrit la barrière, et sans perdre un seul instant, le docteur Battius passa par l'étroite entrée ; il commençait déjà à monter la rampe escarpée, avec un air d'impatience singulière, quand, jetant un coup d'œil sur la sentinelle, il s'arrêta tout à coup pour lui donner un avis d'un ton qu'il chercha à rendre imposant.

— Abner, je remarque en vous de dangereux symptômes de somnolence ; ils ne se montrent que trop dans l'extension involontaire des muscles de votre mâchoire. Prenez-y garde ! cela peut être dangereux, non seulement pour vous-même, mais pour toute la famille de votre père.

— Vous n'avez jamais fait de plus grande méprise, docteur, répondit le jeune homme en bâillant, je n'ai pas sur tout mon corps un seul symptôme, comme vous le dites ; et quant à mon père et aux enfants, la petite-vérole et la rougeole ont déjà fait tout ce qu'elles pouvaient faire.

Satisfait de sa courte remontrance, le naturaliste était déjà à mi-chemin sur le rocher quand Abner finissait sa justification. Obed s'attendait à trouver Esther sur le sommet ; et il avait fait trop souvent la fatale épreuve du pouvoir de sa langue pour désirer un renouvellement de certaines attaques qui lui inspiraient une crainte respectueuse. Le lecteur peut prévoir qu'il fut agréablement trompé dans son attente. Marchant sur la pointe des pieds, et jetant un regard timide par-dessus son épaule, comme s'il eût appréhendé quelque chose de plus formidable encore qu'un déluge de paroles, le docteur arriva enfin à la cabane qui lui avait été assignée dans la distribution générale des chambres à coucher.

Au lieu de songer à dormir, le digne naturaliste y resta assis, occupé à réfléchir sur tout ce qu'il avait vu et entendu pendant cette journée. Bientôt pourtant le bruit et les sons qu'il entendit dans la cabane voisine, qui était celle d'Esther, l'avertirent que celle qui l'occupait était encore éveillée. Sentant la nécessité de désarmer ce cerbère femelle, avant de pouvoir exécuter le projet qu'il avait formé, le docteur, malgré la répugnance qu'il avait à s'exposer de nouveau à sa langue, se trouva forcé d'ouvrir une communication verbale.

— Vous paraissez ne pas dormir, ma bonne et digne mistress Bush, lui dit-il, voulant d'abord appliquer un spécifique dont il avait reconnu l'efficacité ; votre repos semble troublé ; vous préparerai-je quelque chose pour calmer vos souffrances ?

— Et que me préparerez-vous? demanda Esther avec humeur ; un vésicatoire pour me faire dormir ?

— Dites plutôt un cataplasme, répondit le docteur ; mais si vous souffrez quelques douleurs, j'ai ici des gouttes cordiales, qui, mêlées dans un verre de ma bonne eau-de-vie de Cognac, les apaiseront infailliblement si j'ai quelques connaissances *in materiâ medicâ*.

Le naturaliste, comme il le savait fort bien, avait attaqué Esther par son côté faible, et comme il ne doutait pas que l'ordonnance ne lui fût agréable, il ne perdit pas un instant pour en préparer les ingrédiens.

Quand il alla ensuite présenter la potion à sa voisine, elle la prit d'un air brusque et morose, mais elle la but avec une docilité qui prouvait que la médecine ne lui déplaisait pas. Elle murmura même ensuite quelques remerciements, et son Esculape s'assit près d'elle en silence pour juger de l'effet du remède. En moins d'une demi-heure, la respiration d'Esther devint si forte, et comme le docteur lui-même aurait pu le dire, si *intense*, que, s'il n'eût pas su combien il était aisé d'attribuer ce nouveau symptôme de somnolence à la dose d'opium qu'il avait mêlée à l'eau-de-vie, il aurait eu quelque raison de se méfier de sa prescription. Cette femme bruyante une fois endormie, le silence devint profond et général sur tout le rocher.

Ce fut alors que le docteur Battius jugea à propos de se lever, ce qu'il fit sans bruit et avec précaution. Il sortit de la cabane, ou plutôt du chenil, car elle ne méritait guère d'autre nom, comme un voleur nocturne, et se dirigea d'abord vers les autres chambres. Là il prit le temps nécessaire pour s'assurer que tous ceux qui les habitaient étaient ensevelis dans un profond sommeil. Une fois certain de ce fait important, il n'hésita plus, et se mit à gravir la rampe escarpée qui conduisait à la pointe la plus élevée du rocher; sa marche, quoique guidée par la prudence, ne s'opérait pas sans quelque bruit; et tandis qu'il se félicitait d'avoir si heureusement exécuté son dessein, à l'instant même où il allait mettre le pied sur le haut du rocher, une main tira doucement le pan de son habit, ce qui l'arrêta aussi efficacement que si la force gigantesque d'Ismaël Bush lui-même l'eût terrassé.

— La maladie habite-t-elle cette tente, lui demanda à l'oreille une voix douce, que le docteur Battius y va faire une visite à pareille heure de la nuit?

Dès que le cœur du naturaliste, de retour de l'expédition précipitée qu'il avait faite, fut revenu dans son gosier[1], ainsi qu'un homme moins versé que le docteur Battius dans la construction anatomique de la machine humaine pourrait être tenté d'expliquer la sensation que lui fit éprouver cette interruption imprévue, il trouva assez de résolution pour répondre, en prenant, autant par crainte que par prudence, la même précaution de ne pas élever la voix :

— Ma digne Nelly, je suis bien charmé de voir que ce ne soit pas quelque autre que vous. Silence, mon enfant, silence! Si Ismaël venait à connaître nos projets, il n'hésiterait pas à nous précipiter tous deux du haut de ce rocher dans la plaine. Chut! Nelly, chut!

Tout en parlant ainsi, il continuait à marcher; et quand il eut fini, sa compagne et lui se trouvèrent sur le bord du rocher.

— Et maintenant, docteur Battius, lui demanda Hélène d'un ton grave, puis-je savoir pour quelle raison vous avez couru le danger de prendre votre vol sans ailes du haut de ce rocher, au risque certain de vous casser le cou en tombant?

— Je ne vous cacherai rien, ma digne et bonne Nelly. — Mais êtes vous bien sûre qu'Ismaël ne s'éveillera point?

— Il n'y a nulle crainte à cet égard; il dormira jusqu'à ce que le soleil brûle ses paupières. — Le seul danger est du côté de ma tante.

— Esther dort, dit le docteur d'un ton sentencieux. Mais vous, Hélène, vous veillez donc cette nuit sur ce rocher?

— J'en ai reçu l'ordre.

— Et vous avez vu, comme de coutume, le bison, l'antilope, le loup, le daim, animaux des ordres *pecora, belluæ et feræ?*

— J'ai vu les animaux que vous venez de nommer en anglais, mais je ne connais pas les langues indiennes.

— Il y a encore un ordre dont je n'ai point parlé, et que vous avez vu aussi, l'ordre *primates*, — n'est-il pas vrai?

— Je ne puis vous répondre; je ne connais aucun animal qui porte ce nom.

— Allons, Hélène, vous parlez à un ami, — je parle du genre *homo*, mon enfant.

---

[1]. On dit vulgairement en anglais que *le cœur remonte dans la gorge*, pour exprimer un malaise ou une sensation désagréable. C'est sur cette locution qu'est fondée l'explication de l'auteur.

— Quelque chose que je puisse avoir vue, je n'ai pas aperçu le *vespertilio horribi...*

— Plus bas, Nelly! votre vivacité nous trahira. — Dites-moi n'avez-vous pas vu certains bipèdes appelés hommes errer dans la Prairie?

— Certainement. Mon oncle et ses enfants ont chassé le buffle depuis midi.

— Je vois qu'il faut que je parle en langue vulgaire pour me faire comprendre. — Hélène, je vous parle de l'espèce *Kentucky*.

Hélène rougit comme une rose; mais heureusement sa rougeur fut cachée par l'obscurité. Elle hésita un instant, et s'arma enfin d'assez de courage pour répondre d'un ton décidé:

— Si vous voulez parler en énigmes, docteur Battius, il faut que vous cherchiez d'autres auditeurs. Faites-moi vos questions en bon anglais, et j'y répondrai franchement dans la même langue.

— Comme vous le savez, Nelly, je fais un voyage dans ce désert pour y chercher des animaux qui sont restés jusqu'à ce jour inconnus à l'œil de la science. Parmi plusieurs autres, j'ai découvert un *primates; genus, homo; species, Kentucky;* et je le nomme Paul...

— Chut, pour l'amour du ciel, s'écria Hélène; parlez plus bas, docteur; on pourrait nous entendre.

— Paul Hover, continua le docteur, chasseur d'abeilles par profession. — Je parle la langue vulgaire à présent; me comprenez-vous bien?

— Parfaitement, parfaitement, répondit la jeune fille surprise, agitée, et respirant à peine. — Mais pourquoi me parlez-vous de lui? Est-ce lui qui vous a dit de monter sur ce rocher? Il ne sait rien. Le serment que mon oncle m'a fait prêter m'a fermé la bouche.

— Oui, mais il y a quelqu'un qui n'a prêté aucun serment, et qui m'a tout appris. Je voudrais pouvoir soulever aussi aisément le voile qui couvre les mystères et les trésors de la nature. — Hélène! Hélène! l'homme avec qui j'ai fait imprudemment un *compactum* ou traité a étrangement oublié les lois de l'honnêteté.

— Je parle de votre oncle, mon enfant.

— Vous parlez d'Ismaël Bush, — du mari de la veuve du frère de mon père, répliqua la jeune fille offensée, d'un ton un peu piqué. — En vérité, il est cruel de me reprocher des liens que le hasard a formés, et que je serais si charmée de voir rompus pour toujours!

Hélène humiliée ne put en dire davantage; et s'appuyant sur une pointe du rocher, elle commença à sangloter d'une manière qui rendait leur situation doublement critique. Le docteur murmura quelques mots par forme d'explication apologétique; mais avant qu'il eût eu le temps de terminer sa justification élaborée, Hélène releva la tête et lui dit avec fermeté :

— Je ne suis pas venue ici pour verser follement des larmes, et vous n'y êtes pas pour les essuyer. — Quel motif vous a amené ici?

— Il faut que je voie l'être qui se trouve dans cette tente.

— Vous savez donc qui elle renferme?

— Je crois le savoir, et je suis porteur d'une lettre que je dois lui remettre moi-même. Si c'est un quadrupède qui se trouve sous cette tente, je n'ai rien à reprocher à Ismaël. — Si c'est un bipède, qu'il soit à plumes ou sans plumes, il m'a trompé, et notre pacte devient nul.

Hélène fit un signe au docteur de rester où il était, et de garder le silence. Elle se glissa dans la tente, où elle resta quelques minutes qui parurent bien longues et bien pénibles au naturaliste qui l'attendait. Enfin elle revint, le prit par le bras, et ils entrèrent ensemble sous les replis de la toile qui formait cette tente mystérieuse.

CHAPITRE XII.

Fasse le ciel que le duc d'York puisse s'excuser!
SHAKSPEARE. *Le roi Henri IV.*

La famille des frontières, réunie le lendemain matin, resta plongée dans un silence sombre et mélancolique. Il manquait au déjeuner l'accompagnement peu harmonieux dont Esther avait coutume d'animer tous les repas; car les effets du puissant narcotique que le docteur lui avait administré troublaient encore la clarté ordinaire de son intelligence. Les jeunes gens songeaient avec inquiétude à l'absence de leur frère aîné; et Ismaël fronçait le sourcil d'un air sévère, tandis qu'il jetait tour à tour un regard sur chacun de ses enfants, en homme disposé à repousser une attaque présumée contre son autorité.

Au milieu de cette disposition des esprits dans la famille, Hélène et son confédéré nocturne prirent leur place ordinaire au milieu des enfants, sans éveiller aucun soupçon, et sans donner lieu à aucun commentaire. La seule suite apparente de l'aventure qui les avait occupés, fut que le docteur levait de temps en temps les yeux, ce que ceux qui le remarquaient attribuaient à quelqu'une de ces contemplations scientifiques du firmament, quoique, dans le fait, il ne fît que jeter quelques coups d'œil à la dérobée sur la toile de la tente interdite, que le vent agitait.

Enfin Ismaël, qui avait attendu en vain quelques symptômes plus décidés de l'insurrection qu'il croyait méditée entre ses enfants, résolut de leur apprendre ses propres intentions.

— Asa me rendra compte de sa conduite malavisée, dit-il d'un ton sec; voilà une longue nuit passée, et il est resté dans la Prairie quand nous aurions pu avoir besoin de sa main et de son fusil dans une escarmouche avec les Sioux; car comment pouvait-il savoir que cela n'arriverait pas?

— Epargnez vos poumons, brave homme; épargnez-les, répliqua sa femme; car vous aurez peut-être à appeler longtemps avant que l'enfant ne vous réponde.

— C'est un fait qu'il y a des hommes assez femme pour souffrir que le plus jeune domine le plus vieux, dit Ismaël; mais vous devriez assez bien vous y connaître, ma vieille Esther, pour savoir que ce ne sera jamais la mode dans la famille d'Ismaël Bush.

— Ah! vous êtes un despote avec vos enfants dans l'occasion, reprit Esther; je le sais fort bien, Ismaël; et voilà que votre caractère en a déjà éloigné un de vous, à l'instant même où sa présence nous serait le plus nécessaire.

— Mon père, dit Abner, dont l'indolence naturelle s'était stimulée peu à peu au point de faire un grand effort, mes frères et moi nous sommes à peu près décidés à aller à la recherche d'Asa. Nous ne pouvons croire qu'il ait préféré de camper dans la Prairie, au lieu de revenir coucher dans son lit, comme nous savons tous qu'il aurait aimé à le faire.

— Bah! bah! dit Abiram, il aura tué quelque daim, ou peut-être un buffle, et il se sera couché à côté pour en écarter les loups jusqu'au jour. Nous le verrons revenir dans quelques instants, ou nous l'entendrons nous appeler pour que nous l'aidions à porter son fardeau.

— Ce n'est pas un de mes enfants qui demandera de l'aide pour porter un daim ou pour écarteler un de vos bœufs sauvages, répliqua la mère. Et c'est vous qui parlez ainsi, Abiram! vous qui, pas plus tard qu'hier soir, disiez que les Peaux Rouges étaient à rôder dans les environs!

— Moi! s'écria vivement Abiram, comme s'il eût voulu s'empresser de rétracter une erreur; eh bien! si je l'ai dit, je le répète encore, et vous verrez que c'est la vérité. Oui, les Tetons ne sont pas loin d'ici, et Asa sera fort heureux s'il ne les rencontre pas.

— Il me semble, dit le docteur Battius en prenant le ton grave et sentencieux d'un homme dont les idées ont été suffisamment mûries par la réflexion; il me semble, à moi, qui, à la vérité, n'ai que peu d'expérience dans les signes et les marques qui annoncent la marche hostile des Indiens, et surtout dans ces plaines éloignées, mais qui, comme je puis le dire sans vanité, ai quelque connaissance des mystères de la nature; il me semble, dis-je, quelque faibles que soient mes titres à énoncer mon opinion sur ce sujet, que, lorsqu'il existe des doutes sur un objet si important, le plus sage est toujours de chercher à les éclaircir.

— Je n'ai que faire de vos ordonnances, s'écria Esther avec humeur; une famille qui est en bonne santé peut se passer de vos conseils. Je me portais bien hier soir, seulement j'étais un peu fatiguée de m'être donné trop de peine pour instruire les enfants, et vous m'avez fait prendre une drogue qui me pend encore à la langue comme un poids d'une livre attaché à l'aile d'un oiseau-mouche.

— La médecine a-t-elle produit cet effet? demanda Ismaël d'un ton caustique. Ce doit être un remède bien précieux que celui qui peut rendre pesante la langue de la vieille Esther.

— L'accusation de la bonne mistress Bush, dit le docteur en faisant signe à la femme courroucée de garder le silence, suffit pour prouver qu'il n'opère pas aussi puissamment qu'on le dit.—Mais revenons-en à Asa. Il existe un doute sur son destin, et il a été proposé de chercher à l'éclaircir. Or, dans les sciences physiques, la vérité est toujours un *desideratum;* et j'avoue qu'il me semble qu'il en est de même dans le cas actuel, qui peut être appelé un *vacuum*, où, suivant toutes les lois de la physique, il devrait se trouver quelque preuve palpable de *matérialité*.

— Ne l'écoutez pas! s'écria Esther voyant le reste de la famille accorder au docteur une profonde attention, soit qu'on approuvât son avis, soit qu'on ne comprît rien à ses discours; ne l'écoutez pas! il y a une drogue dans chaque mot qu'il prononce.

— Le docteur Battius veut dire, reprit Hélène avec timidité, que, quelques uns de nous pensant Asa en danger, et d'autres n'en croyant rien, toute la famille pourrait passer une heure ou deux à le chercher.

— Est-ce là ce qu'il dit? s'écria Esther; en ce cas, le docteur Battius a plus de bon sens que je ne lui en supposais. — Elle a raison, Ismaël; et il faut suivre son avis. Je mettrai moi-même un fusil sur mon épaule, et malheur à la peau rouge qui se trouvera sur mon chemin! — Ce n'est pas d'aujourd'hui que j'ai fait le coup de fusil, et je n'ai déjà que trop entendu les hurlements des Indiens.

L'esprit d'Esther se répandit parmi ses enfants indolents, comme le cri de victoire aiguillonne le soldat. Ils se levèrent tous à l'instant, et se déclarèrent déterminés à prendre part à cette entreprise hasardeuse. Ismaël céda prudemment à une impulsion trop forte pour qu'il pût y résister; et, au bout de quelques instants, sa femme reparut, un fusil à la main, prête à marcher en personne à la tête de ceux de ses fils qui voudraient la suivre.

— Reste avec les enfants qui voudra! s'écria-t-elle; et que ceux qui n'ont pas un cœur de poule me suivent!

— Abiram, dit Ismaël en jetant un coup d'œil sur le haut du rocher, il ne convient pas de laisser notre forteresse sans garde.

Celui à qui il s'adressait ainsi tressaillit, et répondit avec un empressement extraordinaire. — Je resterai, et je veillerai sur le camp.

Toutes les voix s'élevèrent en même temps pour faire des objections contre cette mesure. On avait besoin de lui pour qu'il indiquât l'endroit où il avait vu les traces des Indiens; sa sœur courroucée s'emporta contre lui, et lui dit qu'il n'y avait qu'un lâche qui pût avoir une pareille idée; enfin Abiram fut obligé de céder, et Ismaël fit de nouvelles dispositions pour la défense du rocher, chacun convenant qu'il était important à leur sûreté de conserver ce poste.

Il offrit au docteur Battius la place de commandant; mais celui-ci refusa formellement cet honneur douteux, et avec quelque hauteur, échangeant en même temps avec Hélène quelques regards d'intelligence. Enfin, dans cet embarras, ce fut elle-même que le squatter nomma dame châtelaine du rocher, prenant soin, en lui confiant ce poste important, de lui donner les instructions nécessaires, et de lui indiquer toutes les précautions qu'elle devait prendre.

Ce point préliminaire étant réglé, les jeunes gens se mirent à préparer des moyens de défense et des signaux d'alarme, proportionnés aux forces et aux caractères de la garnison. De gros fragments de rocher furent placés tout au bord du plateau, de sorte que le moindre effort d'Hélène et des troupes sous ses ordres suffirait pour les précipiter sur la tête des ennemis qui viendraient à se présenter, et qui ne pouvaient escalader le rocher que par le sentier étroit et escarpé dont il a déjà été si souvent parlé. Indépendamment de ces formidables préparatifs de défense, les barrières furent fortifiées et rendues presque infranchissables; on fit des amas de pierres plus petites, que les enfants pussent jeter, mais qui, tombant d'une si grande hauteur, pouvaient être dangereuses aux assaillants; un tas énorme de feuilles et de branches sèches fut placé sur la partie la plus élevée du rocher, pour en faire un signal en y mettant le feu en cas d'attaque; enfin, toutes ces mesures ayant été prises, le prudent Ismaël jugea la place en état de soutenir honorablement un siége.

Du moment qu'on trouva le rocher en état suffisant de défense, le détachement, composant ce qu'on pourrait appeler la sortie, partit, non sans quelque inquiétude, pour son expédition. Esther, portant un costume à demi-masculin, et armée comme ses compagnons, marchait à l'avant-garde, et semblait un chef digne du groupe d'hommes à demi sauvages qui la suivaient.

—Allons, Abiram, s'écria l'amazone d'une voix qui était devenue rauque et dure par la raison toute simple qu'elle lui avait fait produire trop souvent et trop longtemps des sons élevés au-dessus de son diapason naturel; allons, Abiram, baissez le nez vers la terre, et montrez que vous êtes un limier de bonne race. C'est vous qui avez vu les marques des moccassins[1] indiens; c'est à vous à rendre les autres aussi savants.—Venez! venez en avant, vous dis-je, et conduisez-nous comme il faut!

Le frère, qui paraissait en tout temps avoir une crainte respectueuse de l'autorité de sa sœur, obéit sur-le-champ, mais avec une répugnance si manifeste qu'elle fit ricaner même les fils indo-

---

1. Espèce de chaussure des sauvages.

lents et insouciants d'Ismaël. Celui-ci marchait au milieu de ses enfants en homme qui n'attendait rien de cette entreprise, et à qui il était à peu près indifférent qu'elle réussît ou qu'elle échouât.

Ils marchèrent ainsi quelque temps, et s'éloignèrent tellement de leur forteresse, qu'elle ne paraissait plus à leurs yeux que comme un point noir situé à l'extrémité de la Prairie. Ils s'étaient avancés jusqu'alors d'un pas assez rapide et en silence, car, montant et descendant de colline en colline sans découvrir un seul être vivant, ou la moindre chose qui pût varier la monotonie de la scène qu'ils avaient sous les yeux, la langue d'Esther elle-même avait perdu son élasticité ordinaire, et semblait engourdie par un redoublement d'inquiétude.

Enfin Ismaël jugea à propos de s'arrêter, et frappant la terre de la crosse de son fusil : — En voilà assez, dit-il; il ne manque pas ici de marques laissées par les pieds des daims et des buffles, mais où sont les traces des moccassins indiens que vous avez vus, Abiram?

— Plus loin du côté de l'ouest, répondit celui-ci en étendant le bras du côté qu'il désignait. C'est ici que j'ai trouvé la piste du daim que j'ai poursuivi, et c'est après l'avoir tué que j'ai reconnu les traces des Tetons.

— Et vous pouvez dire que vous l'avez proprement tué, dit Ismaël en montrant avec dérision les vêtements souillés de sang de son beau-frère, et dirigeant ensuite l'attention des spectateurs sur les siens, par forme de contraste. C'est en ce même lieu, ajouta-t-il d'un air de triomphe, que j'ai tué deux biches et un faon, sans qu'une seule goutte de leur sang tachât mes habits, tandis que vous, maladroit que vous êtes, vous avez donné autant d'ouvrage à Esther et à ses filles, pour un seul daim, que si vous étiez boucher de profession. Allons, allons, je vous dis qu'en voilà assez. J'ai assez d'expérience pour reconnaître les marques du passage des Indiens, et nul Indien n'a passé par ici depuis les dernières pluies. Suivez-moi, et je vous conduirai dans un endroit où nous trouverons au moins quelque buffle pour nous indemniser de notre course.

— Suivez-moi! répéta Esther en se mettant en marche. C'est moi qui vous conduis aujourd'hui, et c'est moi qu'il faut suivre. Je voudrais bien savoir qui est plus capable qu'une mère de conduire ceux qui cherchent son fils.

Ismaël regarda son intraitable moitié avec un sourire de pitié indulgente. Voyant qu'elle était déjà en marche d'un côté qui n'était ni celui qu'avait indiqué Abiram, ni celui vers lequel il aurait cru lui-même devoir se diriger, il ne voulut pourtant pas serrer de trop près en ce moment les rênes de l'autorité maritale, et il se soumit silencieusement à sa volonté. Mais le docteur Battius, qui jusqu'alors avait suivi l'amazone en silence et d'un air pensif, jugea à propos d'élever à son tour sa faible voix en forme de remontrance :

—Digne et bonne mistress Bush, lui dit-il, je suis d'accord avec le compagnon de votre vie pour penser que quelque *ignis fatuus*[1] de l'imagination a trompé Abiram relativement aux signes ou symptômes dont il nous a parlé.

—Symptômes vous-même! s'écria la virago; ce n'est pas le moment de chercher de grands mots dans vos livres, ni le lieu convenable pour nous faire avaler vos drogues. Si vous êtes las, dites-le franchement, et en ce cas accroupissez-vous comme un chien qui a une épine dans la patte, et prenez le repos dont vous avez besoin.

— J'adopte votre opinion, répondit le naturaliste avec le plus grand sang-froid. Et suivant à la lettre le conseil ironique d'Esther, il s'assit fort tranquillement à côté d'un arbrisseau indigène dont il commença l'examen à l'instant même, pour que la science ne perdît rien du tribut important qui lui était dû. — Vous voyez que je suis vos excellents conseils, mistress Bush ; continuez à chercher votre fils; moi je m'arrête ici, pour m'occuper d'une recherche plus importante, d'une investigation des *arcana*[2] du grand livre de la nature.

Elle ne lui répondit que par un éclat de rire méprisant, et même ses lourdauds de fils, en passant lentement devant le naturaliste déjà plongé dans son examen, n'oublièrent pas de marquer leur dédain par un sourire expressif. Au bout de quelques minutes, la petite troupe disparut derrière une hauteur, et le docteur put continuer ses recherches scientifiques dans une solitude complète.

Pendant la demi-heure suivante, Esther continua à marcher sans obtenir plus de succès. Cependant ses pauses devenaient plus fréquentes, et quand elle s'arrêtait, ses regards inquiets erraient de côté et d'autre. Tout à coup on entendit du bruit dans les

---

1. Quelque feu follet. — 2. Des mystères.

broussailles, et au même instant un daim qui en sortit passa comme un trait sous les yeux de toute la famille, se dirigeant du côté où était resté le naturaliste. Le passage de l'animal avait été si soudain et si imprévu, et il était tellement favorisé par la disposition du terrain, qu'avant qu'aucun des chasseurs eût le temps de l'ajuster, il était hors de portée de fusil.

— Attention au loup ! s'écria Abner secouant la tête de dépit d'avoir été prêt un instant trop tard; une peau de loup ne sera pas de trop par une nuit d'hiver. — Le voilà, le diable affamé !

— Arrêtez ! s'écria Ismaël en rabattant le fusil de son fils trop ardent; ce n'est pas un loup, c'est un chien, et un chien de bonne race, ma foi ! il y a des chasseurs ici près ! Ah ! il y a deux chiens !

Il parlait encore quand les animaux en question passèrent près d'eux, suivant la piste du daim, et cherchant avec une noble ardeur à se surpasser l'un l'autre. L'un était un vieux chien dont les forces ne semblaient soutenues que par une généreuse émulation; l'autre était tout jeune, et il semblait folâtrer, même en poursuivant sa proie avec acharnement. Cependant tous deux couraient avec une égale vitesse, portant le nez haut, comme des chiens bien dressés et d'excellente race. Déjà ils étaient passés, déjà ils continuaient leur course, la gueule béante, quand le plus jeune fit un bond tout à coup, s'écarta de la route, et aboya fortement. Le vieux chien s'arrêta aussi et revint haletant et épuisé vers l'endroit où son compagnon était resté, et autour duquel il décrivait un grand cercle, comme s'il eût été saisi d'une espèce de folie, et continuant à aboyer par intervalles de la même manière. Mais quand le vieux chien y fut arrivé, il s'accroupit sur ses pattes de derrière, et levant le nez en l'air, il poussa un long et plaintif hurlement.

— Il faut qu'ils aient trouvé une piste bien forte, dit Abner, qui, ainsi que le reste de la famille, avait suivi avec étonnement les mouvements des deux chiens, pour que deux animaux semblables aient abandonné si subitement ce qu'ils suivaient.

— Tuez-le ! s'écria Abiram ; je connais le vieux chien, j'en puis faire serment. C'est celui du vieux Trappeur, que nous savons maintenant être notre ennemi mortel !

Quoique le frère d'Esther donnât cet avis hostile, il ne semblait pourtant nullement disposé à le mettre lui-même à exécution. La surprise qui s'était emparée de toute la troupe se peignait sur son visage aussi vivement que sur les physionomies insignifiantes de ses compagnons. Son exhortation homicide ne produisit donc aucun effet, et personne ne troubla les chiens, qui restèrent libres de suivre l'impulsion de leur instinct mystérieux.

Il se passa quelques instants avant qu'aucun des spectateurs rompît le silence. Enfin Ismaël, se rappelant son autorité, crut pouvoir prendre sur lui le droit de diriger les mouvements de ses enfants.

— Allons-nous-en, enfants, dit-il avec un ton d'indifférence plus qu'ordinaire, et laissons ces chiens chanter pour s'amuser. Je ne veux pas ôter la vie à un animal parce que son maître s'est établi trop près de mes défrichements; allons-nous-en, nous avons assez d'ouvrage pour notre compte, sans nous occuper de celui de nos voisins.

— Ne vous en allez pas, s'écria Esther d'un ton qui ressemblait aux avis mystérieux d'une sibylle; il y a dans ceci quelque signe, quelque avertissement secret; je suis femme, je suis mère, et je veux en avoir l'explication.

A ces mots, brandissant son fusil d'un air qui ne laissa pas d'exercer une influence secrète sur les auditeurs, elle marcha vers le lieu où étaient encore les deux chiens qui, continuaient à faire entendre des hurlements plaintifs et prolongés. Tous ses compagnons la suivirent, les uns par obéissance, les autres par suite d'une indolence qui ne leur permettait pas de résister à sa volonté, tous prenant plus ou moins d'intérêt à cette scène extraordinaire.

— Abner, Abiram, Ismaël, s'écria-t-elle en s'arrêtant dans un endroit où la terre avait été battue, foulée aux pieds, et était encore évidemment teinte de sang, dites-moi, vous qui êtes des chasseurs, quel est l'animal qui a péri en cet endroit? Parlez; vous êtes des hommes; vous devez connaître tous les signes qu'on trouve dans la plaine? Est-ce le sang d'un loup, ou celui d'une panthère?

— C'est celui d'un buffle, d'une créature qui a été noble et robuste, répondit Ismaël après avoir examiné avec beaucoup de calme les signes funestes qui causaient à sa femme une telle agitation; voici l'endroit où il a battu la terre de ses pieds en luttant contre la mort, et plus loin il a tombé et a entamé le sol avec ses cornes. Oui, je réponds que c'était un buffle d'un courage et d'une force admirables.

— Et qui l'a tué? demanda Esther: est-ce un homme? il en aurait laissé les entrailles; sont-ce des loups? ils n'en auraient pas dévoré la peau; dites-moi, vous qui êtes des hommes et des chasseurs, est-ce là le sang d'un animal?

— Il se sera précipité de cette hauteur, dit Abner qui avait continué à marcher un peu en avant des autres. Vous le trouverez là-bas dans ce petit bois de saules. Regardez! des centaines d'oiseaux de proie voltigent en ce moment au-dessus.

— L'animal n'est donc pas encore mort, dit Ismaël, sans quoi ces oiseaux voraces fondraient sur leur proie. D'après les mouvements des chiens, il faut que ce soit quelque bête dangereuse; je serais tenté de croire que c'est un ours blanc venu des cataractes jusqu'ici.

— Oui, oui, dit Abiram; allons-nous-en : il y a du danger sans profit à attaquer un animal enragé. Faites attention, Ismaël, que ce serait beaucoup risquer pour gagner bien peu de chose.

Les jeunes gens sourirent de cette nouvelle preuve de la pusillanimité bien connue de leur oncle. Le plus âgé d'entre eux alla même jusqu'à exprimer ouvertement son mépris.

— Nous pourrions, dit-il en ricanant, le mettre en cage avec l'autre animal que nous traînons déjà avec nous. Alors nous pourrions retourner dans les habitations, les deux mains pleines, et faire voir notre ménagerie devant les cours de justice[1] et les prisons de tout le Kentucky.

Les sourcils froncés de son père, qui annonçaient une tempête prête à éclater, arrêtèrent le cours des plaisanteries du jeune homme. Ayant échangé un regard avec ses frères à demi rebelles, il jugea à propos de garder le silence; mais, au lieu de s'éloigner, comme l'avait recommandé le prudent Abiram, ils descendirent tous ensemble vers le petit bois, et s'arrêtèrent de nouveau quand ils en furent à quelques pas.

La scène avait véritablement pris alors un caractère assez imposant et assez frappant pour produire une forte impression sur des esprits mieux préparés que ceux de l'ignorante famille d'Ismaël. Le firmament, comme il est ordinaire en cette saison, était couvert d'errants et épais nuages, sous lesquels des troupes innombrables d'oiseaux aquatiques, agitant leurs ailes fatiguées, dirigeaient leur vol pesant vers les eaux éloignées du sud. Le vent

---

1. Il y a dans l'original *court-houses*, les cours de justice : l'édifice où siègent les juges est ordinairement au centre de la principale ville du comté ; ces mots sont donc à peu près synonymes de *places publiques*.

s'était élevé, tantôt balayant la Prairie en formant des tourbillons dont la force était souvent irrésistible, tantôt exerçant sa violence dans les régions supérieures de l'air, comme pour se jouer des vapeurs qui y étaient suspendues, et dont les vastes masses, ici se séparant, là se confondant, roulaient les unes sur les autres avec un désordre dont l'effet était aussi sublime qu'il semblait menaçant. Une immense quantité d'oiseaux de proie continuaient à voltiger au-dessus du petit bois, décrivant des cercles tout autour, luttant contre le vent, s'élevant à une grande hauteur, tombant d'un vol rapide au milieu des arbres, et reprenant aussitôt leur essor pour s'en éloigner, en poussant des cris de terreur, comme si la vue ou l'instinct les avertissait que le moment auquel leur proie devait leur être abandonnée n'était pas encore arrivé.

Ismaël resta quelques instants, entouré de sa femme et de ses enfants, plongé dans un étonnement qui allait jusqu'à la stupeur, tous ayant les yeux fixés sur ce spectacle imposant. La voix d'Esther rompit enfin le charme, et rappela aux spectateurs la nécessité d'éclaircir leurs doutes par des mesures plus actives que des regards étonnés et interdits.

—Appelez les chiens, s'écria-t-elle ; appelez les chiens, et faites-les entrer dans le bois. Si vous n'avez pas perdu ce courage avec lequel je sais que vous êtes nés, vous êtes en assez grand nombre pour venir à bout des ours les plus furieux qui soient à l'ouest de la grande rivière. Appelez les chiens, vous dis-je. Enoch, Abner, Gabriel, l'étonnement vous a-t-il rendus sourds aussi bien que muets ?

Un des jeunes gens lui obéit, et ayant réussi à déterminer les deux chiens à quitter l'endroit où ils s'étaient arrêtés, et autour duquel ils continuaient à tourner, il les conduisit sur la lisière du bois.

—Faites-les-y entrer, continua Esther, faites-les-y entrer ; et vous Ismaël, Abiram, s'il en sort quelque animal dangereux, montrez-lui que vous savez vous servir de vos armes. Si vous manquez de résolution, je vous ferai honte à tous deux en présence des enfants.

Les jeunes gens qui avaient retenu les chiens jusqu'alors, détachèrent la courroie qu'ils leur avaient nouée autour du cou, et les excitèrent, en leur parlant, à entrer dans le bois. Mais il semblait que le vieux chien fût arrêté par une sensation extraordinaire, ou qu'il eût trop d'expérience pour risquer inconsidérément l'aventure. Après s'être avancé jusqu'aux premiers arbres, il s'arrêta tout à coup, tremblant de tous ses membres, et comme hors d'état de reculer ou d'aller plus avant. Les cris d'encouragement des jeunes gens ne produisirent aucun effet sur lui, et il n'y répondit que par des aboiements lents et plaintifs. Le plus jeune montra les mêmes symptômes pendant quelques instants, mais, moins prudent ou plus facile à animer que son vieux compagnon, il se détermina enfin à s'élancer en avant, et disparut dans le bois. Un moment après on entendit un hurlement d'alarme, et le chien revenant presque aussitôt sur ses pas, se mit à courir en aboyant autour du petit bois, comme il l'avait déjà fait précédemment.

— Y a-t-il un homme parmi mes enfants? s'écria Esther à haute voix. Donnez-moi un meilleur mousquet que ce petit fusil de chasse, et je vous ferai voir ce que peut faire le courage d'une femme.

— Attendez, ma mère! s'écrièrent en même temps Abner et Enoch; si vous voulez voir l'animal, nous allons le débusquer du bois.

Jamais ils ne tenaient de plus longs discours, même dans les occasions les plus importantes; mais ayant une fois pris cet engagement, ils le remplirent promptement et sans hésiter. Ayant préparé leurs armes avec le plus grand soin, ils entrèrent dans le bois avec courage. Des nerfs moins exercés que ceux de ces jeunes chasseurs auraient tressailli à l'idée des dangers que présentait une aventure si hasardeuse. A mesure qu'ils avançaient, les hurlements des deux chiens devenaient plus aigus, plus mélancoliques et plus prolongés. Les vautours et les buses s'abattaient de manière à toucher de leurs ailes les plus hautes branches des arbres, et le vent sifflait dans la Prairie découverte, comme si les esprits de l'air y étaient aussi descendus pour assister au développement de ce mystère.

Esther, ordinairement si intrépide, sentit tout son sang refluer vers son cœur, et elle pouvait à peine respirer quand elle vit ses deux fils écarter les branches des épais buissons, et disparaître dans le bois. Une pause solennelle s'ensuivit; deux cris perçants se firent entendre à peu d'intervalle l'un de l'autre, et ils furent suivis d'un silence plus effrayant encore.

— Revenez, mes enfants! revenez! s'écria Esther, les sentiments de mère reprenant sur elle tout leur ascendant.

Mais la voix lui manqua, et toutes ses facultés furent glacées d'horreur, quand au même instant les branches se séparant de nouveau, elle vit sortir du bois les deux jeunes gens, pâles et éperdus, qui déposèrent à ses pieds le corps raide et inanimé d'Asa, dont les traits livides ne portaient que trop évidemment l'empreinte d'une mort violente.

Les deux chiens poussèrent un long hurlement, et partant au même instant, ils reprirent la trace du daim qu'ils avaient abandonnée. Les oiseaux prirent leur essor vers les cieux en poussant des cris lugubres, comme pour se plaindre qu'on les privât d'une proie qui, quelque horrible qu'elle fût déjà à la vue, conservait encore le caractère de l'humanité trop fortement empreint pour qu'ils eussent osé en faire leur horrible festin.

CHAPITRE XIII.

> Une pioche, allons, et une pelle, avec un linceul;
> il faut creuser pour ce corps une demeure sous terre.
> SHAKSPEARE. *Chanson dans Hamlet.*

— Reculez-vous, reculez-vous tous ! s'écria Esther d'une voix rauque à ses compagnons qui entouraient de trop près le corps du défunt : je suis sa mère ; mes droits ne vont-ils pas avant tous les vôtres ? Qui a fait cela ? répondez-moi, Ismaël, Abiram, Abner ! Ouvrez vos bouches et vos cœurs, et qu'il n'en sorte que la vérité de Dieu ! Qui a commis ce crime abominable ?

Son mari ne lui répondit pas, et resta debout, appuyé sur son fusil, et regardant tristement, mais d'un œil sec, les restes inanimés de son fils. La mère agit tout différemment. Elle se jeta à terre, plaça sur ses genoux la tête froide et défigurée d'Asa, et resta quelques minutes à contempler ces traits mâles sur lesquels l'agonie de la mort était encore horriblement empreinte, dans un silence plus expressif que n'aurait pu l'être le langage des lamentations.

Sa voix était littéralement glacée par le chagrin. En vain Ismaël essaya de lui adresser quelques mots de consolation à sa manière ; elle ne l'écouta ni ne lui répondit. Ses fils formant un cercle autour d'elle, lui exprimaient, aussi bien qu'ils le pouvaient, la part qu'ils prenaient à son affliction, et la douleur que leur causait à eux-mêmes cette perte; mais elle fit avec la main un signe d'impatience pour les avertir de se retirer. Tantôt ses doigts arrangeaient les cheveux mêlés et en désordre du défunt; tantôt ils essayaient de repousser à leur place les muscles saillants de son visage, tendus par les convulsions d'une mort violente, comme on voit la main d'une mère se promener avec tendresse sur les traits de son enfant endormi. Frémissant tout à coup de cette occupation, elle agitait ses mains autour d'elle, et semblait chercher inutilement un remède contre un coup si cruel qui la privait subitement du fils en qui elle avait mis ses plus chères espérances, et l'objet de son orgueil maternel.

Ce fut tandis qu'elle s'occupait de cette manière incompréhensible que le léthargique Abner, faisant un effort pour surmonter une émotion peu ordinaire en lui, se détourna pour dire à ses frères :

— Ma mère veut dire qu'il faut que nous examinions de quelle manière Asa a péri.

— Nous en sommes redevables à ces maudits Sioux, dit Ismaël ; j'ai maintenant deux dettes à leur payer; que je les trouve, et leur compte sera réglé.

Peu contents de cette explication plausible, et peut-être charmés de détourner leurs yeux d'un spectacle qui faisait naître en leurs cœurs indolents des sensations auxquelles ils n'étaient pas habitués, les enfants d'Ismaël s'éloignèrent tous de leur mère et des restes de leur frère, pour s'occuper de l'examen qu'ils s'imaginaient qu'elle demandait. Leur père n'y fit aucune objection; mais tout en les accompagnant dans leurs recherches, ce fut avec l'air de céder à leurs désirs, dans un moment où il n'aurait pas été convenable d'y résister, plutôt que de prendre un intérêt visible au résultat de ces investigations. Comme les jeunes gens, malgré leur intelligence bornée, connaissaient parfaitement tout ce qui avait rapport à leur genre de vie presque sauvage, une enquête dont le succès dépendait de signes et de marques semblables aux indices qui annoncent le passage d'un être animé dans la forêt semblait devoir être conduite avec ordre et adresse; en effet, ils commencèrent cette tâche pénible avec autant de discernement que de promptitude.

Abner et Enoch se trouvèrent parfaitement d'accord sur la position dans laquelle ils avaient trouvé le corps de leur frère. Il était presque assis, le dos appuyé contre un gros buisson, et une main encore serrée autour d'une branche d'aulne, qu'il avait probablement cassée. C'était peut-être à cause de la première circonstance que son corps avait échappé à la rapacité des oiseaux de proie qu'ils avaient vus voltiger au-dessus de ce petit bois, et la seconde prouvait que la vie n'avait pas encore abandonné la malheureuse victime quand elle y était entrée. L'opinion générale fut alors qu'Asa avait reçu dans la Prairie la blessure qui lui avait donné la mort, et qu'il avait traîné ses membres affaiblis jusqu'en cet endroit pour s'y cacher; et les traces qu'on remarqua parmi les buissons servirent à la confirmer. En continuant l'examen, on reconnut aussi qu'une lutte désespérée avait eu lieu sur la lisière du bois : des branches brisées, les traces de ses pieds fortement empreintes sur un terrain humide, et le sang qui avait coulé, en étaient des preuves manifestes.

— Il a reçu un coup de feu dans la plaine, et il est venu ici pour se mettre à couvert, dit Abiram; ces marques le prouvent clairement. Il a été attaqué par une bande de sauvages, et il a combattu comme un héros qu'il était, jusqu'à ce que ses forces fussent épuisées, et alors ils l'ont traîné dans le bois.

Cette explication paraissait probable, et il ne s'éleva qu'une voix pour la contredire, celle d'Ismaël, dont la lourde intelligence n'allait pas si vite sur le chemin des conjectures, et il demanda qu'on examinât le corps, pour voir quelles blessures lui avaient ôté la vie. Vérification faite, il parut qu'une balle lui avait traversé le corps, et qu'entrant sous une des épaules, elle était sortie par la poitrine. Il fallait quelques connaissances dans la nature des blessures faites par les armes à feu, pour décider ce point délicat; mais l'expérience qu'ils avaient acquise comme chasseurs ne leur laissa aucun doute, et les enfants d'Ismaël laissèrent échapper un sourire de satisfaction sauvage et certainement singulière, quand Abner annonça, d'un ton positif, que les ennemis d'Asa l'avaient attaqué par derrière.

Le père avait écouté avec attention. — Il faut que cela soit ainsi, dit-il d'un air sombre. Asa était de trop bonne race et trop bien appris pour fuir devant un homme ou devant une bête. Souvenez-vous, mes enfants, que tant que vous faites face à un ennemi, quelqu'il soit ou qu'il puisse être, vous êtes à l'abri de la surprise et de la trahison. — Eh bien! Esther, perdez-vous l'esprit? Pourquoi tirez-vous ainsi les cheveux et les vêtements de l'enfant? Vous ne pouvez lui rendre aucun service à présent?

— Voyez, s'écria Enoch, tirant des habits de son frère le plomb fatal qui avait terminé si promptement les jours d'un jeune homme vigoureux, voici la balle qui lui a donné la mort!

Ismaël la prit dans ses mains et l'examina longtemps..

— Il n'y a pas à s'y méprendre, murmura-t-il entre ses dents serrées; cette balle a appartenu au maudit Trappeur. Comme la plupart des chasseurs, il a une marque particulière dans son moule, afin de reconnaître le gibier qu'il abat, et vous la voyez bien distinctement : six petits trous placés en croix.

— J'en puis faire serment! s'écria Abiram avec un air de triomphe; il m'a montré lui-même cette marque en se vantant du nombre de daims qu'il avait tués dans la Prairie avec de pareilles balles. Me croirez-vous à présent, Ismaël, quand je vous dis que ce vieux coquin est un espion des Peaux Rouges?

Le plomb fatal passa de main en main, et malheureusement pour la réputation du vieillard, plusieurs de ces jeunes gens se souvinrent aussi de lui avoir vu des balles semblables, lorsqu'ils avaient examiné avec curiosité tout son accoutrement. Indépendamment de cette blessure, Asa en avait reçu plusieurs autres moins dangereuses, et qu'on regarda comme autant de preuves du crime dont on accusait le Trappeur.

Depuis l'endroit où l'on avait trouvé les premières traces du sang, jusqu'au petit bois vers lequel on croyait généralement qu'Asa avait battu en retraite pour y chercher un refuge, on remarqua plusieurs emplacements qui semblaient avoir été le théâtre d'une lutte. Cette circonstance fut interprétée comme une nouvelle preuve de la faiblesse du meurtrier, qui aurait achevé plus promptement sa victime si la vigueur du moribond, due à sa jeunesse, ne l'eût rendu encore formidable pour un adversaire chargé du poids de tant d'années. La crainte d'attirer sur le lieu quelqu'un des autres chasseurs, s'il tirait une seconde fois, parut un motif suffisant pour expliquer pourquoi il n'avait pas rechargé son fusil après avoir blessé son antagoniste. L'arme du défunt ne se trouva point : son assassin s'en était sans doute emparé, ainsi que de plusieurs objets plus légers, qu'Asa portait ordinairement sur lui.

Mais ce qui, indépendamment de la balle, semblait faire peser plus particulièrement sur le Trappeur le soupçon du crime dont on l'accusait, ce fut la preuve qu'on obtint, en suivant les traces du sang, qu'Asa, quoique blessé à mort, avait encore été en état d'opposer une résistance longue et désespérée aux efforts de son meurtrier. Ismaël sembla appuyer sur cette preuve avec un singulier mélange de douleur et d'orgueil; de douleur d'avoir perdu un fils dont il faisait grand cas, malgré les torts dont il avait pu se rendre coupable; d'orgueil, en voyant le courage et la force qu'il avait montrés jusqu'à son dernier soupir.

— Il est mort comme devait mourir un de mes fils! s'écria-t-il avec une sorte de triomphe, comme s'il eût cherché une froide consolation dans cette idée hors de la nature; il s'est fait craindre de son ennemi jusqu'au bout, et sans avoir aucune aide des lois! Allons! enfants, il faut songer d'abord à lui creuser une fosse, et ensuite à poursuivre son meurtrier.

Les jeunes gens s'occupèrent de cette triste besogne, en gardant un sombre silence. A force de temps et de peine, ils firent une excavation profonde dans la terre, et chacun d'eux donna, pour en couvrir le corps du défunt, ceux de ses vêtements qui ne lui étaient pas strictement nécessaires. Quand ces préparatifs furent terminés, Ismaël s'approcha d'Esther, qui semblait ne rien voir de tout ce qui se passait, et lui annonça qu'on allait ensevelir le mort. Elle l'entendit, et abandonnant le bras de son fils qu'elle tenait encore, elle se leva en silence, et suivit tranquillement le corps jusqu'à sa dernière demeure. Là, elle s'assit sur le bord de la fosse, et suivit des yeux tous les mouvements de ses enfants.

Lorsque les restes d'Asa furent recouverts d'une quantité suffisante de terre, Enoch et Abner descendirent dans la fosse, et foulèrent le sol de toutes leurs forces avec un mélange bien étrange, pour ne pas dire sauvage, de soin et d'indifférence. Cette précaution bien connue était prise pour empêcher que le cadavre ne fût exhumé par les animaux carnassiers de la Prairie, que leur instinct ne manquerait pas d'amener en ce lieu. Les oiseaux de proie eux-mêmes, mystérieusement instruits par le leur que la malheureuse victime allait être abandonnée par la race humaine, revinrent en ce moment voltiger en grand nombre sur la tête des travailleurs, en poussant des cris comme s'ils eussent cru pouvoir les faire renoncer à leur ouvrage.

Ismaël resta debout, les bras croisés, regardant avec fermeté la manière dont s'exécutaient toutes ces opérations nécessaires. Lorsque tout fut terminé, il se découvrit la tête pour saluer ses enfants, et les remercia de leurs services avec un air de dignité qui aurait convenu à un homme mieux élevé. Pendant toute cette cérémonie, qui inspire toujours des réflexions solennelles, il avait conservé un air grave et sérieux. Ses traits prononcés étaient visiblement empreints d'une expression de vif intérêt, mais il ne donna aucun signe de faiblesse avant d'avoir tourné le dos pour toujours, comme il le croyait, au tombeau du premier-né de ses enfants. Mais alors la voix de la nature se fit entendre puissamment au fond de son cœur, et les muscles de son visage austère se relâchèrent visiblement. Ses enfants avaient les yeux fixés sur lui, comme pour chercher à s'expliquer l'émotion extraordinaire qui les agitait eux-mêmes ; mais la lutte intérieure d'Ismaël cessa tout à coup : il s'approcha de sa femme, et la prenant par le bras, il la releva avec autant de facilité que si c'eût été un enfant.

— Esther, lui dit-il d'une voix parfaitement ferme, quoiqu'un observateur attentif eût pu y découvrir un accent plus tendre que de coutume, nous avons fait tout ce qu'un homme et une femme peuvent faire ; nous avons élevé notre enfant ; nous en avons fait un homme tel qu'il s'en trouve peu sur nos frontières, nous lui avons donné un tombeau ; allons-nous-en.

Elle détourna les yeux de la terre qui venait d'être remuée, et appuyant les mains sur les épaules d'Ismaël, elle resta quelques minutes les yeux fixés sur ceux de son mari avec un air d'inquiétude, et lui dit ensuite d'une voix creuse, effrayante et presque étouffée :

— Ismaël ! Ismaël ! vous vous êtes séparé de votre fils avec colère, la dernière fois que vous l'avez vu !

— Puisse le Seigneur lui pardonner ses péchés aussi pleinement que je lui ai pardonné tout ce qu'il a fait de pire, répondit le père d'un ton calme. Femme ! retournez au rocher, et lisez votre Bible. Un chapitre de ce livre vous fait toujours du bien. Vous savez lire, Esther ; ce qui est un privilége dont je n'ai jamais joui.

— Oui, oui, répondit-elle en se laissant entraîner, quoique malgré elle, par la force supérieure du bras de son mari, qui voulait l'éloigner du théâtre de cette scène fatale ; oui, je sais lire ; mais comment ai-je profité de mes connaissances ? Mais lui, Ismaël, il n'a pas à rendre compte du mauvais emploi de sa science ; nous lui avons épargné cela du moins. Est-ce une faveur, est-ce une cruauté ? c'est ce que je ne saurais dire.

Son mari ne lui répondit rien, et continua de la conduire vers leur demeure temporaire. En arrivant sur une hauteur d'où l'on pouvait voir pour la dernière fois le lieu de la sépulture d'Asa, tous se retournèrent spontanément comme pour lui faire leurs derniers adieux. L'œil ne pouvait plus distinguer le petit monticule de terre accumulé sur ses restes, mais, spectacle horrible ! la situation en était indiquée par les oiseaux de proie qui volaient tout à l'entour. Du côté opposé, une petite montagne bleuâtre qu'on apercevait au bout de l'horizon faisait reconnaître l'endroit où Esther avait laissé ses plus jeunes enfants, et ce fut un point d'attraction qui diminua la répugnance avec laquelle elle s'éloignait du tombeau de son fils aîné. A cette vue, la nature parla au cœur de la mère, et enfin l'amour pour les vivants l'emporta sur les regrets qu'elle donnait au mort.

Les événements que nous venons de rapporter, frappant inopinément sur le caractère froid et insensible d'une race d'êtres jetés dans un moule grossier et sans instruction, en avaient fait jaillir une étincelle qui servit à entretenir parmi eux le feu presque éteint de l'affection de famille. Etant unis à leurs parents par des liens qui n'avaient d'autre force que celle que leur avait donnée l'habitude, il y avait eu grand danger, comme Ismaël l'avait prévu, que la ruche trop pleine n'essaimât avant peu, et qu'il ne restât chargé de pourvoir aux besoins d'une jeune famille qui ne pouvait lui être d'aucun secours, sans être aidé par les efforts de ceux qui étaient déjà arrivés à l'âge viril. L'esprit d'insubordination qui s'était manifesté dans le malheureux Asa s'était répandu parmi ses jeunes frères, et Ismaël avait été forcé de se rappeler péniblement l'époque où, dans toute la vigueur d'une jeunesse irréfléchie, il avait abandonné son vieux père pour entrer dans le monde, libre de toute entrave. Mais le danger était alors passé, du moins pour un certain temps, et si son autorité n'avait pas recouvré toute son ancienne influence, il était visible qu'elle n'était pas méconnue, et qu'elle pourrait se faire respecter pendant quelque temps encore.

Il est vrai que l'esprit épais de ses enfants, même en cédant à l'impression qu'avait faite sur eux l'événement qui venait d'arriver, avait des lueurs terribles de soupçons sur la manière dont leur frère aîné avait été tué. Il se présentait à l'imagination de deux ou trois des plus âgés, des idées vagues et obscures qui leur peignaient leur père lui-même comme disposé à imiter la conduite d'Abraham, sans être justifié par l'autorité divine, qui avait ordonné au saint patriarche ce sacrifice terrible. Mais ces images étaient si passagères, et se montraient dans un nuage si épais, qu'elles ne laissèrent pas de bien fortes impressions; et au total, cet événement, comme nous l'avons déjà dit, bien loin d'affaiblir l'autorité d'Ismaël, ne servit qu'à l'affermir.

Ce fut dans cette disposition d'esprit que la petite troupe continua à s'avancer vers le lieu d'où elle était partie le matin, pour s'occuper d'une recherche qui avait été couronnée d'un si fatal succès. La marche longue et inutile qu'ils avaient faite, en suivant les instructions d'Abiram, la découverte du corps d'Asa, et les travaux nécessaires pour lui donner la sépulture, avaient employé tant de temps, que, lorsqu'ils se remirent en marche pour traverser l'espace désert qui séparait le tombeau d'Asa du rocher, le soleil était déjà descendu bien au-dessous du méridien. A mesure qu'ils avançaient, le rocher semblait s'élever à leurs yeux comme une tour sortant du sein des eaux, et lorsqu'ils n'en furent plus qu'à un mille, les moindres objets qui en couronnaient la hauteur commencèrent à devenir distincts.

— Notre retour sera triste pour nos filles, dit le squatter, qui affectait de prononcer de temps en temps quelques mots qu'il jugeait propres à porter la consolation dans l'esprit accablé de sa vieille compagne ; Asa était le favori de tous nos jeunes enfants, et il revenait rarement de la chasse sans en rapporter quelque chose qui leur fît plaisir.

— C'est bien la vérité, s'écria Esther; Asa était la perle de la famille; mes autres enfants ne sont rien auprès de ce qu'il était.

— Ne parlez pas ainsi, bonne femme, lui dit son mari en se retournant pour jeter avec quelque fierté un coup d'œil sur le groupe de jeunes athlètes qui les suivaient à quelque distance ; ne parlez pas ainsi, ma vieille Esther, bien peu de pères et de mères ont encore sujet d'être aussi fiers que nous.

— Reconnaissants, Ismaël, reconnaissants, dit Esther avec humilité ; c'est reconnaissants que vous voulez dire.

— Soit, reconnaissants, si ce mot vous plaît davantage, vieille Esther. — Mais où sont donc Nelly et ses enfants ? La péronnelle a oublié les fonctions dont je l'ai chargée. Non seulement elle a laissé les enfants s'endormir, mais je réponds qu'elle rêve elle-même en ce moment aux champs de Tenessée : l'esprit de votre nièce est resté dans les habitations, Esther.

— Oui, elle n'est pas des nôtres. Je l'ai dit et je l'ai pensé lorsque je m'en suis chargée parce que la mort l'avait privée de tous ses autres parents. — La mort fait de cruels ravages dans les familles, Ismaël. — Asa la voyait avec plaisir, et ils auraient pu un jour s'asseoir à notre place si les choses en eussent été ordonnées ainsi là-haut.

— Non, elle n'est pas faite pour être la femme d'un habitant des frontières, si c'est ainsi qu'elle doit monter la garde quand son mari sera à la chasse. — Abner, tirez un coup de fusil pour les avertir que nous arrivons, car il me paraît que tout le monde est endormi là-haut.

Le jeune homme obéit avec un empressement qui prouvait combien il aurait été charmé de voir la taille élégante d'Hélène animer le sommet aride de la montagne ; mais nul signal ne répondit à la détonation. Toute la troupe s'arrêta aussitôt frappée de surprise, et aussitôt, ne recevant aucune réponse, tous, par un mouvement spontané, déchargèrent leur fusil en même temps, bruit qui ne pouvait manquer de se faire entendre à si peu de distance.

— Ah! les voilà enfin! s'écria Abiram qui était toujours le premier à saisir toute circonstance tendant à dissiper des craintes désagréables.

— C'est un jupon suspendu sur une corde, dit Esther ; c'est moi-même qui l'y ai mis.

— Vous avez raison, répliqua Abiram, mais la voici qui vient ; la paresseuse a été se reposer sous la tente.

— Point du tout! s'écria Ismaël dont les traits ordinairement apathiques commençaient à manifester l'inquiétude qui le tourmentait vivement. C'est la toile de la tente que le vent soulève ; il faut que les enfants l'aient détachée des pieux, comme des malavisés qu'ils sont, et si l'on n'y prend garde, le vent la renversera.

A peine avait-il prononcé ces paroles qu'un tourbillon des plus forts passa près de l'endroit où ils étaient, enlevant et entraînant un nuage de poussière et de feuilles. Comme si elle eût été guidée par une main invisible, cette trombe, quittant la terre, se dirigea vers le lieu qui était le but de tous les regards. La tente en sentit l'influence et chancela ; mais elle reprit son équilibre et son immobilité. Cependant un nuage de feuilles, qui était plus élevé, tournoya un instant au-dessus du rocher, descendit avec la rapidité d'un faucon qui fond sur sa proie, et tomba dans la

Prairie en longues lignes droites, comme une troupe d'hirondelles se balançant sur leur sailes : la tente blanche fut entraînée, et tombant derrière le rocher, elle en laissa le sommet aussi dépourvu d'habitation que lorsqu'il s'élevait dans la solitude complète du désert.

— Les meurtriers sont venus ici! s'écria douloureusement Esther; mes enfants! où sont mes enfants?

Ismaël lui-même chancela un instant sous le poids d'un coup si inattendu ; mais se secouant comme un lion qui s'éveille, il s'élança en avant, et, écartant tous les obstacles qu'on avait accumulés aux barrières, comme si c'eût été une plume, il gravit la rampe escarpée avec une impétuosité qui prouvait combien le caractère le plus indolent peut devenir formidable quand il est puissamment excité.

CHAPITRE XIV.

> Pour qui les habitants de la ville se sont-ils déclarés?
> SHAKSPEARE. *Le roi Jean.*

Pour marcher d'un pas égal entre les incidents de notre histoire, il devient nécessaire de rapporter ici les événements qui s'étaient passés pendant qu'Hélène Wade était chargée de la garde du rocher.

Pendant les premières heures, cette jeune personne, aussi bonne que vertueuse, n'eut d'autre embarras que de satisfaire aux demandes réitérées des jeunes enfants; tantôt ils avaient faim, tantôt il leur fallait à boire, et leur importunité ne connaissait pas de bornes, et abusait de son temps et de sa patience. Elle avait profité d'un moment de tranquillité pour se glisser dans la tente, où elle prodiguait ses soins à un être bien plus digne de son affection, quand de grands cris qui s'élevèrent parmi les enfants qu'elle venait de quitter la rappelèrent aux devoirs qu'elle avait momentanément oubliés.

— Voyez, Nelly! voyez! s'écrièrent-ils dès qu'elle reparut au milieu d'eux; il y a des hommes là-bas, et Phœbé dit que ce sont des Indiens Sioux.

Hélène porta ses regards du côté qui lui était indiqué par

tous les bras étendus, et à sa grande consternation elle vit plusieurs hommes qui s'avançaient à grands pas, et qui marchaient évidemment en droite ligne vers le rocher. Elle en compta quatre, mais elle ne put distinguer qui ils étaient; tout ce dont elle put s'assurer fut qu'ils n'étaient pas de ceux qui avaient le droit d'être admis dans la forteresse.

Ce fut pour Hélène un cruel moment d'inquiétude. Jetant les yeux sur le troupeau d'enfants effrayés qui l'entouraient, et dont quelques uns s'étaient accrochés à ses vêtements, elle chercha à se rappeler les histoires de ces héroïnes qui s'étaient illustrées sur la frontière occidentale des Etats-Unis. Ici, un seul homme, aidé de trois ou quatre femmes, avait défendu pendant plusieurs jours une palissade contre les efforts d'une centaine d'ennemis; là, les femmes seules avaient suffi pour protéger leurs enfants et les effets de leurs maris absents; ailleurs, une femme seule avait mis à mort, pendant leur sommeil, ceux qui l'emmenaient captive, et avait reconquis sa liberté en la rendant à ses jeunes enfants. Hélène se trouvait à peu près dans la même situation, et, encouragée par de tels exemples, les joues animées et les yeux étincelants, elle commença à réfléchir à ses faibles moyens de défense et à les préparer.

Elle posta les deux filles aînées près des leviers qui avaient été apprêtés pour faire tomber les quartiers de rochers sur les assaillants; quant aux autres enfants, ils ne servaient qu'à faire nombre, et elle ne pouvait guère en attendre aucun service utile. Pour elle, en commandant expérimenté, elle se réserva la surveillance générale, le droit d'ordonner, et le soin d'encourager ses troupes. Lorsque ses dispositions furent faites, elle en attendit le résultat en cherchant à prendre un air calme et tranquille, afin d'inspirer à ses compagnes la confiance qui leur était nécessaire pour assurer le succès.

Quoique Hélène possédât à un degré éminent ce courage qui prend sa source dans les facultés morales, elle le cédait de beaucoup aux deux filles aînées d'Esther pour une qualité non moins précieuse à la guerre, et qui est le mépris du danger. Elevées au milieu des difficultés d'une vie constamment errante, sur les confins de la civilisation, elles s'étaient familiarisées avec tous les périls des déserts, et promettaient déjà de se distinguer un jour, comme leur mère, par une audace à toute épreuve, et par ce singulier mélange de bonnes et de mauvaises qualités qui auraient probablement fait comprendre l'épouse d'Ismaël au nombre des femmes les plus remarquables de son temps, si les circonstances l'eussent placée dans une sphère plus étendue. Esther avait déjà une fois défendu la cabane de son mari contre une attaque des sauvages; et, dans une autre occasion, elle avait été laissée pour morte par ces barbares, après une résistance qui, de la part d'un ennemi plus civilisé, lui aurait au moins obtenu une capitulation honorable. Ces faits, et quelques autres de même nature, avaient été souvent cités, et avec le ton d'exaltation convenable, en présence de ses filles; et le cœur de ces deux jeunes amazones était étrangement partagé en ce moment entre une terreur naturelle et le désir de faire quelque chose qui pût prouver qu'elles étaient les dignes filles d'une telle mère. Il parut bientôt que l'occasion d'acquérir cette distinction étrange et peu désirable ne leur serait pas refusée.

Les quatre étrangers étaient déjà arrivés à environ cent verges du rocher. Soit par suite de la prudence avec laquelle ils croyaient devoir avancer, ou de la crainte que leur causait l'attitude menaçante de deux guerrières, retranchées derrière leurs barricades, par-dessus lesquelles se montraient les canons de deux vieux mousquets, ils s'arrêtèrent au bas d'une petite élévation couverte de grandes herbes, qui leur offrait l'avantage de pouvoir se dérober à la vue des assiégés. De là, ils s'occupèrent à reconnaître la forteresse pendant quelques minutes qui parurent bien longues à Hélène, et qu'elle passa dans la plus vive inquiétude. Enfin un d'eux s'avança seul, et il semblait marcher en parlementaire, plutôt qu'annoncer des intentions hostiles.

— Phœbé, faites feu ! — Non, Hetty, tirez vous-même ! s'étaient déjà dit les deux filles du squatter, moitié épouvantées, moitié empressées de concourir à la défense de la place, quand Hélène épargna à l'étranger au moins quelques alarmes, sinon un danger réel, en s'écriant à la hâte :

— Baissez vos mousquets ! c'est le docteur Battius !

Les deux sentinelles obéirent, c'est-à-dire leurs doigts cessèrent de toucher le chien de leurs fusils, mais le canon menaçant en resta toujours dirigé vers l'audacieux qui se présentait.

La naturaliste, qui s'était avancé avec assez de circonspection pour remarquer la moindre démonstration hostile que ferait la garnison, éleva alors un mouchoir blanc sur le haut de son fusil, et arriva enfin à portée de se faire entendre. Prenant alors un air d'importance, comme pour leur imposer par un extérieur d'autorité, il s'écria d'une voix qu'on aurait pu entendre à une distance beaucoup plus considérable :

— Écoutez! je vous somme tous, au nom de la confédération des États-Unis de l'Amérique septentrionale, de vous soumettre aux lois.

— Docteur, ou non docteur, c'est un ennemi, Nelly! s'écria Phœbé. Écoutez-le! écoutez-le! il parle des lois!

— Attendez que j'entende ce qu'il a à nous dire, répondit Hélène respirant à peine, et rabattant les mousquets qui menaçaient la personne du héraut.

— Je vous avertis et vous préviens tous, continua le docteur un peu effrayé, que je suis un citoyen paisible de la susdite confédération, un des soutiens du pacte social, un ami de l'ordre et de la paix. S'apercevant alors que le danger était écarté, du moins pour le moment, il reprit le ton hostile, et ajouta en élevant la voix : — Je vous somme donc tous, une seconde fois, de vous soumettre aux lois.

— Je croyais que vous étiez un ami, répondit Hélène, et que vous voyagiez avec mon oncle en vertu d'un pacte...

— Il est nul! s'écria le docteur; les prémisses en étaient fausses, et j'ai été trompé. Je déclare donc qu'un certain pacte convenu et conclu entre Ismaël Bush, squatter, et Obed Battius, docteur en médecine, est, à compter de ce moment, nul et de nul effet. Mais il est bon que vous sachiez, enfants, qu'une nullité est une qualité négative, dont il ne peut résulter aucun effet fâcheux pour votre digne père; ainsi, mettez bas les armes, et écoutez les conseils de la raison. Oui, le pacte est nul, abrogé, vicieux dans son origine. — Quant à vous, Nelly, je n'ai à votre égard que des sentiments pacifiques, sans aucun mélange d'hostilité ; c'est pourquoi, écoutez ce que j'ai à vous dire, et ne fermez pas l'oreille parce que vous vous croyez en sûreté. Vous connaissez le caractère de l'homme avec lequel vous demeurez, jeune fille, et vous connaissez aussi le danger d'être trouvé en mauvaise compagnie; renoncez donc au futile avantage de votre position, et abandonnez paisiblement le rocher à la discrétion de ceux qui m'accompagnent. C'est une légion, jeune fille, une légion formidable et invincible, je vous assure. Abandonnez donc la cause de ce méchant homme qui méprise les lois. — Enfants, montrer si peu d'égards pour la vie humaine, c'est littéralement détruire tout le plaisir des relations sociales ; jetez ces armes dangereuses, je vous en conjure plutôt pour vous que pour moi. — Hetty, avez-vous oublié quelle main a soulagé vos souffrances, quand vos nerfs articulaires étaient contournés par les froides émanations de la terre ? — Et vous, Phœbé, ingrate Phœbé, sans ce bras que vous voudriez frapper d'une paralysie éternelle, vos dents incisives vous feraient encore souffrir des tourments inouïs.—Mettez donc bas les armes, enfants, suivez les avis d'un homme qui a toujours été votre ami. — Et maintenant, Hélène, pour la troisième et par conséquent pour la dernière fois, je vous somme solennellement de rendre ce rocher, sans délai, sans résistance, au nom du pouvoir, de la justice et... Il allait ajouter de la loi; mais, se rappelant que ce mot provoquerait encore l'hostilité des enfants d'Ismaël, il s'interrompit à temps, et réussit à y substituer les mots moins dangereux et plus convenables—de la raison.

Cette étrange sommation ne produisit pourtant pas l'effet qu'il en attendait. Elle fut complètement inintelligible pour les filles d'Esther, à l'exception de quelques mots qui leur parurent offensants ; et quoique Hélène en comprît mieux le sens, l'éloquence du docteur ne parut pas faire plus d'impression sur elle que sur ses compagnes. Pendant qu'il prononçait les phrases qu'il avait dessein de rendre pathétiques et affectueuses, la jeune fille, pleine d'intelligence, quoique déchirée par des sentiments qui se livraient en elle un pénible combat, avait même manifesté une disposition à rire, tandis qu'elle faisait la sourde oreille à toutes ses menaces.

—Je ne comprends pas bien tout ce que vous voulez dire, docteur Battius, répondit tranquillement Hélène quand il eut terminé, mais je suis sûre que si vous voulez m'engager à manquer à la confiance qu'on m'a accordée, je ne dois pas vous écouter. N'essayez pas de recourir à la violence, car quels que puissent être mes secrets désirs, vous voyez que je suis entourée d'une force qui l'emporterait aisément sur la mienne, et vous connaissez ou vous devez connaître trop bien le caractère de cette famille, pour vous jouer d'aucun de ses membres, dans une pareille affaire, quels que soient leur âge et leur sexe.

—Je crois connaître un peu le caractère humain, dit le naturaliste en s'éloignant prudemment de quelques pas de la position où il s'était hardiment maintenu jusques alors, sur la base même du rocher ; mais voici quelqu'un qui connaît peut-être mieux que moi les moyens secrets de monter jusqu'à vous.

— Hélène ! Hélène Wade ! s'écria Paul Hover qui s'était avancé près du docteur, sans rien montrer de l'inquiétude qui agitait visiblement celui-ci ; je ne m'attendais pas à trouver en vous un ennemi.

— Je ne le serai pas, quand vous me demanderez ce que je puis accorder sans trahison et sans déshonneur. Vous savez que mon oncle a confié sa famille à mes soins ; trahirai-je sa confiance jusqu'à souffrir que ses plus cruels ennemis viennent peut-être assassiner ses enfants, et lui enlever le peu que les Indiens lui ont laissé ?

— Suis-je un assassin, Hélène ? — Ce vieillard, cet officier au service des Etats-Unis, ajouta Paul en montrant le Trappeur et Middleton qui venaient de se joindre à eux, vous paraissent-ils mériter un pareil nom ?

— Mais que demandez-vous donc ? s'écria Hélène en se tordant les mains, dans le plus cruel embarras.

— La bête, — rien de plus que la bête dangereuse et carnivore que cache Ismaël.

— Excellente jeune femme, commença l'étranger que nous avons vu arriver tout récemment dans la Prairie ; mais il fut interrompu par un signe expressif du Trappeur, qui lui dit en même temps à l'oreille :

— Laissez parler ce jeune homme. La nature agira dans le cœur de la jeune fille, et nous arriverons à notre but avec le temps.

— Il faut dire toute la vérité, Hélène, continua Paul ; nous avons découvert les trames secrètes et criminelles d'Ismaël, et nous venons pour rendre justice à celle qu'il tient emprisonnée, et la remettre en liberté. Si vous avez un cœur tel que je l'ai toujours cru, vous essaimerez avec nous sans qu'il soit nécessaire de jeter de la poussière pour vous effrayer, et vous abandonnerez le vieil Ismaël, sa ruche et ses mouches.

— J'ai prêté un serment solennel...

— Un serment prêté dans l'ignorance, ou arraché par la force, est nul aux yeux de tous les bons moralistes, s'écria le docteur.

— Chut ! chut ! dit encore le Trappeur ; laissez agir la nature, laissez faire le jeune homme.

— J'ai fait serment en présence et au nom de celui qui est le fondement et la règle de tout ce qui est juste, soit en morale, soit en religion, continua Hélène vivement agitée, de ne jamais faire connaître la personne qui habite cette tente, et de ne pas l'aider à s'échapper. Nous avons toutes deux prêté ce serment terrible et solennel ; et nous ne devons peut-être la vie qu'à cette promesse. Il est vrai que vous avez découvert ce secret, mais vous ne devez pas cette découverte à une indiscrétion de ma part, et je ne sais si je pourrais me justifier à mes propres yeux, même de rester neutre, tandis que vous cherchez à envahir la demeure de mon oncle d'une manière si hostile.

— Je puis prouver, sans craindre qu'on me réfute, s'écria le naturaliste, en m'appuyant de l'autorité de Bayley, de Beckley et même de l'immortel Binkerschoef, qu'un pacte conclu tandis qu'une des parties soit empire, soit individu, est dans un état de coërcition...

— Vous ne ferez qu'aigrir son humeur en lui parlant ainsi, dit le prudent Trappeur ; au lieu que si vous laissez ce jeune homme parler le langage de la nature, il finira par l'apprivoiser comme un faon. Ah ! vous me ressemblez, vous ne connaissez guère la nature de ces ressorts secrets !

— Est-ce là le seul serment que vous ayez fait, Hélène ? demanda Paul d'un ton qui, dans la bouche du léger et enjoué chasseur d'abeilles, semblait mélancolique et sentait le reproche. N'en avez-vous jamais fait d'autre ? Les paroles adressées à Ismaël sont-elles comme du miel dans votre bouche ? Toutes vos autres promesses sont-elles comme les gâteaux dont on l'a exprimé ?

La pâleur qui couvrait le teint ordinairement animé d'Hélène, fit place à une si vive rougeur, qu'on pouvait la remarquer, même à la distance où elle se trouvait. Elle hésita un instant, comme si elle eût fait un effort pour étouffer un mouvement de ressentiment, et répondit ensuite avec toute son énergie naturelle :

— Je ne sais quel droit on peut avoir de me questionner sur des promesses qui ne peuvent concerner que celle qui les a faites, s'il est vrai qu'elle en ait jamais fait du genre de celles dont vous voulez parler. Je ne m'entretiendrai pas davantage avec un homme qui pense tant à lui-même, et qui ne prend avis que de ses sentiments personnels.

— Eh bien ! vieux Trappeur, entendez-vous cela ? dit le simple et franc chasseur d'abeilles en se tournant tout à coup vers son vieil ami ; le plus misérable insecte qui vole sous les cieux, quand il a une fois son fardeau, s'en va droit à son nid ou à sa ruche, suivant son espèce; mais les voies de l'esprit d'une femme sont aussi compliquées que les lignes du bois d'un chêne noueux, et plus tortueuses que le cours des eaux du Mississipi.

— Allons, allons, ma fille, dit le Trappeur à Hélène, intervenant d'un ton conciliant en faveur de Paul, qui l'avait offensée, songez que la jeunesse est vive et inconsidérée; mais une promesse est une promesse, et l'on ne doit pas la jeter au rebut et l'oublier comme les cornes et les sabots d'un buffle.

— Je vous remercie de me rappeler mon serment, dit Hélène avec dépit, en mordant ses jolies lèvres; sans cela j'aurais couru le risque de l'oublier.

— Ah! la nature de femme s'éveille en elle, dit le vieillard en secouant la tête de manière à montrer qu'il n'était pas satisfait du résultat de la conférence; mais elle se manifeste d'une manière.....

— Hélène! s'écria le jeune étranger, qui avait écouté attentivement toute la conversation, puisque Hélène est le nom que vous portez.....

— On y en ajoute souvent un autre, dit Hélène; on me donne quelquefois le nom de mon père.

— Appelez-la tout de suite Nelly-Wade, dit Paul, c'est son nom légitime; et je consens qu'elle le garde toujours.

— Wade, dois-je donc ajouter, continua Middleton, vous conviendrez que, quoique je ne sois lié moi-même par aucun serment, j'ai su du moins respecter ceux des autres. Vous êtes témoin vous-même que je me suis abstenu de pousser un seul cri, quoique je sois certain qu'il arriverait à des oreilles qui seraient charmées de l'entendre. Permettez-moi de monter seul sur le rocher, et je vous promets d'indemniser amplement votre parent du dommage qu'il pourrait souffrir.

Hélène parut hésiter; mais ayant entrevu Paul, qui était fièrement appuyé sur son fusil, sifflant, avec tout l'extérieur de l'indifférence, l'air d'une chanson de marinier, elle reprit sur-le-champ son air décidé.

— La garde de ce rocher m'a été confiée pendant l'absence de mon oncle et de ses enfants, répondit-elle, et je le défendrai contre toute attaque pour le lui conserver jusqu'à son retour.

— C'est perdre des moments qui ne reviendront pas, et négliger de profiter d'une occasion qui ne se représentera peut-être jamais, dit le jeune militaire d'un ton grave. Le soleil commence déjà à descendre, et d'ici à quelques minutes le squatter peut revenir avec ses sauvages enfants.

Le docteur Battius jeta un regard derrière lui avec inquiétude, et reprit la parole.

— La perfection se trouve toujours dans la maturité, dit-il, tant dans le règne animal que dans le monde intellectuel. La réflexion est la mère de la prudence, et la prudence est celle du succès. Mon avis est donc que nous nous retirions à une distance convenable de cette position imprenable, et que nous y tenions conseil sur la manière dont nous pouvons former le siége régulier de cette place, et sur la question de savoir s'il ne serait pas à propos de suspendre nos opérations jusqu'à ce que nous ayons pu nous procurer des auxiliaires des pays habités, et mettre ainsi la dignité des lois à l'abri du danger d'une défaite.

— Un assaut vaudrait mieux, répondit en souriant le jeune capitaine, dont les yeux mesuraient la hauteur du rocher, et calculaient les difficultés qui s'opposaient à l'escalade ; nous ne risquons tout au plus qu'un bras cassé ou une tête fêlée.

— Va pour l'assaut ! s'écria l'impétueux chasseur d'abeilles ; et trois bonds le mirent à l'abri du danger d'un coup de feu, en le portant sous la pointe de rocher sur laquelle était postée la garnison ; maintenant faites du pis que vous pourrez, jeunes rejetons d'une race maudite ; vous n'avez qu'une minute pour nous jouer de mauvais tours !

— Paul ! Paul, s'écria vivement Hélène ; ne faites pas un pas de plus, ou ces quartiers de roches vous écraseront. Ils ne tiennent à rien, et ces malheureuses filles sont toutes prêtes à les précipiter sur vous.

— Eh bien ! chassez de la ruche ce maudit essaim, car j'escaladerai ce rocher, fût-il couvert de guêpes.

— Qu'elle approche si elle l'ose ! s'écria la fille aînée d'Esther en brandissant son mousquet avec un air de résolution qui aurait fait honneur à l'amazone sa mère ; je vous connais, Nelly Wade, et je sais qu'au fond du cœur vous êtes pour les hommes de lois ; mais si vous faites un seul pas, vous serez punie à la manière des frontières. Apportez un autre levier, mes sœurs ; dépêchez-vous. Je voudrais bien savoir lequel d'entre eux osera entrer dans le camp d'Ismaël Bush, sans en demander la permission à ses enfants !

— Ne bougez pas, Paul ! s'écria Hélène ; restez sous le rocher, il y va de votre vie !

Elle fut interrompue par la même apparition brillante, qui, la veille, avait mis fin à un tumulte presque aussi formidable en se montrant sur la même hauteur où on l'apercevait alors.

— Au nom de celui qui commande à tous, je vous conjure de vous arrêter, — et vous qui voulez courir un danger si imminent, — et vous qui êtes assez téméraires pour vouloir ôter à un de vos semblables ce que vous ne pouvez lui rendre, dit une voix douce et suppliante, avec un léger accent étranger, qui attira sur-le-champ tous les yeux de ce côté.

— Inez! chère Inez! s'écria l'officier; vous revois-je donc enfin! maintenant, vous serez à moi, quand un million d'esprits infernaux défendraient ce rocher. — En avant, brave Paul, et faites-moi place à votre côté!

L'apparition soudaine, sur le haut de la montagne, de la femme qui venait de sortir de la tente, avait frappé la garnison du rocher d'une stupeur momentanée dont il aurait été possible de profiter. Mais, à la voix de Middleton, Phœbé, surprise et tressaillant, fit feu sur cette femme inconnue, ne sachant trop si elle tirait sur une mortelle ou sur un être appartenant à un autre monde. Hélène poussa un cri d'horreur, et courut à la hâte pour rejoindre sous la tente son amie alarmée, peut-être blessée.

Pendant ce moment d'une diversion dangereuse, le bruit d'une attaque sérieuse se faisait entendre au bas du rocher. Paul, profitant du trouble qui régnait sur le plateau, avait changé sa position de manière à faire place à Middleton; le naturaliste l'avait suivi, car la terreur que lui avait causée le bruit du coup de fusil l'avait porté, comme par instinct, à chercher un abri sous le rocher. Le Trappeur ne changea pas de place; il paraissait impassible, mais il observait avec attention tout ce qui se passait. Quoiqu'il ne prît aucune part active aux hostilités, le vieillard n'était pourtant pas inutile aux assaillants. Favorisé par sa position, il pouvait les informer de tous les mouvements de ceux qui conspiraient contre leur vie, et leur indiquer le moment où ils pouvaient avancer.

Cependant les filles d'Esther prouvaient qu'elles avaient leur part de l'esprit de leur redoutable mère. Dès qu'elles furent délivrées de la présence d'Hélène et de sa compagne inconnue, elles donnèrent toute leur attention aux ennemis plus mâles et certainement plus dangereux, qui étaient alors complètement établis entre les pointes du rocher qui hérissaient la forteresse. Les somnations, de se rendre que Paul leur adressait en grossissant sa voix pour jeter d'épouvante dans leurs jeunes cœurs, ne produisaient pas plus d'effet sur elles que les invitations du vieux Trappeur à cesser une résistance qui pouvait devenir fatale à quelqu'une d'elles, sans la moindre probabilité de pouvoir réussir. S'encourageant l'une l'autre, elles mirent en équilibre les quartiers de rocher, dirent aux plus jeunes enfants de s'armer de pierres, et appuyèrent leur fusil sur leur épaule avec un air de résolution et de sang-froid qui aurait fait honneur à des soldats habitués depuis longtemps aux dangers de la guerre.

— Montez toujours sous l'abri du rocher, dit le Trappeur à Paul en lui indiquant de quelle manière il devait avancer ; rapprochez davantage les pieds ; — là ! vous voyez que l'avis n'était pas inutile, si la pierre les avait touchés, les abeilles n'auraient pas revu leur compagnon de plus d'un mois. — Et vous qui portez le nom de mon ami, Uncas de nom et d'esprit, si vous avez autant d'activité que le Cerf-Agile, vous pouvez faire un saut sur la droite, et monter de vingt pieds sans aucun danger. — Ne vous fiez pas à ce buisson, ne vous y fiez pas ! la racine cédera. — L'y voilà ! il a eu autant de bonheur que de courage. — A votre tour maintenant, l'ami des beautés de la nature, poussez sur la gauche afin de diviser l'attention des enfants. — Eh bien ! jeunes filles, oui, faites feu contre moi ; mes vieilles oreilles sont habituées à entendre siffler le plomb, et avec quatre-vingts ans sur les épaules, j'ai peu de raisons pour avoir le cœur d'une biche.

Il secoua la tête avec un sourire mélancolique, mais sans qu'un seul muscle fût agité sur sa physionomie, quand une balle passa innocemment à peu de distance de l'endroit où il était ; car Hetty, piquée des discours du vieillard, avait tiré sur lui.

— Il est plus sûr d'aller en droite ligne que de marcher en zigzag, continua-t-il, quand c'est un doigt si faible qui touche le chien d'un fusil ; mais c'est un spectacle solennel que de voir combien la nature humaine est portée au mal, même dans une si jeune fille ! — Fort bien, mon homme à plantes et à insectes ! encore un saut pareil, et vous pourrez vous moquer de toutes les barrières et de toutes les fortifications d'Ismaël. — Le courage du docteur s'est éveillé enfin ; je le vois dans ses yeux, on pourra maintenant faire quelque chose de lui. — Tenez-vous plus près du bord du rocher, docteur ! tenez-vous-en plus près !

Le Trappeur ne se trompait pas en supposant au docteur Battius une ardeur plus qu'ordinaire, mais il se méprenait complètement sur la cause qui l'excitait. Tandis qu'il suivait ses compagnons en gravissant le rocher avec la plus grande précaution, et non sans une tribulation intérieure d'esprit plus grande encore, l'œil du naturaliste avait aperçu une plante qui lui était inconnue, croissant dans une crevasse à quelques pieds au-dessus de sa tête, et dans une situation beaucoup plus exposée à la rencontre des grosses pierres que les deux sœurs aînées faisaient rouler incessamment du haut du rocher. Oubliant, en cet instant, toute autre chose que la gloire d'être le premier à inscrire ce joyau sur le catalogue de la science qu'il professait, il s'élança sur sa prise avec l'avidité d'un moineau qui fond sur une mouche. Un quartier de rocher, qui tomba à l'instant avec un bruit semblable à celui du tonnerre, annonça qu'il avait été vu, et comme le naturaliste se trouva caché par un nuage de poussière que fit élever la chute de cette masse, le Trappeur le crut perdu; mais le moment d'après, il le vit assis en sûreté dans une cavité formée par quelques grosses pierres qui avaient cédé au choc, tenant en main d'un air de triomphe la plante qu'il avait convoitée, et fixant sur elle des yeux avides et ravis.

Paul profita de l'occasion. Changeant de direction avec la rapidité de la pensée, sautant à son tour jusqu'au poste que le docteur occupait alors en sûreté, il se servit sans cérémonie de son épaule comme d'un marche-pied, tandis que le naturaliste était penché pour examiner son trésor, et passant par la brèche qu'avait pratiquée une grosse pierre détachée du rocher, il se trouva en un instant sur le plateau. Middleton l'y joignit au même moment, et il ne leur fut pas difficile de désarmer et de saisir les deux jeunes filles.

Ce fut ainsi qu'une victoire complète, qui ne coûta pas une seule goutte de sang, fut remportée sur cette citadelle qu'Ismaël s'était vainement flatté d'avoir rendue imprenable pendant la courte durée de son absence.

CHAPITRE XV.

> Puisse le ciel sourire à un acte aussi sacré, afin que l'avenir ne nous apporte pas de nouveaux chagrins.
>
> SHAKSPEARE.

Il est à propos que le cours de notre narration s'arrête un instant pour nous donner le temps de remonter aux causes dont les conséquences avaient amené à leur suite l'aventure singulière dont nous venons de rendre compte. Nous ne donnerons à cette interruption que le temps strictement nécessaire pour satisfaire cette classe de lecteurs qui exigent que celui qui se charge de remplir les fonctions d'historien ne laise à leur imagination fertile aucun vide à remplir.

Parmi les troupes envoyées par le gouvernement des Etats-Unis pour prendre possession du nouveau territoire qu'il venait d'acquérir à l'ouest, se trouvait un détachement commandé par le jeune militaire qui vient de jouer un rôle important dans les dernières scènes de notre histoire. Les pacifiques et indolents descendants des anciens colons reçurent leurs nouveaux compatriotes sans méfiance, sachant que le résultat de ce changement était de les élever de la condition de sujets à celle de citoyens d'un Etat gouverné par les lois, distinction bien digne d'envie. Les nouveaux gouverneurs exercèrent leurs fonctions avec discrétion, et firent usage de l'autorité qui leur était déléguée sans offenser personne. Cependant au milieu d'un mélange si nouveau d'hommes nés et élevés dans des principes de liberté, et d'esclaves rampants du pouvoir absolu, de catholiques et de protestants, d'êtres actifs et d'êtres indolents, quelque temps fut nécessaire pour concilier les éléments discordants de la société. Pour hâter un but si désirable, la femme remplit, comme à l'ordinaire, les douces fonctions de médiatrice. Les barrières des préjugés et de la religion furent renversées par la plus forte des passions humaines; et des unions de familles commencèrent bientôt à cimenter les nœuds politiques qui avaient opéré une jonction forcée entre deux peuples si opposés par leurs habitudes, leur éducation et leurs opinions.

Middleton fut un des premiers, parmi les nouveaux possesseurs du sol, dont le cœur fut séduit par les charmes d'une belle de la Louisiane. Dans le voisinage immédiat du poste qu'il avait été chargé d'occuper, demeurait le chef d'une de ces anciennes familles coloniales qui s'étaient contentées de sommeiller de père en fils au milieu de l'aisance, de l'indolence et de la richesse des provinces espagnoles. C'était un officier au service de la couronne d'Espagne, qu'une riche succession qu'il avait recueillie avait déterminé à quitter la Floride pour venir s'établir parmi les Français de la province voisine. Le nom de don Augustin de Certavallos était à peine connu au-delà des limites de la petite ville qu'il habitait, mais il trouvait un secret plaisir à le faire lire à sa fille unique dans de vieux parchemins où il était inscrit parmi ceux des héros et des grands de l'ancienne et de la nouvelle Espagne. Ce fait si important pour lui, et qui l'était si peu pour tout autre, était la principale raison qui faisait que, tandis que ses voisins français, plus vifs et plus ouverts, se familiarisaient aisément avec les nouveaux venus, il se tenait sur la réserve, et semblait se contenter de la société de sa fille, qui sortait à peine de l'enfance.

La curiosité de la jeune Inez avait pourtant quelque chose d'un peu plus actif. Elle n'avait pas entendu la musique martiale de la garnison, dont les sons lui étaient apportés par la brise du soir, et elle n'avait pas vu la nouvelle bannière déployée sur les hauteurs et s'élevant à peu de distance des vastes domaines de son père, sans éprouver quelques unes de ces impulsions qui caractérisent son sexe. Cependant telle était sa timidité naturelle, et cette espèce de nonchalance particulière qui caractérise les femmes des possessions espagnoles situées entre les tropiques, et qui n'est pas le moindre de leurs charmes, que, sans un accident qui fournit à Middleton l'occasion de rendre un service personnel au père d'Inez, il est très-probable que les deux jeunes gens ne se seraient jamais connus, et qu'une autre direction aurait été donnée aux désirs de celui qui était dans l'âge où l'on sent tout le pouvoir de la jeunesse et de la beauté.

La Providence,—ou si ce mot imposant est trop vrai pour être classique,—le Destin en avait autrement ordonné. Le fier et réservé don Augustin connaissait trop bien ce qui était dû à un homme de sa naissance pour oublier les devoirs qu'elle lui imposait à lui-même. La reconnaissance du service que lui avait rendu Middleton le porta à ouvrir sa porte aux officiers de la garnison.

Il les reçut d'abord avec quelque froideur; mais sa réserve disparut peu à peu devant la candeur et l'amabilité de leur jeune chef; et il ne se passa pas un long temps avant que le riche colon éprouvât un mouvement de satisfaction aussi bien que sa fille, quand on lui annonçait l'agréable visite du commandant du poste.

Il est inutile d'appuyer sur l'impression que les charmes d'Inez firent sur le jeune militaire, et de retarder la marche de notre histoire par un détail bien circonstancié de l'influence progressive qu'une beauté mâle, une conduite pleine de noblesse, des soins assidus et un esprit orné devaient naturellement exercer sur une jeune fille de seize ans, vivant dans la retraite, et dont le cœur susceptible ne demandait qu'à parler. Il nous suffira de dire qu'ils s'aimèrent; que le jeune homme ne fut pas longtemps sans déclarer ses sentiments; qu'il triompha assez facilement des scrupules de la fille et avec plus de difficulté des objections du père, et qu'il n'y avait pas encore six mois que les États-Unis étaient en possession de la Louisiane quand le jeune officier fut fiancé à la plus riche héritière des bords du Mississipi.

Quoique nous ayons supposé que le lecteur connaît la manière dont on arrive ordinairement à de pareils résultats, il ne faut pas qu'on s'imagine que Middleton remporta une victoire facile sur les préjugés du père et de la fille : la religion était pour tous les deux un obstacle puissant et presque invincible. Le jeune homme fut soumis à une épreuve formidable quand le père Ignace fut chargé de chercher à le convertir à la véritable foi, et il la subit avec patience. Les efforts du digne prêtre furent systématiques et soutenus. Plusieurs fois, dans les moments où l'enchanteresse Inez, comme une sylphide ou un être aérien, se laissait entrevoir sur la scène de leur conférence, le bon père se crut à la veille de remporter une glorieuse victoire sur l'infidélité; mais son espoir se trouvait toujours déconcerté par quelque objection que lui faisait l'objet de sa pieuse sollicitude.

Tant que les attaques contre sa croyance furent faibles et éloignées, Middleton, qui n'était nullement apte aux discussions polémiques, les supporta avec la résignation et l'humilité d'un martyr; mais quand le bon père, qui prenait un tel intérêt au bonheur éternel de son néophyte, essaya de profiter de l'avantage qu'il croyait avoir obtenu, en appelant à son aide la subtilité, le jeune homme était trop bon soldat pour ne pas faire face à l'adversaire qui le pressait ainsi. Il est vrai qu'il se présentait au combat sans autres armes que le bon sens; mais cette arme lui suffisait toujours pour repousser les attaques du père, à peu près comme le vigoureux champion qui sait manier le bâton à deux bouts déjoue celles du plus savant maître d'escrime, répondant à ses passes par des arguments irrésistibles qui brisent sa rapière et lui fendent quelquefois le crâne.

Avant que la controverse fût terminée, un renfort de protestants fit une diversion en faveur du militaire. La licence un peu trop forte de ceux d'entre eux qui ne pensaient qu'à cette vie, et la piété raisonnable et modérée des autres, obligèrent le digne prêtre à jeter les yeux autour de lui avec inquiétude. L'influence de l'exemple d'une part, et la contamination résultant de relations trop fréquentes de l'autre, commencèrent à se faire sentir, même dans cette portion de son troupeau qu'il avait regardée comme trop bien renfermée dans le bercail du gouvernement spirituel pour pouvoir jamais s'égarer. Ce n'était plus le moment de songer à prendre l'offensive, il fallait s'occuper du soin de disposer ses ouailles à résister au débordement effréné des opinions qui menaçaient de renverser les barrières de leur foi. Comme un sage général qui reconnaît qu'il a occupé plus de terrain que ses forces ne peuvent en garder, il commença à rapprocher ses avant-postes. Les reliques furent cachées aux yeux profanes; les fidèles furent avertis de ne point parler de miracles devant une race qui non seulement en niait l'existence, mais qui avait même l'audace d'en demander les preuves; la lecture de la Bible fut encore une fois interdite, avec de terribles menaces, d'après la raison triomphante qu'elle était susceptible d'être mal interprétée [1].

Cependant il devint nécessaire d'apprendre à don Augustin les effets que ses arguments et ses prières avaient produits sur l'esprit hérétique du jeune officier. Personne n'aime à faire l'aveu de sa faiblesse au moment où les circonstances exigent qu'on déploie toutes ses forces. Par une espèce de pieuse fraude, dont le bon père trouvait sans doute l'excuse dans la pureté de ses motifs, il déclara que, quoiqu'un changement positif ne se fût pas encore évidemment manifesté dans les opinions de Middleton, cependant il avait tout lieu d'espérer que le *coin* de ses arguments était entré

---

1. L'auteur est protestant, ce qui n'excuse pas mais ce qui explique ses attaques réitérées contre la religion catholique. Il y a, du reste, en Amérique tant de tolérance sur le chapitre des opinions religieuses, cette tolérance est tellement dans les mœurs et dans les lois, que la discussion y est inoffensive : il n'en est pas de même en Angleterre.

dans son esprit, et y avait pratiqué une ouverture par laquelle on pouvait se flatter que les heureux germes de la véritable religion s'introduiraient pour produire ensuite des fruits, surtout si le sujet continuait à jouir sans interruption de la société de bons catholiques.

Don Augustin lui-même fut alors embrasé de l'ardeur du prosélytisme, et même la douce et aimable Inez pensa qu'il serait bien glorieux, bien désirable de devenir l'humble instrument qui ferait entrer son amant dans le giron de l'Eglise véritable. Les propositions de Middleton furent donc acceptées promptement; et, tandis que le père attendait impatiemment le jour fixé pour un mariage qui devait être le gage du succès qu'il espérait, la fille y pensait avec des sentiments dans lesquels se concentraient les saintes émotions de sa foi, et les sensations plus douces produites par son âge et sa situation.

Le matin du jour de ses noces, le soleil se leva si pur et si brillant, que la sensible Inez en tira le présage de son bonheur futur. Le père Ignace prononça la bénédiction nuptiale dans une petite chapelle qui avait été construite sur le domaine de don Augustin; et longtemps avant que le soleil commençât à descendre sur l'horizon, Middleton pressa contre son cœur la jeune et timide créole, comme son épouse reconnue, et que rien désormais ne pouvait séparer de lui. Il avait été convenu que cette journée se passerait dans la retraite, et qu'elle serait uniquement consacrée à l'affection la plus pure et la plus tendre, loin du bruit et des réjouissances ordinaires d'une gaieté forcée à laquelle le cœur ne prend aucune part.

En revenant de faire à son camp une visite à laquelle son devoir l'obligeait, Middleton traversait les domaines de don Augustin à l'heure où la lumière du soleil commence à céder à l'ombre du soir, quand il entrevit à travers le feuillage, dans un cabinet de verdure, une robe semblable à celle qu'Inez portait en l'accompagnant à l'autel. Il s'arrêta d'abord par un sentiment de délicatesse d'autant plus vif, qu'elle lui avait peut-être donné le droit de se présenter devant elle, même pendant les instants qu'elle voulait consacrer à la retraite; mais le son de sa douce voix, qui offrait au ciel des prières dans lesquelles il entendit son nom prononcé avec les épithètes les plus tendres, l'emporta sur ses scrupules, et le détermina à se placer de manière à pouvoir l'entendre sans craindre d'être aperçu.

Il était certainement délicieux pour un jeune époux de pouvoir lire ainsi dans le fond de l'âme sans tache de sa compagne, et de voir que son image y régnait au milieu de la ferveur la plus sainte et la plus pure. En suppliant le ciel de lui accorder la grâce de devenir l'humble instrument de sa conversion, elle le conjurait de lui pardonner à elle-même, si la présomption ou l'indifférence pour les conseils de l'Eglise l'avaient portée à trop compter sur l'influence qu'elle aurait sur lui, et à risquer peut-être le salut de son âme en épousant un hérétique. Elle exprimait ces sentiments avec tant de ferveur et d'une manière si naturelle, il y avait en elle quelque chose de si angélique pendant qu'elle priait ainsi, que Middleton lui aurait pardonné de lui donner même le nom de païen, en faveur de la douceur avec laquelle elle intercédait pour lui.

Inez était à genoux ; il attendit qu'elle se levât pour se montrer à elle, et il lui laissa ignorer qu'il eût entendu ses prières.

— Il est déjà tard, mon Inez, lui dit-il, et don Augustin pourrait vous reprocher de négliger votre santé, si vous restiez à l'air à une pareille heure. Que dois-je donc faire, moi qui suis investi de toute son autorité, et qui ai deux fois sa tendresse ?

— Lui ressembler en tout, répondit-elle en le regardant les larmes aux yeux ; *en tout !* répéta-t-elle en appuyant sur ces mots avec une intention marquée. Imitez mon père, Middleton ; je ne puis demander autre chose de vous.

— Ni pour moi, Inez, dit Middleton. Je ne doute pas que je ne fusse tout ce que vous pouvez désirer, si je devenais semblable au digne et respectable don Augustin. Mais vous devez avoir quelque indulgence pour les faiblesses et les habitudes d'un soldat. — Maintenant allons rejoindre cet excellent père.

— Pas encore, répondit Inez en se dégageant doucement du bras qu'il lui avait passé autour de la taille, tandis qu'il cherchait à l'entraîner. Il me reste un autre devoir à remplir avant que de me soumettre si positivement à vos ordres, tout commandant que vous êtes. J'ai promis à la digne Inesilla, ma nourrice, qui, comme vous l'avez entendu dire, Middleton, a été si longtemps une mère pour moi, d'aller la voir ce soir. C'est la dernière fois, à ce qu'elle pense, qu'elle pourra recevoir la visite de son enfant, et je ne puis tromper son attente. Allez retrouver don Augustin, et dans une petite heure je serai près de vous.

— Dans une heure, souvenez-vous-en, dit Middleton.

— Dans une heure! répondit Inez en lui envoyant un baiser avec la main; et rougissant comme si elle eût été honteuse de s'être permis cette liberté, elle sortit du cabinet de verdure en courant, prit le chemin de la chaumière de sa nourrice, et Middleton l'y vit entrer quelques instants après.

Il retourna chez son beau-père à pas lents et d'un air pensif, jetant souvent un regard en arrière du côté où il avait vu sa femme, comme s'il se fût imaginé pouvoir encore apercevoir sa forme légère, qui semblait voler au milieu du crépuscule du soir. Don Augustin le reçut avec affection, et passa quelque temps à lui détailler les plans qu'il avait formés pour l'avenir. Le vieil Espagnol écouta ensuite le récit brillant, mais non exagéré, que lui fit son gendre de la prospérité croissante des Etats-Unis, dans le voisinage desquels il avait passé toute sa vie sans les connaître; et en l'écoutant il manifesta tantôt la surprise et tantôt cette sorte d'incrédulité qu'on éprouve lorsqu'on doute de l'impartialité du narrateur et qu'on le soupçonne de vouloir orner ses tableaux de couleurs trop flatteuses.

L'heure qu'Inez avait demandée se passa ainsi beaucoup plus vite que son mari ne l'aurait cru possible en son absence. Enfin ses regards commencèrent à consulter la pendule; il compta les minutes à mesure qu'elles s'écoulaient, et Inez ne paraissait pas. La grande aiguille avait déjà fait la moitié d'une autre révolution autour du cadran, lorsque enfin il se leva et annonça qu'il allait la chercher lui-même, afin qu'elle ne revînt pas seule à une pareille heure.

La nuit était alors obscure, et le ciel était chargé de ces vapeurs menaçantes qui, dans ce climat, annoncent infailliblement un ouragan. L'aspect du firmament autant que ses inquiétudes secrètes lui firent doubler le pas, et il courut rapidement vers la chaumière d'Inésilla. Vingt fois il s'arrêta, croyant entrevoir à quelque distance la forme légère d'Inez retournant chez son père, et autant de fois trompé dans son attente, il se remit en marche. Enfin il arriva à la chaumière, frappa à la porte, l'ouvrit, entra, vit la vieille nourrice, et ne trouva point avec elle celle qu'il cherchait. Inez était partie; il fallait donc qu'elle eût passé près de lui dans l'obscurité, sans qu'ils se fussent aperçus. Il retourna sur-le-champ chez don Augustin; un coup terrible l'y attendait: Inez n'y était pas arrivée. Le cœur palpitant, et sans communiquer son dessein à personne, il courut au cabinet de verdure dans lequel il l'avait entendue offrir des vœux au ciel pour son bonheur et sa conversion; il ne l'y trouva point, et il resta plongé dans l'incertitude pénible des doutes et des conjectures.

Pendant plusieurs heures un soupçon secret des motifs de sa femme l'engagea à mettre dans ses recherches du mystère et des précautions. Mais comme le jour parut sans la rendre à la tendresse de son père et de son mari, toute réserve devint inutile, et l'on proclama hautement son inconcevable absence. On fit ouvertement les recherches les plus exactes pour découvrir ce qu'Inez était devenue, mais elles ne produisirent aucun résultat. Personne ne l'avait vue, personne n'avait entendu parler d'elle depuis l'instant où elle était sortie de la chaumière de sa nourrice.

Les jours se succédèrent, et toutes les recherches que l'on continuait ne purent en faire apprendre aucune nouvelle. Enfin on perdit tout espoir, et ses parents et ses amis la regardèrent comme perdue pour toujours.

Un événement d'une nature si extraordinaire ne pouvait s'oublier promptement. Il donna naissance à une foule de bruits, de conjectures, et même de mensonges. L'opinion qui prévalut parmi ceux des émigrants qui couvraient le pays, et à qui la multitude de leurs occupations laissait le loisir de s'occuper des affaires des autres, était tout simplement que l'épouse absente avait elle-même volontairement mis fin à ses jours. Le père Ignace avait des doutes et quelque componction de conscience, mais en habile capitaine il chercha à tirer parti de ce fatal événement pour le rendre utile à la foi pour laquelle il combattait. Changeant de batteries, il dit à ses plus vieux paroissiens qu'il s'était trompé sur les dispositions de Middleton, et qu'il était maintenant forcé de croire qu'il était complètement enfoncé dans le bourbier de l'hérésie. Il fit reparaître ses reliques, et se permit même de nouveau quelques allusions sur le sujet délicat et presque oublié des miracles modernes. Le résultat de la conduite du vénérable prêtre fut que ses ouailles les plus ferventes finirent par se persuader qu'Inez avait été transportée au ciel.

Don Augustin avait tous les sentiments d'un père, mais ils étaient étouffés sous l'indolence d'un créole. Comme son directeur spirituel, il commença à croire qu'il avait eu tort de mettre dans les bras d'un hérétique une jeune fille si pure, si innocente, et surtout si pieuse, et il finit par se persuader que le malheur dont sa vieillesse avait été frappée était la punition de sa présomption et de son manque de fermeté dans les principes de sa foi. Il est vrai que lorsque les bruits qui couraient dans la paroisse arrivèrent à ses oreilles, il trouva quelque consolation en cherchant à se persuader qu'ils étaient vrais ; mais la nature était trop puissante, et sa voix parlait trop haut à son cœur pour qu'il pût écarter de son esprit la pensée rebelle que la part de l'héritage céleste que sa fille venait d'obtenir était un peu prématurée.

Mais Middleton, amant, époux, était accablé sous le poids de ce coup aussi terrible qu'inattendu. Elevé sous l'empire d'une foi simple et raisonnable qui ne cherche à rien cacher à ceux qui la professent[1], ses appréhensions étaient principalement fondées sur l'esprit superstitieux qu'il connaissait à son épouse. Il est inutile d'appuyer sur les tortures mentales qu'il endura, les conjectures qu'il forma, les espérances qu'il conçut, le désespoir qui y succéda, pendant les premières semaines qui suivirent cette calamité. Un soupçon secret que des motifs religieux avaient influé sur la disparition d'Inez, le soutenait au milieu des recherches qu'il continuait à faire ; mais enfin le temps commençait à le priver même de la triste consolation qu'elle l'avait volontairement abandonné, quoique peut-être seulement pour un certain temps, quand ses espérances se ranimèrent tout à coup d'une manière fort singulière.

Après une parade du soir, le jeune officier retournait triste et à pas lents à son logis, situé à quelque distance du camp, quoique renfermé dans les lignes, quand ses yeux distraits s'arrêtèrent sur un homme qui, d'après les lois militaires, ne devait pas se trouver en cet endroit à une pareille heure. Cet étranger était mal vêtu, et tout annonçait en lui la pauvreté, la crapule, et les habitudes les plus dissolues. Le chagrin avait adouci la fierté militaire de Middleton, et en passant près de ce misérable, il lui dit avec un ton de douceur ou plutôt de bonté :

— Vous passerez la nuit au corps-de-garde, l'ami, si la patrouille vous trouve ici. — Prenez ce dollar, et allez chercher ailleurs un gîte et quelque chose à mettre sous la dent.

— J'avale ma nourriture sans avoir besoin de la mâcher, capitaine, répondit le vagabond en saisissant avec toute l'ardeur d'une âme vile et intéressée l'argent qui lui était offert ; donnez-moi dix-neuf autres pièces semblables, et je vous vendrai un secret.

1. Toute religion a ses mystères, disons plus, ses superstitions, la religion de Middleton comme celle de don Augustin.

— Retirez-vous, dit Middleton en reprenant un air de sévérité militaire; retirez-vous, ou j'appellerai la garde pour vous faire arrêter.

— Eh bien, je me retirerai, répliqua le drôle; mais si je me retire, capitaine, vous pourrez rester veuf, jusqu'à ce que la retraite de votre vie soit battue.

— Que voulez-vous dire? s'écria Middleton en se retournant à la hâte vers ce misérable qui commençait déjà à s'éloigner.

— Je veux dire que je vais avoir la valeur de ce dollar en eau-de-vie d'Espagne, et alors je reviendrai, et je vous vendrai un secret que vous me paierez avec assez d'argent pour en acheter un baril.

— Si vous avez quelque chose à me dire, parlez sur-le-champ, s'écria Middleton réprimant avec peine un mouvement d'impatience.

— J'ai le gosier sec, capitaine, et je ne puis parler avec élégance que lorsqu'il est humecté. — Combien me donnerez-vous pour savoir ce que je puis vous dire? — Faites-moi une jolie offre, — quelque chose qu'un gentilhomme puisse offrir à un autre.

— Je crois que pour vous rendre justice, drôle, je devrais vous faire conduire au corps-de-garde. — A quoi votre grand secret a-t-il rapport?

— Au mariage, — à une femme qui ne l'est que de nom, — à une jolie figure, — à une riche dot. — Vous parlé-je assez clairement, capitaine?

— Si vous savez quelque chose qui ait rapport à ma femme, expliquez-vous sur-le-champ, et ne craignez pas de manquer de récompense.

— J'ai fait plus d'un marché dans ma vie, capitaine, et j'ai été payé tantôt en argent comptant, tantôt en belles promesses. Or, cette dernière monnaie, c'est ce que j'appelle de la viande creuse.

— Que me demandez-vous?

— Vingt... Non, de par tous les diables! mon secret vaut trente dollars, ou il ne vaut pas un centime.

— Eh bien, voici trente dollars; mais faites bien attention que, si vous ne me dites rien qui mérite d'être su, je puis appeler la garde, vous forcer à les restituer, et vous faire punir de votre insolence.

L'inconnu examina les billets de banque avec attention, parut convaincu qu'ils étaient bons, et les mit dans sa poche.

— J'aime ces billets des États du Nord, dit-il avec beaucoup de sang-froid; ils ont, comme moi, une réputation à perdre. — Ne craignez rien, capitaine, je suis homme d'honneur, et je ne vous dirai pas un mot de plus ni de moins que ce que je sais positivement.

— Parlez donc sans plus tarder, ou je puis avoir des regrets et ordonner qu'on vous prenne tout ce que je vous ai donné, argent et billets.

— Il faut de l'honneur, capitaine, de l'honneur, quand il en devrait coûter la vie, dit le mécréant en levant la main avec un mouvement d'horreur occasionné par une telle menace... Eh bien! je vous dirai donc qu'il faut que vous sachiez que tous les hommes comme il faut ne vivent pas du même métier; les uns vivent de ce qu'ils ont, les autres prennent ce qu'ils peuvent trouver.

— Ce qui veut dire que vous avez été voleur.

— Je méprise cette expression. J'ai été un chasseur d'hommes. Savez-vous ce que cela veut dire? on peut l'entendre de plusieurs manières. Il y a des gens qui regardent les têtes couvertes de laine comme bien à plaindre, parce qu'on les force à travailler dans les plantations, sous un soleil brûlant, et au milieu de toutes sortes d'inconvénients. — Eh bien! capitaine, j'ai été, dans mon temps, un homme qui voulait bien leur procurer du moins le plaisir de la variété, en les faisant changer de scène. — Vous me comprenez?

— En bon anglais, vous êtes voleur et vendeur de chair humaine.

— J'ai été, digne capitaine, j'ai été, car quant à présent je suis un peu sur la réforme, comme le marchand qui quitte le commerce en gros, et qui se met à celui de détail, j'ai aussi été soldat dans mon temps. Or, quel est le grand secret de notre métier? pouvez-vous me le dire?

— Je ne sais, répondit Middleton, qui commençait à s'ennuyer de ce préambule, — le courage?

— Non, les jambes; car il faut des jambes pour combattre, et il en faut aussi pour fuir. Vous voyez donc que mes deux métiers étaient bien d'accord ensemble. Or, mes jambes ne sont plus aussi bonnes qu'autrefois; et sans jambes, le métier de chasseur d'hommes ne vaut rien. Mais il ne manque pas encore de gens qui en ont de meilleures.

— Elle aurait été enlevée! s'écria Middleton saisi d'horreur.

— Pendant ces voyages — aussi sûr que vous êtes devant moi.

— Misérable ! quelle raison avez-vous pour croire une pareille chose ?

— A bas les mains ! — à bas les mains ! — croyez-vous en me serrant la gorge, faire marcher ma langue plus vite ? Ayez patience, et vous saurez tout ; mais si vous me traitez encore avec si peu de cérémonie, je serai obligé d'avoir recours aux hommes de loi.

— Continuez donc ; mais si vous me dites autre chose que la vérité, ou si vous ne la dites pas tout entière, craignez ma vengeance ; elle ne se fera pas attendre.

— Etes-vous assez fou pour croire ce que vous dit un coquin comme moi, capitaine, à moins que vous n'y trouviez quelque probabilité ? Non ; je sais que vous ne l'êtes pas. Je vous dirai donc mes faits et mes opinions, et je vous laisserai ensuite ruminer cette pâture, tandis que j'irai boire avec votre argent. — Je connais un nommé Abiram White[1]. — Je crois que le drôle a pris ce nom pour annoncer sa haine contre la race des noirs. — Quoi qu'il en soit, il est à ma connaissance que, depuis bien des années, il a fait et fait encore le métier régulier de transporter des créatures humaines d'un Etat dans un autre. — J'ai trafiqué avec lui dans mon temps, et c'est un chien qui ne cherche qu'à tromper ; il n'y a pas plus d'honneur en lui que de viande dans mon estomac. — Or, je l'ai vu ici — dans cette ville, — le jour même de votre mariage. — Il était avec le frère de sa femme, et il prétendait qu'ils allaient s'établir sur les nouveaux territoires pour y chasser. — C'était une bande de gens tels qu'il en faut pour faire de bonnes affaires, — sept garçons, tous aussi grands que votre sergent, y compris son bonnet. Eh bien ! du moment que j'ai appris que votre femme avait disparu, je me suis dit sur-le-champ qu'Abiram avait mis la main sur elle.

— Cela peut-il être vrai ? Comment le savez-vous ? — Quelle est votre raison pour le croire ?

— Quelle est ma raison ? ma raison, c'est que je connais Abiram White. — Et maintenant ajouterez-vous une bagatelle pour empêcher mon gosier de se dessécher ?

— Allez, allez, vous n'avez déjà que trop bu, misérable, car vous ne savez ce que vous dites. Retirez-vous, et prenez garde de rencontrer la patrouille.

---

1. *White* signifie blanc.

— L'expérience est un bon guide, dit le drôle en s'éloignant. Il se retourna un moment après pour regarder Middleton, en souriant d'un air content de lui-même, et se dirigea ensuite vers la boutique de la vivandière.

Cent fois, pendant la nuit suivante, Middleton pensa que ce que lui avait dit ce mécréant méritait quelque attention, et autant de fois il rejeta cette idée comme trop extravagante pour y songer un instant. Après avoir passé la nuit dans l'agitation et sans dormir, il céda au sommeil vers le matin, et fut éveillé peu après par le sergent de garde, qui vint lui rendre compte qu'on avait trouvé un homme mort dans l'enceinte des lignes, à peu de distance de son logement. S'étant habillé à la hâte, Middleton se rendit sur les lieux, et reconnut l'individu avec lequel il avait eu une conversation la veille, et qui était étendu précisément à l'endroit où il l'avait rencontré.

Ce misérable avait péri victime de son intempérance. Ce fait révoltant était suffisamment prouvé par ses yeux rouges qui sortaient de leurs orbites, par son visage gonflé, et par l'odeur insupportable qu'exhalait déjà son cadavre. Dégoûté de ce hideux spectacle, le jeune officier détournait les yeux, après avoir ordonné qu'on transportât le corps hors du camp, lorsque la position d'une des mains du défunt le frappa. En l'examinant, il vit qu'il avait l'index allongé, comme pour écrire sur le sable, et il remarqua les caractères suivants mal tracés, mais lisibles : —Capitaine, il est vrai, comme je suis honn..... Mais avant de finir la phrase, la mort l'avait frappé, ou il avait succombé à un sommeil qui en était le précurseur.

Sans faire part à personne de cette circonstance, Middleton réitéra ses ordres, et se retira. L'obstination du défunt et toutes les circonstances réunies le portèrent à prendre secrètement quelques informations, et il apprit qu'une famille dont la description ressemblait parfaitement à celle que l'ivrogne lui en avait faite, avait effectivement passé par cette ville le jour même de son mariage. On suivit aisément ses traces sur les rives du Mississipi jusqu'à une certaine distance. Là elle s'était embarquée et avait remonté ce fleuve jusqu'à son confluent avec le Missouri. En cet endroit elle avait disparu, comme des centaines d'autres aventuriers, pour aller chercher fortune dans l'intérieur.

Bien certain de ces faits, Middleton emmena avec lui une petite escorte des hommes dont il était le plus sûr, prit congé de don

Augustin, sans lui parler de ses espérances ni de ses craintes, et, parvenus au point qui lui avait été indiqué, il commença sa poursuite dans le désert. Il ne lui fut pas difficile de suivre la piste d'un cortége tel que celui d'Ismaël tant qu'il fut dans les limites ordinaires des habitations ; mais quand il reconnut que les émigrants les avaient dépassées, cette circonstance augmenta naturellement ses soupçons, et donna une nouvelle force à son espoir de réussir.

N'ayant plus à espérer de pouvoir obtenir des renseignements verbaux dans les solitudes où il entrait, l'époux inquiet ne put compter que sur les signes ordinaires qui indiquaient le passage de ceux qu'il poursuivait. Cette tâche fut assez facile jusqu'à ce qu'il fût arrivé sur les Prairies, dont le sol dur ne conservait aucune empreinte de leur marche. Il s'y trouva donc complètement en défaut, et il crut devoir faire marcher isolément sur les différentes directions tous ceux qui l'accompagnaient, après leur avoir fixé un rendez-vous à un jour assez éloigné, afin de tâcher de retrouver la trace qu'il avait perdue, en multipliant pour ainsi dire le nombre des yeux. Il était seul depuis huit jours quand le hasard lui fit rencontrer le Trappeur et le chasseur d'abeilles. Nous avons rapporté une partie de leur entrevue, et le lecteur peut aisément se figurer les explications qui suivirent le récit que leur fit Middleton, et qui l'aidèrent, comme on l'a déjà vu, à retrouver son épouse.

CHAPITRE XVI.

> Ces probabilités confirment sa fuite. Je vous en prie donc, ne vous arrêtez pas à de vains discours, montez à cheval à l'instant.
>
> SHAKSPEARE.

UNE heure s'était passée en questions faites à la hâte et presque incohérentes, en réponses qui ne l'étaient pas moins, avant que Middleton, qui regardait le trésor qu'il venait de recouvrer avec cette sorte d'inquiétude jalouse qu'éprouve un avare en veillant sur son coffre-fort, terminât la relation décousue de son expédition, en demandant à son épouse :

— Et vous, mon Inez, de quelle manière avez-vous été traitée?

— Sans l'injustice qu'ils ont commise en m'arrachant de force à mes amis, je pourrais dire que mes ravisseurs m'ont traitée en tout aussi bien que les circonstances où ils se trouvaient le permettaient. Je crois que celui qui est certainement le maître ici n'est encore qu'un novice en perversité. Il a eu, en ma présence, une querelle terrible avec le misérable qui m'a enlevée, et ils ont fini par faire ensemble un horrible marché, auquel ils m'ont forcée d'acquiescer, et que j'ai été obligée de confirmer comme eux par un serment. Ah, Middleton! je crains que les hérétiques n'aient pas pour leurs serments le même respect que les chrétiens élevés dans le sein de la véritable Eglise.

— N'en croyez rien! ces scélérats ne sont d'aucune religion. Se sont-ils parjurés?

— Non, ils n'ont pas été parjures; mais n'était-il pas horrible de prendre Dieu à témoin d'un pacte si criminel?

— C'est ce que nous croyons, Inez, aussi fermement que le plus vertueux cardinal de Rome. Mais comment ont-ils observé leur serment, et quel en était l'objet?

— Ils me promirent de ne me soumettre à aucune contrainte, et même de ne pas se présenter devant moi, pourvu que je m'engageasse par serment à ne faire aucune tentative pour m'échapper, et même à ne pas me montrer jusqu'à un certain temps qu'ils fixèrent.

— Et ce temps? demanda l'impatient Middleton, qui connaissait les scrupules religieux de son épouse; quel était ce temps?

— Il est déjà passé. J'avais fait serment par ma sainte patronne, et je l'ai fidèlement gardé, car je ne me montrai sur le rocher que lorsque celui qu'on nomme Ismaël en vint à des actes de violence, et le temps fixé par mon vœu était alors écoulé. Je crois pourtant que le père Ignace lui-même m'en aurait accordé la dispense, attendu la trahison de mes ravisseurs.

— Et dans le cas contraire, murmura le jeune capitaine en serrant les dents, je lui aurais accordé la dispense de diriger à l'avenir votre conscience.

— Vous, Middleton! lui répondit sa femme en regardant son visage enflammé, tandis que ses traits pleins de douceur se couvraient aussi d'une vive rougeur, vous pouvez recevoir mes serments, mais vous n'avez certainement pas le droit de m'en accorder la dispense.

— Non, sans doute, Inez, non, vous avez raison. Je n'entends rien à ces subtilités de conscience, je suis tout autre chose qu'un prêtre. Mais dites-moi ce qui a pu engager ces monstres à tenter une entreprise si désespérée, à se jouer ainsi de mon bonheur ?

— Vous connaissez mon ignorance du monde ; vous savez combien je suis peu en état de rendre compte des motifs de la conduite d'êtres si différents de tous ceux que j'ai vus jusqu'ici. Mais la soif de l'argent ne porte-t-elle pas les hommes à des actions plus criminelles encore ? Je m'imagine qu'ils ont pensé qu'un vieux père riche se déciderait aisément à payer une forte rançon pour sa fille ; et peut-être, ajouta-t-elle en levant sur Middleton des yeux humides qui semblaient l'interroger, peut-être ont-ils aussi compté pour quelque chose sur l'affection d'un jeune époux.

— Ils auraient tiré de moi tout le sang de mon cœur goutte à goutte ! s'écria Middleton.

— Oui, continua la jeune et timide épouse en baissant les yeux qu'elle avait levés à la dérobée, et en reprenant à la hâte le fil de son discours, comme si elle eût voulu lui faire oublier la liberté qu'elle venait de prendre, on m'a dit qu'il existe des hommes assez vils pour commettre un parjure en face de l'autel afin de s'emparer de la fortune de jeunes filles ignorantes et confiantes ; et si l'amour de l'argent peut conduire à une pareille bassesse, on peut croire qu'il portera ceux qui en sont dévorés à des actes d'injustice qui sont peut-être moins criminels.

— Tels ont sans doute été leurs motifs ; et maintenant, Inez, quoique je sois ici pour vous défendre au péril de ma vie, et que nous nous trouvions en possession de ce rocher, nos embarras, peut-être nos dangers, ne sont pas encore terminés. — Il faut vous armer de tout votre courage, mon Inez ; et supporter cette épreuve en montrant que vous êtes la femme d'un soldat.

— Je suis prête à partir à l'instant même. La lettre que vous m'avez envoyée par le médecin m'avait donné de grandes espérances, et je me suis disposée à pouvoir fuir au premier signal.

— Partons donc sur-le-champ, et allons rejoindre nos amis.

— Nos amis ! s'écria Inez en jetant les yeux autour de la petite tente pour y chercher Hélène ; j'ai moi-même ici une amie qui doit passer avec nous le reste de ses jours. Où donc est-elle ?

Middleton lui prit doucement le bras pour la conduire hors de la tente, et lui répondit en souriant :

— Elle peut avoir eu, comme moi, quelque relation à faire à une oreille privilégiée.

Le jeune homme ne rendait pourtant pas justice aux motifs d'Hélène Wade. Aussi intelligente que sensible, elle avait senti que sa présence n'était nullement nécessaire à l'entrevue dont nous venons de parler, et elle s'était retirée avec cette délicatesse naturelle qui semble appartenir plus particulièrement à son sexe. On pouvait la voir alors, assise sur une pointe de rocher, et tellement enveloppée de ses vêtements, qu'il était impossible de distinguer ses traits. Elle y était restée près d'une heure sans que personne approchât d'elle, et même sans que personne l'observât, du moins à ce qu'elle croyait. A cet égard, pourtant, la clairvoyance de la vigilante Hélène fut en défaut.

Le premier soin de Paul Hover, en se trouvant maître de la citadelle d'Ismaël, avait été de faire entendre les sons de la victoire de la manière aussi étrange que burlesque qui est si souvent usitée parmi les habitants des frontières de l'ouest. Se battant les côtés des deux bras, comme le coq qui vient de triompher d'un rival bat des ailes, il imita d'une manière risible le chant victorieux de cet oiseau, avec un tel bruit, qu'il aurait pu devenir un signal de guerre si quelqu'un des enfants athlétiques du squatter eût été à portée de l'entendre.

— Voilà ce que j'appelle régulièrement abattre l'arbre, pour tirer le miel du tronc, s'écria-t-il, et sa chute n'a cassé les os à personne. Eh bien! vieux Trappeur, vous avez été dans votre temps un soldat discipliné; en avant, marche! Ce n'est pas la première fois que vous avez vu prendre des forts et démonter des batteries, n'est-ce pas?

— C'est vrai, c'est vrai, répondit le vieillard, qui conservait son poste au pied du rocher, si peu ému par tout ce qu'il venait de voir, qu'il répondit à Paul avec ce sourire silencieux qui le caractérisait. Vous vous êtes conduit dans toute cette affaire en homme brave.

— Maintenant, dites-moi, n'est-il pas d'usage, après une bataille sanglante, de faire l'appel des vivants et d'enterrer les morts?

— Quelquefois oui, quelquefois non. Quand sir William[1] poussa l'Allemand Dieskau dans les défilés de l'Hori....

— Votre sir William n'était qu'un goujat auprès de sir Paul; il

---

[1]. Ce général, souvent désigné par son nom de William, était sir William Howe.

ne connaissait pas la régularité militaire ; ainsi je commence l'appel. — Mais à propos, Trappeur, les abeilles, les bosses de buffle et quelques autres affaires m'ont fait oublier jusqu'à présent de vous demander votre nom, et cependant j'ai dessein de commencer l'appel par mon arrière-garde, car je sais que le corps avancé est trop occupé pour me répondre. Comment vous nommez-vous?

— Comment je me nomme? Ma foi, chaque peuplade avec laquelle j'ai demeuré m'a donné un nom différent. Les Delawares m'en donnèrent un qu'ils imaginèrent parce que j'avais la vue aussi perçante que le faucon [1] ; les colons des montagnes de l'Otsego me baptisèrent à leur tour d'après la manière dont je me couvrais les jambes [2] ; je ne saurais dire combien de noms j'ai portés pendant ma vie. Mais quand le moment arrivera où nous devrons être passés en revue l'un après l'autre, peu importera sous quel nom nous aurons joué notre rôle. J'espère humblement que je serai en état de répondre à tous les miens à haute voix et sans rougir.

Paul fit peu d'attention à cette réponse, dont plus de la moitié se perdit dans la distance, et continuant sa veine de plaisanterie, il appela le naturaliste d'une voix de stentor. Le docteur Battius n'avait pas jugé nécessaire de pousser ses succès au-delà de la niche que le hasard avait si heureusement formée pour le protéger, et où il se reposait de ses travaux, avec la certitude agréable d'y être en sûreté et la satisfaction d'être en possession du trésor végétal dont nous avons déjà parlé.

— Montez, montez ici, mon digne attrapeur de taupes ; venez voir la perspective dont jouissait ce coquin d'Ismaël ; venez regarder hardiment la nature en face, et ne vous cachez plus dans les grandes herbes de la Prairie pour y chercher des sauterelles.

Le léger et enjoué chasseur d'abeilles devint tout à coup aussi silencieux qu'il avait été bruyant, en voyant Hélène Wade sortir de la tente. Quand elle se fut assise solitairement sur une pointe du rocher, comme nous l'avons dit, Paul affecta de s'occuper à faire une revue exacte de tout ce qui appartenait à Ismaël. Il vida sans scrupule tous les tiroirs d'Esther, dispersa par terre autour de lui tous les atours rustiques des jeunes filles, sans avoir le moindre égard pour leur valeur ou leur élégance, et renversa les marmites et les poêlons comme s'ils eussent été de bois et non de fer. C'était pourtant sans motif apparent qu'il mettait ainsi tout

1. OEil-de-Faucon. Voyez *le Dernier des Mohicans*.
2. Bas-de-Cuir. Voyez *les Pionniers*.

en désordre, car il ne songea pas à s'approprier la moindre chose de tout ce qui lui passait par les mains ; il ne semblait même faire aucune attention à la valeur des objets qui souffraient de ses manières si peu cérémonieuses.

Lorsqu'il eut examiné ainsi l'intérieur de toutes les cabanes, et qu'il eut été faire une nouvelle visite dans l'endroit où il avait enfermé les enfants, qu'il avait eu soin de lier avec des cordes ; lorsqu'il eut, uniquement par espièglerie, fait sauter du haut du rocher, d'un grand coup de pied, un des seaux d'Esther, comme si c'eût été une balle, il se rapprocha du bord du plateau, et passant ses deux mains dans sa ceinture, il se mit à siffler l'air des chasseurs du Kentucky, avec autant d'ardeur que s'il eût été payé à l'heure pour faire de la musique à ses auditeurs. Il était encore occupé de cette manière quand Middleton, comme nous l'avons dit, sortit de la tente avec Inez, et donna une nouvelle direction aux idées de tous ses compagnons. Il fit oublier à Paul sa musique, arracha le docteur à la contemplation de sa plante, et, comme chef reconnu de la petite troupe, donna les ordres nécessaires pour qu'on se disposât à partir sur-le-champ.

Le moment d'empressement et de confusion qui suivit naturellement un pareil ordre, ne laissa à personne le temps de se livrer aux plaintes ni aux réflexions ; chacun s'occupa des préparatifs qui convenaient à ses forces et à sa situation. Le Trappeur s'était déjà emparé de l'âne, qui tondait l'herbe tranquillement à peu de distance du rocher, et il s'occupait alors à lui placer sur le dos la machine compliquée que le docteur Battius jugeait à propos d'appeler une selle de son invention. Le naturaliste saisit ses portefeuilles, son herbier et sa collection d'insectes, qu'il plaça avec soin dans deux sacs suspendus à la susdite selle, mais que le Trappeur jeta avec dédain, du moment qu'il eut le dos tourné. Paul porta au bas du rocher les légers paquets qu'Inez et Hélène avaient préparés d'avance pour leur fuite, tandis que Middleton, après avoir employé les menaces et les promesses pour engager les enfants à rester tranquillement dans la situation où on les laissait, aida les deux femmes à descendre du rocher. Comme le danger devenait urgent, puisqu'il était probable qu'Ismaël ne tarderait pas à revenir, on mit la plus grande célérité à faire tous ces préparatifs.

Le vieux Trappeur plaça quelques provisions, qu'il regardait comme nécessaires à la portion la plus faible et la plus délicate de la troupe, dans les deux sacs dont il avait expulsé avec si peu de cérémonial les trésors du naturaliste, et fit place à Middleton, qui aida Inez à s'asseoir sur la selle, derrière laquelle une espèce de coussin en paille avait été préparé pour Hélène par le Trappeur.

— A votre tour, jeune fille, dit le vieillard à Hélène, en lui faisant signe de se mettre en croupe, tout en allongeant le cou en avant avec quelque inquiétude pour regarder dans la Prairie. Le maître du logis ne peut tarder à revenir au gîte, et il n'est pas homme à renoncer sans bruit à ce qui est une fois en sa possession, de quelque manière qu'il l'ait acquis.

— Vous avez raison, s'écria Middleton; nous avons perdu des moments précieux, et nous avons le plus grand besoin de nous hâter.

— C'est ce que je pensais, répondit le Trappeur, et j'avais envie de vous le dire; mais je me suis souvenu combien votre grand-père aimait à regarder celle qui devait être son épouse dans le temps de sa jeunesse et de son bonheur. — C'est la nature, la nature; et il est plus sage de céder aux sentiments qu'elle inspire que de chercher à arrêter un torrent qui doit avoir son cours.

Hélène s'approcha de l'âne, et prenant la main d'Inez, elle lui dit du ton le plus affectueux en faisant de vains efforts pour maîtriser son émotion qui lui permettait à peine de s'exprimer :

— Adieu, ma chère dame; j'espère que vous pardonnerez et que vous oublierez les torts de mon oncle.

La pauvre fille n'en put dire davantage, un torrent de larmes qu'il lui fut impossible de retenir lui ayant coupé la parole.

— Que veut dire cela? s'écria Middleton; ne m'avez-vous pas dit, Inez, que cette excellente jeune fille devait nous accompagner, et passer avec nous le reste de sa vie, ou du moins y rester jusqu'à ce qu'elle trouve quelque autre résidence plus agréable?

— Je vous l'ai dit, et je l'espère encore, répondit Inez; elle m'a toujours donné lieu de croire qu'après m'avoir montré tant de commisération et d'amitié dans mes malheurs, elle ne m'abandonnerait pas si un temps plus heureux arrivait.

— Je ne puis vous suivre, continua Hélène, surmontant sa faiblesse momentanée; je ne le dois pas. Il a plu au ciel de me jeter au milieu de cette famille, et je ne dois pas la quitter. Ce serait ajouter une apparence de trahison à ce qui, dans son opinion, sera déjà assez répréhensible. J'étais orpheline, Ismaël a eu pour moi autant de bonté que le permettait son caractère, et je ne puis le fuir dans un pareil moment.

— Elle n'est pas plus parente de ce coquin d'Ismaël que je ne suis évêque, s'écria Paul après avoir toussé comme s'il lui eût été impossible de parler sans cette précaution préliminaire. Si le vieux misérable lui a fait la charité de lui donner un morceau de venaison ou une cuillerée d'homminie, elle l'en a bien payé en apprenant à ces jeunes diablesses à lire leur Bible, et en aidant la vieille Esther à coudre et à arranger ses guenilles. Dites-moi qu'un bourdon a un aiguillon, et je vous croirai plutôt que de convenir que Hélène Wade doit quelque chose à aucun individu de cette famille.

— Peu importe de quel côté soit la dette, répondit Hélène. Il n'y a personne qui doive prendre intérêt à une pauvre fille qui a perdu son père et sa mère, et dont les plus proches parents sont le rebut de la société. Non, non; partez, ma chère dame, et que le ciel vous protége! Je ferai mieux de rester dans le désert, où personne ne connaîtra ma honte.

— Eh bien! vieux Trappeur, dit Paul, voilà ce que j'appelle savoir d'où vient le vent. Vous êtes un homme qui a de l'expérience et qui connaît le train du monde. Or, je vous en fais juge, dites-moi franchement s'il n'est pas dans la nature des choses que la ruche essaime quand les jeunes abeilles ont pris leur croissance? Et si les enfants quittent ainsi leurs parents, une jeune fille qui n'est ni...

— Chut! s'écria le vieillard, Hector est mécontent. — Eh bien! qu'as-tu donc à gronder, mon vieux? Parle clairement, qu'y a-t-il de nouveau?

Le vénérable chien s'était levé, et tenant le nez en l'air, il reniflait le vent qui venait de la Prairie. Il répondit à son maître en grondant de nouveau et en montrant avec un air de menace les chicots de dents qui lui restaient. Son jeune compagnon, qui se reposait après la chasse du matin, fit aussi quelques démonstrations comme si l'air lui eût apporté une piste : après quoi, croyant sans doute en avoir fait assez, ils se recouchèrent tous deux tranquillement.

Le Trappeur saisit la bride de l'âne, et s'écria en le faisant marcher :

— Ce n'est plus le temps de parler; le squatter et ses fils ne sont pas à plus de deux milles d'ici.

Tout occupé du nouveau danger qui menaçait son épouse, Middleton ne songea guère à Hélène; et il est inutile de dire que le docteur Battius n'attendit pas un second avis pour se mettre en marche et commencer sa retraite.

Suivant la route indiquée par le vieux Trappeur, la petite troupe tourna autour du rocher et s'enfonça ensuite dans la Prairie, de manière à être cachée aux yeux de ceux qui pouvaient arriver par l'éminence derrière laquelle elle marchait.

Paul Hover fut le seul qui ne changea pas de place, et il resta appuyé d'un air sombre sur son fusil. Près d'une minute se passa avant qu'Hélène l'aperçût, car elle avait mis la main sur ses yeux comme pour se cacher à elle-même l'isolement complet dans lequel elle se croyait.

— Pourquoi ne fuyez-vous pas? s'écria-t-elle en pleurant, dès qu'elle vit qu'elle n'était pas seule.

— Je ne suis pas accoutumé à fuir.

— Mon oncle va arriver; vous n'avez rien à espérer de sa pitié.

— Ni de celle de sa nièce, à ce qu'il me semble. Qu'il vienne! il ne peut que me tuer.

— Paul! Paul! si vous m'aimez, fuyez!

— Seul! Si j'en fais rien, je veux être...

— Si vous faites cas de votre vie...

— Elle n'est rien pour moi si je vous perds.

— Paul!

— Hélène!

Elle étendit les bras et versa un nouveau déluge de larmes. Le chasseur d'abeilles lui passa un bras autour de la taille, l'entraîna doucement, et prit avec elle le chemin de la plaine pour rejoindre ses compagnons.

CHAPITRE XVII.

> Approchez de la chambre, et qu'une autre Gorgone prive vos yeux de la vue : ne me dites pas de parler; voyez et parlez vous-mêmes.
> SHAKSPEARE.

Le petit ruisseau qui fournissait de l'eau à la famille du squatter, et qui avait nourri les arbres et les buissons près de la base du rocher, prenait sa source à peu de distance au milieu d'un bouquet de vignes sauvages et de cotonniers. Ce fut vers cet endroit que le Trappeur dirigea sa marche dans un danger si urgent.

On se rappellera que la sagacité du vieillard, sagacité qui, d'après une longue expérience de semblables scènes, était presque devenue un instinct dans tous les cas de péril soudain, avait pris cette direction pour placer la montagne entre la petite troupe qu'il conduisait et les ennemis dont l'arrivée était à craindre. Favorisé par cette circonstance, il eut le temps de gagner le terrain couvert, et Paul Hover venait d'y entrer avec Hélène respirant à peine, à l'instant où Ismaël arriva sur le sommet du rocher de la manière dont nous l'avons déjà dit. Il resta un moment comme un homme privé de ses sens, en voyant le désordre et la confusion de tout ce qui lui appartenait, et en trouvant ses enfants garrottés sous un petit hangar couvert d'écorces d'arbres, où le chasseur d'abeilles les avait laissés. Une balle lancée de cette hauteur par une longue carabine aurait pu tomber sur le petit bois qui protégeait en ce moment la fuite des auteurs de cette scène étrange.

Après avoir jeté un coup d'œil sur tous ses compagnons rassemblés autour de lui, comme pour s'assurer que personne ne manquait, le Trappeur fut le premier à parler, comme étant celui sur l'intelligence et l'expérience duquel les autres comptaient pour en recevoir des avis.

— Ah! la nature est la nature, après tout, et elle a fait sa besogne, dit-il avec un sourire d'approbation à Paul, qui avait l'air triomphant. Je pensais qu'il serait bien dur que des jeunes gens qui s'étaient rencontrés si souvent par le beau temps comme par le mauvais à la lueur des étoiles, et quand la lune était couverte d'un nuage, se séparassent dans un moment d'humeur. Il ne peut se passer bien du temps avant que quelqu'un de ces jeunes renards lève le nez pour flairer notre piste, et s'ils la trouvent, comme ils la trouveront sûrement, et qu'ils nous poursuivent de manière à ne nous laisser d'autre ressource que le courage, c'est une dispute qu'il faudra arranger avec le fusil, ce qu'à Dieu ne plaise. — Capitaine, pouvez-vous nous conduire à l'endroit où vous devez trouver quelques uns de vos soldats? car les enfants du squatter n'y iront pas de main morte, ou je ne connais pas leur caractère.

— Le rendez-vous a été fixé sur les bords de la Platte, bien loin d'ici.

— Tant pis! tant pis! Quand il faut se battre, il est toujours plus sage de le faire à armes égales. Mais convient-il à un homme qui est si près du tombeau de songer encore aux combats? Ecoutez l'avis que peut vous offrir une tête grise qui n'est pas sans quelque expérience, et ensuite si quelqu'un de vous indique un meilleur moyen de retraite, nous pourrons suivre son conseil, et nous oublierons ce que j'aurai dit. Ce petit bois s'étend à environ un mille de distance, diagonalement avec le rocher, en s'avançant vers le couchant, et par conséquent en s'éloignant des habitations....

— Il suffit, il suffit! s'écria Middleton, dont l'impatience ne lui permit pas d'attendre la fin de l'explication un peu diffuse du vieillard; le temps est trop précieux pour le perdre en discours; marchons.

Le Trappeur fit un geste de consentement, et reprenant la bride de l'âne, il le conduisit sur la surface marécageuse du bois; et après l'avoir traversé, la petite troupe se trouva sur un terrain ferme, du côté opposé à l'habitation d'Ismaël.

— Si les regards du vieux coquin tombent sur ce bois, dit Paul en jetant à la hâte un coup d'œil sur les traces bien marquées qu'ils laissaient derrière eux sur une terre molle, il n'aura pas besoin d'écriteau pour savoir quel chemin il doit prendre. Mais qu'il vienne! je sais que le vagabond ne serait pas fâché de croiser sa race par un peu de sang honnête; mais si quelqu'un de ses vauriens d'enfants devient jamais le mari d...

— Silence, Paul, silence! dit avec effroi et en rougissant Hélène, qui marchait appuyé sur son bras; votre voix pourrait être entendue.

Le chasseur d'abeilles garda le silence; mais tandis qu'ils suivaient la lisière du bois, il jetait en arrière certains regards menaçants, qui annonçaient assez ses dispositions belliqueuses. Pendant que chacun d'eux était occupé de ses pensées, ils arrivèrent au bout de quelques minutes à une des collines ondoyantes de la Prairie. Ils la montèrent, en descendirent sans un instant de délai, et se trouvèrent alors hors de danger d'être vus par Ismaël et ses enfants, à moins qu'ils ne les poursuivissent et qu'ils ne reconnussent leurs traces. Le vieillard profita alors de la disposition du terrain pour changer la direction de la marche, afin d'éluder la poursuite, comme un navire change de route pendant un brouillard ou dans l'obscurité pour échapper à la vigilance de l'ennemi.

Deux heures, pendant lesquelles ils marchèrent toujours à grands pas, leur avaient suffi pour tracer un demi-cercle autour du rocher, et pour arriver à un point diamétralement opposé à la première direction de leur fuite. La plupart des fugitifs ne connaissaient pas plus leur position que le voyageur ignorant ne connaît au milieu de l'Océan celle du vaisseau sur lequel il fait une traversée; mais le vieillard dirigeait la marche avec un air décidé, qui inspirait de la confiance à ses compagnons, en leur donnant une idée favorable de ses connaissances locales. Son chien, s'arrêtant de temps en temps pour consulter l'expression de ses yeux, avait, pendant toute la route, précédé son maître avec la même assurance que s'ils se fussent préalablement concertés sur la direction qu'ils suivraient. Mais à l'expiration du temps dont nous venons de parler, le chien s'arrêta tout à coup, sembla chercher une piste, et commença à aboyer d'un ton sourd et plaintif.

— Oui, Hector, oui! — Je connais l'endroit, — je le connais; et il y a de bonnes raisons pour se le rappeler, dit le vieillard en s'arrêtant près du fidèle quadrupède, et attendant que tous ses compagnons fussent réunis autour de lui. Vous voyez ce petit bois qui est devant nous, continua-t-il alors; nous pourrions y rester jusqu'à ce que cette Prairie devienne une forêt, sans craindre que personne de la lignée d'Ismaël osât venir nous y troubler.

— C'est l'endroit où gît le corps de l'homme mort, s'écria Middleton en jetant les yeux sur le bois, et paraissant révolté de ce souvenir.

— Précisément; mais il reste à savoir si ses parents l'ont trouvé et ont rendu ses restes à la terre. Le chien reconnaît la piste, mais il semble un peu dérouté. Il faut donc que vous alliez examiner les lieux, ami chasseur d'abeilles, tandis que je resterai auprès des chiens pour les empêcher d'aboyer trop haut.

— Moi! s'écria Paul en enfonçant une main dans ses cheveux épais, en homme qui croit prudent de réfléchir deux fois avant de se charger d'une entreprise si formidable; — écoutez, vieux Trappeur, je me suis trouvé en habit de toile de coton au milieu de bien des essaims qui avaient perdu leur reine, sans avoir peur, et permettez-moi de vous dire que l'homme qui est capable d'agir ainsi ne paraît pas devoir craindre aucun enfant vivant du coquin d'Ismaël. Mais quant à aller chercher les os des morts, ce n'est ni mon métier ni mon inclination ; ainsi, en vous remerciant de la préférence, comme le dit celui qu'on nomme caporal de milice dans le Kentucky, je vous déclare que je ne me charge pas de ce service.

Le vieillard se tourna, d'un air déconcerté, vers Middleton ; mais celui-ci était trop occupé à encourager Inez pour remarquer l'embarras du Trappeur. Il en fut pourtant tiré tout à coup par quelqu'un de qui, d'après des circonstances précédentes, on ne devait pas attendre des démonstrations de courage.

Pendant toute la retraite, le docteur Battius s'était fait remarquer par le soin tout particulier qu'il avait pris de ne s'occuper que de ce grand objet. Son désir de s'éloigner d'Ismaël avait été si ardent qu'il l'avait décidément emporté sur tous ses penchants ordinaires. Le docteur appartenait à cette classe de savants qui sont de fort mauvais compagnons de voyage pour un homme qui est pressé d'arriver. Pas une pierre, pas une plante, pas un insecte, ne pouvaient échapper à l'examen de ses yeux vigilants, et la pluie et le tonnerre n'avaient pas le pouvoir d'interrompre cette occupation agréable. Mais le disciple de Linnée n'y avait pas songé un instant pendant les deux heures qui venaient de s'écouler ; son esprit avait été exclusivement occupé à débattre la question importante de savoir si les robustes descendants d'Ismaël ne s'arrogeraient pas le droit de lui contester celui de traverser librement la Prairie. Le chien de meilleure race et le mieux dressé, ayant en vue le gibier, n'aurait pu en suivre la piste avec plus d'ardeur que le docteur n'avait décrit une courbe en suivant les pas du Trappeur.

Il fut peut-être heureux pour son courage qu'il ignorât que le vieillard les faisait marcher en cercle autour de la citadelle d'Ismaël ; car il était dans la douce persuasion que chaque pas qu'il faisait dans la Prairie l'éloignait d'autant de ce rocher dangereux. Malgré la secousse peu agréable qu'il reçut en découvrant son erreur, ce fut lui qui s'offrit hardiment pour entrer dans le bois où il y avait quelque raison de croire que le corps d'Asa assassiné se trouvait encore. Peut-être le naturaliste fut-il porté à se mettre en avant dans cette occasion par une crainte secrète qu'on n'interprétât défavorablement l'empressement qu'il avait montré à battre en retraite ; d'ailleurs, il est certain que, quelque appréhension que pussent lui causer les vivants, ses habitudes et ses connaissances le mettaient à l'abri de craindre les morts.

— S'il s'agit de quelque service qui exige le parfait commandement du système nerveux, dit le savant d'un air qu'il cherchait à rendre audacieux, vous n'avez qu'à donner la direction à ces facultés intellectuelles, voici celui sur les forces physiques duquel vous pouvez compter.

— Il est habitué à parler en paraboles, dit le Trappeur, dont l'esprit ne pouvait s'élever à la hauteur du langage scientifique du docteur, mais je crois qu'il y a toujours quelque sens caché dans ses discours, quoiqu'il soit aussi difficile de le découvrir que de trouver trois aigles perchés sur le même arbre. — Il serait prudent, docteur, de nous mettre à couvert, de peur que les enfants d'Ismaël ne soient sur nos traces ; et, comme vous le savez fort bien, il y a quelque raison de craindre que ce bois n'offre un spectacle qui serait horrible pour les yeux d'une femme. Êtes-vous assez homme pour voir la mort en face, ou faut-il que je coure le risque de laisser aboyer les chiens en y allant moi-même ? vous voyez qu'Hector est déjà prêt à y courir la gueule ouverte.

— Suis-je assez homme ! répéta le naturaliste. Vénérable Trappeur, nos relations ensemble ont une origine toute récente, sans quoi une pareille question aurait une tendance à amener entre nous une discussion très-sérieuse. J'ai le droit d'être rangé dans la classe *mammalia*; ordre, *primates*; genre, *homo*. Tels sont mes attributs physiques : quant à mes qualités morales, la postérité en jugera : ce n'est pas moi qui dois en parler.

— La *physique*[1] peut être bonne pour ceux qui l'aiment, dit le vieillard ; à mon goût et à mon jugement, elle n'est ni agréable ni salutaire ; mais la morale n'a jamais fait de mal à personne, soit qu'on demeure dans la forêt, soit qu'on vive au milieu des croisées vitrées et de la fumée des cheminées. Nous ne sommes divisés que par quelques mots difficiles à comprendre, l'ami ; car je sais qu'avec le temps et la franchise, nous nous entendrions l'un et l'autre, et nous porterions le même jugement des hommes et des voies de ce monde. — Tout beau, Hector, tout beau ! Qu'est-ce donc que vous avez ? On dirait que vous n'avez jamais flairé le sang humain.

Le docteur accorda un sourire gracieux, mêlé de commisé-

---

1. Le mot *physic* signifie *médecine* en anglais. Jeu de mots intraduisible.

tion, au philosophe de la nature, en reculant de deux pas de l'endroit où l'avait fait avancer son excès de courage, afin de pouvoir lui répondre plus à l'aise, et avec plus de liberté dans ses gestes et dans son attitude.

— Un *homo* est certainement un *homo*, dit-il en étendant un bras d'une manière imposante, et avec l'air d'un homme qui va argumenter ; en tout ce qui concerne les fonctions animales, il y a des liens d'harmonie, d'ordre, de conformité et de dessein qui réunissent le genre tout entier ; mais la ressemblance ne va pas plus loin. L'homme peut être dégradé par l'ignorance, et repoussé jusqu'au dernier point de la ligne qui le sépare de la brute, ou bien il peut être élevé par la science, et rapproché du grand Etre qui dirige tout. Je suis même porté à croire que, s'il en avait le temps et l'occasion, il pourrait arriver à la connaissance parfaite de toutes les sciences, et par conséquent devenir égal au grand principe moteur de toutes choses.

Le vieillard, qui était appuyé sur son fusil d'un air pensif, secoua la tête, et lui répondit avec une fermeté naturelle qui éclipsa tout à fait l'air d'importance que son antagoniste avait jugé à propos de prendre.

— Tout cela n'est ni plus ni moins que de la perversité humaine. Les saisons ont changé quatre-vingt-six fois depuis que je suis sur la terre, et pendant tout ce temps j'ai vu les arbres croître et mourir, et cependant je ne sais pas encore pourquoi le bouton s'ouvre sous le soleil du printemps, ou pourquoi la feuille tombe quand elle sent la première gelée. Votre science, quoiqu'elle soit la vanité de l'homme, n'est que folie aux yeux de celui qui siége sur les nuages, et qui jette un regard de pitié sur l'orgueil et la sottise de ses créatures. J'ai passé bien des heures étendu sous l'ombre des bois, ou couché sur les collines de ces campagnes découvertes, levant les yeux vers le firmament, où je pouvais m'imaginer que le grand Etre a placé son trône, et réfléchissait sur les voies bizarres des hommes et des brutes, comme moi-même j'avais bien des fois vu des fourmis se passer sur le corps les unes des autres dans leur empressement, mais d'une manière plus convenable à sa puissance et à sa dignité. La science, dites-vous ! c'est son joujou que la science. Vous qui croyez si facile d'arriver à la connaissance de toutes choses, pouvez-vous me dire quel en a été le commencement et quelle en sera la fin ? Mais, puisque votre métier est de guérir les maladies et les blessures, dites-moi ce que c'est que la vie et ce que c'est que la mort; pourquoi l'aigle vit si longtemps, et pourquoi le temps accordé au papillon est si court? Dites-moi une chose plus simple : pourquoi ce chien montre-t-il de l'inquiétude, tandis que vous, qui passez vos journées enfoncé dans vos livres, vous ne voyez aucune raison pour être inquiet.

Le docteur, qui avait été un peu surpris du ton d'énergie et de dignité du vieillard, reprit longuement son haleine, comme un lutteur dont le gosier n'est plus serré par la main de son antagoniste, et saisit l'occasion d'une pause pour répliquer.

— C'est par suite de son instinct.

— Et qu'est-ce que l'instinct?

— Un degré inférieur de raison, une combinaison mystérieuse de la matière et de la pensée.

— Et qu'est-ce que vous appelez la pensée ?

— Vénérable Trappeur, cette manière d'argumenter rend inutile l'usage des définitions, et je puis vous assurer qu'elle n'est pas admise dans les écoles.

— En ce cas, il y a dans vos écoles plus d'astuce que je ne le croyais, car c'est une manière certaine de leur prouver la vanité de leurs disputes, répondit le Trappeur. Abandonnant tout à coup une discussion dont le naturaliste commençait avec raison à se promettre beaucoup de plaisir, et se tournant vers son chien, dont il chercha à réprimer les mouvements inquiets en lui caressant les oreilles : — Comment! lui dit-il, on ne vous prendrait jamais pour un chien sensé! On vous croirait un chien mal dressé qui n'a reçu d'autre éducation que de suivre les autres, comme un enfant dans les habitations marche sur les traces de ses maîtres, qu'ils aillent bien ou mal. Montrez l'expérience que vous avez acquise. — Eh bien! l'ami, vous qui pouvez faire tant de choses, êtes-vous en état d'entrer dans ce bois, ou faut-il que j'y aille moi-même?

Le docteur reprit son air de résolution, et s'avança vers le bois sans répondre un seul mot. Les chiens, grâce aux soins du vieillard, se bornaient à gronder tout bas de temps en temps. Cependant, quand il vit le naturaliste se mettre en marche, le plus jeune, abjurant toute contrainte, décrivit trois ou quatre cercles autour de lui en aboyant de toutes ses forces et en baissant le nez vers la terre, après quoi il vint rejoindre son compagnon.

— Le squatter et sa nichée ont laissé une forte piste sur la terre, dit le vieillard tout en regardant si le pionnier qu'il avait envoyé en avant ne lui ferait pas signe d'avancer. J'espère, ajouta-t-il, que le savant a assez de bon sens pour se souvenir de ce qu'il est allé faire dans ce bois.

Le docteur Battius avait déjà disparu au milieu des arbres, et le Trappeur commençait à montrer de nouveaux signes d'impatience, quand on vit le naturaliste sortir du bois à reculons, le visage tourné vers l'endroit qu'il quittait, comme si une sorte de fascination y eût enchaîné ses regards.

— A en juger par l'air effaré du savant, il y a là quelque chose qui mérite attention, s'écria le Trappeur en lâchant Hector pour s'empresser d'aller joindre le naturaliste décontenancé. Eh bien! l'ami, lui demanda-t-il, quelle nouvelle page avez-vous trouvée dans votre livre des sciences?

— C'est un basilic, murmura le docteur dont la physionomie altérée annonçait le trouble et la confusion de ses idées, un animal de l'ordre *serpens*. J'en avais regardé les attributs comme fabuleux, mais la nature toute-puissante est en état de produire tout ce que l'homme peut imaginer.

— Qu'est-ce que c'est donc? qu'est-ce que c'est? Les serpents qu'on rencontre dans la Prairie ne sont pas dangereux, si ce n'est le serpent à sonnettes, et sa queue a toujours la bonté de vous avertir avant que ses dents ne puissent vous blesser. Seigneur! Seigneur! comme la peur est une chose humiliante! voilà un homme qui ordinairement prononce de grands mots qu'on croirait ne pas pouvoir tenir dans la bouche, et qui est hors de ses sens au point d'avoir la voix aussi grêle que celle du whip-poor-will[1] — Allons donc, courage! qu'y a-t-il? qu'avez-vous vu?

— Un prodige! — un *lusus naturæ*! — un monstre que la nature s'est plu à former pour donner une preuve de son pouvoir! Jamais je n'avais vu une confusion si complète dans ses lois; jamais je n'avais rencontré un sujet qui déjouât si absolument toutes les distinctions de classe et de genre! Il faut que je prenne note de ses signes caractéristiques tandis que le temps et l'occasion me le permettent, ajouta-t-il en voulant prendre ses tablettes dans sa poche d'une main trop tremblante pour remplir ses fonctions. — *Yeux*, doués du pouvoir d'attraction; *couleur*, variée, complexe, et...

---

1. Oiseau d'Amérique que les Indiens appellent aussi *whip-ton-wish*. Voyez une note du *Dernier des Mohicans*.

— On croirait que le pauvre homme est devenu fou, avec ses yeux et ses couleurs, s'écria, d'un ton mécontent, le Trappeur, qui commençait à voir avec inquiétude tant de temps s'écouler avant que ses compagnons fussent à l'abri de tous les yeux dans l'épaisseur du bois. S'il y a quelque reptile dans les buissons, faites-le moi voir, et s'il refuse de nous céder la place tranquillement, nous verrons qui sera le maître.

— Là, dit le docteur en lui montrant entre les arbres un buisson épais à environ cinquante pas de l'endroit où ils étaient.

Le Trappeur, avec l'air du plus grand calme, porta les yeux du côté qui lui était indiqué; mais dès que ses regards exercés eurent aperçu l'objet qui avait confondu toutes les connaissances du naturaliste, il tressaillit lui-même, dirigea le canon de son fusil en avant, et le remit à l'instant même sur son épaule, comme si une seconde pensée l'eût convaincu qu'il avait eu tort de céder à la première.

Ces deux mouvements, l'un de précipitation, l'autre de prudence, n'étaient pas sans motif suffisant. Sur le bord du bosquet, et en contact avec la terre, on voyait une espèce de boule animée dont l'aspect pouvait justifier le désordre qui régnait dans l'esprit du docteur. Il serait difficile de décrire la forme et les couleurs de cette masse organisée extraordinaire; on peut seulement dire, en termes généraux, qu'elle était de forme presque sphérique, et qu'elle présentait toutes les couleurs de l'arc-en-ciel, mêlées ensemble sans ordre, sans harmonie, et sans dessin qu'on pût distinguer. Les teintes dominantes étaient le noir et un vermillon brillant; mais des lignes blanches, jaunes et cramoisies, s'y mariaient d'une manière étrange, et comme au hasard. Si c'eût été tout, il aurait été difficile d'affirmer que c'était un être doué de vie, car cet objet, quel qu'il fût, restait aussi immobile qu'une pierre; mais une paire d'yeux noirs, brillants et mobiles, qui suivaient avec vigilance les moindres mouvements du Trappeur et de son compagnon, établissaient suffisamment le fait important qu'il appartenait au règne animal.

— Votre reptile est un espion, ou je n'entends rien à la peinture et aux ruses des Indiens, dit le vieillard en appuyant la crosse de son fusil sur la terre, et regardant cet objet effrayant avec l'air du plus grand sang-froid. Il croit que nous avons perdu la vue ou la raison; il voudrait nous faire croire que la tête d'une

Peau Rouge est une pierre couverte des feuilles de l'automne, ou il a quelque autre diablerie dans l'esprit.

— Ce serait un animal humain ! s'écria le docteur ; il ferait partie du genre *homo !* je le croyais d'une espèce inconnue.

— Il est aussi humain et aussi mortel que le sont tous les guerriers de ces Prairies, dit le Trappeur. J'ai vu le temps où une Peau Rouge aurait fait une grande sottise en osant se montrer ainsi dans son embuscade aux yeux d'un certain chasseur que je pourrais nommer, mais qui est à présent trop vieux et trop près de son terme pour être autre chose qu'un misérable Trappeur. Il est pourtant à propos de lui parler et de lui apprendre qu'il a affaire à des hommes qui ont de la barbe au menton. — Holà, l'ami ! s'écria-t-il dans la langue des Dahcotahs, sortez de votre cachette ; il y a encore place sur la Prairie pour un guerrier de plus.

Les yeux parurent briller d'un nouvel éclat, mais la masse, qui, suivant l'opinion du Trappeur, n'était autre chose qu'une tête d'homme, dont les cheveux avaient été coupés suivant la coutume des guerriers de l'occident, continua à rester sans mouvement et ne donna aucun signe de vie.

— C'est une méprise ! s'écria le docteur ; l'animal n'est pas même de la classe des *mammalia;* encore bien moins un homme.

— Voilà ce que c'est que vos connaissances, répondit le Trappeur en riant tout bas avec un triomphe secret, voilà ce que c'est que la science d'un homme qui a étudié tant de livres que ses yeux ne sont pas en état de distinguer un élan d'un chat sauvage. Hector, qui est là-bas, est un chien qui a reçu de l'éducation à sa manière, et, quoique le dernier enfant des habitations croie en savoir plus que lui, il ne se tromperait pas dans une affaire comme celle-ci. Puisque vous croyez que cet objet n'est pas un homme, je vais vous le faire voir tout entier, et alors vous apprendrez à un vieux Trappeur ignorant, qui n'a jamais ouvert un livre de sa vie, quel nom il faut lui donner. Songez que je n'ai pas dessein de lui faire du mal ; je veux seulement faire sortir ce diable rouge de son embuscade.

Le Trappeur se mit alors à examiner l'amorce de son fusil, ayant soin en maniant son arme de faire très-ouvertement la démonstration de ses dispositions hostiles. Lorsqu'il crut que le sauvage commençait à appréhender quelque danger, il dirigea son fusil vers lui, en s'écriant très-haut :

— Maintenant, l'ami, je suis pour la paix ou pour la guerre, comme vous le voudrez. — Mais non, ce n'est pas un homme; le sage qui est près de moi a raison de le dire, et je ne risque rien de tirer un coup de fusil sur un tas de feuilles sèches.

En finissant ces mots, il baissa graduellement le canon de son fusil, et coucha en joue l'Indien avec une précision qui aurait pu lui devenir fatale, quand celui-ci, secouant les feuilles et les broussailles dont il s'était probablement couvert à l'approche des Européens, se leva sur ses jambes, et s'écria d'un ton sentencieux !

— Wagh !

CHAPITRE XVIII.

>Mon masque est le toit de Philémon. Jupiter est dans la maison.
>
>SHAKSPEARE.

LE Trappeur, qui n'avait pas eu dessein d'en venir réellement à des voies de fait, remit son fusil sur son épaule, et riant du succès de son expérience, avec un air satisfait de lui-même, il attira sur lui les regards du naturaliste, qui les fixait avec surprise sur la personne du sauvage, en lui disant :

— Les coquins resteront accroupis ainsi des heures entières, comme des alligators endormis, pour rêver à leurs ruses diaboliques ; mais quand ils voient quelque danger véritable, ils songent à eux tout comme les autres hommes. Celui-ci est un espion, couvert de sa peinture de guerre. Il faut qu'il y ait un détachement de sa tribu à peu de distance. Tâchons de tirer de lui la vérité, car la rencontre d'un parti de ces guerriers pourrait être plus dangereuse pour nous qu'une visite de toute la lignée d'Ismaël.

— C'est véritablement une espèce dangereuse et désespérée, dit le docteur se soulageant de sa surprise par une aspiration qui sembla épuiser tout l'air de ses poumons, une race violente, et qu'il est difficile de classer sous aucune des définitions ordinaires. Parlez-lui donc, mais appuyez fortement sur le langage de l'amitié.

Le vieillard jeta de tous côtés un regard de prudence pour s'assurer d'un fait important, — si l'Indien avait quelques compagnons dans les environs. Faisant ensuite le signe ordinaire de paix, en étendant la paume de sa main nue, il s'avança hardiment vers lui.

L'Indien n'avait montré aucune apparence de crainte, et il laissa approcher le Trappeur en conservant une attitude fière, et un air de dignité et d'intrépidité. Peut-être le rusé guerrier savait-il aussi qu'attendu la différence de leurs armes, le rapprochement les mettrait davantage sur le pied d'égalité. Comme la description de cet individu peut donner une idée de l'extérieur de toute la race, il est peut-être à propos d'interrompre notre narration pour esquisser ses principaux traits imparfaitement et à la hâte. Si les yeux d'Alston ou de Leslie [1] voulaient se détourner un instant des modèles de l'antiquité, pour contempler ce peuple humilié et opprimé, des artistes inférieurs n'auraient pas besoin d'entreprendre ce portrait.

L'Indien en question était à tous égards un guerrier de belle taille, et dont les proportions étaient admirables. Lorsqu'il eut secoué les feuilles sèches dont il s'était couvert à la hâte, son air montra la gravité, la dignité de sa profession, et l'on pourrait ajouter toute la terreur qu'elle inspire. Tous ses traits étaient nobles et presque romains, quoique quelques uns offrissent les traces bien connues de son origine asiatique. La couleur particulière de sa peau, si propre en elle-même à ajouter à l'effet d'une expression martiale, puisait un nouvel air de férocité dans les diverses couleurs qui la couvraient. Mais, comme s'il eût dédaigné les artifices ordinaires de sa nation, il ne portait aucun de ces signes étranges et horribles auxquels les enfants de la forêt, comme les héros plus civilisés de la moustache, sont habitués à avoir recours pour se faire une réputation de courage, se contentant d'avoir sur le visage de larges lignes d'un noir foncé, qui relevaient l'éclat brillant de sa peau cuivrée, et qui semblaient y servir d'ombre. Sa tête était rasée, suivant l'usage, jusqu'au haut du crâne, où s'élevait une longue touffe de cheveux qui semblaient défier ses ennemis d'oser la saisir. Les ornements suspendus en temps de paix aux cartilages de ses oreilles en avaient été détachés. Quoique la saison fût avancée, son corps était presque nu, et n'était couvert en partie que d'un vêtement fort léger, une peau de daim tannée, sur laquelle était grossièrement peinte, mais en

---

1. Savants contemporains.

couleurs brillantes, la représentation de quelque exploit guerrier. Il semblait porter cette espèce de manteau négligemment et comme un objet de luxe plutôt que de nécessité. Ses jambes étaient couvertes de drap écarlate, seul indice qui annonçât qu'il eût eu quelque communication avec les marchands européens. Mais en revanche, et comme pour opposer les ornements du sauvage à ceux de l'habitant des villes, elles étaient entourées depuis le genou jusqu'au bas du moccassin d'horribles trophées, — de chevelures humaines. Il avait une main légèrement appuyée sur un petit arc, tandis que l'autre touchait seulement une longue et mince lance de bois de frêne, plutôt qu'elle n'y cherchait un soutien. Un carquois de peau de couguar [1], dont la queue avait été conservée par forme d'ornement caractéristique, était attaché sur ses épaules, et un bouclier de cuir, sur lequel un autre de ses exploits était bizarrement représenté, était attaché à son cou par une corde faite de nerfs.

Pendant que le Trappeur avançait, ce guerrier resta la tête droite et dans une attitude de tranquillité parfaite, ne laissant apercevoir ni empressement de reconnaître le caractère de ceux qui s'approchaient de lui, ni le moindre désir de se dérober lui-même à leur examen. Cependant, ses yeux plus noirs et plus brillants que ceux du cerf se portaient sans cesse de l'un à l'autre étranger, et ne semblaient pas connaître un instant de repos.

— Mon frère est-il bien loin de son village? demanda le vieillard en se servant de la langue des Pawnies, après avoir examiné la manière dont son corps était peint, et les autres signes auxquels un homme exercé reconnaît la tribu du guerrier qu'il rencontre dans les déserts de l'Amérique, par la même sorte d'observation mystérieuse qui fait reconnaître au marin le pavillon d'un navire vu dans l'éloignement.

— Il y a plus loin pour aller aux villes des Grands-Couteaux, répondit l'Indien laconiquement.

— Pourquoi un Pawnie-Loup est-il si loin de la fourche de sa rivière, sans avoir son cheval, et se trouve-t-il dans un lieu désert comme celui-ci?

— Les femmes et les enfants d'un visage pâle peuvent-ils vivre sans la chair du bison? La faim était dans ma hutte.

— Mon frère est bien jeune pour être déjà maître d'une hutte,

---

1. Le couguar est une espèce de chat-pard de l'Amérique méridionale.

reprit le Trappeur en regardant fixement la physionomie impassible du jeune guerrier ; mais j'ose dire qu'il est brave, et que plus d'un chef lui a déjà offert ses filles pour épouses. Mais ne s'est-il pas trompé, ajouta-t-il en lui montrant une flèche que tenait la main appuyée sur l'arc, — en prenant une flèche barbelée pour chasser le buffle ? les Pawnies veulent-ils que les blessures qu'ils font à leur gibier en gâtent la chair ?

— Elle est bonne pour les Sioux. Quoique aucun ne soit en vue, un buisson peut les cacher.

— Il est une preuve vivante de la vérité de ce qu'il dit, murmura le Trappeur en anglais, et c'est un gaillard qui a l'air aussi déterminé qu'il est bien fait ; mais il est trop jeune pour être un des premiers chefs de sa nation. Cependant, il faut le prendre par la douceur, car, si nous avons une escarmouche avec le squatter, un seul bras jeté dans la balance d'un côté ou de l'autre peut décider l'affaire. — Vous voyez que mes enfants sont fatigués, continua-t-il en reprenant le même dialecte indien, et en lui montrant ses compagnons qui s'approchaient, nous désirons camper et manger. Mon frère est-il maître de ce terrain ?

— Les coureurs du peuple qui habite près de la grande rivière nous ont dit que votre nation a trafiqué avec les visages basanés qui demeurent au-delà du grand lac d'eau salée, et que les Prairies sont maintenant ouvertes aux chasseurs des Grands-Couteaux.

— Cela est vrai ; je l'ai appris aussi des chasseurs et des trappeurs de la Platte. Mais c'est avec les Français, et non avec la nation qui est en possession du Mexique, que mon peuple a trafiqué.

— Et des guerriers remontent la grande rivière pour voir s'ils n'ont pas été trompés dans leur marché ?

— Oui, je crains que cela ne soit que trop vrai ; et il ne se passera pas longtemps avant qu'une bande de maudits forestiers n'arrive sur leurs talons pour porter la hache et la cognée dans les beaux bois qui ornent les deux rives du Mississipi ; et alors le pays deviendra un désert peuplé, depuis les bords de la mer jusqu'au pied des Montagnes Rocheuses, rempli de toutes les abominations et de toutes les inventions des hommes, et privé de la beauté et de tous les agréments qu'il avait reçus de la main du Seigneur !

— Et où étaient les chefs des Pawnies-Loups, quand ce marché fut conclu? demanda tout à coup le jeune guerrier dont le visage cuivré s'enflammait en même temps d'indignation; — doit-on vendre une nation comme la peau d'un castor?

— C'est la vérité, vous avez raison. Et où étaient aussi la justice et l'honnêteté? Mais la force fait le droit, suivant les usages de la terre, et ce que le fort veut faire, il faut que le faible le regarde comme juste. Pawnie, si la loi du Wahcondah [1] était aussi bien suivie que les lois des Grands-Couteaux, vos droits aux Prairies seraient aussi bons que celui du plus grand chef des habitations à la maison qui le couvre.

— La peau du voyageur est blanche, dit le jeune Indien en appuyant d'un air expressif un doigt sur la main desséchée et ridée du vieillard, — son cœur dit-il une chose et sa langue une autre?

— Le Wahcondah d'un homme blanc a des oreilles, et il les ferme quand il entend mentir. Regardez ma tête, elle est comme la cime d'un vieux pin flétri par les hivers, et doit bientôt se reposer sur la poussière. Pourquoi voudrais-je me trouver face à face avec le Grand-Esprit, pour le voir me froncer les sourcils?

Le Pawnie rejeta avec grâce son bouclier sur une épaule, appuya une main sur sa poitrine, et inclina la tête comme par respect pour les cheveux blancs du Trappeur. Ses regards ne furent plus aussi vagues, et sa physionomie prit un caractère moins austère. Cependant sa vigilance ne s'endormit pas, et toutes ses manières annonçaient qu'il n'avait pas abjuré sa méfiance, quoiqu'elle cessât d'agir aussi fortement sur lui.

Quand cette espèce d'amitié équivoque fut établie entre le guerrier des Prairies et le vieux Trappeur, celui-ci donna ses instructions à Paul pour la halte qu'on se proposait de faire. Pendant que Middleton aidait Inez à descendre de son âne, et que Paul préparait un siége de feuilles pour Hélène, la conversation continua en dialecte indien entre le vieillard et le jeune sauvage, et en anglais entre les autres interlocuteurs.

C'était un combat d'adresse et de ruse entre le Pawnie et le Trappeur, chacun d'eux cherchant à découvrir quelles étaient les intentions de l'autre, sans vouloir montrer le désir qu'il avait d'en être instruit. Comme on doit s'y attendre quand deux antagonistes sont d'égale force, le résultat de cette lutte ne fut satis-

---

[1]. Le Grand-Esprit.

faisant ni pour l'un ni pour l'autre. Le vieillard avait fait toutes les questions que pouvaient lui suggérer sa subtilité et son expérience sur l'état de la tribu des Pawnies-Loups, sur leurs récoltes, leurs provisions pour l'hiver suivant, et leurs relations avec les diverses tribus belliqueuses dont ils étaient voisins, sans pouvoir en tirer une réponse qui expliquât pourquoi ce guerrier isolé se trouvait à une si grande distance des habitations ordinaires de sa peuplade.

D'une autre part, les questions de l'Indien, quoique faites avec plus de réserve et de dignité, n'en étaient pas moins ingénieuses. Il parla de l'état du commerce de pelleteries ; des succès ou des revers qu'avaient éprouvés plusieurs chasseurs blancs qu'il avait rencontrés, ou dont il avait entendu parler ; il fit même allusion à la marche de la nation de son grand-père, comme il nomma prudemment le gouvernement des États-Unis, vers les contrées où chassait sa propre tribu. Il était pourtant évident, d'après le singulier mélange d'intérêt, de mépris et d'indignation qui perçait de temps en temps à travers la réserve habituelle de ce jeune guerrier, qu'il connaissait les étrangers qui usurpaient ainsi les droits des naturels du pays, plutôt par ouï-dire que pour les avoir vus. Enfin on s'apercevait que la vue des blancs était un spectacle nouveau, ou presque nouveau pour lui, à la manière dont il regardait les deux femmes, ainsi qu'à quelques expressions brèves, mais énergiques, qui lui échappaient accidentellement.

Tandis qu'il parlait au Trappeur, ses regards errants revenaient sans cesse se fixer sur la beauté presque enfantine d'Inez, qu'il remarquait avec l'attention qu'on accorderait à un être aérien d'un aspect enchanteur. Il était manifeste qu'il voyait alors pour la première fois une de ces femmes dont les vieillards de sa tribu parlaient si souvent, et qu'ils considéraient comme réunissant toutes les perfections que l'imagination d'un sauvage puisse se figurer en fait de beauté. Ses yeux se tournaient plus rarement vers Hélène ; mais, malgré leur expression fière et belliqueuse, l'hommage que l'homme rend naturellement à la femme se faisait remarquer dans les coups d'œil passagers qu'il jetait sur ses traits plus formés, et peut-être plus expressifs. Pourtant cette admiration était encore si réservée, que les yeux du Trappeur furent les seuls qui s'en aperçurent. Le vieillard avait trop d'expérience des manières des Indiens, et savait trop combien il lui importait de connaître parfaitement le caractère de celui-ci, pour laisser échapper la moindre de ses impressions, pour perdre de vue le plus léger de ses mouvements.

Cependant Hélène, que le même esprit d'observation n'animait pas, rendait à Inez, plus faible et moins résolue, tous les soins ordinaires de l'amitié, et laissait apercevoir sur ses traits pleins de franchise les émotions de joie et de regret qui se succédaient alternativement en elle, quand son esprit actif réfléchissait à la démarche hardie qu'elle venait de faire.

Il n'en était pas ainsi de Paul. Se regardant comme ayant obtenu les deux choses qu'il avait le plus à cœur, la possession d'Hélène et un triomphe sur les enfants d'Ismaël, il s'occupait alors de tout disposer pour la halte projetée, avec le même sang-froid que si, après avoir célébré son mariage devant un magistrat des frontières, il eût déjà été en chemin pour conduire tranquillement son épouse satisfaite dans sa demeure. Il avait suivi la famille errante pendant sa longue et pénible marche, se cachant pendant le jour, et cherchant à avoir des entrevues avec Hélène, comme on l'a déjà dit, toutes les fois qu'il en pouvait trouver l'occasion ; et enfin la fortune et son intrépidité avaient concouru à couronner ses efforts du succès, à l'instant où il commençait à en désespérer. Distance, obstacles, dangers, tout maintenant disparaissait à ses yeux. Armé d'une résolution déterminée, il s'imaginait que tout ce qui lui restait à faire s'accomplirait sans difficulté. Tels semblaient être, et tels étaient véritablement ses sentiments, tandis que, son bonnet placé de côté sur sa tête, et sifflant un air joyeux, il préparait au milieu des buissons un banc de feuilles pour Inez, jetant de temps en temps un regard de satisfaction sur la gentille Hélène, qui contribuait pour sa part à cette besogne.

— Ainsi donc la tribu des Pawnies-Loups a enterré la hache[1] avec ses voisins les Konzas, dit le Trappeur continuant une conversation qu'il n'avait jamais laissé tomber, quoiqu'il l'eût interrompue plusieurs fois pour donner diverses instructions à ses compagnons. Le lecteur se rappellera, une fois pour toutes, que quoique le Trappeur parlât à l'Indien dans sa langue naturelle, il s'exprimait en anglais quand il avait à s'adresser aux individus qui voyageaient avec lui. — Les Loups et les Peaux Rouges-Pâles

---

[1]. Le tomahawk ; c'est-à-dire la tribu a fait la paix. Voyez les notes du *Dernier des Mohicans*.

sont redevenus amis. — C'est une tribu, docteur, dont je réponds que vous avez lu quelque chose dans vos livres, et sur laquelle on a fait courir bien des mensonges parmi les ignorants qui demeurent dans les habitations. Il y avait un conte d'une nation de Gallois qui demeuraient ici aux environs dans les Prairies, et qui étaient arrivés longtemps avant que cet homme à esprit inquiet, qui y amena le premier les chrétiens pour dépouiller les païens de leur héritage, eût imaginé que le soleil se couchait sur un aussi grand pays que celui où il se lève; et l'on ajoutait qu'ils connaissaient toutes les manières des blancs, et qu'ils parlaient leur langue, avec je ne sais combien de sottises et de fadaises semblables.

— Si j'en ai lu quelque chose! s'écria le naturaliste en laissant tomber de ses mains un morceau de chair de bison salée qu'il portait à sa bouche avec empressement, je serais grandement ignare si je n'avais pas réfléchi bien souvent et avec délices sur une si belle théorie, qui fournit deux arguments si triomphants, et que j'ai toujours soutenu irrécusables, quand même ils ne seraient pas appuyés sur de pareilles preuves vivantes; c'est à savoir que ce continent peut réclamer une affinité avec la civilisation, remontant à une époque plus reculée que le temps de Christophe Colomb; et que la couleur est la suite du climat et de la manière de vivre, et non une disposition réglementaire de la nature. Proposez cette dernière question à ce digne Indien, vénérable Trappeur, il a lui-même une teinte rougeâtre, et son opinion peut nous faire connaître les deux côtés du point contesté.

— Croyez-vous qu'un Pawnie passe son temps à lire des livres, et qu'il ajoute foi aux mensonges imprimés? — Mais autant vaut satisfaire la fantaisie du savant, car, après tout, ce n'est peut-être ni plus ni moins que son instinct naturel, et en ce cas il faut bien qu'il le suive, quoiqu'on puisse en avoir pitié. — Que pense mon frère? Tous ceux qu'il voit ici ont la peau blanche, tandis que les guerriers pawnies sont rouges; croit-il que l'homme change avec le temps, et que le fils ne soit pas semblable à ses pères?

Le jeune guerrier regarda un instant le vieillard d'un œil fixe et dédaigneux; levant ensuite un doigt vers le ciel, il répondit avec un air de dignité fière:

— Le Wahcondah fait tomber la pluie des nuages; quand il parle, il ébranle les montagnes, et le feu qui brûle les forêts est la flamme de ses yeux. Il a créé ses enfants avec soin et prévoyance, et ce qu'il a créé une fois ne change jamais.

— Oui, il est dans la raison de la nature que cela soit ainsi, continua le Trappeur, après avoir expliqué cette réponse au naturaliste désappointé. Les Pawnies sont une grande nation, une nation sage, et je réponds qu'il s'y trouve de bonnes et sûres traditions. — Les chasseurs et les trappeurs que je vois quelquefois, Pawnie, m'ont parlé d'un grand guerrier de votre race.

— Ma nation n'est pas composée de femmes; un brave n'est pas un étranger dans mon village.

— Sans doute, mais celui dont on parle le plus est un chef dont la réputation s'élève bien au-dessus de celle des guerriers ordinaires; un homme qui aurait pu faire honneur à cette nation, autrefois puissante et aujourd'hui déchue, les Delawares des montagnes.

— Un tel guerrier doit avoir un nom?

— On l'appelle Cœur-Dur, à cause de sa fermeté; et il est bien nommé si tout ce que j'ai entendu dire de lui est vrai.

L'Indien jeta sur le vieillard un regard qui semblait vouloir lire au fond de son cœur.

— Le visage pâle a-t-il jamais vu le chef guerrier de ma nation? lui demanda-t-il.

— Non, jamais; je ne suis plus à présent ce que j'avais coutume d'être il y a une quarantaine d'années, quand la guerre était mon métier, et que l'effusion du sang....

Un grand cri poussé par Paul interrompit la conversation, et le moment d'après on vit paraître le chasseur d'abeilles conduisant un cheval de guerre indien, et sortant du côté du bois opposé à celui où toute la petite troupe était rassemblée.

— Voyez quel animal est monté par une Peau Rouge! s'écria-t-il en forçant le cheval à faire quelques courbettes; il n'y a pas dans tout le Kentucky un brigadier qui puisse se vanter d'avoir une pareille monture. Quel poil lisse! quels membres bien proportionnés! et une selle d'Espagne, comme pour un grand du Mexique; et regardez sa crinière et sa queue, dont les crins sont ornés de petites boules d'argent, comme si Hélène elle-même arrangeait sa belle chevelure pour danser ou aller cueillir des noisettes. — N'est-ce pas un excellent coursier, Trappeur? et songez qu'il prend son foin dans le râtelier d'un sauvage!

— Doucement, mon garçon, doucement! les Loups sont renommés pour leurs chevaux ; et il arrive souvent que vous voyez dans les Prairies un de leurs guerriers mieux monté qu'un membre du congrès dans les habitations. Mais ce cheval est véritablement un animal qui ne doit appartenir qu'à un chef puissant ; la selle, comme vous le pensez avec raison, a eu pour maître dans son temps quelque grand capitaine espagnol qui l'aura perdue avec la vie dans quelque combat contre ces Indiens, dans les provinces méridionales. Je réponds et je garantis que ce jeune homme est fils de quelque grand chef, peut-être du fameux Cœur-Dur lui-même.

Pendant l'interruption apportée ainsi sans cérémonie à l'entretien, le jeune Pawnie ne montra ni impatience ni mécontentement ; mais quand il crut qu'on avait eu assez de temps pour discuter sur le mérite de sa monture, il s'en approcha tranquillement, et avec l'air d'un homme habitué à voir respecter ses volontés, reprit la bride des mains de Paul, et jetant les rênes sur le cou de l'animal, lui sauta sur le dos avec la légèreté d'un maître d'équitation. Dès qu'il y fut assis, personne n'aurait pu déployer plus de grâce et de fermeté. La selle pesante et chargée d'ornements était évidemment un objet de luxe plutôt que d'utilité. Bien loin de faciliter l'action de ses membres, elle semblait la gêner, car ses pieds dédaignaient de chercher l'assistance, ou pour mieux dire de se soumettre à la contrainte d'une invention aussi efféminée que des étriers. Le cheval, qui se mit sur-le-champ à se cabrer, était, comme son cavalier, sauvage et volontaire dans tous ses mouvements ; mais si ni l'un ni l'autre ne devaient rien à l'art, ils montraient tous deux l'aisance et la grâce de la nature. L'animal devait peut-être son excellence au sang d'Arabie, croisé pendant plusieurs générations par quelques autres races, qui embrassaient le coursier du Mexique, le barbe d'Espagne, et le cheval de bataille de Mauritanie. Le cavalier, en choisissant sa monture dans les provinces centrales de l'Amérique, y avait aussi acquis l'art de le maîtriser avec cette grâce et cette force dont la réunion forme le cavalier accompli.

Quoiqu'il se fût remis si subitement en possession de sa monture, le Pawnie ne montra nullement l'envie de s'éloigner à la hâte. Plus à l'aise et probablement plus indépendant, maintenant qu'il était assuré de ses moyens de retraite, il courait à droite et à gauche, examinant les divers individus qui composaient ce petit groupe avec plus de liberté qu'avant ; mais à l'extrémité de sa course, à l'instant où le Trappeur s'attendait à le voir profiter de son avantage pour s'enfuir, il faisait volte-face et revenait sur ses pas, tantôt avec la rapidité de l'antilope, tantôt plus lentement, et avec plus de calme et de dignité dans tous ses mouvements.

Désirant s'assurer de certains faits qui pouvaient influer sur sa marche future, le vieillard résolut de l'inviter à continuer leur conférence. Il lui fit donc un signe indiquant en même temps ses intentions pacifiques et le désir qu'il avait de reprendre leur conversation interrompue. L'œil alerte du jeune Indien remarqua sur-le-champ ce geste, mais ce ne fut qu'après avoir pris le temps de réfléchir sur la prudence de cette mesure, qu'il se montra disposé à se rapprocher d'une troupe qui lui était si supérieure en force, et qui pouvait en un instant le priver de la vie ou de la liberté. Enfin il s'avança de manière à pouvoir converser sans peine, mais son air exprimait à la fois la hauteur et la méfiance.

— Il y a bien loin d'ici au village des Loups, dit-il en étendant le bras dans une direction contraire à la situation du territoire occupé par cette peuplade, comme le Trappeur le savait parfaitement, et la route est fort tortueuse. Que veut me dire le Grand-Couteau?

— Oui, assez tortueuse, murmura le vieillard en anglais, si tu veux y arriver en partant de ce côté; mais encore beaucoup moins que l'astuce d'un Indien. — Dites-moi, mon frère, les chefs des Pawnies aiment-ils à voir dans leurs loges des figures étrangères?

Le jeune guerrier baissa le corps avec grâce, quoique légèrement, sur la selle de son cheval, et répondit avec une dignité grave :

— Quand ma nation a-t-elle oublié d'offrir quelque nourriture à l'étranger?

— Si je conduis mes filles à la porte des Loups, leurs femmes les prendront-elles par la main? leurs guerriers fumeront-ils avec mes jeunes gens?

— Le pays des visages pâles est derrière eux. Pourquoi voyagent-ils si loin vers le soleil couchant? Se sont-ils égarés, ou ces femmes appartiennent-elles aux guerriers blancs qui remontent, dit-on, la rivière aux eaux troubles?

— Ni l'un ni l'autre. Ceux qui remontent le Missouri sont les guerriers de mon grand-père, qui les a chargés de cette mission. Mais, quant à nous, nous marchons sur le sentier de la paix. Les blancs et les Peaux Rouges sont voisins et désirent être amis. Les

Omahaws ne visitent-ils pas les Loups, quand le tomahawk est enterré dans le chemin entre les deux nations?

— Les Omahaws sont les bien-venus.

— Et les Yanktons et les Tetons du Bois-Brûlé qui demeurent dans le coude que fait la rivière aux eaux troubles, ne vont-ils pas fumer dans les loges des Loups?

— Les Tetons sont des menteurs, s'écria l'Indien. Ils n'osent fermer les yeux pendant la nuit; ils ne dorment qu'à la lumière du soleil. Voyez, ajouta-t-il en montrant avec un air de triomphe farouche les affreux ornements de ses jambes, leurs chevelures sont si communes que les Pawnies les foulent aux pieds. Que les Sioux aillent vivre au milieu des neiges; les plaines et les buffles sont pour les hommes.

— Ah! voilà le secret découvert! dit le Trappeur à Middleton, qui avait été spectateur attentif de tout ce qui se passait, parce qu'il y était intéressé. Ce jeune Indien, qui a si bonne mine, cherche les traces des Sioux; on peut le voir à ses flèches barbelées, à son tatouage et à ses yeux; car une Peau Rouge laisse toujours son naturel suivre l'affaire qui l'occupe, qu'il s'agisse de paix ou de guerre. — Tout beau, Hector! tout beau! N'avez-vous jamais flairé un Pawnie? A bas! vous dis-je; à bas!

— Mon frère a raison; les Sioux sont des voleurs: les hommes de toutes les couleurs et de toutes les nations le disent, et ils ont raison de le dire. Mais ceux qui viennent du côté du soleil levant ne sont pas des Sioux, et ils désirent visiter les loges des Pawnies-Loups.

— La tête de mon frère est blanche, répondit le guerrier en lui jetant un de ces regards qui exprimaient d'une manière si remarquable l'intelligence, la fierté et la méfiance; et, allongeant son bras du côté de l'orient, il ajouta: — Ses yeux ont vu bien des choses: peut-il me dire le nom de ce qui est là-bas? Est-ce un buffle?

— Cela ressemble plus à un petit nuage qui se montre tout à l'extrémité de la plaine, et dont les rayons du soleil éclairent les bords; c'est la fumée du ciel.

— C'est une montagne de la terre, et sur sa cime sont les loges des visages pâles. Que les filles de mon frère se lavent les pieds avec les femmes de leur couleur.

— Les yeux d'un Pawnie sont bons, s'il peut voir de si loin une peau blanche.

— Mon frère sait-il chasser?

— Hélas! je ne suis plus qu'un misérable Trappeur.

— Quand la plaine est couverte de buffles, peut-il les voir?

— Sans doute, sans doute. Il est plus aisé de les voir que de les attraper à la course.

— Et quand les oiseaux fuient le froid et que le ciel est noir de leurs plumes, peut-il aussi les voir?

— Oui, oui; il n'est pas difficile de découvrir un canard ou une oie, quand il y en a des millions qui obscurcissent le ciel.

— Quand la neige tombe et couvre les loges des Grands-Couteaux, peut-il en voir les flocons dans l'air?

— Je conviens que mes yeux ne sont pas des meilleurs, dit le vieillard avec un peu de mécontentement; mais il fut un temps, Pawnie, où ma bonne vue m'avait fait donner un nom.

— Eh bien! les Peaux Rouges voient les Grands-Couteaux aussi aisément que mon frère voit le buffle qui court dans la plaine, l'oiseau qui voyage et la neige qui tombe. Vos guerriers croient que le maître de la vie a fait toute la terre blanche; ils se trompent. Ils sont pâles, et c'est leur visage qu'ils voient. Allez, un Pawnie n'est pas aveugle, et il n'a pas besoin de regarder longtemps pour apercevoir votre nation.

L'Indien se tut tout à coup, et baissa la tête de côté, en homme absorbé par son attention. Tournant alors la tête de son cheval, il courut au coin le plus voisin du petit bois derrière lequel ils étaient, et regarda avec attention dans la Prairie, dans une direction opposée à l'endroit où ils se trouvaient. Après cette conduite inexplicable pour presque tous ceux qui en étaient témoins, il revint à pas lents, fixa les yeux sur Inez, alla plusieurs fois en avant et en arrière avec l'air d'un homme qui soutient dans le fond de son cœur une lutte pénible sur quelque point important. Il avait serré les rênes de son coursier impatient, et il semblait sur le point d'adresser la parole au Trappeur, quand tout à coup sa tête retomba sur sa poitrine, et il reprit la même attitude d'attention. Courant au grand galop vers le coin du bois où il avait déjà été, il y décrivit pendant un instant quelques cercles rapides avec la légèreté d'un daim, comme s'il n'eût su de quel côté se diriger, et enfin il partit comme un oiseau qui a voltigé autour de son nid avant de prendre son essor. On le vit courir dans la plaine pendant une minute, puis il disparut derrière un colline.

Les chiens, qui depuis longtemps avaient aussi montré une agitation inquiète, le suivirent un instant ; et revenant ensuite, ils se couchèrent par terre en faisant entendre des hurlements sourds et plaintifs, qui avaient quelque chose d'alarmant.

CHAPITRE XIX.

> Et s'il ne veut pas s'arrêter ?
> SHAKSPEARE.

Les divers événements rapportés à la fin du chapitre précédent s'étaient passés si rapidement, que le vieillard, qui ne manquait jamais d'observer la circonstance même la plus légère, n'avait pas eu le temps d'exprimer son opinion sur les motifs de la conduite du jeune Indien ; mais lorsque le Pawnie eut disparu, il secoua la tête, et murmura à demi-voix en se rendant à pas lents vers le coin du bois que le guerrier venait de quitter :

— Il y a dans l'air des pistes à sentir et des sons à entendre, quoique mes misérables sens ne soient plus assez bons pour me les faire reconnaître.

— Il n'y a ici rien à voir, dit Middleton qui l'avait suivi avec le docteur. — J'ai de bons yeux et de bonnes oreilles, et cependant je puis vous assurer que je ne vois ni n'entends rien.

— Vous n'êtes ni sourd ni aveugle, reprit le vieillard d'un ton un peu dédaigneux ; vos yeux peuvent voir d'une des extrémités d'une église à l'autre, et vos oreilles entendre les sons d'une cloche dans une ville. Mais vous n'auriez point passé un an dans ces Prairies, que vous reconnaîtriez que vous vous êtes trompé cinquante fois en prenant un dindon pour un cheval et en croyant que le mugissement d'un buffle est le tonnerre du Seigneur. La nature est trompeuse dans ces plaines découvertes, où l'air réfléchit les images comme l'eau, et alors il est difficile de distinguer les Prairies d'une mer[1]. Mais voilà là-bas un signe qu'un chasseur ne manque jamais de reconnaître.

Le Trappeur dirigea son bras vers une troupe de vautours qui voltigeaient dans les airs, à une distance qui n'était pas très-considérable, du côté vers lequel le jeune Pawnie avait porté les yeux. D'abord Middleton ne put distinguer ces oiseaux, qui ne semblaient

---

[1]. Phénomène du mirage.

que des points noirs presque imperceptibles, marqués sur les nuages; mais comme ils avançaient rapidement, leur forme se dessina mieux, et il les vit enfin agiter leurs ailes pesantes.

— Ecoutez! dit le vieillard après avoir réussi à faire voir à Middleton la colonne mobile de vautours; maintenant vous entendez les buffles, ou les bisons, comme votre savant docteur juge à propos de les nommer, quoique le nom de buffles soit celui que leur donnent tous les chasseurs de ces plaines. Or, il me semble, ajouta-t-il en s'adressant à Middleton par un clignement d'œil, qu'un chasseur est un meilleur juge d'un animal et de son nom, qu'un homme qui a tourné les pages d'un livre au lieu de parcourir la surface de la terre, afin de connaître le nom et la nature des créatures qui l'habitent.

— En ce qui concerne leurs habitudes, j'en conviens, s'écria le naturaliste, qui laissait rarement échapper l'occasion de discuter une question relative à ses études favorites; c'est-à-dire pourvu qu'on ait toujours égard à l'usage convenable des définitions, et qu'on les contemple avec l'œil de la science.

— L'œil de la science! l'œil d'une taupe! dit le Trappeur; comme si les yeux de l'homme n'étaient pas aussi bons, pour donner des noms, que les yeux de toute autre créature! Qui a nommé les ouvrages de la main de Dieu? Pouvez-vous me le dire, avec vos livres et votre science de collége? n'est-ce pas le premier homme dans le jardin? Et n'est-ce pas une conséquence que ses enfants aient hérité de ses droits?

— C'est certainement ainsi que Moïse rend compte de cet événement, dit le docteur; mais vous lisez les choses trop littéralement.

— Moi, je lis! s'écria le Trappeur; si vous supposez que j'aie perdu mon temps à l'école, vous me faites tort, et vous êtes aussi injuste à mon égard qu'un homme peut l'être envers un autre, sans raison suffisante. Si j'ai jamais appris à lire, c'était pour pouvoir connaître ce qui est écrit dans le livre dont vous parlez; car c'est un livre dont chaque ligne parle le langage des sentiments humains, et par conséquent de la raison.

— Et croyez-vous donc, dit le docteur un peu piqué du ton dogmatique de son adversaire opiniâtre, et se fiant peut-être un peu trop à la supériorité de ses lumières, croyez-vous que tous les animaux étaient littéralement réunis dans le jardin pour être enrôlés dans la nomenclature du premier homme?

— Et pourquoi non ? répondit le vieillard ; je comprends fort bien où vous voulez en venir, car il n'est pas besoin de vivre dans les villes pour connaître toutes les inventions diaboliques que l'esprit de l'homme peut imaginer pour détruire son propre bonheur. Qu'est-ce que cela prouve, si ce n'est que le jardin que le Seigneur avait fait n'était pas arrangé suivant la misérable mode de nos jours ? Non, non, le jardin du Seigneur était la forêt, et c'est encore aujourd'hui la forêt, où vous voyez les fruits mûrir, et où vous entendez les oiseaux chanter, chacun suivant ce qu'il a ordonné dans sa sagesse. — A présent, capitaine, vous pouvez comprendre le mystère des vautours. Voilà les buffles qui avancent, et il paraît que c'est un noble troupeau ; je garantis que le Pawnie a quelques compagnons cachés dans un creux, pas bien loin d'ici, et comme il est allé les avertir, vous allez voir une fameuse chasse. Cela servira à retenir le vieux Loup et ses louveteaux dans leur fort ; quant à nous, nous n'avons rien à craindre, les Pawnies ne sont pas des sauvages barbares.

Tous les yeux se fixèrent alors sur le spectacle qui commençait à se montrer. Même la timide Inez s'empressa d'accourir auprès de Middleton pour jouir de cette vue, et Paul se hâta de distraire Hélène des soins de la cuisine, dont elle s'occupait, pour qu'elle fût aussi témoin de cette scène animée.

Pendant tous les événements que nous venons de rapporter, les Prairies avaient offert la majesté d'une solitude complète ; il est vrai que des troupes d'oiseaux de passage avaient dérobé aux yeux le firmament ; mais les deux chiens et l'âne du docteur étaient les seuls quadrupèdes qui eussent animé la surface de la terre. Maintenant la scène changeait tout à coup, et il semblait qu'un coup de baguette eût suffi pour y faire paraître le tableau animé qui formait ce contraste frappant.

On aperçut d'abord de loin quelques bisons mâles énormes, qui marchaient en tête du troupeau. Après eux venaient de longues files de ces animaux, qui étaient eux-mêmes suivis par des masses si compactes et si serrées que la couleur sombre des herbes desséchées qui couvraient les Prairies disparaissait sous la teinte encore plus foncée de leurs cuirs poilus. A mesure que cette colonne s'étendait et s'épaississait, on aurait pu la comparer à ces troupes immenses d'oiseaux de passage dont les flancs allongés semblent souvent sortir des abîmes du firmament, et qui paraissent aussi innombrables que les feuilles des forêts au-dessus desquelles ils agitent leurs ailes. Du centre de ces masses s'élevaient des nuages de poussière en petits tourbillons, lorsque quelque animal, plus furieux que les autres, labourait la terre avec ses cornes ; et de temps en temps le vent apportait le bruit sourd et rauque, produit par le mugissement prolongé de plusieurs centaines de ces animaux.

Un long silence régna dans le petit groupe pendant que chacun de ceux qui le composaient contemplait ce spectacle d'une grandeur sauvage et imposante. Il fut enfin rompu par le Trappeur, qui, étant habitué depuis longtemps à voir ces nombreuses migrations, en était moins frappé que ses compagnons, ou du moins était moins ému et moins absorbé que ceux pour qui cette vue était toute nouvelle.

— Voilà dix mille buffles qui marchent en un seul troupeau, dit-il, sans maître, sans gardien, si ce n'est celui qui les a créés, et qui leur a donné ces plaines découvertes pour leur pâture! Oui! c'est ici que l'homme peut voir la preuve de sa folie et de son extravagance. Le plus fier gouverneur de tous les Etats peut-il aller dans ses champs et faire tuer un plus noble bœuf que ceux qui sont offerts ici au dernier des hommes? Et quand on lui sert son filet et son aloyau, peut-il le manger d'aussi bon appétit que celui dont la nourriture a reçu l'assaisonnement d'un travail salutaire, et qui l'a gagnée conformément à la loi de la nature, en se rendant maître de ce que le Seigneur lui présente?

— Si le plat qu'on me sert dans la Prairie contient une bosse de buffle, je réponds non! s'écria le joyeux chasseur d'abeilles.

— Sans doute, sans doute, reprit le vieillard; vous en avez goûté, et vous sentez la justesse de mon raisonnement. — Mais le troupeau se dirige un peu trop de ce côté, et il est à propos de nous préparer à recevoir cette visite. Si nous nous cachons tous, ces brutes à cornes entreront dans le bois, et nous écraseront sous leurs pieds comme si nous étions des verres de terre ; ainsi mettons d'abord les femmes en sûreté, et prenons ensuite notre poste à l'avant-garde, comme il convient à des hommes et à des chasseurs.

Comme il n'y avait que fort peu de temps pour faire les arrangements nécessaires, on s'en occupa sans délai et très-sérieusement. Inez et Hélène furent placées sur la lisière du bois du côté le plus éloigné du troupeau qui s'avançait. L'âne fut placé au centre par considération pour ses nerfs, et alors le Trappeur et ses trois compagnons se postèrent dans l'endroit qu'ils jugèrent le plus favorable pour pouvoir détourner la tête de la colonne qui s'avançait.

D'après les mouvements incertains d'une cinquantaine ou peut-être d'une centaine de bisons qui marchaient en avant, la direction qu'ils avaient dessein de prendre resta douteuse quelques instants. Mais des mugissements sourds et terribles qui se firent entendre derrière un nuage de poussière qui s'élevait du centre, et auxquels répondirent les cris horribles des vautours qui volaient sur leur tête, semblèrent donner une nouvelle impulsion à leur marche, et en écarter tout symptôme d'indécision. Comme s'ils eussent été enchantés de trouver sur leur route une apparence de forêt, ils se dirigèrent en droite ligne vers le petit bois dont il a été si souvent parlé.

L'apparence du danger prenait réellement alors un caractère capable de mettre à l'épreuve le courage le plus ferme. Les flancs de cette masse serrée et mobile étaient avancés, comme les pointes d'un croissant, de manière à présenter d'abord une ligne concave. Les yeux ardents qu'on voyait briller à travers les longs poils qui couvrent toute la tête des bisons mâles, étaient fixés avec une impatience sauvage sur le petit bois. On aurait dit que chacun de ces animaux voulait devancer son voisin pour gagner ce couvert désiré; et comme des milliers, placés en arrière, pressaient ceux qui étaient en avant, il paraissait y avoir le plus grand danger que les chefs du troupeau ne le conduisissent dans le bois, auquel cas la mort de tous nos fugitifs était certaine. Ceux-ci comprenaient tout le péril de leur position, et les sensations qu'ils éprouvaient variaient selon le caractère personnel de chacun d'eux et les circonstances dans lesquelles il se trouvait.

Middleton hésitait. Quelquefois il était tenté de courir à Inez, de l'entraîner et de la conduire à l'abri de ce péril. Mais, réfléchissant sur l'impossibilité de fuir assez vite pour prévenir l'arrivée de ces animaux sauvages, il préparait ses armes, comme s'il eût voulu faire face à cette multitude innombrable de bisons féroces.

La crainte s'était emparée du docteur Battius, et elle dérangea ses facultés au point de produire en lui la plus forte illusion mentale. Les animaux qui s'approchaient perdirent à ses yeux leur forme distincte, et le naturaliste commença à croire qu'il voyait en eux un rassemblement étrange de toutes les créatures de l'univers, et qu'elles marchaient en masse contre lui, comme pour le punir de la manière dont il avait traité des individus appartenant à leurs genres et espèces, dans les expériences nombreuses qu'il avait faites en étudiant l'anatomie et l'histoire naturelle. La paralysie dont cette idée frappa tout son système nerveux, fut pour lui comme l'effet du cauchemar. Egalement incapable d'avancer ou de reculer, il semblait avoir pris racine sur l'endroit où il était, et l'esprit de vertige qui s'était emparé de lui fut porté au point que, par un effort désespéré de résolution scientifique, le digne naturaliste commença à chercher à classer les diverses epèces d'animaux par lesquels il se croyait spécialement menacé.

D'un autre côté, Paul poussait de grands cris pour tâcher d'effrayer les bisons, et appelait Hélène pour qu'elle vînt crier avec lui; mais sa voix se perdait au milieu du bruit occasionné par la marche et le mugissement du troupeau. Excité par le spectacle étrange qu'il avait sous les yeux, furieux de ce qu'il appelait l'obstination de ces brutes, agité par une crainte vague dans laquelle se confondaient singulièrement l'inquiétude qu'il concevait pour sa maîtresse et l'intérêt que la nature exigeait qu'il prît à lui-même, il ne cessait de crier à son vieil ami de faire quelque chose pour prévenir le danger :

— Allons, vieux Trappeur! allons, ancien habitant de la Prairie! voyons vite quelqu'une de vos inventions, ou nous allons tous être écrasés sous une montagne de bosses de buffles.

Le vieillard, qui était resté pendant tout ce temps appuyé sur sa carabine, regardant d'un œil ferme tous les mouvements du troupeau, jugea alors qu'il était temps de frapper son coup. Couchant en joue le bison qui était le plus avancé, avec une agilité qui aurait fait honneur à un jeune homme, il fit feu. L'animal reçut la balle sur le poil épais qui croissait entre ses cornes. Il tomba sur ses genoux; mais secouant la tête, il se releva sur-le-champ, et le coup qu'il avait reçu ne parut que lui avoir donné une nouvelle activité. Ce n'était plus le moment d'hésiter. Jetant son fusil par terre, le Trappeur étendit les bras, et quittant la lisière du bois, courut hardiment à la rencontre du troupeau qui avançait.

La figure de l'homme, quand elle est soutenue par le courage et la fermeté que l'intelligence seule peut donner, manque rarement d'inspirer le respect et la crainte à tous les animaux d'un ordre supérieur. Les bisons qui étaient en tête reculèrent, et leur marche fut arrêtée un instant. Ceux qui les suivaient se répandaient à droite ou à gauche comme au hasard. Mais de nouveaux mugissements partirent de l'arrière-garde, qui avançait toujours, et qui força les premiers à se mettre en marche. Cependant la tête du troupeau se divisa, le corps immobile du vieux Trappeur semblant obliger ce torrent à se partager en deux branches. Middleton et Paul suivirent aussitôt son exemple, et opposèrent aussi à ces animaux sauvages la faible barrière de leurs bras.

Pendant quelques instants, la nouvelle et double impulsion donnée au troupeau par les bisons qui marchaient en tête servit à protéger le petit bois. Mais lorsque la masse tout entière arriva plus près des défenseurs du couvert, et que la poussière qu'elle faisait lever rendit leurs personnes moins visibles, il y avait à craindre à chaque instant que quelques uns de ces animaux ne passassent entre eux. Il devint donc nécessaire au Trappeur et à ses deux compagnons d'être plus alertes que jamais; et ils redoublèrent d'efforts; mais ils cédèrent graduellement du terrain devant la multitude de leurs ennemis, quand un bison furieux, courant à toutes jambes, passa si près de Middleton qu'il toucha ses habits, et, l'instant d'après, entra dans le bois avec la rapidité du vent.

— Attaquez, chassez-le au risque de la vie! s'écria le vieillard, sans quoi un millier de ces démons vont être sur ses talons!

Cependant tous leurs efforts pour arrêter ce torrent vivant seraient alors devenus infructueux, si le hasard n'eût voulu que l'âne, dont les domaines venaient d'être si brusquement envahis, n'eût élevé sa voix au milieu du tumulte. Les plus furieux bisons tremblèrent à ce cri inconnu et alarmant, et tous se détournèrent à la hâte de ce bois dans lequel, un instant auparavant, ils avaient voulu entrer avec l'ardeur du meurtrier qui cherche à gagner un sanctuaire.

La masse étant alors bien décidément divisée, toute crainte disparut. Les deux noires colonnes passèrent de chaque côté du bois, et se réunirent à l'autre bout, à environ un mille de distance. Dès l'instant que le vieillard vit l'effet soudain que la voix de l'âne avait produit, il ramassa son fusil, et s'occupa tranquillement à le recharger, avec ce rire silencieux qui lui était particulier.

— Les voilà qui s'en vont comme des chiens à la queue desquels on a attaché un poêlon, dit-il, il n'y a pas de danger que ceux qui restent changent l'ordre de leur marche; car, quoique ces brutes qui sont en arrière n'aient pu rien entendre, elles feront comme si elles avaient entendu. D'ailleurs, si elles changent d'avis, il ne serait peut-être pas bien difficile d'obtenir du baudet une seconde chanson.

— L'âne a parlé, mais Balaam garde le silence, s'écria le chasseur d'abeilles en reprenant haleine après de joyeux éclats de rire, si bruyants qu'ils ajoutèrent peut-être à la terreur panique des bisons. Le docteur est aussi muet que si un essaim de mouches à miel s'était arrêté au bout de sa langue, et qu'il n'osât parler, de peur qu'elles ne lui répondissent.

— Eh bien ! l'ami, dit le Trappeur en s'adressant au naturaliste, encore immobile et muet, comment se fait-il que vous, dont le métier est d'écrire dans des livres les noms et la description des animaux des champs et des oiseaux de l'air, vous soyez si effrayé d'un troupeau de buffles qui passent ? Mais peut-être allez-vous me disputer le droit de leur donner un nom qui est dans la bouche de tous les chasseurs et de tous les marchands du pays.

Le vieillard se trompait pourtant en supposant qu'il pouvait ranimer les facultés engourdies du docteur, en provoquant une discussion sur un sujet auquel celui-ci attachait tant d'importance. Depuis cette époque on ne l'entendit jamais qu'une seule fois prononcer un mot qui indiquât le genre ou l'espèce de cet animal. Il refusa même obstinément la chair succulente de toute la famille du bœuf ; et encore aujourd'hui qu'il est établi en toute sécurité, et avec la dignité d'un savant, dans une ville maritime, il se détourne en frémissant à l'aspect de ce mets délicieux et sans égal qu'on sert si souvent aux repas de corps, mets bien au-dessus de celui qui porte le même nom dans les plus fameuses tavernes de Londres et chez les restaurateurs de Paris les plus renommés. En un mot, le dégoût du digne naturaliste pour le bœuf ressemblait à celui que le berger fait naître quelquefois dans un chien en le jetant à la porte de la bergerie, la gueule muselée et les pattes liées, pour que le troupeau lui passe sur le corps, ce qui, dit-on, le dégoûte pour toujours de la chair de mouton.

Lorsque Paul et le Trappeur se furent assez livrés, l'un à la gaieté bruyante, l'autre au rire silencieux que leur inspirait l'air d'abstraction de leur savant compagnon, celui-ci commença à respirer, comme si une paire de soufflets artificiels avaient renouvelé l'action suspendue de ses poumons, et ce fut en cette occasion qu'il prononça pour la dernière fois le terme proscrit auquel nous venons de faire allusion.

— *Boves americani horridi !* s'écria le docteur en appuyant fortement sur le dernier mot; après quoi il resta muet, en homme occupé de profondes réflexions inspirées par des événements étranges et imprévus.

— *Hors d'ici?* dit le Trappeur; oui, les voilà qui s'en vont. Je conviendrais volontiers qu'au total c'est une bête qui a un air effrayant pour quelqu'un qui n'est point habitué à voir tout ce qui se passe dans la vie de la nature, mais elle n'est pas aussi redoutable qu'elle le paraît. Je voudrais vous voir au milieu d'une troupe d'ours, comme cela m'est arrivé avec Hector à la grande chute du Miss... Ah! voici la queue de la troupe qui arrive, et voyez-vous une bande de loups affamés qui courent à la suite, pour se jeter sur l'animal mâle, fatigué ou blessé, qui restera en arrière? — Eh mais! il y a aussi des cavaliers à leur poursuite, ou je ne suis qu'un pécheur. Tenez! ne les voyez-vous pas à l'endroit où le vent écarte la poussière? ils entourent un buffle qu'ils ont blessé, et ils vont le dépêcher à coups de flèches.

Middleton et Paul virent bientôt dans l'éloignement le groupe que les yeux exercés du vieillard avaient si promptement aperçu. Quinze à vingt cavaliers couraient rapidement autour d'un noble bison, trop dangereusemnt blessé pour pouvoir leur échapper par la fuite, mais qui se soutenait encore, quoique son corps eût déjà servi de point de mire à une centaine de flèches. Un coup de lance que lui porta un vigoureux Indien acheva sa défaite, et l'animal tomba en poussant un mugissement terrible, dont le son arriva jusqu'aux oreilles de nos aventuriers, se fit entendre au troupeau effrayé et accéléra sa fuite.

— Ce jeune Pawnie qui vient de nous quitter connaissait bien la philosophie de la chasse du buffle, dit le vieillard après avoir regardé quelques instants cette scène animée, avec un air de satisfaction. Vous avez vu qu'il est parti comme le vent en avant du troupeau. C'était pour ne pas laisser sa piste dans l'air, et il aura fait ensuite volte-face pour aller rejoindre ses... Ah! qu'est-ce que cela? ces Peaux Rouges ne sont pas des Pawnies! Ils portent sur la tête des plumes de hiboux. Misérable Trappeur! tu n'as plus que la moitié de ta vue! c'est une bande de ces maudits Sioux! — Dans le couvert, mes amis, dans le couvert! Si un seul d'entre eux jetait un coup d'œil de ce côté, ils ne nous laisseraient pas le plus mauvais haillon sur le corps, et il pourrait se faire que notre vie elle-même ne fût pas en sûreté.

Middleton s'était déjà détourné de ce spectacle pour en chercher un autre qui lui plaisait davantage, la vue de sa jeune et charmante épouse. Paul saisit le docteur par le bras, et le Trappeur les ayant suivis le plus promptement possible, ils se trouvèrent bientôt tous à l'abri des regards, dans le petit bois. Après leur avoir expliqué en peu de mots ses idées sur le nouveau danger qui se présentait, le vieillard à qui le soin de diriger tous les mouvements de la petite troupe était abandonné par déférence pour sa longue expérience, continua son discours en ces termes :

— Nous sommes, comme vous devez le savoir, dans une contrée où la force l'emporte sur le droit, et où la loi des blancs est aussi peu connue qu'on en a peu besoin; ainsi tout dépend maintenant du jugement et de la force. Si l'on pouvait, ajouta-t-il en allongeant un doigt sur sa joue, en homme qui examinait avec attention tous les côtés de la situation embarrassante dans laquelle ils se trouvaient; si l'on pouvait imaginer quelque chose pour que ces Sioux et la nichée du squatter se prissent aux cheveux, nous pourrions survenir comme les buses après le combat, et trouver quelque chose à glaner. — D'une autre part, les Pawnies ne sont pas bien loin, la chose est certaine, car ce jeune guerrier n'est pas sans motif à une si grande distance de son village. Voilà donc quatre partis différents à portée d'entendre le bruit d'un coup de canon, et pas un ne peut se fier à l'autre. Tout cela rend nos mouvements difficiles dans un pays où les lieux couverts ne sont pas nombreux. Mais nous sommes trois hommes bien armés, et j'ose dire ne manquant pas de courage.

— Dites quatre, s'écria Paul.

— Comment dites-vous? demanda le vieillard en levant les yeux pour la première fois sur ses compagnons.

— Je dis que nous sommes quatre, répéta Paul en lui montrant le naturaliste.

— Dans toutes les armées, répondit le Trappeur, il y a des traîneurs et des bouches inutiles. — L'ami, il est nécessaire de tuer cet âne.

— Tuer *asinus!* ce serait un acte de cruauté surérogatoire.

— Je n'entends pas vos grands mots dont le sens n'est que du son pour moi; mais une cruauté, ce serait de sacrifier des chrétiens à une brute. C'est ce que j'appelle la raison de merci. Autant vaudrait sonner de la trompette, que de laisser cet animal braire une seconde fois. Ce serait pour les Sioux un signal de tomber sur nous.

— Je réponds de la discrétion d'*asinus*; il parle rarement sans raison.

— On dit qu'on peut juger d'un homme par la compagnie qu'il fréquente, dit le vieillard à Middleton, et pourquoi n'en dirait-on pas autant d'une brute? J'ai fait une fois une marche forcée, au milieu d'assez grands périls, avec un compagnon qui n'ouvrait jamais la bouche que pour chanter [1], et il m'a causé assez d'embarras et de tribulation d'esprit. C'était dans l'affaire avec votre grand-père, capitaine. Mais du moins il avait un gosier humain, et il savait s'en servir comme il faut dans l'occasion, quoiqu'il ne choisît pas toujours le moment convenable. Ah! si j'étais encore aujourd'hui ce que j'étais alors, ce ne serait pas une pareille bande de ces voleurs Sioux qui me chasserait aisément d'un fort comme celui-ci! mais à quoi bon se vanter quand la vue et les forces commencent à manquer? le chasseur que les Delawares avaient nommé jadis Œil-de-Faucon à cause de la bonté de sa vue devrait plutôt s'appeler à présent la Taupe. — Ainsi donc, à mon avis, l'âne doit être mis à mort.

— Il y a de la raison et de la prudence à cela, dit Paul; de la musique est de la musique, et elle fait toujours du bruit, qu'elle soit produite par un violon ou par un âne. Ainsi donc, je suis d'accord avec le vieux Trappeur, et je dis : tuez l'animal.

— Mes amis, dit le naturaliste, portant tour à tour des yeux suppliants sur ceux qui montraient des dispositions si sanguinaires, ne tuez pas *asinus*, c'est un bel échantillon de sa race, dont on peut dire beaucoup de bien et peu de mal. Laborieux et docile, voilà les épithètes caractéristiques de son *genre* : sobre et patient, ce sont celles de son humble espèce. Nous avons longtemps voyagé ensemble, et sa mort serait un grand chagrin pour moi. Que penseriez-vous, vénérable Trappeur, s'il fallait vous séparer ainsi tout à coup de votre chien fidèle?

— La brute ne mourra pas, s'écria le Trappeur après avoir toussé de manière à prouver qu'il sentait toute la force de cet appel; mais il faut lui étouffer la voix. Il n'y a qu'à lui serrer le museau avec une courroie, et rapportons-nous-en à la Providence pour le reste.

---

1. Voyez, dans *le Dernier des Mohicans*, le personnage du pauvre David la Gamme, pour qui la comparaison n'est pas trop flatteuse.

Paul exécuta cet ordre sur-le-champ, et le vieillard paraissant satisfait de cette précaution, s'approcha du bois pour faire une reconnaissance.

Le bruit qui avait accompagné le passage du troupeau de bisons avait cessé, ou pour mieux dire on ne l'entendait plus que faiblement, à la distance d'un mille. Le vent avait déjà entraîné les nuages de poussière, et rien ne gênait la vue dans l'endroit qui avait offert, dix minutes auparavant, une scène de confusion si étrange.

Les Sioux avaient déjà écorché leur victime, et, satisfaits de ce butin ajouté à celui qu'ils avaient sans doute déjà fait, ils ne semblaient pas songer à poursuivre le reste du troupeau. Une douzaine d'entre eux dépeçaient l'animal, sur lequel quelques buses balançaient leurs ailes pesantes, avec des yeux avides, et les autres couraient çà et là, comme s'ils eussent cherché dans la plaine quelque autre proie à la suite de ce vaste troupeau. Le Trappeur examina la taille et l'équipement de ceux de ces derniers qui étaient le plus près du petit bois, et il en fit remarquer un à Middleton, en le désignant sous le nom de Wencha.

—Maintenant, dit le vieillard en secouant la tête, nous savons non seulement qui ils sont, mais ce qu'ils veulent. Ils cherchent les traces d'Ismaël qu'ils ont perdues. Ces buffles se sont trouvés sur leur chemin, et, tout en les chassant, les chasseurs les ont amenés en vue du rocher habité par ceux qu'ils poursuivent. Voyez-vous ces buses qui attendent les entrailles du buffle qu'ils ont tué? Il y a en cela une morale qui apprend la manière de vivre de la Prairie. Une troupe de Pawnies est aux aguets pour arrêter les Sioux, comme ces oiseaux attendent l'instant de fondre sur leur proie, et nous autres, comme des chrétiens qui avons tout à risquer, nous devons surveiller les uns et les autres.—Ah! pourquoi ces deux coquins de rôdeurs s'arrêtent-ils tout à coup? Sur ma foi, ils ont découvert l'endroit où le misérable fils d'Ismaël a perdu la vie.

Le vieillard ne se trompait pas. Wencha et un sauvage qui l'accompagnait étaient arrivés sur le lieu dont il a déjà été parlé, et qui présentait toutes les marques d'une lutte sanglante. Sans descendre de cheval, ils examinèrent ces signes bien connus avec l'intelligence habituelle qui caractérise les Indiens. Leur examen fut long, et parut accompagné de quelque méfiance. Enfin, tous deux poussèrent en même temps un grand cri presque aussi lamentable et aussi étrange que celui des deux chiens lorsqu'ils avaient découvert cet endroit, et ce cri attira sur-le-champ toute la bande autour d'eux, comme on dit que celui du chacal appelle ses compagnons pour poursuivre la proie qu'il a découverte.

CHAPITRE XX.

Sois le bien-venu, vieux Pistol!
SHAKSPEARE.

Il ne se passa pas longtemps avant que le Trappeur fît remarquer à Middleton la taille imposante de Mahtoree, qu'il lui indiqua comme étant le chef des Sioux. Il avait été un des derniers à se rendre aux cris bruyants de Wencha; mais dès qu'il fut arrivé à l'endroit où tous ses compagnons étaient alors réunis, il sauta à bas de son cheval, et se mit à examiner ces marques extraordinaires avec l'air d'attention et de dignité qui convenait au rang qu'il occupait parmi eux. Ses guerriers, car il n'était que trop évident que tous ceux qui le suivaient appartenaient à cette classe d'hommes aussi intrépides qu'effrénés, attendirent le résultat de son examen avec patience et retenue, quelques uns des principaux braves osant seuls prononcer quelques mots pendant que leur chef était ainsi gravement occupé.

Ce ne fut qu'au bout de quelques minutes que Mahtoree parut avoir pris une décision. Suivant alors les traces du sang, il s'arrêta successivement aux différents endroits où Ismaël avait trouvé de tristes preuves que son fils assassiné avait encore disputé sa vie à son meurtrier. Ils s'avancèrent ainsi en corps vers le petit bois, et enfin ils firent halte à quelques toises du lieu d'où Esther avait excité ses fils indolents à entrer dans le petit bois.

Le lecteur se figurera aisément que le Trappeur et ses compagnons ne voyaient pas avec indifférence un mouvement si menaçant. Le vieillard fit signe à tous ceux qui étaient capables de porter les armes de s'approcher de lui, et il leur demanda en termes peu équivoques, quoique à voix basse, pour qu'elle ne pût arriver aux oreilles alertes de ses dangereux voisins, s'ils étaient disposés à combattre pour leur liberté, ou s'ils voulaient essayer les moyens plus doux de la conciliation. Comme c'était un sujet dans lequel tous avaient un intérêt égal, il posa la question comme à un conseil de guerre, et non sans montrer quelques restes d'une fierté militaire qui n'était pas encore entièrement éteinte.

Paul et le docteur furent diamétralement opposés l'un à l'autre en opinion, le premier demandant un appel aux armes à l'instant même, le second épousant aussi chaudement la mesure politique d'une tentative de pacification. Middleton voyant qu'il était à craindre que la discussion ne s'échauffât et ne devînt trop bruyante entre des hommes dominés par des sentiments si différents, jugea à propos de se charger du rôle de tiers arbitre, ou plutôt de décider la question en vertu de son rang, qui lui donnait la voix prépondérante. Il se déclara donc pour la paix, car il voyait évidemment que, d'après la grande supériorité de nombre de leurs ennemis, tout acte de violence serait une imprudence qui attirerait leur perte.

Le Trappeur écouta les raisonnements du jeune militaire avec beaucoup d'attention, car il les développait avec le ton ferme d'un homme sur le jugement duquel la crainte n'exerce aucune influence, et ils ne manquèrent pas de produire une impression convenable.

— Cela est raisonnable, dit le vieillard quand Middleton eut fini de parler, très-raisonnable; car ce que l'homme ne peut faire par sa force, il faut qu'il en vienne à bout par son esprit. C'est pour cela qu'il faut qu'il soit plus fort que le buffle et plus agile que l'élan. Restez ici tous, et tenez-vous bien cachés. Ma vie et mes trappes sont de bien peu de valeur; quand il y va de la sûreté de tant de chrétiens. Je vais donc me rendre seul dans la Prairie, et il peut se faire que je réussisse à détourner les yeux des Sioux de ce bois, et à vous donner le temps et les moyens de prendre la fuite.

Comme s'il eût résolu de n'écouter aucune remontrance, il appuya sa carabine sur son épaule, et traversant le bois sans faire aucun bruit, il en sortit d'un autre côté, de manière à pouvoir se montrer aux Sioux sans leur donner lieu de soupçonner qu'il venait de le quitter.

Dès l'instant que la figure d'un homme portant les vêtements de chasseur, et ayant en main la carabine bien connue et très-redoutée, parut devant les yeux des Sioux, un mouvement d'agitation visible, quoique soigneusement réprimé, se fit remarquer parmi eux. L'adroit Trappeur avait réussi à rendre extrêmement douteux s'il arrivait de quelque partie découverte de la Prairie, ou s'il sortait du bois voisin, vers lequel cependant les Indiens continuaient à jeter de temps en temps des regards de soupçon. Ils s'étaient arrêtés à environ un trait de flèche du bois; mais quand l'étranger fut assez près pour qu'ils pussent remarquer que les teintes rouges et brunes dont les intempéries du temps avaient couvert son visage déguisaient la couleur originaire d'une peau blanche, ils reculèrent à pas lents jusqu'à ce qu'ils se trouvassent à une distance où ils fussent à portée des armes à feu.

Cependant le vieillard continua à avancer jusqu'à ce qu'il fût assez près pour pouvoir se faire entendre. Alors il s'arrêta, et appuyant sur la terre la crosse de son fusil, il leva la main en en montrant la paume en signe de paix. Après avoir adressé quelques mots de reproches à son chien qui regardait ce groupe de sauvages avec des yeux qui semblaient les reconnaître pour avoir autrefois saisi la personne de son maître, il leur adressa la parole en leur propre langue.

— Mes frères sont les bien-venus, dit-il; s'érigeant avec adresse en maître du canton où ils se rencontraient, et feignant de vouloir remplir les devoirs de l'hospitalité; ils sont bien loin de leur village; ils ont faim; veulent-ils venir dans ma loge pour manger et dormir?

Dès qu'on eut entendu sa voix, le cri de plaisir qui partit d'une douzaine de bouches convainquit l'intelligent vieillard qu'il était aussi reconnu. Sentant qu'il était trop tard pour songer à la retraite, il profita de la confusion qui régnait parmi eux; pendant que Weneha expliquait qui il était, pour continuer à avancer, et il se trouva enfin face à face avec le redoutable Mathoree. Cette seconde entrevue entre ces deux hommes, dont chacun était extraordinaire à sa manière, fut accompagnée de toutes les précautions en usage sur les frontières. Ils restèrent près d'une minute à se regarder l'un l'autre sans parler.

— Où sont vos jeunes guerriers? demanda enfin d'un ton austère le chef teton, en voyant qu'il cherchait inutilement à l'intimider par ses regards, et que les traits impassibles du Trappeur refusaient de trahir aucun des secrets de leur maître.

— Les Longs-Couteaux ne viennent pas en troupe pour tendre des trappes aux castors. Je suis seul.

— Votre tête est blanche, mais vous avez une langue fourchue.

Mahtoree a été dans votre camp; il sait que vous n'êtes pas seul. Où est votre jeune femme et le guerrier que j'ai trouvé dans la Prairie?

— Je n'ai point de femme. J'ai dit à mon frère que la femme et son ami étaient des étrangers. Les paroles d'une tête grise devraient être écoutées et ne pas s'oublier. Les Dahcotahs ont trouvé des voyageurs endormis, et ils ont pensé qu'ils n'avaient pas besoin de chevaux. Les femmes et les enfants d'un visage pâle ne sont pas habitués à faire de longues courses à pied. Cherchez-les où vous les avez laissés.

— Ils sont partis, s'écria le Teton, les yeux étincelants de colère; mais Mahtoree est un chef sage, et ses yeux peuvent voir de très-loin.

— Le chef des Tetons voit-il des hommes dans ces plaines découvertes? demanda le Trappeur avec fermeté. Je suis bien vieux; ma vue est affaiblie. Où sont-ils?

L'Indien garda le silence un moment, comme s'il eût dédaigné de contester plus longtemps la vérité d'un fait dont il était lui-même convaincu. Lui montrant alors les traces encore empreintes sur la terre, il lui dit en prenant subitement un ton et un air plus doux:

— Mon père a appris la sagesse pendant un grand nombre d'hivers; peut-il me dire quel moccassin a laissé ces traces?

— Il y a sur la Prairie des loups et des buffles. Peut-être des couguars y ont-ils aussi passé.

Mahtoree jeta les yeux sur le petit bois, comme s'il eût pensé que cette dernière idée n'était pas impossible. Le montrant à ses guerriers, il leur ordonna d'aller le reconnaître de plus près, leur recommandant en même temps, en jetant un regard sévère sur le Trappeur, de se méfier des embûches des Longs-Couteaux. Trois ou quatre jeunes gens à demi nus coururent au grand galop du côté du bois pour obéir avec empressement à cet ordre; démarche qui fit craindre un instant au Trappeur que le sang-froid de Paul ne pût tenir contre cette épreuve. Les Tetons firent deux ou trois fois le tour du bois, en s'en approchant toujours de plus en plus, et enfin ils vinrent rapporter à leur chef que ce couvert ne paraissait abriter aucune créature.

Le vieillard, pendant ce temps, épiait les yeux de Mahtoree, afin de tâcher d'y découvrir les mouvements secrets de son âme, de prévenir ses soupçons s'il était possible, ou du moins de leur donner une fausse direction ; mais toute la sagacité d'un homme accoutumé depuis si longtemps à étudier le caractère grave et froid des Indiens, ne put découvrir en lui aucun symptôme, aucune expression qui annonçât s'il croyait à la vérité de ce rapport, ou s'il conservait quelques doutes. Au lieu de répondre à ce que venaient de lui dire ses voltigeurs, il se mit à parler à son cheval et à le flatter, et faisant signe à un jeune sauvage de prendre la bride, ou pour mieux dire la courroie qui lui servait à le conduire, il prit le Trappeur par le bras, et le conduisit à quelques pas du reste de la troupe.

— Mon père a-t-il été un guerrier? demanda le rusé Teton d'un ton qu'il cherchait à rendre conciliant.

— Les feuilles couvrent-elles les arbres dans la saison des fruits? Allez! les Dahcotahs n'ont pas vu autant de guerriers vivants que j'en ai vu étendus dans leur sang. — Mais que signifient de vains souvenirs, murmura-t-il en anglais, quand les membres deviennent raides et que la vue s'affaiblit?

Le chef le regarda un instant d'un air sévère, comme s'il eût voulu mettre à nu un mensonge; mais trouvant dans l'œil calme et dans l'air ferme du Trappeur la confirmation de ce que celui-ci venait de dire, il prit la main du vieillard et la mit sur sa tête en signe du respect dû à son expérience.

— Pourquoi donc les Longs-Couteaux engagent-ils leurs frères rouges à enterrer le tomahawk, dit-il, si les jeunes guerriers de leur pays n'oublient jamais qu'ils sont braves, et se rencontrent souvent les uns les autres avec les mains couvertes de sang?

— Ma nation est plus nombreuse que les buffles des Prairies et les pigeons de l'air. Elle a de fréquentes querelles, mais ses guerriers sont peu nombreux. Personne n'y marche sur le chemin de la guerre sans réunir toutes les qualités des braves, et par conséquent ceux-ci voient beaucoup de combats.

— Cela n'est pas vrai, mon père se trompe, répondit Mahtoree avec un sourire de triomphe, tout en corrigeant la force de son démenti par un certain respect pour l'âge et les services de celui à qui il parlait. Les Longs-Couteaux sont sages, ils sont hommes et ils veulent tous être guerriers. Ils voudraient que les Peaux Rouges vécussent de racines et cultivassent la terre; mais le Dahcotah n'est pas né pour vivre comme une femme; il faut qu'il frappe le Pawnie et l'Omahaw, où il perdra le nom de ses pères.

— Le maître de la vie a l'œil ouvert sur ses enfants qui meurent dans un combat livré pour la justice ; mais il est sans yeux et sans oreilles pour l'Indien qui est tué en pillant son voisin ou en cherchant à lui nuire.

— Mon père est vieux, dit Mahtoree en regardant le Trappeur avec une expression d'ironie qui annonçait qu'il était de ces gens qui ont secoué les entraves de l'éducation, et qui sont portés à abuser de la liberté d'esprit qu'ils obtiennent par ce moyen ; mon père est très-vieux. A-t-il fait un voyage dans le pays des *Esprits*, et s'est-il donné la peine d'en revenir pour apprendre aux jeunes gens ce qu'il a vu ?

— Teton, répondit le vieillard en frappant la terre de la crosse de son fusil avec violence, et en regardant son compagnon d'un air aussi ferme que serein, j'ai entendu dire qu'il y a dans ma nation des hommes qui étudient leurs grands livres au point de se regarder comme des dieux, et qui se moquent de toute croyance, excepté de leur vanité ; cela peut être vrai, car j'en ai vu. Quand l'homme est enfermé avec sa propre folie, dans les villes et dans les écoles, il peut lui être aisé de se croire plus grand que le maître de la vie ; mais un guerrier qui habite une maison dont le toit est le firmament, qui peut à tout moment lever les yeux au le ciel ou les baisser vers la terre, qui voit tout le pouvoir du Grand-Esprit, doit avoir plus d'humilité. Un chef Dahcotah doit être trop sage pour rire de la justice.

L'astucieux Mahtoree, qui vit que sa profession d'esprit fort ne paraissait pas faire une impression favorable sur le vieillard, changea tout à coup de conversation, et en revint à ce qui était le sujet plus immédiat de leur entrevue. Appuyant doucement une main sur l'épaule du Trappeur, il s'avança avec lui jusqu'à une cinquantaine de pas du petit bois. Là, il s'arrêta, et fixant ses yeux pénétrants sur la physionomie de son compagnon, il reprit la parole en ces termes :

— Si mon père a caché ses jeunes guerriers en cet endroit, qu'il leur dise d'en sortir. Vous voyez qu'un Dahcotah n'a pas peur ; Mahtoree est un grand chef. Un guerrier dont la tête est blanche, et qui est sur le point de partir pour le pays des *Esprits*, ne doit pas avoir une langue fourchue comme celle du serpent.

— Dahcotah, je n'ai pas dit de mensonge. Depuis que le Grand-Esprit m'a fait homme, j'ai vécu dans les bois, ou dans ces plaines ouvertes, sans avoir ni loge ni famille. Je suis un chasseur, et je marche seul sur mon sentier.

— Mon père a une bonne carabine, qu'il prenne un point de mire dans le bois et qu'il fasse feu.

Le vieillard hésita un instant, et se prépara lentement ensuite à donner une preuve délicate de la vérité de ce qu'il disait, et sans laquelle il voyait clairement qu'il ne pourrait dissiper les soupçons de son rusé compagnon. Pendant qu'il baissait son fusil, son œil, quoique affaibli par l'âge, parcourait une masse confuse d'objets à demi cachés au milieu des feuilles, portant les diverses teintes de l'automne, et enfin il se fixa sur le tronc brunâtre d'un petit arbre sur la lisière du bois. Ayant cet objet en vue, il le coucha en joue et fit feu. La balle ne fut pas plus tôt sortie du canon que ses mains furent agitées d'un tremblement soudain, qui, s'il fût arrivé un instant auparavant, l'aurait mis hors d'état de donner une telle preuve d'adresse. Un silence effrayant suivit l'explosion et dura quelques instants, pendant lesquels il s'attendait à entendre les cris des deux femmes effrayées. Le vent ayant emporté la fumée, il vit que l'écorce de l'arbre qu'il avait pris pour but avait été entamée, et il fut charmé de voir qu'il n'avait pas encore perdu toute son adresse. Appuyant son fusil par terre, il se tourna vers l'Indien d'un air calme et tranquille.

— Mon frère est-il satisfait? demanda-t-il.

— Mahtoree est chef des Dahcotahs, répondit le malin Teton en appuyant la main sur sa poitrine pour annoncer qu'il reconnaissait la sincérité du vieillard; il sait qu'un guerrier qui a fumé auprès du feu de tant de conseils, jusqu'à ce que sa tête soit devenue blanche, ne se trouverait pas en mauvaise compagnie. Mais mon père n'avait-il pas un cheval, comme un grand chef des visages pâles, au lieu de voyager à pied comme un Konza[1] mourant de faim?

— Jamais. Le Wahcondah m'a donné des jambes, et m'a accordé la résolution de m'en servir. Pendant soixante étés et autant d'hivers, j'ai voyagé dans les bois de l'Amérique, et depuis dix longues années je demeure sur ces plaines découvertes, sans avoir eu besoin d'employer, pour me transporter de place en place, les forces d'aucune créature du Seigneur.

— Si mon père a vécu si longtemps à l'ombre, pourquoi est-il venu dans les Prairies? Le soleil le brûlera.

---

[1] Nom d'une tribu de sauvages.

Le vieillard jeta un instant autour de lui un regard mélancolique, et levant ensuite les yeux sur l'Indien, il lui répondit avec une sorte de ton confidentiel :

— J'ai passé sous les arbres le printemps, l'été et l'automne de ma vie : l'hiver de mes jours est arrivé, et m'a encore trouvé où j'aimais à être, dans la paix, oui, et dans l'innocence des bois. Ainsi, Teton, je dormais paisiblement, et, à travers les branches et les feuilles des arbres, mes yeux pouvaient se lever vers la demeure du Grand-Esprit de mon peuple. Si j'avais besoin de lui ouvrir mon cœur pendant que ses feux étincelaient sur ma tête, sa porte était ouverte devant mes yeux. Mais les haches des bûcherons m'ont éveillé. Pendant longtemps mes oreilles n'entendirent plus que le bruit des arbres qui tombaient. Je supportai ce fléau comme un guerrier, comme un homme, j'avais une raison pour cela : mais quand cette raison n'exista plus, je songeai à me soustraire à ces sons maudits. C'était une forte épreuve pour mon courage et pour mes habitudes ; mais j'avais entendu parler de ces vastes plaines, et je vins ici pour échapper aux dévastations que mon peuple commettait dans les bois. Dites-moi, Dahcotah, n'ai-je pas bien fait ?

En finissant de parler, le Trappeur appuya ses longs doigts maigres sur l'épaule nue de l'Indien, semblant lui demander ses félicitations sur son courage et sur son succès, avec un sourire forcé, dans lequel les regrets se mêlaient singulièrement au triomphe. Son compagnon l'avait écouté attentivement, et il lui répondit avec le ton sentencieux de sa race :

— La tête de mon père est grise. Il a toujours vécu avec les hommes, et il a vu toutes choses. Ce qu'il fait est bien ; et ce qu'il dit est sage. Maintenant, qu'il dise s'il est bien sûr qu'il soit étranger aux Longs-Couteaux qui cherchent de tous côtés leurs animaux dans les Prairies, et qui ne peuvent les trouver ?

— Dahcotah, répondit le vieillard, ce que j'ai dit est vrai. Je vis seul, et je ne me trouve jamais avec les hommes qui ont la peau blanche, si...

Il eut la bouche fermée par une interruption aussi mortifiante qu'inattendue. Comme il parlait encore, un bruit soudain se fit entendre dans les buissons qui formaient la lisière du petit bois, et l'on en vit sortir tout à coup tous ceux qu'il y avait laissés, et en faveur desquels il faisait des efforts pour concilier son amour pour la vérité avec la nécessité de la déguiser en partie. Un silence, causé par la surprise, dura quelques instants. Mahtoree, qui ne souffrit pas qu'un seul muscle de sa physionomie révélât son étonnement, prit un air de civilité emprunté, et fit un geste dirigé vers la petite troupe. Son visage fier et bronzé s'anima d'un sourire semblable aux rayons brillants du soleil couchant qui éclairent les nuages chargés du fluide électrique prêt à faire explosion. Il ne daigna ni parler, ni indiquer autrement quelles étaient ses intentions; seulement il appela ses compagnons, qui étaient restés à quelque distance, et toute la troupe accourut à lui avec l'empressement de soldats bien disciplinés.

Pendant ce temps, les amis du Trappeur continuaient à s'avancer. Middleton était à leur tête soutenant la taille légère et aérienne d'Inez, sur le visage inquiet et expressif de laquelle il jetait de temps en temps des regards qui exprimaient l'intérêt tendre d'un père. Paul le suivit immédiatement, donnant le bras à Hélène : mais quoique les yeux du chasseur d'abeilles se tournassent souvent vers sa compagne, son aspect sombre le faisait ressembler à un ours forcé de battre en retraite, plutôt qu'à un amant favorisé et content de son bonheur. Obed et l'âne formaient l'arrière-garde, le docteur conduisant son compagnon avec l'air d'une affection presque égale à celle d'un amant pour sa maîtresse.

La marche du naturaliste était moins rapide que celle des quatre individus qui le précédaient. On aurait dit que ses jambes se refusaient également à avancer et à rester stationnaires. Sa position avait une grande analogie avec celle du cercueil de Mahomet, si ce n'est que c'était une force de répulsion et non d'attraction qui le maintenait dans une sorte d'équilibre. Cependant la force répulsive qui agissait par derrière paraissait prédominer, et par une singulière exception, comme il l'aurait dit lui-même, à tous les principes de physique, elle semblait s'augmenter par la distance au lieu de s'affaiblir. Comme les yeux du naturaliste se portaient constamment vers un point tout à fait opposé à celui vers lequel il s'avançait, les mouvements de ces nouveaux-venus suivirent la même direction, ce qui fournit un fil pour arriver à l'explication des motifs mystérieux qui les avaient fait sortir si inopinément du couvert.

Un autre groupe d'hommes vigoureux et bien armés se fit apercevoir à quelque distance, tournant un coin du bois, et s'avançant en ligne directe, quoique avec circonspection, vers l'endroit où les Sioux avaient fait halte, comme on voit une escadre de croiseurs faire voile sur le sein des mers en s'approchant d'un riche convoi bien protégé. En un mot, toute la famille d'Ismaël, c'est-à-dire toute la portion qui était en état de porter les armes, se montra en vue sur la Prairie, évidemment conduite par des motifs de vengeance.

Mahtoree et sa troupe s'éloignèrent du petit bois à pas lents dès qu'ils virent ces deux groupes d'étrangers, et ils s'arrêtèrent sur une colline qui commandait toute la vue de la vaste plaine dans laquelle ils étaient. Là le chef dahcotah parut disposé à disputer le terrain et à faire l'essai de ses forces. Malgré cette retraite, pendant laquelle il avait forcé le Trappeur à l'accompagner, Middleton continua à avancer, et il ne s'arrêta que lorsqu'il arriva sur la même colline que les belliqueux Sioux, et à une distance suffisante pour pouvoir se faire entendre. Ismaël, de son côté, s'arrêta dans une position qu'il jugea favorable, mais à une distance beaucoup plus grande; ces trois groupes auraient pu alors se comparer à trois escadres sur le point de déployer toutes leurs voiles, mais prenant auparavant la louable précaution de reconnaître quels étaient ceux qu'ils devaient regarder comme amis ou comme ennemis.

Pendant ce moment d'incertitude, l'œil noir et menaçant de Mahtoree passait rapidement d'une de ces troupes d'étrangers à l'autre, en faisant l'examen à la hâte, mais avec soin. Jetant alors un grand regard sévère sur le vieillard, il lui dit avec le ton d'une dérision amère et hautaine :

— Les Longs-Couteaux sont fous. Il est plus facile de prendre le couguar endormi que de trouver un Dahcotah aveugle. La tête blanche croit-elle monter sur le cheval d'un Sioux?

Le Trappeur, qui avait eu le temps de recueillir ses pensées, comprit sur-le-champ que Middleton avait vu Ismaël arriver sur leurs traces, et qu'il avait préféré se fier à l'hospitalité des sauvages, plutôt que de risquer de voir Inez retomber entre les mains de ses ravisseurs. Il chercha donc à préparer les voies pour obtenir à ses amis un accueil favorable, puisqu'il voyait que cette coalition contre nature était devenue nécessaire pour assurer leur liberté et peut-être leur vie.

— Mon frère a-t-il jamais marché sur le sentier de la guerre pour combattre ma nation? demanda-t-il d'un ton calme au chef indigné qui attendait sa réponse.

L'aspect menaçant du guerrier teton perdit quelque chose de

sa sévérité, et son expression féroce fit place à un sourire de satisfaction et de triomphe.

— Quelle tribu, quelle nation, s'écria-t-il en décrivant un cercle autour de lui avec son bras, n'a pas senti les coups des Dahcotahs? Mahtoree est leur lance.

— Et a-t-il trouvé que les Longs-Couteaux étaient des hommes, ou des femmes?

Une foule de passions violentes semblèrent vouloir se peindre en même temps sur les traits rouges de l'Indien quand il entendit cette question. Une haine inextinguible parut y dominer un instant; mais une expression plus noble, et qui convenait mieux à un brave guerrier, y succéda sur-le-champ. Ecartant la peau de daim couverte de peintures qui était son seul vêtement, il montra la cicatrice d'un coup de baïonnette qu'il avait reçu dans la poitrine.

— Voyez cette blessure, dit-il; elle a été faite comme elle a été reçue, face à face.

— Il suffit. Mon frère est un brave chef, et il doit être un chef sage. Qu'il regarde : est-ce là un guerrier des visages pâles? Est-ce un guerrier semblable qui a fait cette blessure au grand chef dahcotah?

Les yeux de Mahtoree suivirent la direction du bras étendu du vieillard, et s'arrêtèrent sur la forme délicate d'Inez. Ses regards restèrent longtemps attachés sur elle avec admiration; mais, de même que le jeune guerrier pawnie, c'était plutôt l'admiration qu'un mortel accorde à quelque image céleste que ce sentiment avec lequel l'homme a coutume de contempler les charmes attrayants d'une femme. Tressaillant tout à coup comme s'il se fût accusé lui-même d'oubli, le chef porta ensuite ses yeux sur Hélène, et ils demeurèrent fixés sur elle un instant avec une expression d'admiration plus prononcée. Il jeta enfin un coup d'œil rapide sur chacun des individus qui composaient ce petit groupe.

— Mon frère voit que ma langue n'est pas fourchue, continua le Trappeur, saisissant toutes les émotions de Mahtoree avec une intelligence qui ne le cédait guère à celle du chef teton. Les Longs-Couteaux n'envoient pas leurs femmes pour faire la guerre. Que les Dahcotahs fument avec les étrangers!

— Mahtoree est un grand chef. Les Longs-Couteaux sont les bien-venus, dit l'Indien en appuyant la main sur sa poitrine avec un air de dignité polie qui lui aurait fait honneur dans quelque classe de la société qu'il se fût trouvé. Les flèches de mes jeunes guerriers sont dans leurs carquois.

Le Trappeur fit signe à Middleton d'approcher, et au bout de quelques instants les deux troupes n'en firent plus qu'une, et s'accueillirent réciproquement avec les démonstrations cordiales usitées parmi les guerriers des Prairies. Mais, même en s'acquittant de ses devoirs hospitaliers, le chef dahcotah ne manquait pas de surveiller attentivement la troupe d'hommes blancs qui était à quelque distance, comme s'il eût encore craint quelque artifice, ou qu'il eût désiré une explication.

Le vieillard sentit à son tour la nécessité de s'expliquer plus clairement, s'il voulait conserver le léger et équivoque avantage qu'il avait déjà obtenu. Tout en affectant d'examiner le groupe qui maintenait sa position à l'endroit où il s'était arrêté, comme pour reconnaître qui étaient ceux qui le composaient, il vit clairement qu'Ismaël avait dessein d'en venir à des hostilités. Le résultat d'un combat sur la plaine entre ces hommes déterminés et une vingtaine d'Indiens mal armés, quoique soutenus par les blancs qui venaient de les joindre, parut fort incertain aux calculs de son expérience, et quoiqu'il fût bien loin d'en craindre l'événement pour lui-même, il pensa qu'il convenait mieux à son âge et à son caractère de chercher à éviter la querelle qu'à la faire naître. Ses sentiments à cet égard étaient, pour de bonnes raisons, d'accord avec ceux de Middleton et de Paul, qui avaient tous deux à protéger et à défendre des jours qui leur étaient plus précieux que les leurs.

Dans cet embarras, ils se consultèrent tous trois sur les moyens d'éviter les suites effrayantes que pouvait avoir un seul acte d'hostilité commis par la famille d'Ismaël; le vieillard ayant grand soin que leur conversation pût paraître, aux yeux de ceux qui surveillaient avec méfiance l'expression de leur physionomie, n'être qu'une explication des motifs qui avaient amené si loin dans le désert cette troupe de voyageurs.

— Je sais que les Dahcotahs sont un grand peuple, un peuple sage, dit enfin le Trappeur en s'adressant de nouveau au chef; mais mon frère ne connaît-il pas un seul Teton qui soit méprisable?

L'œil de Mahtoree se porta rapidement avec fierté sur tous ses compagnons, et s'arrêta involontairement un instant sur Wencha.

— Le maître de la vie a fait des chefs, des guerriers et des femmes, répondit-il s'imaginant avoir compris en ce peu de mots tous les degrés de la race humaine, depuis le plus haut jusqu'au plus bas.

— Il a aussi fait des visages pâles qui sont méchants; et tels sont ceux que mon frère voit là-bas.

— Vont-ils à pied pour faire le mal? demanda le Teton montrant assez, par la joie maligne qui brillait dans ses yeux, qu'il savait pourquoi ils étaient réduits à cette extrémité humiliante.

— Ils ont perdu leurs chevaux; mais ils ont encore de la poudre, du plomb, des couvertures.

— Portent-ils leurs richesses dans leurs mains comme de misérables Konzas? ou sont-ils braves, et les laissent-ils avec leurs femmes, en hommes qui savent où trouver ce qu'ils ont perdu?

— Mon frère aperçoit ce point bleu qui est tout au bout de la Prairie? Voyez! le soleil le touche pour la dernière fois d'aujourd'hui.

— Mahtoree n'est pas aveugle.

— C'est un rocher. — C'est là que sont les richesses des Longs-Couteaux.

Une expression de joie sauvage brilla sur la figure du Teton, quand il entendit ces paroles. Il se tourna vers le vieillard comme pour lire au fond de son âme, et s'assurer qu'il ne le trompait pas. Portant alors les yeux sur la troupe d'Ismaël, il compta le nombre de ceux qui la composaient.

— Il y manque un guerrier, dit-il.

— Mon frère voit-il les vautours? ils volent sur son tombeau. Mon frère a-t-il trouvé du sang dans la Prairie? ce sang était le sien.

— Suffit! Mathoree est un sage chef. Mettez vos femmes sur les chevaux des Dahcotahs, et nous verrons, car nous sommes des hommes.

Le Trappeur ne perdit pas un seul mot en explications inutiles. Connaissant la promptitude que mettaient les Indiens dans leurs opérations, il communiqua à la hâte à ses compagnons le résultat de son entretien. En un instant, Paul était à cheval ayant Hélène en croupe. Middleton eut besoin d'un peu plus de temps pour placer commodément Inez sur celui qu'il avait choisi. C'était celui de Mahtoree, et à peine Inez y était-elle placée que le chef s'en approcha pour le monter. Middleton en saisit la bride, et chacun d'eux jeta sur l'autre un regard de fierté et de courroux.

— Nul autre que moi ne montera cet animal! s'écria Middleton en anglais.

— Mahtoree est un grand chef! répliqua l'Indien, aucun d'eux ne comprenant ce que disait l'autre.

— Les Dahcotahs arriveront trop tard, dit le vieillard en teton ; voyez! les Longs-Couteaux ont peur, et se disposent à fuir.

Mahtore ne songea plus à son cheval, et sautant sur le premier qu'il trouva, il ordonna à un de ses guerriers de donner le sien au Trappeur. Les guerriers démontés se mirent en croupe derrière quelques uns de leurs compagnons. Le docteur Battius monta sur son âne, et, malgré cette courte altercation, en moitié moins de temps qu'il ne nous en a fallu pour faire ce récit, toute la troupe était prête à partir.

Quand il vit que tous ses guerriers étaient prêts, Mathoree donna le signal d'avancer. Ceux qui étaient les mieux montés partirent en avant, ayant leur chef à leur tête, et firent des démonstrations menaçantes, comme s'ils avaient l'intention d'attaquer les étrangers. Ismaël, qui avait commencé à battre en retraite, fit halte sur-le-champ, et se montra disposé à soutenir le choc. Mais au lieu de s'approcher à portée des armes dangereuses des Occidentaux, les rusés sauvages tournèrent autour d'eux en leur laissant croire qu'ils allaient les attaquer de moment en moment. Enfin, après avoir fait autour d'eux un demi-circuit, les Tetons, sûrs d'arriver à leur but, poussèrent un grand cri, et traversèrent la Prairie en se dirigeant vers le rocher en ligne aussi droite et presque avec la même rapidité qu'une flèche qui vient d'être décochée.

CHAPITRE XXI.

>Ne plaisantez pas avec les dieux, mais partez,
>partez vite! Signor Baptista, vous montrerai-je la route?
>
>SHAKSPEARE.

MAHTOREE avait à peine fait connaître à sa troupe son véritable dessein qu'une décharge générale faite par Ismaël et ses enfants prouva qu'ils ne l'avaient aussi que trop bien compris ; mais la rapidité de leur course et la distance qui les séparait des Sioux rendit leur feu tout à fait inutile. Pour prouver le mépris qu'il faisait de ces démonstrations d'hostilité, le chef dahcotah n'y répondit que par un cri aigu, et brandissant son fusil au-dessus de sa tête, il fit un circuit dans la plaine, suivi de l'élite de ses guerriers, comme pour braver les efforts impuissants de ses ennemis. Comme le corps principal avait continué sa course en ligne directe, Mathoree et sa petite troupe, après cet acte de prouesse, reprirent place à l'arrière-garde avec une dextérité et un ensemble qui prouvaient que cette manœuvre avait été méditée.

Plusieurs décharges se succédèrent, mais bientôt le squatter, la rage dans le cœur, vit qu'il devait renoncer à l'espoir d'arrêter la marche de ses ennemis par d'aussi faibles moyens ; abandonnant des tentatives infructueuses, il se mit à courir de toutes ses forces, suivi de sa famille, se bornant à tirer de temps en temps un coup de fusil, afin de donner l'alarme à la garnison, qu'il avait prudemment laissée sous les ordres de la redoutable Esther. Les deux partis continuèrent ainsi leur marche pendant quelque temps, mais peu à peu les cavaliers gagnaient du terrain, quoique ceux qui les poursuivaient continuassent à courir avec une vitesse presque incroyable.

Au moment où l'on aperçut le rocher, qui ne paraissait qu'un point bleu au milieu des nuages, un cri de triomphe fut poussé par tous les sauvages, mais les vapeurs du soir s'étendaient déjà sur toute la partie orientale de la Prairie, et avant que les Sioux eussent franchi la moitié de la distance qui les séparait de la forteresse d'Ismaël, les contours grisâtres du rocher s'étaient confondus avec les brouillards qui l'entouraient. Indifférent à cette circonstance qui favorisait ses projets au lieu de les contrarier, Mahtoree, qui avait repris sa place en tête de la colonne, continuait sa course avec l'ardeur et la persévérance d'un chien de bonne race, ne ralentissant parfois le pas de quelques instants que pour laisser reprendre haleine aux chevaux de sa troupe. En ce moment le Trappeur s'approcha de Middleton et lui dit en anglais :

— Je pense qu'il va y avoir du pillage, et c'est une affaire dont je ne me soucie pas de me mêler.

— Que voulez-vous faire ? répondit Middleton ; il serait dangereux pour nous de retomber entre les mains des mécréants qui nous poursuivent.

— Dieu nous garde des mécréants, que leur peau soit rouge ou blanche! mais, mon fils, les précautions sont ici nécessaires; regardez devant vous comme si nous parlions de nos grands médecins, ou plutôt feignons d'admirer les chevaux tetons, car ces misérables sont aussi sensibles à l'éloge de leurs coursiers qu'une folle mère des habitations à celui de son enfant volontaire; ainsi flattez celui que vous montez, et passez votre main entre les colifichets brillants dont les Peaux Rouges ont orné sa crinière, donnant, pour ainsi dire, votre esprit à une chose et votre œil à une autre. Si les choses sont conduites avec jugement et prudence, nous pouvons quitter ces Tetons à l'entrée de la nuit.

— Espoir flatteur! s'écria Middleton, qui conservait un souvenir pénible du regard d'admiration que Mahtoree avait jeté sur Inez, et de la présomption qui l'avait porté à lui disputer le droit de la protéger.

— Seigneur! Seigneur! que l'homme est une faible créature lorsque les dons de la nature sont gâtés en lui par la science des livres et par des manières de femmes! Une seconde exclamation du même genre dirait aussi clairement à ces coquins que nous conspirons contre eux, que si une langue sioux allait le crier à leurs oreilles. Oui, oui, je connais les démons, ils ont l'air aussi innocents qu'une troupe joyeuse de faons, mais il n'y en a pas un qui n'ait l'œil ouvert sur nos moindres mouvements. Ainsi donc, ce que nous avons à faire, il faut le faire avec sagesse, afin de mettre leur astuce en défaut. — Voilà qui est bien, caressez le cou de votre cheval, souriez comme si vous en faisiez l'éloge, et tenez l'oreille ouverte de mon côté pour recevoir mes paroles. Ayez soin de ne pas harasser votre cheval, car quoique je ne me connaisse guère en cette matière, la raison m'apprend qu'il faut de l'haleine pour faire une longue course, et que des jambes fatiguées ne vont pas loin. Soyez attentif au signal, lorsque vous entendrez le hurlement de mon vieil Hector; le premier vous avertira de vous tenir prêt, le second de sortir de la foule, et le troisième de partir. M'avez-vous bien compris?

— Très-bien, très-bien, dit Middleton tremblant d'impatience de pouvoir mettre ce plan à exécution, et pressant contre son cœur le bras délicat qui l'entourait, — très-bien; hâtez-vous, hâtez-vous.

— Oui, oui, la bête n'a pas les jambes engourdies, dit le Trappeur en langage sioux, comme s'il continuait la conversation; puis il se glissa avec précaution à travers la foule, jusqu'à ce qu'il se trouvât près de Paul, auquel il communiqua son plan avec les mêmes mesures de prudence. Le chasseur d'abeilles, toujours gai et intrépide, l'écouta avec ravissement, assurant qu'il était prêt à se battre contre toute la bande, si cela était nécessaire pour effectuer leur projet. En quittant ce second couple, le Trappeur jeta les yeux autour de lui pour voir à quel endroit il pourrait trouver le naturaliste.

Avec infiniment de peine pour lui-même et surtout pour *asinus*, le docteur était parvenu à se maintenir au centre des Sioux, aussi longtemps qu'il avait eu la plus petite raison de craindre que les balles lancées par Ismaël ne vinssent se mettre en contact avec sa personne; mais lorsque ce danger eut diminué, ou plutôt à peine eut-il tout à fait disparu, le docteur sentit son courage renaître, tandis que celui de sa monture diminuait dans la même progression. Il résultait de ce changement mutuel et spontané que le cavalier et l'âne faisaient en ce moment partie de ce que nous appellerons l'arrière-garde, et ce fut là que le Trappeur réussit enfin à le rejoindre sans exciter les soupçons de ses compagnons subtils.

— Ami, dit le vieillard lorsqu'il se trouva près du docteur, aimeriez-vous à passer une douzaine d'années au milieu des sauvages, avec la tête rasée, le corps peint de diverses couleurs, et ayant une couple de femmes et cinq ou six enfants métis qui vous appelleraient leur père.

— Impossible! s'écria le naturaliste en tressaillant; je ne suis point amateur du mariage en général, et surtout d'aucun mélange des variétés de l'espèce, qui ne tendent qu'à ternir la beauté et à rompre l'harmonie de la nature. De plus c'est une innovation qui dérange de la manière la plus désagréable l'ordre de toutes les nomenclatures.

— Oui, oui, vous avez raison d'avoir du goût pour une telle vie; mais, si ces Sioux vous emmènent dans leur village, votre bonheur sera tel que je vous l'ai dépeint, aussi vrai que le soleil se lève et se couche selon la volonté du Seigneur.

— Me marier à une femme qui ne serait pas ornée des attraits distinctifs de l'espèce! s'écria le docteur; de quel crime suis-je donc coupable pour avoir mérité un si terrible châtiment? Marier un homme contre sa volonté ! mais c'est faire violence à la nature.

— Puisque vous parlez de nature, j'espère que le don de la raison n'a pas encore tout à fait quitté votre cervelle, répondit le Trappeur, tandis qu'une expression de malice, qui prouvait qu'il n'avait pas perdu toute sa gaieté, se peignait au milieu des rides profondes dont l'âge avait entouré ses yeux. — Oui, c'est comme je vous le dis, et ils pourront même concevoir pour vous tant d'affection, qu'ils vous donneront cinq ou six femmes ; j'ai connu dans ma jeunesse des chefs favorisés qui en avaient un nombre infini.

— Mais pourquoi méditeraient-ils cette vengeance ? demanda le docteur dont les cheveux se dressaient sur sa tête comme s'ils eussent été doués de sentiment ; quel mal ai-je donc fait ?

— C'est leur manière de prouver leur tendresse ; lorsqu'ils viendront à apprendre que vous êtes un grand médecin, la tribu vous adoptera, et quelque chef puissant vous donnera son nom et peut-être sa fille, ou même une ou deux de ses femmes qui auront vécu longtemps dans sa hutte, et dont il connaîtra tout le prix par expérience.

— Que le gouverneur et le fondateur de l'harmonie naturelle daigne me protéger ! murmura le docteur. Je n'ai aucun goût pour le mariage ; une femme serait déjà trop pour moi ; aussi me souciai-je encore moins d'en avoir deux ou trois à mes trousses. Espèce, Sioux ; traits distinctifs, peau rouge. J'essaierai certainement de fuir de leurs demeures avant de devenir la victime d'une conjonction tellement hors de nature.

— Il y a de la raison dans vos paroles, mais pourquoi ne pas tenter tout de suite la fuite que vous projetez ?.

Le naturaliste jeta autour de lui un regard craintif, comme s'il eût désiré mettre sur-le-champ à exécution sa résolution désespérée ; mais les figures sombres qui l'entouraient lui parurent tout à coup triplées, et les ombres qui commençaient à couvrir la Prairie lui semblèrent aussi brillantes que la clarté du soleil en plein midi.

— Ce serait une démarche prématurée que la raison me défend, répondit-il ; laissez-moi, vénérable *venator*, me recueillir quelques instants, et lorsque mes plans seront convenablement classés, je vous ferai connaître mes résolutions.

— Ses résolutions ! répéta le vieillard en branlant la tête d'un air de mépris, en lâchant les rênes de sa monture, et en lui permettant de se mêler parmi ceux que montaient les sauvages; — la résolution est un mot dont on parle beaucoup dans les habitations et qu'on met en pratique sur les frontières. Mon frère connaît-il la bête que monte le visage pâle? dit-il en langue sioux à un guerrier à figure sombre en lui montrant le naturaliste et son débonnaire *asinus*.

Le Teton regarda un instant l'animal, mais il se garda bien de manifester la moindre partie de l'étonnement qu'il avait éprouvé, de même que tous ses compagnons, en apercevant pour la première fois un quadrupède aussi rare. Le Trappeur n'ignorait pas que tandis que les ânes et les mulets commençaient à être connus des tribus qui habitaient près du Mexique, on n'en rencontrait pas ordinairement du côté du nord à une aussi grande distance que les eaux de la Platte. Il sut donc découvrir la muette stupeur que le sauvage croyait si bien cacher sous ses traits basanés, et il dressa son plan en conséquence.

— Mon frère croit-il que ce cavalier soit un guerrier des visages pâles? demanda-t-il lorsqu'il crut lui avoir laissé le temps d'examiner à son aise la mine pacifique du naturaliste.

La pâle clarté des étoiles n'empêcha pas le Trappeur d'apercevoir l'expression de mépris qui se peignait sur les traits du Teton tandis qu'il disait :

— Un Dahcotah est-il un fou?

— C'est une nation sage dont les yeux ne sont jamais fermés, c'est pourquoi je m'étonne qu'ils n'aient pas reconnu le grand médecin des Longs-Couteaux.

— Wagh! s'écria son compagnon, l'expression de la surprise sortant à la fois de tous ses traits sombres et livides, comme l'éclair qui s'élance au sein de la nue au milieu de l'obscurité de la nuit.

— Le Dahcotah sait que ma langue n'est pas fourchue; qu'il ouvre ses yeux plus grands; ne voit-il pas un très-grand médecin?

La lumière n'était pas nécessaire pour remettre sous les yeux du sauvage l'accoutrement et l'équipage vraiment remarquables du docteur Battius. De même que ses compagnons, et suivant l'usage des Indiens, tandis qu'il avait eu soin de ne point manifester une vaine curiosité, indigne de son courage, il n'était pas un seul trait distinctif, propre à caractériser chacun des étrangers, qui eût échappé à sa vigilance. De ceux qu'il venait de rencontrer d'une manière aussi étrange, il n'en était pas un seul dont il ne connût l'air, la taille, le costume, et même jusqu'à la couleur des yeux et des cheveux, et il avait mûrement réfléchi aux causes qui pouvaient avoir amené une troupe si singulièrement composée jusqu'au milieu des retraites des habitants de ces déserts. Il avait déjà examiné la force physique de chacun d'eux, et il avait cherché à découvrir d'après cet examen quelles avaient pu être leurs intentions. Ce n'étaient point des guerriers; car les Longs-Couteaux ainsi que les Sioux laissaient leurs femmes dans leurs villages lorsqu'ils s'avançaient sur le sentier de la guerre. Ce ne pouvaient être des chasseurs, ni même des marchands, seuls titres auxquels les visages pâles parussent ordinairement dans leurs villages; les mêmes objections empêchaient de le supposer.

Il avait entendu parler d'un grand conseil où les Menahaschahs, ou Longs-Couteaux, et les Waschcomantiquas, ou Espagnols, avaient fumé ensemble, lorsque ceux-ci avaient vendu aux premiers leurs droits imaginaires sur ces vastes régions, dans lesquelles sa nation errait en liberté depuis tant de siècles. Son esprit borné n'avait pas été capable de concevoir les raisons qui pouvaient faire qu'un peuple s'arrogeât ainsi les possessions d'un autre, et le peu de mots que le Trappeur venait de lui dire avaient suffi pour lui faire croire que celui qui, sans le savoir, était le sujet de leur conversation, venait sans doute exercer quelque influence magique, influence à laquelle il croyait fermement pour appuyer ses droits mystérieux. Déposant aussitôt toute réserve, et n'ayant plus que le sentiment amer de son ignorance, il se tourna vers le vieillard, et lui dit, en étendant le bras vers lui comme pour implorer sa compassion:

— Que mon père me regarde: je suis un homme sauvage des Prairies; mon corps est nu, mes mains sont vides et ma peau rouge. J'ai combattu les Pawnies, les Konzas, les Omahaws, les Osages, et même les Longs-Couteaux. Je suis un homme au milieu des guerriers; mais je ne suis qu'une femme au milieu des magiciens. Que mon père parle: les oreilles du Teton sont ouvertes, il écoute comme un daim qui croit entendre le pas du couguar.

— Telles sont les voies sages et impénétrables de celui qui seul connaît le bien d'avec le mal! s'écria le Trappeur en anglais. Aux uns il accorde la force, et aux autres la ruse. Il est humiliant, il est affligeant de voir une créature aussi noble que celle-ci, qui s'est signalée dans tant de combats sanglants, ramper sous le joug de la superstition comme un mendiant qui demande les os que vous jetteriez aux chiens. Le Seigneur me pardonnera de me jouer de l'ignorance du sauvage, car il sait que ce n'est point pour me moquer de sa situation, ni pour tirer une vaine gloire de la mienne, mais dans l'espoir de sauver des vies mortelles, et de défendre l'opprimé en déjouant les machinations du méchant! Teton, continua-t-il en langue sioux, je vous le demande : n'est-ce pas là un grand médecin? Si les Dahcotahs sont sages, ils ne respireront pas l'air qu'il respire, et ils ne toucheront pas sa robe. Ils savent que le Wahconshecheh (le mauvais esprit) aime ses propres enfants, et qu'il ne tournera pas le dos à ceux qui leur auront causé quelque dommage.

Le vieillard prononça ces paroles d'un ton lugubre et sentencieux, et il se retira un peu de côté comme s'il pensait qu'il en avait dit assez. Le résultat justifia son espoir. Le guerrier auquel il s'était adressé ne tarda pas à communiquer au reste de l'arrière-garde l'important avis qu'il venait de recevoir, et en peu d'instants le naturaliste devint l'objet des regards et même du respect général. Le Trappeur, qui savait que les sauvages adoraient souvent le malin esprit afin de se le rendre propice, attendait l'effet de sa ruse avec le calme d'un homme qui n'eût pas pris le moindre intérêt au succès. Il ne fut pas longtemps sans voir toutes ces sombres figures s'éloigner l'une après l'autre, fouetter leur cheval, et galoper jusqu'à ce qu'elles fussent réunies au reste de leur bande. Bientôt il ne resta plus auprès du docteur que le farouche Wencha. La présence de ce sauvage, qui continuait à considérer le magicien supposé avec une sorte d'admiration stupide, était maintenant le seul obstacle qui s'opposât au succès complet de son artifice.

Connaissant à merveille le caractère de cet Indien, le vieillard ne perdit point de temps pour s'en débarrasser à son tour, et poussant son cheval vers lui, il lui dit à l'oreille en appuyant fortement sur chaque syllabe :

— Wencha a-t-il bu aujourd'hui du lait des Longs-Couteaux?

— Wagh! s'écria le sauvage surpris, dont cette question avait soudain ramené les pensées du ciel à la terre. — Parce que le grand capitaine de mon peuple qui marche à la tête de la colonne a une vache qui n'est jamais vide; et je sais qu'il ne s'écoulera pas longtemps avant qu'il dise : — Quelques uns de mes frères rouges ont-ils soif?

A peine avait-il achevé cette phrase, que Wencha pressant à son tour le galop de son cheval, fut bientôt confondu avec le reste de la troupe, qui cheminait à quelque distance d'un pas un peu plus modéré. Le Trappeur, qui savait combien est inconstant et léger l'esprit d'un sauvage, ne perdit pas un moment pour profiter de cet avantage. Il lâcha les rênes à son coursier impatient, et, en un instant, il se trouva à côté d'Obed.

— Voyez-vous l'étoile brillante qui est à peu près à quatre portées de fusil, là en haut de la Prairie, — là bas... du côté du nord ?

— Oui, oui ; c'est la constellation...

— Qui vous parle de constellation, homme ? Voyez-vous l'étoile que je vous montre? Dites-moi en anglais de la terre, oui ou non.

— Oui.

— Dès que je vais avoir le dos tourné, mettez votre âne au galop jusqu'à ce que vous ayez perdu de vue les sauvages. Alors, placez votre confiance dans le Seigneur et dans l'étoile qu'il vous donne pour guide. Ne vous écartez ni à droite ni à gauche, mais hâtez-vous de profiter des instants, car votre bête n'a pas l'allure vive, et chaque pouce de terrain que vous gagnerez sera un jour ajouté à votre liberté et peut-être à votre vie.

Sans attendre les questions que le naturaliste s'apprêtait à lui faire, le Trappeur s'éloigna à toute bride, et se trouva bientôt en tête de la troupe.

Obed se trouvait seul alors. *Asinus* obéit volontiers au signal du départ que son maître lui donna, plutôt en désespoir de cause que par un souvenir bien distinct des conseils qu'il venait de recevoir. Comme les Tetons continuaient à galoper, l'âne avait à peine fait cent pas dans une autre direction, que lui et son maître furent hors de la vue des cavaliers. Sans plan, sans projets, sans aucun espoir que celui d'échapper à ses dangereux voisins, le premier sentiment du docteur fut de s'assurer si le sac qui contenait les tristes restes des notes et des curiosités qu'il avait recueillies était toujours à la croupe de sa selle ; alors il tourna la tête de son âne dans la direction qui lui avait été indiquée, et le frappant avec une espèce de furie, il réussit bientôt à changer le pas du patient animal en un trot rapide. A peine avait-il eu le temps de descendre dans un bas-fond, et de remonter l'autre colline, qu'il entendit ou qu'il crut entendre son nom sortir en bon anglais du gosier de vingt Tetons. Cette illusion donna une impulsion nouvelle à son ardeur, et aucun maître de danse faisant un entrechat n'avait jamais montré plus de dextérité que le docteur en usant ses talons sur les côtes du pauvre *asinus*. Ce contact violent et répété continua plusieurs minutes sans interruption, et selon toutes les apparences il durerait encore, si le caractère paisible d'*asinus* n'avait pas été injustement poussé à bout. Empruntant sa vengeance la manière même dont son maître lui témoignait son impatience, il leva simultanément ses quatre pieds, mesure qui décida à l'instant la victoire en sa faveur, tandis qu'il faisait retentir l'air d'une certaine fanfare qui exprimait à la fois son indignation et son triomphe. Obed fut forcé un peu brusquement de prendre congé de sa selle, mais il n'en continua pas moins à fuir dans la même direction, tandis qu'*asinus*, comme un conquérant qui prend possession du champ de bataille, commença à brouter l'herbe desséchée, comme le fruit de sa victoire.

Dès que le docteur se fut remis sur ses jambes, et qu'il eut repris ses esprits un peu troublés par la manière brusque dont il avait quitté sa selle, sa première pensée avait été de chercher son sac et son âne. *Asinus* montra assez de magnanimité pour rendre l'entrevue amicale, et le naturaliste continua sa route avec un zèle très-louable, mais d'un pas un peu plus modéré.

Pendant ce temps, le vieux Trappeur n'avait pas perdu de vue les mouvements importants qu'il avait entrepris de diriger. Obed ne s'était pas trompé en supposant qu'on s'était aperçu de son absence, et qu'on le cherchait, quoique son imagination eût pris quelques cris sauvages pour les sons bien connus qui composaient son propre nom latinisé. Voici simplement ce qui s'était passé. Les guerriers de l'arrière-garde n'avaient pas manqué de faire connaître à ceux qui étaient en tête le caractère mystérieux dont il avait plu au Trappeur d'investir l'innocent naturaliste. Le même sentiment d'admiration sauvage mêlé de terreur qui les avait portés à se rapprocher de leurs compagnons, engagea ceux-ci à vouloir juger par eux-mêmes de l'homme extraordinaire dont on leur parlait, et ils coururent à la place où Wencha venait de laisser le docteur; mais il n'y était plus, et leur sauvage désappointement s'exprima par des rugissements farouches qui parvinrent jusqu'aux oreilles d'Obed.

Mais l'autorité de Mahtoree vint bientôt aider l'adresse du Trappeur à calmer cette effervescence. Lorsque l'ordre fût rétabli, et que le chef fut informé de la cause de la rumeur qui venait d'éclater parmi ses guerriers, le vieillard, qui le regardait attentivement, vit avec inquiétude la vive expression de méfiance que prenait son visage basané.

— Où est votre magicien? demanda Mahtoree en se tournant tout à coup vers le Trappeur, comme s'il eût voulu le rendre responsable de la disparition d'Obed.

— Puis-je dire à mon frère quel est le nombre des étoiles? Les voies d'un grand médecin ne sont pas celles des autres hommes.

— Ecoutez-moi, tête grise, et comptez mes paroles, dit Mahtoree en se penchant sur la selle grossière avec presque autant de grâce que le cavalier le plus habile d'une nation civilisée, et en parlant du ton absolu d'un homme habitué au pouvoir; ce n'est point une femme que les Dahcothas ont choisie pour chef: lorsque Mahtoree sentira l'influence d'un grand médecin, il tremblera; jusque-là, il regardera de ses propres yeux sans emprunter ceux d'un visage pâle. Si votre magicien n'est pas avec ses amis demain au point du jour, mes jeunes guerriers iront le chercher. Vos oreilles sont ouvertes, il suffit.

Le Trappeur fut charmé d'entendre qu'un si long répit lui fût accordé. Il avait déjà eu sujet de croire que le chef teton était un de ces esprits forts qui ont franchi toutes les limites que l'usage et l'éducation fixent aux opinions de l'homme, dans tous les états de la société, et il était maintenant convaincu que, pour le tromper, il devait adopter un artifice tout différent de celui qui venait de lui réussir si bien avec les autres. Cependant la subite apparition du roc qui semblait élever sa cime nue et escarpée du milieu des ténèbres environnantes, mit fin pour le moment à la conversation; Mahtoree donnant toutes ses pensées à l'exécution de ses desseins. Un murmure de satisfaction passa de rang en rang, à mesure que chaque guerrier aperçut le but de leur course précipitée; après quoi, tout rentra dans le silence, et l'oreille la plus exercée n'aurait pu entendre d'autre bruit que le frottement des pieds contre l'herbe très-haute de la Prairie.

Mais il n'était pas facile de mettre en défaut la vigilance d'Esther. Elle écoutait depuis longtemps avec inquiétude ces sons incertains qui approchaient de plus en plus, et le murmure soudain, quoique étouffé, que les Sioux n'avaient pu retenir à la vue du roc n'avait pas échappé à l'intrépide amazone. Les sauvages, qui avaient mis pied à terre à peu de distance, n'avaient pas encore eu le temps de se ranger autour de la base du rocher, avec leur réserve et leurs précautions accoutumées, que la voix d'Esther retentit au milieu du silence général.

— Qui est en bas? s'écria-t-elle intrépidement. Répondez sur votre vie. — Sioux ou diables, je ne vous crains pas!

Personne ne répondit; chaque guerrier s'arrêtant à la place où il se trouvait, persuadé que son corps basané se confondait avec les ombres de la Prairie. Ce fut dans ce moment que le Trappeur résolut de s'évader. Il avait été laissé, avec le reste de ses amis, sous la surveillance de ceux qui étaient chargés de garder les chevaux, et comme ils étaient tous restés en selle, le moment semblait favorable pour son projet : leurs gardiens avaient les yeux fixés sur le rocher, et un nuage épais étant venu à passer dans ce moment au-dessus de leurs têtes, obscurcit le peu de clarté que donnaient les astres. Se penchant sur le cou de son cheval, le vieillard murmura entre ses dents :

— Où est mon chien? où est-il, Hector? Où est mon chien?

Le chien entendit la voix bien connue de son maître, et répondit par un gémissement d'amitié, qui de degré en degré menaçait de devenir un de ses aboiements perçants. Le Trappeur allait se relever, s'applaudissant déjà du succès de sa ruse, lorsqu'il sentit la main de Wencha le saisir à la gorge, comme s'il était déterminé à étouffer sa voix par le procédé aussi simple que décisif de la strangulation. Profitant de cette circonstance, le Trappeur poussa de nouveau un son très-bas, comme s'il faisait naturellement un effort pour respirer, et un second cri du fidèle Hector se fit entendre à l'instant. Aussitôt Wencha lâcha le maître pour tourner sa vengeance sur le chien; mais la voix d'Esther se fit entendre alors, et tout autre projet fut suspendu pour écouter.

— Oui, hurlez tant que vous voudrez, scélérats, monstres de ténèbres, s'écria-t-elle avec un affreux éclat de rire; allez, je vous connais; attendez! attendez! et vous aurez de la lumière pour vos brigandages. Mettez le feu, Phœbé, mettez le feu; votre père et ses garçons verront qu'ils ont besoin de revenir chez eux pour recevoir leurs hôtes.

Au moment même où elle parlait, une lumière éclatante, telle que celle d'un astre brillant, parut tout à coup sur la cime du rocher; la flamme se précipita ensuite en serpentant au milieu d'un énorme tas de broussailles, puis s'élançant en mille gerbes vers les cieux, et suivant l'impulsion de l'air, elle répandit une clarté soudaine sur tous les objets environnants. Des éclats de rire moqueurs, partant du sommet du roc, et dans lesquels des voix de tout âge semblaient se confondre, se firent entendre en même temps, comme si la garnison triomphait d'avoir ainsi exposé au grand jour avec tant de succès les projets perfides des Tetons.

Le Trappeur regarda autour de lui pour reconnaître dans quelle position il trouverait ses amis. Fidèles au signal, Paul et Middleton s'étaient retirés un peu à l'écart, et ils semblaient prêts à fuir, aussitôt que le cri se ferait entendre pour la troisième fois. Hector avait échappé aux poursuites du sauvage, et il s'était de nouveau couché aux pieds du cheval de son maître. Mais le cercle lumineux s'élargissait de plus en plus, et le vieillard, dont la prudence se démentait si rarement, attendait avec patience un moment plus favorable pour son entreprise.

— C'est maintenant, Ismaël, si ta main et ta vue sont aussi sûres qu'elles l'ont toujours été, c'est maintenant, mon homme, le vrai moment de travailler ces Peaux Rouges qui viennent pour te prendre tout ton bien, jusqu'à ta femme et tes enfants. Allons, mon brave mari, montre du caractère, et prouve de quel sang tu sors!

Un cri retentit dans l'éloignement; d'après la direction, il devait partir de la troupe du squatter, et la garnison apprit qu'elle allait être secourue. Esther y répondit par un cri perçant, et, dans le premier transport de sa joie, elle se montra à l'extrémité du roc, de manière à pouvoir être distinguée de tous ceux qui étaient en bas. Non contente d'exposer ainsi sa personne, elle était en train d'agiter ses bras d'un air de triomphe, lorsque Mahtoree parut tout à coup à côté d'elle, et les lui attacha derrière le dos. Trois autres guerriers se glissèrent le long du sommet, et, éclairés par le brasier ardent, ils semblaient autant de démons nus agitant leurs torches au milieu des airs. Le ciel était rempli de particules noirâtres qui retombaient de tous côtés, et les matières combustibles étant épuisées, il s'ensuivit une obscurité profonde, telle que celle qui semble peser sur la terre lorsque les derniers rayons du soleil viennent de se retirer. Les sauvages poussèrent alors à leur tour un cri de triomphe, qui fut accompagné plutôt que suivi d'un long hurlement d'Hector.

En un instant le vieillard était entre les chevaux de Paul et de Middleton, la main étendue sur la bride de chacun d'eux, afin de modérer leur impatience.

— Doucement! doucement! leur dit-il tout bas; leurs yeux sont pour l'instant aussi merveilleusement fermés que si le Seigneur les avait frappés d'aveuglement, mais leurs oreilles sont ouvertes. Doucement! doucement! Pendant cinquante verges pour le moins, nous ne devons pas aller plus vite qu'au petit pas.

Les cinq minutes d'anxiété qui suivirent parurent un siècle à tous, à l'exception du Trappeur. A mesure que leur vue commençait à s'accoutumer à la nuit, il leur semblait que l'obscurité profonde qui avait suivi l'extinction du feu allait être remplacée par une lumière aussi éclatante que celle du soleil. Cependant le vieillard laissa par degrés les chevaux presser le pas, jusqu'à ce qu'ils fussent arrivés au milieu de l'un des bas-fonds de la Prairie; alors, se mettant à rire avec son calme ordinaire, il lâcha les brides en disant:

— Maintenant, laissez-les jouer des jambes, mais restez sur la ligne où l'herbe est le plus touffue, pour amortir le bruit.

Il est inutile de dire avec quel empressement ses ordres furent exécutés. En quelques minutes, ils avaient gravi et traversé une des élévations irrégulières de la Prairie, après quoi ils continuèrent à fuir au grand galop dans la direction de l'étoile indiquée, comme la barque, battue par le vent, se dirige vers le fanal qui montre la route vers un abri assuré.

CHAPITRE XXII.

> Les nuages et les rayons du soleil qui naguère offraient à ses yeux leurs brillantes clartés, ont disparu sans laisser dans ce ciel silencieux aucun vestige de leur passage.
> MONTGOMERY.

UN silence aussi morne que celui qui régnait dans les solitudes que les fugitifs avaient devant eux semblait peser en quelque sorte sur le lieu qu'ils venaient d'abandonner. En vain le Trappeur lui-même concentra-t-il toutes ses facultés pour saisir le moindre bruit qui aurait pu annoncer le fait, si important pour eux, du commencement des hostilités entre la troupe de Mahtoree et celle d'Ismaël; leurs chevaux les emportèrent loin du théâtre de ces sanglants démêlés, avant que rien eût annoncé s'ils avaient eu lieu. Le vieillard semblait mécontent, il murmurait tout bas; mais du reste il ne manifestait son inquiétude qu'en faisant presser le pas à ses compagnons. Il avait montré du doigt, en passant, l'emplacement désert où la famille du squatter avait campé le soir même où nous l'avons présentée à nos lecteurs; mais ensuite il garda un silence que ses amis ne pouvaient s'empêcher de regarder comme de mauvais augure, car ils connaissaient alors assez son caractère pour savoir qu'il fallait que les circonstances fussent en effet critiques pour troubler la tranquillité d'âme ordinaire du vieillard.

— N'en avons-nous pas fait assez? demanda Middleton au bout de quelques heures, craignant qu'Inez et Hélène ne pussent résister à tant de fatigues; voilà longtemps que nous courons à bride abattue, et nous avons traversé une grande étendue de plaine : il est temps de chercher un lieu de repos.

— Cherchez-le donc dans le ciel, si vous êtes incapables de marcher plus longtemps, murmura le Trappeur. Si les Tetons et le squatter en étaient venus aux mains, ce qui, dans l'ordre des choses, aurait dû arriver, alors on aurait pu prendre le temps de regarder autour de soi, et de calculer non seulement les dangers, mais aussi les inconvénients du voyage; mais au point où nous en sommes, je déclare que ce serait s'exposer à une mort certaine ou à une éternelle captivité que de fermer les yeux et de se livrer au repos avant que nos têtes soient à l'abri dans quelque retraite bien sûre.

— Je n'en sais rien, reprit le jeune homme impatient, sur lequel les sages réflexions du vieillard faisaient moins d'impression que la vue des souffrances de l'être fragile qu'il soutenait; — je n'en sais, ma foi! rien. Nous avons fait je ne sais combien de milles, et je ne vois aucune apparence de danger prochain. Si vous craignez pour vous, mon bon ami, croyez-moi, vous avez tort, car.....

— Votre grand-père, s'il vivait encore et qu'il fût ici, dit le vieillard en l'interrompant, et en posant sa main avec force sur le bras de Middleton, votre grand-père n'aurait pas prononcé ces paroles. Il avait quelque raison de croire qu'au printemps de mes jours, lorsque mon regard était plus rapide que celui du faucon, et mes jambes plus agiles que celles du daim, je ne tenais pas extrêmement à la vie; pourquoi donc aurais-je à présent un attachement puéril pour une chose dont je connais toute la vanité, et que je sais être entourée de tant de maux et de souffrances? Que les Tetons fassent ce qu'ils voudront; quelque traitement qu'il endure, le vieux Trappeur n'en élèvera pas plus haut la voix ni pour se plaindre ni pour prier.

— Pardonnez-moi, mon digne, mon excellent ami, s'écria le jeune homme repentant, en serrant vivement la main que le vieillard s'apprêtait à retirer; je ne savais pas ce que je disais, ou plutôt je ne pensais qu'à celles qui nous sont chères à tant de titres.

— C'est bien. Voilà le langage de la nature, et votre grand-père en aurait dit autant. Ah! combien de saisons, froides et chaudes, sèches et humides, ont passé sur ma pauvre tête depuis le temps où nous chassions ensemble au milieu des Hurons à peaux rouges des lacs, derrière ces montagnes escarpées du vieil York! Plus d'un superbe chevreuil a été abattu depuis lors par cette main décharnée, oui, et plus d'un infâme Mingo aussi. Dites-moi, mon garçon, le général, car je sais qu'il devint général, vous a-t-il jamais parlé du daim que nous tuâmes la nuit où ces damnés Mingos nous poussèrent jusque dans la caverne de l'île, et du repas délicieux que nous fîmes ensemble?

— Je lui ai entendu souvent raconter les plus petits incidents de la nuit dont vous parlez; mais...

— Et le musicien, et son gosier ouvert, et ses cris dans la mêlée? ajouta le vieillard en riant aux éclats à mesure que ses souvenirs se pressaient dans sa mémoire.

— Tout, tout. — Il n'omettait rien, pas même la plus petite circonstance. Ne vous...

— Comment! vous a-t-il parlé des coquins cachés derrière les troncs d'arbres, et du pauvre diable suspendu sur la cataracte?

— Oui, de tous, et de tout ce qui les concernait[1]. Je dois croire...

— Oui, continua le vieillard d'une voix qui prouvait combien ce spectacle avait laissé une impression profonde sur son esprit, j'ai vécu dans les forêts et au milieu des déserts pendant quatre-vingt dix ans, et si quelqu'un peut se vanter de connaître le monde et d'avoir vu des scènes déchirantes, ce doit être moi! Eh bien! jamais, ni depuis lors ni auparavant, non, jamais je n'ai vu un être humain dans un état de désespoir tel que ce sauvage; et

---

1. Ceux qui ont lu les ouvrages précédents dans lesquels le Trappeur paraît comme chasseur ou batteur d'estrade, comprendront probablement les allusions.

pourtant il dédaignait de parler, d'appeler du secours ou d'avouer sa position critique! Voilà comme ils sont, c'est un de leurs priviléges, et il le soutint noblement!

— Dites-moi, Trappeur, s'écria Paul, qui, satisfait de sentir que le bras de sa chère Hélène était passé sous le sien, avait gardé jusque alors un silence qui ne lui était pas ordinaire; le jour, mes yeux sont aussi perçants que ceux de l'oiseau-mouche, mais j'avoue que la nuit, à la clarté des étoiles, ils ne valent pas le diable. Qu'est-ce que je vois se traîner là-bas dans ce bas-fond? est-ce un buffle, ou bien est-ce quelque bête égarée des troupeaux du sauvage?

Ils s'arrêtèrent tous pour examiner l'objet sur lequel Paul avait attiré leur attention. Ils suivaient autant que possible les petites vallées, afin d'échapper plus aisément aux regards; mais dans ce moment ils venaient de monter sur une des collines ondoyantes de la Prairie d'où la vue dominait sur l'endroit indiqué.

— Descendons, dit Middleton; bête ou homme, nous sommes trop forts pour avoir rien à craindre.

— Parbleu! si la chose n'était pas moralement impossible, dit le Trappeur, qui, comme le lecteur a déjà pu le remarquer plus d'une fois, ne se piquait pas d'employer toujours les mots dans leur véritable acception, si la chose n'était pas moralement impossible, je dirais que c'est l'homme qui court à la recherche des reptiles et des insectes, notre compagnon de voyage, le docteur.

— Et pourquoi donc impossible? ne lui avez-vous pas dit de suivre cette direction pour nous rejoindre?

— Oui, mais je ne lui ai pas dit de faire galoper un âne plus vite qu'un cheval. — Ma foi, vous avez raison, oui, dit le Trappeur en s'interrompant lui-même, ses yeux le convainquant de plus en plus, à mesure que la distance diminuait, que c'était bien Obed et *asinus* qu'il voyait devant lui, — vous avez raison, quoique la chose tienne du prodige. Mon Dieu, que la peur est une singulière chose! Parbleu, mon ami, vous avez fait une terrible diligence pour prendre une telle avance sur nous en si peu de temps! Savez-vous que votre âne a fait merveilles!

— *Asinus* n'en peut plus, répondit le naturaliste d'un air consterné. Certes la pauvre bête n'est pas restée oisive depuis que nous nous sommes quittés; mais, hélas! j'ai beau faire; malgré toutes mes admonitions, elle refuse d'aller plus loin. J'espère qu'il n'y a point de craintes immédiates à concevoir sur l'approche des sauvages?

— Je n'en puis répondre, en vérité je n'en puis répondre. Les choses ne se sont point passées comme elles l'auraient dû entre le squatter et les Tetons, et je ne répondrais pas encore qu'il n'y aura aucune tête scalpée parmi les nôtres. L'âne est éreinté! vous lui avez fait faire au-delà de ses dons naturels, et le voilà sur les dents. Il faut avoir de la pitié et de la discrétion en toutes choses, même lorsqu'il y va de la vie!

— Vous m'aviez montré l'étoile, répondit le docteur; et j'ai cru convenable de faire la plus grande diligence pour suivre la direction indiquée.

— Mauvais moyen pour arriver au but! Allez, allez, vous parlez hardiment des créatures du Seigneur; mais je vois clairement que vous n'êtes qu'un enfant pour tout ce qui tient à leurs dons et à leur instinct. Vous voilà bien avancé! que feriez-vous à présent s'il devenait nécessaire de redoubler de vitesse pour échapper aux poursuites?

— La faute est dans la conformation du quadrupède, dit Obed dont le naturel pacifique commençait à s'indigner de tant d'imputations calomnieuses. Si deux des pattes eussent été des leviers circulaires, la fatigue eût été deux fois moindre, *ergo*...

— Malgré tous vos *ergo*, homme, un âne surmené n'en est pas moins un âne surmené, et celui qui le nierait prouverait seulement qu'il est le frère de l'animal. Or çà, capitaine, nous sommes forcés de choisir entre deux maux, ou bien il faut abandonner l'homme qui a partagé trop longtemps notre bonne et mauvaise fortune pour être ainsi rejeté, ou il faut chercher un abri pour laisser reposer sa monture.

— Vénérable *venator*, s'écria Obed alarmé, je vous en conjure par tous les liens sympathiques qui unissent les hommes, par ces ressorts cachés...

— Ah! la crainte lui fait dire enfin quelques mots qui ont le sens commun. Vous dites vrai, il n'est pas dans la nature d'abandonner un frère dans le malheur, et le Seigneur sait que je n'ai jamais fait une telle infamie. Vous avez raison, ami; oui, vous avez raison; il faut que nous nous cachions tous, et cela promptement; mais que faire de l'âne? Ami docteur, êtes-vous véritablement attaché à cet âne!

— C'est un ancien et fidèle serviteur, répondit l'inconsolable

Obed, et je serais au désespoir qu'il lui arrivât malheur. Mettez-lui des entraves, et laissez-le se reposer sur l'herbage; je vous garantis que demain matin on le retrouvera à la même place.

— Et les Sioux! s'écria le chasseur d'abeilles; que deviendrait *asinus* si ces coquins à peau rouge apercevaient ses oreilles sortant de l'herbe comme deux tiges de molène? ils le cribleraient d'autant de flèches qu'il y a d'épingles sur la pelote d'une femme, et croiraient ensuite avoir tué le bisaïeul de tous les lapins. Mais je réponds qu'ils reconnaîtraient leur méprise à la première bouchée!

Middleton, que cette discussion prolongée commençait à impatienter, intervint alors, et, grâce à la déférence que chacun témoignait pour son grade supérieur, il réussit promptement à faire agréer une sorte de compromis. La pauvre bête, trop douce et trop timide pour opposer la moindre résistance, se laissa mettre des entraves, et s'assit tranquillement sur sa couche moelleuse, à la grande satisfaction de son maître, qui se croyait sûr de la retrouver au bout de quelques heures. Le vieillard fit de fortes représentations contre cet arrangement, et plus d'une fois il donna à entendre que le couteau était beaucoup plus sûr que les entraves; mais les prières d'Obed, aidées peut-être de la répugnance secrète que le Trappeur avait à verser le sang, prévalurent enfin, et il fut décidé qu'on n'attenterait pas aux jours d'*asinus*. Ces arrangements terminés, on se mit à chercher un endroit où l'on pût prendre quelques heures de repos.

Suivant les calculs du Trappeur, ils avaient fait vingt milles depuis l'instant de leur départ. La délicate Inez commençait à plier sous le poids de la fatigue, et Hélène, qui, quoique plus forte, n'en était pas moins femme, se ressentait aussi un peu de la marche forcée qu'elle venait de faire; Middleton lui-même n'était pas fâché de s'arrêter; enfin il n'était pas jusqu'à Paul qui n'avouât qu'un peu de repos lui ferait grand bien. Le vieillard seul semblait ne pas sentir le besoin de réparer ses forces; on eût dit qu'il n'était pas sujet aux infirmités ordinaires de la nature humaine, et, semblable au vieux chêne dont le tronc nu et dépouillé, battu mille fois de la tempête et fendu de toutes parts, n'en est pas moins resté droit à la même place, ce corps décharné, si près de se dissoudre, se tenait encore debout et seul ne pliait pas. Peu accoutumé au genre d'exercice qu'il venait de faire, il n'en fut pas moins le premier à chercher un couvert, et il montrait l'énergie de la jeunesse, tempérée par l'expérience et la sagesse d'un vieillard.

Le bas-fond dans lequel le docteur avait été rencontré, et où il venait de laisser son âne, fut suivi pendant quelque distance jusqu'à ce qu'on arrivât à un endroit de la Prairie où les collines ondoyantes s'abaissaient graduellement, de manière à ne former qu'une vaste plaine unie qui était couverte à perte de vue de la même espèce d'herbe.

— Ah! voici ce qu'il nous faut, dit le Trappeur lorsqu'il fut arrivé sur les bords de cette mer d'herbes desséchées; je connais l'endroit, et j'y suis resté quelquefois caché des jours entiers, pendant que les sauvages chassaient le buffle en rase campagne. Il faut avancer avec beaucoup de précautions, car une piste trop large s'apercevrait aisément, et la curiosité indienne est un dangereux voisinage.

Il prit lui-même les devants, et choisit l'endroit où l'herbe était la plus élevée, et ressemblait assez à un lit de roseaux, tant elle était haute et épaisse; il y entra le premier, engageant ses compagnons à suivre autant que possible l'empreinte des pieds de sa monture. Lorsqu'ils eurent fait quelques centaines de pas dans ce vaste océan, il donna ses instructions à Paul et au capitaine, qui continuèrent à marcher dans la même direction; il descendit de cheval, puis revint sur les traces jusqu'à l'entrée de la plaine; pour relever l'herbe flétrie, et ne laisser, s'il se pouvait, aucun indice.

Pendant ce temps la petite troupe avançait toujours, non sans peine, et par conséquent à un pas très-modéré. A un mille de distance elle trouva un lieu convenable; chacun mit pied à terre, et l'on commença à faire les dispositions nécessaires pour passer le reste de la nuit. Le Trappeur ne tarda pas à les rejoindre, et il reprit de nouveau la direction des opérations.

En quelques minutes un espace suffisant fut dégarni de l'herbe qui le couvrait, et l'on prépara un peu à l'écart, pour Inez et pour Hélène, un lit qui pour la douceur aurait pu le disputer à un lit de plume. Les deux amies, après avoir fait quelque honneur aux provisions que Paul et le Trappeur avaient eu la précaution d'emporter, se mirent en devoir de goûter un repos dont elles avaient grand besoin; et Paul et Middleton ne tardèrent pas à suivre leur exemple, laissant le Trappeur et le naturaliste encore assis autour d'un excellent morceau de bison qui avait été cuit à une halte antérieure, et que, suivant l'usage, ils mangèrent froid.

Des souvenirs récents, qui n'étaient pas sans amertume, bannissaient le sommeil des paupières d'Obed; quant au vieillard, ses besoins semblaient entièrement assujettis à sa volonté, et il ne songea pas plus à dormir que son compagnon.

— Si les enfants du monde qui vivent tranquilles et avec toutes leurs aises dans leurs foyers savaient à quels dangers, à quelles privations l'observateur de la nature s'expose par intérêt pour eux, dit Obed après un moment de silence lorsque Middleton les eut quittés, des colonnes d'argent et des statues d'airain seraient érigées pour perpétuer à jamais leur gloire!

— Je n'en sais rien, je n'en sais rien, répondit son compagnon; il s'en faut que l'argent soit commun, du moins dans le désert, et vos idoles d'airain sont défendues dans les commandements du Seigneur.

— Telle était en effet l'opinion du grand législateur des Hébreux; mais les Egyptiens et les Chaldéens, les Grecs et les Romains avaient coutume de manifester de cette manière leur admiration pour les grands hommes de leur pays. Et combien de grands maîtres dans l'antiquité ont, à l'aide du talent et de la science, surpassé même les ouvrages de la nature, et ont donné aux formes humaines une beauté et une perfection qu'on ne rencontre jamais dans les individus les plus privilégiés de l'espèce, *genus homo!*

— Vos idoles marchent-elles? peuvent-elles parler, ou ont-elles le don glorieux de la raison? demanda le Trappeur en élevant la voix avec quelque chaleur. Quoique je n'aime guère le bruit et le tapage des habitations, cependant il y eut un temps où j'allais dans les villes pour échanger des peaux contre du plomb et de la poudre, et j'ai souvent vu vos poupées de cire avec leurs robes de clinquant et leurs yeux de verre.

— Poupées de cire! dit Obed en l'interrompant : c'est une profanation, en fait d'art, de comparer les misérables ébauches des modeleurs en cire aux sublimes modèles de l'antiquité.

— Et c'est une profanation aux yeux du Seigneur, repartit le vieillard, de comparer les ouvrages de sa créature à l'œuvre de sa main.

— Vénérable *venator*, reprit le naturaliste en toussant pour s'éclaircir la voix, comme quelqu'un qui entame une discussion sérieuse, procédons avec ordre et entendons-nous bien. Vous parlez de l'ignorance, tandis que ma mémoire se reporte sur ces bijoux inappréciables que j'ai eu le bonheur de contempler au milieu des glorieux trésors de l'Ancien Monde.

— L'Ancien Monde! répéta le Trappeur; c'est le cri de tous les mécréants affamés qui viennent dans ce pays de bénédiction, depuis les jours de mon enfance. Ils n'ont que cela à la bouche : l'Ancien Monde! comme si le Seigneur n'avait pas eu le pouvoir aussi bien que la volonté, de créer l'univers en un seul jour, et qu'il n'eût pas réparti également ses dons, quoiqu'ils n'aient pas été reçus avec le même esprit ni employés avec une égale sagesse; s'ils disaient un monde usé, corrompu et sacrilége, ils pourraient n'être pas si loin de la vérité!

Le docteur Battius, qui avait beaucoup de peine à avoir un engagement régulier avec un adversaire qui changeait à chaque instant le sujet de la discussion, toussa de nouveau, et au lieu de lâcher prise, il suivit le Trappeur sur son nouveau terrain, et se mit à l'attaquer derechef.

— Par l'Ancien et le Nouveau Monde, mon excellent ami, dit-il, il ne faut pas entendre que les collines et les vallées, les rochers et les rivières de cette moitié du globe ne portent pas, physiquement parlant, une date aussi ancienne que l'emplacement où se trouvent les ruines de Babylone. On veut dire simplement que son existence morale n'est pas co-légale à sa création physique ou géologique.

— Hem! dit le vieillard en regardant le philosophe en face, comme pour lui demander une explication.

— C'est-à-dire que, sous le rapport de la civilisation et des mœurs, ce monde-ci n'est pas connu depuis aussi longtemps que les autres pays de la chrétienté.

— Tant mieux, ma foi, tant mieux. Je ne suis pas grand partisan de vos vieilles mœurs, comme vous les appelez, car j'ai toujours trouvé,—et j'ai vécu longtemps au cœur même de la nature, —oui, j'ai toujours trouvé que vos vieilles mœurs ne sont pas des meilleures. Les hommes embrouillent et contournent les lois du Seigneur à leur gré, et c'est ainsi que leur infernale malice se joue de ses commandements.

— En vérité, digne chasseur, je ne me fais pas encore comprendre lorsque je dis mœurs; je ne prends pas ce mot dans son acception littérale et circonscrite; j'entends les usages d'un peuple, tels qu'ils résultent de ses relations journalières, de ses institutions et de ses lois.

— Et c'est ce que j'appelle abus criants et détestable perversité, s'écria en l'interrompant son opiniâtre adversaire.

—Eh bien! soit, répondit le docteur abandonnant l'explication en désespoir de cause. Peut-être ai-je fait une concession trop large, ajouta-t-il à l'instant, dans l'espoir de rattacher quelques arguments scientifiques à un autre anneau de la conversation; peut-être ai-je fait une concession trop large en accordant que cet hémisphère est littéralement aussi vieux, si l'on considère sa création matérielle, que celui qui comprend les vénérables parties de l'Europe, de l'Asie et de l'Afrique.

— Il est aisé de dire qu'un aulne est moins élevé qu'un pin; mais il serait difficile de le prouver. Pouvez-vous donner quelque raison pour une croyance aussi perverse?

— Les raisons sont nombreuses et irréfragables, repartit le docteur se jetant avec délices sur la voie qui lui était ouverte. Regardez les plaines de l'Egypte et de l'Arabie; leurs déserts de sable sont remplis de monuments qui prouvent leur antiquité; des relations authentiques nous ont transmis en même temps le souvenir de leur gloire, de sorte que, tout frappés de stérilité qu'ils sont aujourd'hui, nous avons du moins des preuves indubitables de ce qu'ils étaient autrefois; mais sur ce continent nous cherchons en vain quelques indices qui attestent qu'en aucun temps l'homme soit parvenu au comble de la civilisation, et nous ne sommes pas plus heureux si nous essayons de découvrir le sentier par lequel il serait descendu, dans sa marche rétrograde, à son état actuel de seconde enfance.

— Et que voyez-vous dans tout cela? demanda le Trappeur qui, quoique un peu dérouté par les expressions bizarres du naturaliste, avait pourtant saisi le fil de ses idées.

— Ce que j'y vois? la démonstration de mon problème, c'est-à-dire que la nature n'a point créé une région si vaste pour que pendant tant de siècles elle ne fût qu'une solitude inhabitée. Je n'envisage ici le sujet que sous le point de vue purement moral; quant à la partie géologique...

—Allez! allez! votre *morale* me suffit, répondit le grave vieillard, car j'y trouve l'*orgueil* même de la folie. Je connais peu les fables de ce que vous appelez l'Ancien Monde, attendu que la plus grande partie de mon temps a été employée à regarder la nature en face, et à raisonner sur ce que j'ai appris par ouï-dire. Mais je n'ai jamais fermé mes oreilles aux paroles du bon livre, et j'ai passé bien des longues soirées d'hiver dans les wigwams des Delawares à écouter les bons Moraves lorsqu'ils expliquaient l'histoire et les doctrines des premiers temps au peuple du Lenape. Il était doux d'entendre tant de sagesse après une chasse pénible! Oui, je le trouvai bien doux, et bien souvent je repassais ce qu'ils avaient dit avec le Grand-Serpent des Delavares dans les heures plus paisibles de nos embuscades, soit que nous fussions à la piste de quelque troupe de Mingos, ou bien aux aguets pour chasser un daim d'York. Je me rappelle avoir entendu dire plus d'une fois que la Terre-Sainte était autrefois aussi fertile que les rives du Mississipi, que les grains et les fruits y venaient en abondance, mais que la main du Seigneur s'étant retirée, elle n'est plus remarquable que par sa stérilité.

— Il est vrai; mais l'Egypte, et je puis même dire une grande partie de l'Afrique, fournissent des preuves encore plus frappantes de cet épuisement de la nature.

— Dites-moi, reprit le vieillard, est-il vrai que dans cette terre de Pharaon il subsiste encore des bâtiments qui, pour la structure, peuvent être comparés aux montagnes de la terre?

— Tout aussi vrai qu'il l'est que la nature ne refuse jamais des incisives aux animaux, *mammalia*, *genus*...

— C'est prodigieux! et cela prouve combien il doit être grand Lui, puisque ses misérables créatures peuvent accomplir de semblables merveilles. Il a fallu bien des bras pour finir un pareil édifice; oui, et des bras doués de force et d'adresse en même temps! La terre nourrit-elle encore une race pareille à cette heure?

— Loin de là : la plus grande partie du pays est un désert; et sans une grande rivière le reste ne serait pas plus habité.

— Oui, les rivières ont des dons rares pour ceux qui labourent la terre, comme le peut voir quiconque fait un long voyage entre les Montagnes Rocheuses et le Mississipi. Mais comment expliquez-vous ces changements qui surviennent sur la face de la terre et cette décadence des nations, vous autres gens des écoles?

— Il faut l'attribuer moralement...

— Vous avez raison : c'est leur *morale*, c'est-à-dire leur perversité, leur orgueil, et surtout leur folle prodigalité qui a tout fait. Maintenant, écoutez ce que l'expérience d'un vieillard lui apprend. Voilà longtemps que je suis sur la terre, ainsi que l'attestent ces cheveux gris et ces mains ridées, quoique ma langue démente quelquefois la sagesse de mes années. Je puis dire que j'ai vu la folie de l'homme sous toutes ses faces; car sa nature est la même, qu'il soit né dans les habitations ou au sein des déserts. Eh bien! autant qu'en peut juger ma faible intelligence, il m'a toujours semblé que ses dons n'étaient pas au niveau de ses désirs. A voir les efforts continuels qu'il fait sur la terre, on dirait qu'il voudrait monter aux cieux avec tout le cortége de ses infirmités, si seulement il en connaissait la route. Mais si son pouvoir n'égale pas sa volonté, c'est que la sagesse du Seigneur a cru devoir poser des limites à ses tentatives perverses.

— Il n'est que trop vrai que certains faits sembleraient tendre à prouver la dépravation naturelle du genre; mais si la science pouvait agir un jour sur toute l'espèce à la fois, l'éducation déracinerait aisément le principe vicieux.

— C'est une belle chose que votre éducation! Il y eut un temps où je croyais possible d'apprivoiser une bête sauvage. Nombreux sont les oursons et les jeunes faons que ces vieilles mains ont élevés avec tant de soins, que j'allais jusqu'à me flatter d'en avoir fait des êtres raisonnables. Mais qu'arrivait-il? Un peu plus grand, l'ours mordait, et le daim s'enfuyait dans les forêts, malgré ma folle présomption de croire que je pourrais changer le caractère que le Seigneur lui-même avait jugé convenable de lui donner. Si donc l'homme est assez aveugle pour continuer d'âge en âge à faire le mal, presque toujours à ses dépens, il n'y a point de raisons pour croire que sa malice ne se soit point exercée ici aussi bien que dans les pays que vous appelez si anciens. Regardez autour de vous, homme; où sont les multitudes qui peuplaient autrefois ces Prairies; les rois et les palais; les richesses et la splendeur de ce désert?

— Permettez-moi d'abord de vous demander où sont les monuments qui pourraient prouver la vérité d'une aussi vague théorie.

— Je ne sais pas ce que vous entendez par monuments.

— Les ouvrages de l'homme, les merveilles de Thèbes et de Balbec, les colonnes, les catacombes et les pyramides, restées debout au milieu des sables de l'Orient, comme des débris de navire sur une côte dangereuse, pour attester les orages des siècles.

— Ils ne sont plus : le temps a duré trop longtemps pour eux ; et pourquoi? C'est que le temps a été fait par le Seigneur, et qu'eux ils ont été faits par des hommes. Cette place même, toute couverte d'herbes et de roseaux, où nous sommes assis en ce moment, a peut-être été le jardin de quelque grand roi. Il en est de même de toutes les choses ici-bas! tout mûrit, et puis vient à rien. L'arbre fleurit et porte son fruit ; ce fruit tombe, pourrit, se dessèche, et la semence même en est perdue. Allez compter les cercles du chêne et du sycomore ; ils augmentent, se multiplient les uns autour des autres, jusqu'à ce que l'œil se trouble en s'efforçant de les compter, et cependant il faut une année entière pour qu'une de ces petites lignes se forme autour de la tige. Eh bien! que résulte-t-il de tout cela? Cet arbre qui est plus beau, plus grand, plus majestueux, plus difficile à imiter qu'aucune de vos misérables colonnes, qui s'élèvent si fièrement dans la forêt depuis mille ans, le temps arrive pourtant où il doit périr, et ce temps, c'est le Seigneur seul qui l'a fixé ; alors viennent les vents qui, sans que vous vous en aperceviez, fendent son écorce ; puis viennent les eaux du ciel qui amollissent ses pores ; puis la pourriture qui l'attaque de tous côtés, qui humilie son orgueil, et le fait tomber à terre. Depuis ce moment, sa beauté s'altère de jour en jour ; ce n'est bientôt plus qu'un tronc informe ; encore un siècle, et ce ne sera plus que poussière ; triste image d'une tombe humaine. C'était un monument superbe, non pas de vos pierres ciselées, mais tel que la main toute puissante l'avait fait. Eh bien! le batteur d'estrade le plus adroit de toute la nation des Dahcotahs pourrait passer sa vie à chercher l'endroit où il s'élevait dans les airs, et il n'en saurait pas plus lorsque ses yeux deviendront troubles, que lorsqu'il les ouvrit pour la première fois. Comme si tout cela ne suffisait pas pour convaincre l'homme de son ignorance, pour ajouter encore à sa confusion, un pin sort de la racine du chêne, comme la stérilité vient après l'abondance, ou comme ces déserts ont peut-être remplacé quelque jardin. Ne me parlez pas de vos mondes qui sont anciens : c'est un blasphème que d'assigner ainsi des bornes et des saisons aux ouvrages du Tout-Puissant, comme une femme qui compte les années de ses enfants.

— Ami chasseur, ou Trappeur, repartit le naturaliste en toussant pour se remettre de la confusion intellectuelle dans laquelle l'avaient jeté les attaques vigoureuses de son compagnon, si vos déductions étaient admises, elles circonscriraient infiniment les efforts de la raison, et rapetisseraient le domaine de la science.

— Tant mieux, tant mieux; car j'ai toujours remarqué que celui qui veut tout savoir n'est jamais content. Pourquoi n'avons-nous pas les ailes du pigeon, les yeux de l'aigle, et les pieds de l'élan, si la sagesse infinie eût voulu que l'homme fût égal à tous ses désirs?

— Il y a certaines défectuosités physiques, mon respectable ami, qui, je l'ai toujours dit, pourraient être réparées de la manière la plus heureuse. Par exemple, dans mon nouvel ordre de *phalangacra*...

— Vous, donner des ordres pour changer la nature! votre doigt pourrait-il toucher à quelque chose sans la souiller! Allez, allez, Dieu n'a pas besoin de la folie humaine pour accomplir ses grands desseins. Il n'est point de proportions, point de beautés, point de stature, point de couleurs qu'il soit possible de donner à l'homme, qu'il ne lui ait déjà données lui-même.

— C'est aborder une autre grande question, s'écria le docteur, qui se jetait avidement sur chaque idée distincte que le vieillard tant soit peu dogmatique offrait à son imagination ardente, dans le vain espoir d'entamer une discussion logique où il pourrait faire jouer une batterie de syllogismes qui réduirait en poudre les arguments grossiers de son antagoniste.

Nous ne les suivrons pas plus longtemps dans leur entretien, qui devint de plus en plus diffus. Le vieillard esquivait les coups terribles de son adversaire, comme un soldat armé à la légère échappe à l'attaque du guerrier qui se bat dans les règles, et qui n'en est pas moins continuellement harcelé par lui. Une heure s'écoula sans que, sur un seul des sujets nombreux qu'ils effleurèrent successivement, ils en fussent venus à une conclusion satisfaisante. Néanmoins les arguments produisirent sur le système nerveux du docteur l'effet d'autant de drogues soporifiques, et, au moment où le Trappeur se décida à appuyer la tête sur son havre-sac, Obed, grâce à la joute intellectuelle qu'il venait de soutenir, et qui avait changé le cours de ses idées, était en état de se livrer aussi aux douceurs du sommeil, sans avoir à craindre de ne voir dans ses rêves que des Tetons menaçants et des tomahawks ensanglantés.

CHAPITRE XXIII.

> Sauvez-vous, Monsieur.
> **SHAKSPEARE.**

Le sommeil des fugitifs dura quelques heures. Le Trappeur fut le premier à en secouer l'influence, comme il avait été le dernier à en rechercher les douceurs. S'étant levé à l'instant où la lumière pâle du jour naissant commençait à éclairer cette partie du firmament étoilé qui couvrait les limites de cette vaste plaine du côté de l'orient, il interrompit le repos dont jouissaient encore ses compagnons, pour leur faire sentir la nécessité de se remettre en marche sans délai. Pendant que Middleton faisait tous les préparatifs nécessaires pour qu'Inez et Hélène pussent faire le plus commodément possible le long et pénible voyage qu'ils allaient commencer, le vieillard et Paul s'occupèrent à préparer le déjeuner, dont le premier avait conseillé à ses compagnons de se munir avant de monter à cheval. Toutes ces dispositions ne prirent pas beaucoup de temps, et le petit groupe fut bientôt assis autour d'un repas qui, quoique moins somptueux que ceux auxquels l'épouse de Middleton avait été accoutumée, était aussi nourrissant que savoureux, ce qui était plus important.

— Quand nous arriverons plus bas dans les plaines où chassent les Pawnies, dit le Trappeur en plaçant devant Inez une tranche délicate de venaison sur une petite assiette de corne, qu'il avait faite pour lui-même, nous trouverons les buffles plus gras et plus succulents, les daims en plus grande abondance, et tous les dons du Seigneur préparés pour satisfaire nos besoins. Peut-être même pourrons-nous tuer un castor, et sa queue nous offrira un morceau friand[1].

— Quel chemin vous proposez-vous de suivre, demanda Middleton, quand vous aurez dépisté ces limiers altérés de sang?

— S'il m'était permis de donner mon avis, s'écria Paul, je conseillerais de voyager par eau, et d'en suivre le courant le plus promptement possible. Trouvez-moi un bois de cotonniers, et en

---

1. Les chasseurs américains regardent la queue du castor comme le mets le plus nourrissant.

vingt-quatre heures je vous aurai construit un canot en état de nous porter tous, à l'exception du baudet. Hélène que voici ne manque pas d'agilité; mais elle ne gagnerait pas un prix à la course, et il serait plus commode de faire six à sept cents milles sur une barque, que de courir dans les Prairies comme une troupe d'élans. D'ailleurs l'eau ne laisse aucunes traces.

— Je n'en jurerais point, répondit le Trappeur; j'ai souvent pensé que les yeux d'une Peau Rouge découvriraient des traces dans l'air.

— Voyez, Middleton, s'écria Inez avec la vivacité de la jeunesse, cédant à un élan de plaisir qui lui faisait oublier un instant sa situation, que ce ciel est beau! certainement il nous promet des temps plus heureux.

— Il est radieux en effet, répondit son mari; cette bande d'un rouge vif a quelque chose de céleste, et voici un cramoisi encore plus brillant. J'ai rarement vu le soleil se lever revêtu de plus riches couleurs.

— Le soleil se lever! répéta lentement le vieillard en redressant la tête d'un air inquiet, tandis qu'il avait les yeux fixés sur les teintes variables et certainement belles qui se peignaient sur la voûte des cieux. Le soleil se lever! je n'aime point à voir le soleil se lever de cette manière. Hélas! les coquins nous ont entourés d'une manière terrible. La Prairie est en feu.

— Que le Dieu du ciel nous protége! s'écria Middleton en serrant Inez contre son cœur, frappé soudain de l'idée du danger imminent qui les menaçait. Il n'y a pas de temps à perdre, vieillard; chaque instant est un jour. Fuyons!

— Où? lui demanda le Trappeur avec calme et dignité en lui faisant signe de s'arrêter. Dans ce désert d'herbes et de roseaux vous êtes comme un vaisseau sans boussole sur les grands lacs. Un seul pas fait du mauvais côté peut nous conduire tous à notre perte. Il est rare que le danger soit assez pressant pour ne pas permettre à la raison de faire entendre sa voix, jeune officier. Ecoutons donc ce qu'elle nous ordonnera.

— Quant à moi, dit Paul Hover en regardant autour de lui avec une expression d'inquiétude qui n'avait rien d'équivoque, j'avoue que si ce lit d'herbes sèches était en flamme, une abeille aurait besoin de voler plus haut que de coutume pour empêcher ses ailes d'être brûlées. C'est pourquoi, vieux Trappeur, je suis de l'avis du capitaine, et je dis : à cheval et partons.

— Vous avez tort, reprit le vieillard, vous avez tort. L'homme n'est pas une brute ; il ne doit pas s'en rapporter à l'instinct et puiser ses connaissances dans l'odeur que l'air apporte à ses narines, ou le son qu'il fait entendre à ses oreilles. Il faut qu'il voie, qu'il raisonne, et ensuite qu'il se détermine. Suivez-moi sur cette élévation qui est à notre gauche, et de là nous pourrons faire notre reconnaissance.

Il fit un geste de la main avec un air d'autorité, et, sans parler davantage, se rendit à l'endroit qu'il venait d'indiquer, suivi de tous ses compagnons alarmés. Un œil moins exercé que celui du Trappeur aurait eu peine à découvrir cette petite hauteur qui semblait à peine s'élever au-dessus du reste de la Prairie. Cependant, quand ils y furent arrivés, l'herbe desséchée annonçait qu'elle manquait de cette humidité qui nourrissait encore celle qui couvrait les autres parties de la plaine, et expliquait comment il avait pu deviner que le terrain qu'il ne pouvait voir était plus élevé en cet endroit. Quelques instants furent perdus à briser les tiges les plus hautes des grandes herbes qui les entouraient, et s'élevaient même au-dessus de la tête de Paul et de Middleton, malgré l'avantage de leur position. Ils eurent alors le moyen de pouvoir contempler la mer de feu qui les environnait.

Cette vue effrayante ne pouvait qu'ajouter à la terreur de ceux qui couraient un danger si imminent. Quoique le jour commençât à poindre, le firmament continuait à se charger de teintes plus vives et plus foncées, comme si l'élément implacable voulait défier le dieu du jour par une rivalité impie. On voyait dans le lointain s'élever çà et là de brillantes colonnes de flamme, semblables aux aurores boréales du nord, mais plus redoutables et plus menaçantes dans leurs couleurs et leur variété. L'inquiétude peinte sur les traits austères du Trappeur parut augmenter sensiblement, tandis qu'il commentait à loisir ces preuves d'une conflagration qui s'étendait comme une ceinture, et qui forma enfin un vaste cercle autour d'eux.

Secouant la tête, et fixant de nouveau ses regards sur le point où le danger paraissait le plus voisin et faisait des progrès plus rapides, le Trappeur dit : — Nous nous sommes trompés en croyant que nous avions fait perdre notre piste à ces Tetons ; voici une preuve suffisante non seulement qu'ils savent où nous sommes, mais qu'ils ont dessein de nous enfumer comme si nous étions des bêtes de proie. Voyez ! ils ont allumé le feu de tous les côtés en même temps, et nous sommes entourés par les flammes aussi complètement qu'une île l'est par les eaux de la mer.

— Montons à cheval et fuyons, s'écria Middleton. La vie ne vaut-elle pas qu'on fasse quelques efforts pour la conserver?

— Et par où voulez-vous fuir? Les chevaux des Tetons sont-ils des salamandres, pour qu'ils puissent traverser les flammes sans qu'elles les brûlent? Croyez-vous que le Seigneur manifestera sa puissance en votre faveur, comme il le fit autrefois, et vous tirera sans danger de la fournaise ardente que vous voyez se réfléchir sur le firmament? D'ailleurs les Sioux nous attendent avec leurs flèches et leurs lances; ils sont tout autour de nous, ou je ne connais pas leurs inventions meurtrières.

— Nous passerons au travers de toute la tribu, répondit le jeune officier avec fermeté, et nous mettrons leur courage à l'épreuve.

— Ce sont de belles paroles, mais quels effets en résulteront? Voici un chasseur d'abeilles qui peut vous donner une leçon de sagesse en pareille occasion.

— Quant à cela, vieux Trappeur, dit Paul en s'étendant comme un dogue qui veut déployer ses forces, je me range du côté du capitaine. Mon avis bien décidé est de fuir le feu, quand ma fuite devrait me faire tomber dans un wigwam de Tetons. Hélène que voici...

— Et à quoi bon votre courage, à quoi vous servira-t-il, quand il faut vaincre l'élément du Seigneur aussi bien que ses créatures? Regardez autour de vous, mes amis; la guirlande de fumée qui s'élève de toutes parts fait assez voir qu'il n'y a pas moyen d'échapper d'ici sans traverser une ceinture de feu. Examinez vous-mêmes, examinez bien; et si vous découvrez un passage, je vous promets de vous suivre.

L'examen que ses compagnons firent avec autant d'attention que de promptitude servit à les assurer de leur situation désespérée plutôt qu'à apaiser leurs craintes. D'immenses colonnes de fumée s'élevaient de la plaine, et s'accumulaient en masses sombres autour de l'horizon. La lueur rouge qui brillait sur leurs replis énormes, tantôt éclairait leur volume de tout l'éclat de la conflagration, tantôt en illuminait un point particulier suivant la direction que prenait la flamme, laissant enveloppé d'épaisses ténèbres tout ce qui était en dessous, et proclamant le caractère et l'urgence du péril.

— Ce spectacle est terrible! s'écria Middleton en serrant entre ses bras Inez toute tremblante. Dans un pareil moment! d'une telle manière!

— Les portes du ciel sont ouvertes à tous ceux qui croient dans la sincérité de leur cœur, dit Inez cherchant une consolation dans la religion.

— Cette résignation me fera perdre l'esprit! s'écria Middleton; mais nous sommes des hommes, et nous ne renoncerons pas à la vie sans avoir fait des efforts pour la conserver. Eh bien! mon brave et courageux ami, monterons-nous à cheval et essaierons-nous de traverser les flammes, ou resterons-nous ici pour voir périr, de cette mort horrible, celles que nous aimons, sans avoir essayé de les sauver?

— Je suis d'avis d'essaimer, et de nous envoler avant que la ruche soit trop chaude pour que nous puissions y rester, répondit le chasseur d'abeilles à qui l'on comprend bien que s'adressait Middleton presque au désespoir. Allons, vieux Trappeur, continua-t-il, vous devez convenir que ce n'est pas là le moyen de sortir de danger. Si nous restons ici plus longtemps, nous serons comme les abeilles qu'on voit étendues autour de la paille brûlée dont on s'est servi pour enfumer leurs ruches afin d'en tirer le miel. Vous pouvez déjà entendre le bruit des flammes, et je sais par expérience que quand l'herbe des Prairies est une fois bien allumée, il faut avoir de bonnes jambes pour courir plus vite que le feu.

— Croyez-vous, dit le vieillard en montrant avec dérision les grandes herbes desséchées qui les entouraient, que le pied d'un homme puisse courir plus vite que le feu sur une telle arène? Si je savais seulement de quel côté sont ces mécréants!

— Qu'en dites-vous, ami docteur? s'écria Paul hors de lui, s'adressant au naturaliste avec cette sorte de désespoir qui fait que le plus fort cherche le secours du plus faible, quand le pouvoir humain est arrêté par la main d'un être plus puissant; qu'avez-vous à dire? n'avez-vous pas un avis à donner dans une occasion où il y va de la vie et de la mort?

Le naturaliste, ses tablettes en mains, regardait ce spectacle terrible avec le même sang-froid que si l'incendie eût été allumé pour résoudre les difficultés de quelque problème scientifique. Distrait de ses réflexions par la question de Paul, il se tourna vers son autre compagnon le Trappeur, dont la physionomie était également calme, quoique son esprit fût différemment occupé.

— Vénérable Trappeur, lui dit-il, vous avez sans doute souvent vu de semblables expériences prismatiques...

Il fut brusquement interrompu par Paul, qui lui fit tomber les tablettes des mains avec une violence qui prouvait que la confusion qui régnait dans son esprit l'avait emporté sur son égalité d'âme ordinaire. Avant que le docteur eût le temps de se récrier, le vieillard qui, pendant tout ce temps, était resté immobile, comme un homme qui ne sait trop ce qu'il doit faire, mais qui a l'air plus embarrassé qu'alarmé, prit tout à coup un air décidé, comme s'il n'eût plus douté du parti qu'il devait prendre.

— Il est temps d'agir, dit-il, prévenant la controverse qui allait s'élever entre le naturaliste et le chasseur d'abeilles ; il est temps d'oublier les livres et les lamentations, et d'en venir aux actions.

— Vos souvenirs viennent trop tard, misérable vieillard ! s'écria Middleton, les flammes ne sont plus qu'à un quart de mille de nous, et le vent les fait avancer avec une rapidité effrayante !

— Bah ! les flammes ! je me soucie peu des flammes. Si je savais seulement comment déjouer l'astuce des Tetons, aussi bien que je sais comment nous préserver de l'incendie de la Prairie, il ne nous resterait qu'à rendre grâces au ciel de notre délivrance. Appelez-vous cela un incendie ? si vous aviez vu ce que j'ai vu dans les provinces orientales, où d'énormes montagnes étaient comme la fournaise d'un forgeron, vous sauriez ce que c'est que de craindre les flammes, et vous auriez appris à remercier le ciel d'y avoir échappé. Allons, mes amis, allons, il est temps d'agir et de cesser de parler, car ces tourbillons de flammes arrivent véritablement vers nous comme un élan qui trotte. Arrachez ces herbes desséchées qui nous entourent, et dépouillez-en la terre.

— Est-ce par ce moyen puéril que vous espérez priver le feu de ses victimes ? s'écria Middleton.

Un léger sourire se peignit un instant sur les traits du vieillard, et il répondit avec gravité :

— Votre grand-père aurait dit que, lorsque l'ennemi est en présence, le soldat n'a rien de mieux à faire que d'obéir.

Le capitaine sentit la justesse du reproche, et il imita sur-le-champ l'exemple de Paul, qui, obéissant aux ordres du Trappeur, arrachait l'herbe sèche avec un courage qui tenait du désespoir. Hélène mit aussi la main à l'ouvrage, et Inez s'en occupa pareillement, quoique personne ne sût quel était le but et quel serait le résultat de ce travail. On manque rarement de courage quand on croit que la vie sera la récompense des efforts auxquels on se livre. Quelques instants suffirent pour dépouiller d'herbe un espace circulaire d'environ vingt pieds de diamètre. Le Trappeur plaça les deux femmes à l'une des extrémités de ce cercle, et dit à Paul et à Middleton d'envelopper des couvertures qu'ils avaient leurs robes légères et inflammables. Dès que cette précaution eut été prise, le vieillard s'approcha de l'autre extrémité du cercle, où les hautes herbes les environnaient encore de dangers, et, prenant une poignée de celles qui étaient le plus desséchées, il les plaça sur le bassinet de son fusil, y mit le feu en brûlant une amorce, les jeta tout embrasées au milieu des grandes herbes, et se retira près de ses compagnons pour attendre le résultat de cette manœuvre.

L'élément dévorateur saisit avidement les aliments qui lui étaient présentés, et en un instant on vit glisser dans la Prairie des flammes fourchues, comme on voit la langue des animaux ruminants chercher sa nourriture, comme pour en choisir les portions les plus savoureuses.

— Maintenant, dit le vieillard en levant un doigt, et en riant silencieusement à sa manière, vous allez voir le feu combattre le feu. Ah! je me suis bien des fois brûlé un sentier, uniquement par paresse de me frayer un chemin à travers les hautes herbes.

— Mais cet expédient ne nous sera-t-il pas funeste? s'écria Middleton avec surprise; au lieu d'éviter l'ennemi, ne l'amenez-vous pas plus près de nous?

— Avez-vous la peau si délicate? demanda le Trappeur. Celle de votre grand-père était plus robuste. Mais attendez le résultat, nous vivrons tous pour le voir.

L'expérience du Trappeur ne le trompait pas. A mesure que le feu gagnait de la force, il s'étendait en avant et des deux côtés, et mourait en arrière, faute d'aliments. Tandis qu'il augmentait et que le bruit des flammes en annonçait la violence, il faisait disparaître toutes les herbes devant lui, et laissait le sol noir et fumant plus nu que si la faux y eût passé. La situation des fugitifs aurait pourtant encore été dangereuse si le cercle dans lequel ils se trouvaient ne se fût agrandi en avant, à mesure que les flammes approchaient d'eux en arrière. Mais en avançant à l'endroit où le Trappeur avait mis le feu aux herbes, ils évitèrent les flammes;

et au bout de quelques instants elles commencèrent à reculer de tous côtés, les laissant enveloppés d'un nuage épais de fumée, mais parfaitement à l'abri du torrent de feu qui roulait tout autour d'eux.

Les spectateurs regardaient l'expédient bien simple employé par le Trappeur, avec le même étonnement que les courtisans de Ferdinand virent, dit-on, Christophe Colomb faire tenir son œuf sur le petit bout; mais leur surprise était mêlée de reconnaissance et non d'envie.

— C'est une merveille! s'écria Middleton, quand il eut vu le succès complet du moyen qui les avait délivrés d'un danger qu'il avait regardé comme inévitable. Cette pensée a été un don du ciel, et la main qui l'a mise à exécution devrait être immortelle.

— Vieux Trappeur, dit Paul en enfonçant ses doigts dans son épaisse chevelure, j'ai suivi plus d'une abeille chargée de son butin jusque dans le tronc d'arbre qui lui servait de ruche; je connais quelque chose à la nature des forêts, mais ce que vous venez de faire, c'est arracher l'aiguillon d'une guêpe sans la toucher.

— Cela réussira, cela réussira, dit le vieillard, qui, après le premier moment de succès, ne semblait plus songer à son exploit. Maintenant, harnachez les chevaux. Donnez une petite demi-heure aux flammes pour finir leur besogne, et alors nous partirons. Il faut ce temps pour que le sol de la Prairie se refroidisse, car les chevaux de ces Tetons n'étant pas ferrés, ils ont le pied aussi tendre qu'une jeune fille qui n'a ni bas ni souliers.

Middleton et Paul, qui regardaient leur sûreté présente comme une espèce de résurrection, attendirent patiemment le temps indiqué par le Trappeur, avec plus de confiance que jamais en l'infaillibilité de son jugement. Le docteur ramassa ses tablettes, un peu endommagées parce qu'elles étaient tombées dans l'herbe qui s'était enflammée, et il se consola de cet accident en y inscrivant, sans être interrompu, les diverses vacillations d'ombre et de lumière qu'il lui plaisait de considérer comme des phénomènes.

Cependant le vétéran, dont chacun regardait l'expérience comme la plus sûre protection, s'occupait à reconnaître les objets dans l'éloignement à travers les ouvertures que le vent pratiquait dans les masses énormes de fumée qui couvraient alors toute la plaine.

— Regardez bien de ce côté, mes amis, dit le Trappeur après avoir examiné lui-même tous les environs avec soin et attention, vos yeux sont encore jeunes et ils peuvent valoir mieux que ma misérable vue, quoiqu'il ait été un temps où une nation aussi sage que brave ait cru pouvoir me donner la réputation d'en avoir une bonne; mais ce temps est passé, et j'ai vu passer de même des amis sincères et éprouvés. Ah! si je pouvais faire un changement dans les dispositions de la Providence! Mais je ne le puis, et ce serait un blasphème que de le vouloir, vu que toutes choses sont gouvernées par une intelligence bien supérieure à la faiblesse humaine. Si pourtant il m'était permis de souhaiter un changement, ce serait pour que ceux qui ont vécu longtemps ensemble en paix et en amitié, et qui ont prouvé qu'ils étaient faits pour se tenir compagnie en s'exposant aux dangers et en souffrant l'un pour l'autre, pussent abandonner la vie en même temps, quand la mort de l'un laisse à l'autre bien peu de motifs pour désirer de rester dans ce monde.

— Est-ce un Indien que vous voyez? demanda Middleton avec impatience.

— Peau rouge ou peau blanche, qu'importe? L'amitié et l'avantage réciproque peuvent attacher les hommes les uns aux autres dans les bois aussi fortement que dans les villes; et quant à cela, je dirai même plus fortement : voyez les jeunes guerriers des Prairies, ils s'associent souvent deux à deux, ils consacrent leur vie à remplir les devoirs de l'amitié, et ils ne manquent pas d'agir conformément à leurs promesses. La mort de l'un entraîne ordinairement celle de l'autre. J'ai passé une grande partie de ma vie en solitaire, si l'on peut appeler solitaire celui qui a vécu soixante-dix ans dans le sein de la même nature, pouvant à chaque instant ouvrir son cœur à Dieu sans avoir à percer cette enveloppe de malice et de perversité dont il est recouvert dans les habitations; mais à cela près j'ai été un vrai solitaire, et cependant j'ai toujours trouvé qu'il était agréable d'avoir des relations avec mes semblables, et qu'il était pénible de les rompre, pourvu que l'ami de mon choix fût brave et honnête : brave, parce qu'un camarade poltron dans les bois (et en prononçant ces mots, le Trappeur laissa, sans y faire attention, tomber un regard sur le naturaliste distrait) n'est propre qu'à rendre plus long un chemin court; et honnête, parce que l'astuce est un instinct des brutes, plutôt qu'un don convenable à la raison d'un homme.

— Mais l'objet que vous avez vu était-ce un Sioux?

— Que deviendra le monde de l'Amérique, où finiront les machinations et les inventions de ceux qui sont venus l'habiter, Dieu seul le sait. J'ai connu, dans ma jeunesse, le chef qui, dans son temps, avait vu le premier chrétien qui plaça son maudit pied sur les côtes d'York. Combien le désert n'a-t-il pas perdu de sa beauté pendant ces deux courtes générations! Mes yeux s'ouvrirent sur les bords de la mer orientale, et je me souviens fort bien d'avoir essayé la portée du premier fusil que j'aie jamais manié, après avoir fait, depuis la maison de mon père jusqu'à la forêt, une marche telle qu'un jeune gaillard de mon âge pouvait en faire une entre deux soleils, et cela sans blesser les droits et les prétentions de qui que ce fût, qui se prétendît propriétaire des animaux des champs. La nature était alors dans toute sa gloire tout le long des côtes, et accordait à la cupidité des colons une étroite bande de terre entre la mer et les bois. Et où suis-je à présent? Si j'avais les ailes d'un aigle, elles se fatigueraient avant de m'avoir porté à la dixième partie de l'espace qui me sépare de la mer. Des villes et des villages, des églises et des écoles, des fermes et des grands chemins, en un mot toutes les inventions diaboliques des hommes couvrent tout le pays. J'ai vu le temps où quelques Peaux Rouges, poussant un cri sur la lisière de la forêt, jetaient l'alarme dans la province : les hommes prenaient les armes, on faisait venir des troupes des colonies plus éloignées, on faisait des prières, les femmes étaient saisies de terreur, et peu de personnes dormaient en paix, parce que les Iroquois avaient pris les armes et que les maudits Mingos avaient levé le tomahawk. Que se passe-t-il aujourd'hui? Le pays envoie ses navires combattre dans des contrées lointaines; on y voit plus de canons qu'il ne s'y trouvait autrefois de fusils, et l'on y a des soldats disciplinés par dizaine de milliers à l'instant même où l'on peut en avoir besoin. Telle est la différence entre une province et un Etat, mes amis; et tout vieux, tout misérable que je suis, j'ai vécu pour voir ce changement.

— Que vous ayez vu bien des colons écrémer la surface de la terre, et recueillir le miel de la nature, vieux Trappeur, dit Paul, c'est ce dont aucun homme raisonnable ne peut ni ne doit douter. Mais voici Hélène, à qui les Sioux donnent des inquiétudes ; et maintenant que vous nous avez donné franchement votre façon de penser sur tous ces points, si vous vouliez seulement nous indiquer la ligne à suivre, l'essaim prendrait son vol.

— Comment dites-vous?

— Je dis qu'Hélène est inquiète, que la fumée s'élève au-dessus de la plaine, et qu'il serait prudent de nous mettre en marche.

— Cela est raisonnable. J'avais oublié que nous sommes au milieu d'un feu dévorant et que les Sioux sont autour de nous comme des loups affamés guettant un troupeau de buffles. Mais quand la mémoire travaille dans mon vieux cerveau, et me rappelle des événements passés depuis bien longtemps, je suis assez porté à oublier les affaires présentes. Vous avez raison, mes amis ; il est temps de partir, et c'est là le plus difficile. Il est aisé de tromper la fureur du feu, car ce n'est qu'un élément ; il n'est pas impossible de faire perdre sa piste à un ours enragé, car c'est une créature que son instinct peut aveugler comme éclairer ; mais fermer les yeux d'un Teton éveillé, c'est une affaire qui demande beaucoup de jugement, parce que sa méchanceté est appuyée sur l'astuce de la raison.

Quoique le vieillard parût sentir toute la difficulté de l'entreprise, il s'occupa des préparatifs qu'elle exigeait, avec autant de fermeté que de promptitude. Après avoir fini l'examen qui avait été interrompu par les souvenirs qui avaient égaré un instant son imagination, il donna à ses compagnons le signal de monter à cheval. Les chevaux, qui étaient restés immobiles et tremblants pendant que le feu les entourait, reçurent leur fardeau avec une satisfaction si évidente, qu'elle offrait un présage favorable de leur activité future. Le Trappeur déclara qu'il marcherait à pied, et invita le docteur à prendre sa monture.

— Je suis peu accoutumé à me servir des pieds des autres, ajouta-t-il comme pour motiver le parti qu'il prenait, et mes jambes sont fatiguées de n'avoir rien à faire. D'ailleurs, si nous tombons tout à coup dans une embuscade, ce qui n'est nullement impossible, un cheval courra plus vite s'il n'est pas chargé d'un double fardeau. Quant à moi, qu'importe que le fil de ma vie soit allongé ou raccourci d'un jour ? Que les Tetons prennent ma chevelure, si telle est la volonté de Dieu ; ils trouveront ma tête couverte de cheveux gris ; et il n'est pas au pouvoir de l'astuce de l'homme de me priver de l'expérience et des connaissances qui les ont fait blanchir.

Aucun de ceux qui l'écoutaient avec impatience ne semblait disposé à faire d'observations sur l'arrangement proposé : on lui obéit en silence. Le docteur murmura quelques plaintes occasionnées par la perte d'*asinus*, mais il était trop charmé de voir que la rapidité de sa marche serait accélérée par quatre jambes au lieu de deux, pour perdre un instant à faire des objections. En conséquence, le chasseur d'abeilles, qui n'était jamais le dernier à parler en pareilles occasions, ne tarda pas à annoncer à haute voix qu'ils étaient prêts à partir.

— Maintenant, regardez du côté de l'orient, dit le vieillard en marchant à leur tête sur la plaine noircie et encore fumante; il n'y a pas de danger de gagner froid aux pieds sur un pareil chemin : mais regardez bien du côté de l'orient, et si vous voyez une bande blanche briller à travers les ouvertures que laisse la fumée, comme si c'était une plaque d'argent battu, songez que ce sera de l'eau. Il y a une belle rivière de ce côté. Je croyais l'avoir entrevue il n'y a pas longtemps, mais il m'est survenu d'autres pensées qui m'en ont fait perdre la direction. C'est une rivière large et rapide comme le Seigneur en a fait plusieurs dans ce désert. Car c'est ici qu'on peut voir la nature dans toute sa richesse; il n'y manque que des arbres, qui sont à la terre ce que les fruits sont à un jardin; sans eux rien ne peut être agréable ou complètement utile. Ainsi, ouvrez bien les yeux, et cherchez cette nappe d'eau brillante, car nous ne serons en sûreté que lorsqu'elle coulera entre nous et ces coquins de Tetons, qui n'ont que trop bonne vue.

Cette dernière déclaration suffisait bien pour que tous les compagnons du Trappeur cherchassent avec grande attention la rivière si désirée. Ayant cet objet en vue, ils s'avancèrent en observant un profond silence, le vieillard leur ayant fait sentir la nécessité de la prudence tandis qu'ils marchaient dans les nuages de fumée qui roulaient dans la plaine comme des masses de brouillard, et surtout dans les endroits où le feu avait rencontré quelques mares d'eau stagnante.

Ils firent plus d'une lieue de cette manière, sans apercevoir la rivière qui était l'objet de tous les désirs. Le feu brûlait encore dans l'éloignement, et, comme le vent chassait les vapeurs produites par l'incendie, de nouveaux volumes de fumée arrivant sans cesse dérobaient la vue de l'horizon. Enfin le Trappeur, qui commençait à manifester quelques symptômes d'inquiétude d'autant plus propres à augmenter les alarmes de ses compagnons que jusque alors rien n'avait pu lui faire perdre un seul instant son sang-froid ordinaire, s'arrêta tout à coup, et, appuyant par terre la crosse de son fusil, il sembla considérer avec attention quelque chose qui était à ses pieds. Middleton et les autres s'avancèrent auprès de lui, et lui demandèrent la cause de cette halte.

— Regardez, répondit le vieillard en leur montrant les restes mutilés et à demi consumés du corps d'un cheval étendu dans un endroit creux ; vous voyez ici le pouvoir du feu dans une Prairie. La terre est humide en cet endroit, et les herbes devaient y être plus hautes qu'ailleurs. Ce malheureux animal a été surpris comme dans son lit. Vous voyez ses os qui percent sa peau brûlée, et ses dents encores serrées les unes contre les autres. Mille hivers n'auraient pas pu le mettre dans l'état déplorable où le feu l'a réduit en une minute.

— Et tel aurait pu être notre destin, dit Middleton, si les flammes nous avaient surpris pendant notre sommeil.

— Je ne dis pas cela. Ce n'est pas qu'un homme ne puisse brûler comme de l'amadou ; mais ayant plus de raison qu'un cheval, il saurait mieux comment faire pour éviter le danger.

— Peut-être l'animal était-il déjà mort, sans quoi il aurait fui.

— Voyez-vous ces marques sur la terre humide ? elles ont été faites par des sabots ; et, aussi vrai que je suis un pécheur, voici les traces d'un moccassin ! Le maître de l'animal a fait tout ce qu'il a pu pour le sauver, mais il est dans l'instinct du cheval d'être peureux et obstiné quand il voit le feu.

— C'est un fait bien connu ; mais si l'animal avait un maître, qu'est devenu le cavalier ?

— Oui, c'est là le mystère, répondit le Trappeur en se baissant pour examiner les traces de plus près. Oui, oui, il est clair qu'il y a eu une lutte entre eux. Le maître n'a rien négligé pour sauver sa monture, et il aurait mieux réussi, si les flammes eussent été moins avides.

— Ecoutez, vieux Trappeur, dit Paul en lui montrant à quelque distance un endroit où le sol était plus sec, et où, par conséquent, les herbes ne pouvaient avoir une crue aussi vigoureuse ; parlez de deux chevaux, car en voilà là-bas un autre.

— Le jeune homme a raison. Est-il possible que les Tetons se soient laissés prendre dans leur propre piége ! cela n'est pas sans exemple, et c'est une leçon pour ceux qui veulent le mal des autres. Mais regardez bien ici, voilà du fer : il y avait quelque invention des blancs dans les harnais de cet animal. Oui, il faut que cela soit. Quelques-uns des coquins auront couru dans la Prairie après que leurs amis y avaient mis le feu, et vous en voyez les conséquences. Ils ont perdu leurs montures, et ils sont bien heureux si leurs âmes ne sont pas en ce moment sur le chemin qui conduit au ciel des Indiens.

— Il pouvait employer le même expédient que vous, dit Middleton tandis qu'ils s'approchaient lentement de l'endroit où était le second cheval.

— Je n'en sais rien. Tous les sauvages ne sont pas munis d'un briquet ou d'un fusil aussi bon que mon vieil ami que voici. Il faut longtemps pour allumer du feu avec deux morceaux de bois, et l'on n'en a guère pour réfléchir et pour prendre un parti en pareille occasion, comme vous pouvez le voir par cette bande de flamme que le vent fait avancer là-bas, comme si c'était une traînée de poudre. Il n'y a que quelques minutes que le feu a passé par ici, et nous ferions bien de regarder à nos amorces, non que je désire combattre les Tetons, à Dieu ne plaise! mais enfin, s'il le fallait, il nous est toujours avantageux de pouvoir tirer le premier coup.

— Quelle étrange bête est-ce donc là, vieux Trappeur? dit Paul en tirant la bride, ou, pour mieux dire, la longe de sa monture, pour s'arrêter près des restes du second animal, tandis que ses compagnons, pressés d'avancer, continuaient à marcher; vous appelez cela un cheval; je ne lui vois ni tête ni sabots.

— Le feu a fait sa besogne, répondit le vieillard, dont les yeux n'étaient occupés qu'à percer à travers la moindre ouverture que le vent pratiquait dans la fumée. Il ne lui faudrait pas longtemps pour cuire un buffle tout entier, et pour réduire en cendres ses cornes et ses sabots. Eh bien! mon vieil Hector! fi donc! fi! Quant au jeune chien du capitaine, il n'est pas étonnant qu'il prouve son manque d'expérience, et je puis dire aussi, j'espère, sans offenser son maître, son manque d'éducation; mais pour un chien comme vous, qui avez vécu si longtemps dans les forêts avant de venir dans ces plaines, il est honteux de montrer les dents et de gronder devant la carcasse d'un cheval mort, comme si vous vouliez m'avertir que vous sentez la piste d'un ours.

— Je vous dis, vieux Trappeur, que ce n'est pas un cheval; ce n'en est pas le cuir, et il n'a ni tête ni sabots.

— Comment dites-vous? ce n'est point un cheval? Vos yeux sont bons pour suivre une abeille et pour distinguer un arbre creux, mon garçon; mais... Oh! il a raison, sur ma foi! — Que j'aie pris la peau d'un buffle, toute grillée qu'elle est, pour la peau d'un cheval! Hélas! j'ai vu le temps où je vous aurais dit le nom d'un animal d'aussi loin que l'œil pouvait l'apercevoir ; j'aurais même pu y ajouter les détails de sa couleur, de son âge et de son sexe.

— En ce cas, vénérable Trappeur, dit le naturaliste attentif, vous avez joui d'un avantage inappréciable. L'homme qui peut faire de pareilles distinctions dans un désert peut se dispenser de bien des courses fatigantes, et de recherches dont le résultat ne mène souvent à rien. Dites-moi, je vous prie, si l'excellence de votre rayon visuel va jusqu'à vous mettre en état de prononcer sur l'*ordo* et le *genus* des animaux ?

— Que voulez-vous dire, avec votre ordre et votre génie ?

— Vous ne l'entendez pas ? dit le chasseur d'abeilles avec un peu de dédain, qui ne lui était pas ordinaire en parlant à son vieil ami ; c'est reconnaître que vous ne connaissez pas la langue anglaise, vieux Trappeur, et c'est ce que je n'aurais pas attendu d'un homme qui a tant d'expérience et d'intelligence. Par ordre, notre camarade veut dire, soit qu'ils marchent en troupe, comme un essaim qui suit sa reine, soit qu'ils aillent à la file, comme on voit souvent les buffles s'avancer sur la Prairie ; et, quant au *génie*, c'est un mot que chacun connaît, et qui est dans la bouche de tout le monde. Il y a dans notre district un membre du congrès, et le rédacteur du journal, qui a la langue bien effilée ; et on leur donne ce nom à tous les deux à cause de leur habileté. Or c'est là ce qu'a voulu dire le docteur, à ce qu'il me semble, vu qu'il parle rarement sans vouloir dire quelque chose.

Lorsque Paul eut fini cette savante explication, il jeta un regard derrière lui, avec une expression qui, bien interprétée, aurait signifié : — Vous voyez que, quoique je ne me mêle pas souvent de pareils objets, je ne suis pas un ignorant.

Ce n'était pas la science de Paul qu'Hélène admirait ; son caractère franc, cordial et intrépide, joint à un extérieur très-agréable, avait suffi pour gagner le cœur de la jeune fille, sans qu'elle eût pris la peine de beaucoup réfléchir sur les qualités de son esprit. Elle devint rouge comme une rose en l'entendant parler ainsi ; ses jolis doigts jouaient avec la ceinture de Paul, à l'aide de laquelle elle se soutenait en croupe, et elle se hâta de prendre la parole, comme si elle eût voulu empêcher ses autres compagnons de fixer leur attention sur une faiblesse dont elle désirait elle-même détourner la sienne.

— Et ainsi donc ce n'est pas un cheval, après tout ? dit-elle.

— Ce n'est ni plus ni moins que le cuir d'un buffle, dit le Trappeur, qui n'avait pas compris le commentaire de Paul mieux que le texte du docteur. Le poil étant en dessous, le feu a coulé par dessus, attendu que l'animal étant frais tué, la flamme n'a pu y trouver de prise. Il est possible qu'il y ait encore une portion de la chair sous cette peau.

— Soulevez-en un coin, vieux Trappeur, dit Paul du ton d'un homme qui venait de prouver qu'il avait le droit d'élever la voix dans le conseil ; s'il y reste une partie de bosse, elle doit être bien cuite, et nous ne serons pas fâchés d'en profiter.

Le vieillard rit de bon cœur de l'idée de son compagnon. Il poussa la peau avec le pied, et fut surpris de la voir remuer ; mais au même instant un guerrier indien qu'elle cachait s'en débarrassa à la hâte, et se releva avec une rapidité qui prouvait qu'il regardait comme urgent de se montrer.

CHAPITRE XXIV.

> Mais, dis-moi, Hal, n'es-tu pas horriblement effrayé ?
>
> SHAKSPEARE.

Un second coup d'œil suffit pour convaincre le Trappeur et ses compagnons fort étonnés que le jeune Pawnie, qu'ils avaient déjà rencontré, était l'individu qui se trouvait de nouveau devant eux. La surprise occasionna d'abord un silence général, et l'on passa plus d'une minute à se regarder mutuellement avec un air d'étonnement, sinon de méfiance. L'étonnement du jeune guerrier semblait pourtant moins vif, et avait plus de dignité que celui des chrétiens dont il avait déjà fait la connaissance. Tandis que Middleton et Paul sentaient se glisser dans leurs membres une partie du tremblement qui agitait ceux des compagnes timides placées en croupe derrière eux, l'œil étincelant de l'Indien passait rapidement de l'un à l'autre, comme si les plus grands dangers n'eussent pu le forcer à le baisser. Après avoir examiné à la hâte toutes ces figures européennes, où se peignait une sorte de stupeur, ses regards se fixèrent enfin, avec tout le calme de la fierté, sur les traits également tranquilles du vieux Trappeur.

Le docteur Battius rompit le premier le silence, en s'écriant : *Ordo*, primates ; *genus*, homme ; *species*, la Prairie.

— Oui, oui, le secret est découvert, dit le vieillard en secouant la tête en homme qui se félicitait d'avoir pénétré le mystère d'un problème difficile à résoudre. Le jeune homme a passé la nuit dans l'herbe ; le feu l'a surpris pendant son sommeil, et, ayant perdu son cheval, il s'est mis à l'abri des flammes sous le cuir d'un buffle tout fraîchement tué ; ce n'est pas une mauvaise invention quand on n'a ni poudre ni pierre à fusil pour chasser le feu par le feu. Je réponds que ce jeune Indien ne manque pas d'intelligence, et que c'est un homme avec qui l'on pourrait voyager en sûreté. Je vais lui parler avec douceur, car l'emportement ne nous servirait à rien. — Mon frère est de nouveau le bien-venu, dit-il en parlant à l'Indien la langue que celui-ci connaissait. Les Tetons l'ont enfumé comme s'il eût été un raton [1].

Le jeune Pawnie jeta un coup d'œil sur l'endroit d'où il venait de se lever, comme s'il eût voulu reconnaître toute l'étendue du péril auquel il avait été exposé ; mais cet examen ne lui arracha pas la moindre marque d'émotion ; il fronça pourtant les sourcils en répondant à l'observation du Trappeur.

— Les Tetons sont des chiens, dit-il. Quand leurs oreilles entendent le cri de guerre des Pawnies, toute la nation se met à hurler.

— C'est la vérité, dit le vieillard. Les coquins nous suivent à la piste, et je suis content d'avoir rencontré un guerrier armé du tomahawk, qui ne les aime pas. Mon frère veut-il conduire mes enfants à son village ? Si les Sioux se trouvent sur le chemin, mes jeunes guerriers l'aideront à les combattre.

Le jeune Pawnie jeta un regard sur chacun des étrangers qui composaient ce groupe, et les examina avec attention avant de se décider à répondre à cette question. L'examen qu'il fit des hommes ne fut pas long, et parut satisfaisant ; mais ses yeux, comme lors de la première entrevue, restèrent longtemps fixés avec admiration sur les charmes d'Inez, dont il n'avait jamais rien vu qui pût approcher. Ses regards s'en écartaient un moment pour contempler les attraits d'Hélène, qui, quoique extraordinaires, étaient en quelque sorte plus intelligibles pour lui ; mais il revenait promptement étudier une créature qui, à son œil peu exercé, à son imagination sans guide, semblait offrir toutes les

---

[1]. Petit quadrupède d'Amérique, espèce de lapin.

perfections dont un jeune poëte doue les brillantes images écloses dans son cerveau ardent. Jamais rien de si beau, de si idéal, de si digne de récompenser le courage et le dévouement d'un guerrier, ne s'était présenté à ses yeux sur les Prairies, et le jeune Indien paraissait sentir profondément et comme par instinct l'influence d'un si rare modèle de l'amabilité de son sexe. S'apercevant pourtant que ses regards causaient quelque embarras à celle qui les attirait, il les en détourna pour répondre au vieillard.

— Mon père sera le bien-venu, lui dit-il modestement en appuyant la main sur sa poitrine d'un air expressif. Les jeunes guerriers de ma nation chasseront avec ses enfants; les chefs fumeront avec la tête grise; les filles des Pawnies feront entendre leurs chants aux oreilles de ses filles.

— Et si nous rencontrons les Tetons? demanda le Trappeur, qui désirait que les plus importantes conditions de cette nouvelle alliance fussent parfaitement réglées.

— Les ennemis des Longs-Couteaux sentiront les coups du Pawnie.

— C'est bien; maintenant, que mon frère et moi tiennent conseil ensemble, afin que nous ne marchions pas sur un chemin tortueux, et que notre route vers son village soit semblable au vol des pigeons.

Le jeune Indien fit un signe de consentement, et le vieillard l'emmena quelques pas plus loin, afin de n'avoir pas à craindre d'être interrompu par l'insouciance de Paul ou les distractions du naturaliste; leur conférence fut courte, mais comme elle eut lieu suivant la manière laconique et sentencieuse des Indiens, elle suffit pour instruire les deux parties de ce que chacune d'elles avait réciproquement à apprendre. Quand ils eurent rejoint leurs compagnons, le Trappeur crut devoir leur expliquer une partie de ce qui s'était passé entre le jeune Indien et lui.

— Oui, oui, dit-il, je ne me trompais pas; ce jeune guerrier de bonne mine, — car il a bonne mine et il a l'air noble, quoique sa peinture le défigure peut-être un peu, — ce brave jeune homme, en un mot, vient de me dire qu'il est à l'affût de ces coquins de Tetons; sa troupe n'était pas assez forte pour tomber sur eux, parce qu'ils sont partis de leurs habitations en grand nombre pour chasser le buffle, et des coureurs ont été envoyés aux villages des Pawnies pour en faire venir des renforts. Il paraît que ce jeune Indien est un garçon intrépide, car il a suivi leur piste tout seul, et il a été obligé comme nous de se cacher dans les grandes herbes; mais il m'a dit entre autres choses, mes amis, et j'ai été fâché de l'apprendre, que ce rusé Mahtoree, au lieu d'en venir aux coups avec le squatter, est devenu son ami, et que nous avons maintenant sur nos talons les deux lignées Rouge et Blanche, qui font le guet autour de ce cercle de feu, pour tomber sur nous si nous en sortons.

— Comment le sait-il? demanda Middleton.

— Comment? dites-vous.

— De quelle manière a-t-il appris tout cela?

— De quelle manière? croyez-vous qu'un espion indien ait besoin de journaux et de crieurs publics, comme dans les Etats, pour savoir ce qui se passe dans les Prairies? nulle commère allant de maison en maison médire de son voisin ne peut répandre une nouvelle avec sa langue aussi vite que ces tribus peuvent faire savoir ce qu'elles ont appris par des signes et des moyens qu'elles connaissent seules. C'est là leur science, et, ce qui vaut encore mieux, c'est qu'elles l'acquièrent en plein air et non entre les quatre murs d'une école; je vous réponds, capitaine, que ce qu'il dit est vrai.

— Quant à cela, j'en ferais serment, dit Paul; cela est raisonnable, et par conséquent il faut que cela soit vrai.

— Vous pouvez le faire en conscience, mon ami, vous ne risquez rien; il m'a dit ensuite que pour cette fois mes vieux yeux ne m'ont pas encore trompé, et que la rivière est à une demi-lieue d'ici dans la direction que je vous ai montrée. Vous voyez que le feu a à peu près fini son ouvrage de ce côté, et que la fumée couvre notre sentier; il pense comme moi qu'il est à propos de noyer nos traces dans l'eau; oui, il faut que nous placions cette rivière entre nous et les yeux des Sioux, et alors avec la grâce du ciel, sans oublier nos propres efforts, nous pouvons gagner le village des Loups.

— Les discours ne nous avanceront pas d'un pied, dit Middleton; marchons!

Le vieillard y consentit, et l'on se prépara à se mettre en route; le Pawnie jeta sur son épaule sa peau de buffle, et marcha en avant, non sans retourner souvent la tête pour jeter un coup d'œil sur les charmes extraordinaires et inexplicables pour lui d'Inez, qui ne s'en apercevait pas.

Une heure suffit pour conduire les fugitifs sur les bords de cette eau désirée, qui était une des cent rivières qui, par le moyen des immenses artères du Missouri et du Mississipi, portent à l'Océan les eaux de cette vaste région encore inhabitée. Le lit n'en était pas très-profond, mais les eaux en étaient troubles et le cours rapide. Les flammes avaient brûlé la terre jusque sur la rive, et la vapeur des eaux, du milieu de l'air frais du matin, se mêlant à la fumée de l'incendie qui exerçait encore sa fureur dans le lointain, en couvrait la surface comme d'un manteau mobile.

Le Trappeur fit remarquer cette circonstance avec plaisir, et dit en aidant Inez à descendre de cheval sur le bord de la rivière :

— L'astuce des coquins tourne contre eux, car je ne sais trop si je n'aurais pas mis le feu moi-même à la Prairie, pour que cette fumée leur cachât nos mouvements, s'ils ne m'en avaient épargné la peine. J'ai vu faire de pareilles choses de mon temps, et je l'ai fait moi-même avec succès. — Allons, mettez à terre votre pied délicat ; vous avez eu de mauvais moments à passer pour une jeune dame élevée comme vous l'avez été ; ah ! que n'ai-je pas vu souffrir par de jeunes femmes modestes et vertueuses, au milieu des horreurs et des astuces d'une guerre avec les Indiens ! Mais allons, il n'y a qu'un petit quart de mille d'ici à l'autre rive, et quand nous y serons notre trace sera perdue.

Paul venait d'aider Hélène à sauter à bas de son cheval, et il portait des regards désolés sur les bords de la rivière. Pas un arbre, pas un arbrisseau ne croissait sur les rives, à l'exception de quelques buissons solitaires qu'on voyait çà et là, et dans lesquels il n'aurait pas été facile de trouver une douzaine de tiges dont on pût se faire une canne.

— Ecoutez donc, vieux Trappeur, s'écria-t-il d'un air déconcerté ; il est fort bien de parler de l'autre bord de cette rivière, de ce fleuve, de ce ruisseau ; n'importe quel nom vous lui donniez ; mais, à mon avis, il faudrait un bon fusil pour jeter sur l'autre rive une balle qui pût se faire sentir à un daim ou à un Indien.

— Oui, il en faudrait un bon, et cependant celui que je porte n'a pas manqué son coup, dans l'occasion, à distance semblable.

— Et avez-vous dessein de vous en servir pour lancer de l'autre côté de l'eau Hélène et l'épouse du capitaine, ou croyez-vous qu'elles passeront la rivière comme des truites, la tête sous l'eau ?

— Cette rivière est-elle trop profonde pour qu'on la passe à gué? demanda Middleton, qui, de même que Paul, commençait à réfléchir sur l'impossibilité de transporter sur l'autre rive celle dont la vie lui était plus précieuse que la sienne.

— Quand les montagnes de l'intérieur l'alimentent de leurs torrents, c'est, comme vous le voyez, une rivière large et rapide, et cependant j'ai traversé, dans mon temps, son lit sablonneux sans me mouiller les genoux. Mais nous avons les chevaux des Sioux, et je réponds qu'ils nageront comme des daims.

— Vieux Trappeur, dit Paul en enfonçant ses doigts dans ses cheveux, comme c'était sa coutume quand sa philosophie se trouvait confondue par quelque difficulté, j'ai nagé plus d'une fois comme un poisson; j'en ferais bien encore autant, si besoin en était, et je ne m'inquiète guère du temps; mais je doute qu'Hélène puisse se tenir à cheval, quand elle verra rouler devant elle l'eau de cette rivière aussi vite que si elle voulait faire tourner la roue d'un moulin. D'ailleurs il est sûr qu'elle ne pourrait faire cette traversée les pieds secs.

— Il a raison, dit le vieillard, et il faut que nous imaginions quelque moyen pour traverser cette rivière, ou que nous renoncions à ce projet. Coupant court à cet entretien, il se tourna vers le Pawnie, et il lui expliqua l'embarras où il se trouvait pour faire passer les deux femmes sur l'autre rive. Le jeune guerrier l'écouta gravement; prenant ensuite la peau de buffle qu'il portait sur ses épaules, il commença les préparatifs nécessaires pour arriver à ce but et fut bien secondé par l'intelligence de son compagnon.

Le cuir du buffle prit bientôt la forme du comble d'un parapluie, ou d'un parachute renversé, à l'aide de courroies de peau de daim dont les deux travailleurs étaient heureusement munis; et quelques bâtons coupés dans les buissons empêchaient les bords de tomber et de se rapprocher. Quand cette barque bien simple fut prête, ils la placèrent sur la rivière, et l'Indien fit signe à Inez et à Hélène d'y descendre.

Toutes deux hésitèrent à confier leur vie à un aussi frêle esquif, et Middleton et Paul ne voulurent pas consentir qu'elles s'y plaçassent avant de s'être personnellement assurés que la barque était en état de soutenir un poids beaucoup plus considérable que celui qui lui était destiné : alors elles surmontèrent la crainte qui les agitait encore, et la petite chaloupe reçut son précieux chargement.

— Maintenant, que le Pawnie remplisse les fonctions de pilote, dit le Trappeur; ma main n'est plus aussi ferme qu'autrefois, et il a des membres semblables au bois de fer. Abandonnez tout à la prudence du Pawnie.

L'époux et l'amant n'avaient rien de mieux à faire que de suivre ce conseil, et ils furent obligés de rester spectateurs passifs, quoique bien vivement intéressés, du passage d'une rivière effectué par de si faibles moyens. Parmi les trois chevaux, l'Indien choisit celui de Mahtoree, avec une promptitude qui prouvait qu'il était loin d'ignorer les qualités de cet animal; et sautant sur son dos, il entra dans la rivière. Plongeant le bout de sa lance dans le cuir dont il avait fait une barque, il en dirigea ainsi la marche, et lâchant la bride à son coursier, il entra hardiment dans le courant. Middleton et Paul le suivaient sur les deux autres chevaux, se tenant aussi près du frêle esquif que la prudence le leur permettait. Le jeune guerrier conduisit ainsi son dépôt précieux sur la rive opposée, où Inez et Hélène débarquèrent en sûreté, sans avoir éprouvé le plus léger accident, et la traversée se fit avec un calme et une célérité qui annonçaient qu'elle n'avait rien d'extraordinaire ni pour le cheval ni pour le cavalier.

Dès qu'il fut sur le rivage, le jeune Indien défit son ouvrage, jeta la peau de buffle sur son épaule, mit les bâtons sous son bras, et, remontant à cheval, rentra dans la rivière pour aller chercher les deux individus qui étaient restés sur l'autre bord, et les amener sur la rive qui était regardée avec raison comme le côté le plus sûr.

— Maintenant, ami docteur, dit le vieillard, quand il vit l'Indien entrer dans la rivière, je reconnais qu'il y a de la bonne foi sous cette peau rouge. C'est un jeune homme de bonne mine, sans doute, et qui a l'air honnête; mais les vents du ciel ne sont pas plus trompeurs que les sauvages, quand le diable s'en est une fois mis en possession. Si ce Pawnie eût été un Teton, ou un de ces coquins de Mingos qui rôdaient dans les bois d'York il y a quelque soixante ans, nous aurions vu son dos et son visage se tourner de notre côté. Je n'étais pas sans quelque inquiétude, quand je l'ai vu choisir le meilleur cheval; car, avec cette monture, il lui aurait été aussi facile de s'éloigner de nous, qu'il le serait à un léger pigeon de se séparer d'une troupe de corbeaux croassants, soutenus sur leurs ailes pesantes. Mais vous voyez qu'il y a de la franchise dans ce jeune homme. Faites-vous une fois un ami d'une Peau-Rouge, et vous pouvez compter sur sa bonne foi, tant que vous en aurez envers lui.

— Quelle peut être la distance d'ici aux sources de cette rivière? demanda le docteur Battius, dont les yeux roulaient sur le cours rapide des eaux avec une expression singulière de doute et de curiosité; faut-il aller bien loin pour en trouver les sources secrètes?

— C'est suivant le temps. Aujourd'hui je vous réponds que vous auriez les jambes fatiguées avant de l'avoir remontée jusqu'aux Montagnes Rocheuses; mais il y a des saisons où vous pourriez en suivre le lit sans vous mouiller les pieds.

— Et dans quelles divisions particulières de l'année ces saisons périodiques se trouvent-elles?

— Celui qui passera en cet endroit dans quelques mois d'ici ne trouvera qu'un désert de sable, au lieu de ce torrent rapide.

Le naturaliste se mit à réfléchir profondément. Comme l'auraient fait bien des gens qui n'auraient pas reçu de la nature un superflu de courage physique, il s'exagéra tellement et si rapidement le danger de traverser une rivière d'une manière si simple, qu'en voyant arriver le moment où il fallait se décider à courir un tel risque, il songea sérieusement à la remonter jusqu'à sa source, pour éviter une traversée si périlleuse. Il n'est pas nécessaire d'insister sur les efforts incroyables que fait la peur, pour appuyer sur quelques arguments la détermination qu'elle inspire. Le digne Obed discuta ce sujet avec une attention et une éloquence remarquables, et il était arrivé à la conclusion consolante qu'il serait aussi glorieux de découvrir la source inconnue d'une si grande rivière, que d'ajouter une plante ou un insecte aux catalogues d'histoire naturelle, quand le Pawnie toucha au rivage pour la seconde fois.

Le vieillard s'assit tranquillement dans la petite barque de cuir, dès qu'elle fut prête à recevoir les passagers, et ayant placé avec soin le vieil Hector entre ses jambes, il fit signe à son compagnon de venir le rejoindre.

Le naturaliste avança un pied sur le fragile esquif, comme on voit un éléphant, et souvent même un cheval, essayer la solidité d'un pont avant d'y confier le poids de son corps; mais il le retira à l'instant où le vieillard croyait qu'il allait y placer l'autre.

— Vénérable Trappeur, dit le docteur d'un ton lugubre, cette barque n'a été construite d'après aucun principe scientifique, une voix secrète m'avertit de ne pas m'y fier.

— Que dites-vous? demanda le vieillard, qui jouait avec une oreille de son chien, comme un père le ferait avec un enfant favori.

— Je dis que je n'aime pas ce mode irrégulier de faire des expériences sur les fluides. Cette barque n'a ni formes ni proportions.

— Elle n'est pas aussi élégante que des canots d'écorce et de bouleau que j'ai vus; mais on peut être à son aise dans un vigwam comme dans un palais.

— Il est impossible qu'on soit en sûreté sur un esquif construit d'après des principes si contraires aux sciences, vénérable Trappeur; cette espèce de tonneau n'atteindra jamais l'autre bord.

— Vous l'avez vu vous-même y arriver.

— Oui; mais c'était une anomalie en prospérité. Si l'on prenait les exceptions pour des règles dans le gouvernement du monde, la race humaine serait bientôt plongée dans le gouffre de l'ignorance. Vénérable Trappeur, cette barque à laquelle vous voulez confier votre sûreté est, dans les annales des inventions régulières, ce qu'un *lusus naturæ* est dans la nomenclature de l'histoire naturelle, un monstre.

Il est difficile de dire combien de temps le docteur Battius aurait prolongé cette discussion, car, indépendamment des puissantes considérations personnelles qui le détournaient d'une expérience qui n'était certainement pas sans danger, l'orgueil de la raison commençait à le soutenir dans sa résolution. Mais heureusement pour la patience du vieillard, à peine le naturaliste avait-il prononcé le dernier mot de la phrase précédente, que le vent apporta à ses oreilles un son qui semblait un écho surnaturel de l'idée qu'il venait d'exprimer. Le jeune Pawnie, qui attendait la fin de cette discussion incompréhensible pour lui, avec une impassibilité et une gravité caractéristiques, leva la tête, et écouta ce son inconnu, comme un cerf dont l'instinct mystérieux découvre le bruit de la course des chiens qui le poursuivent, et qu'il ne voit pas encore. Le Trappeur et le naturaliste connaissaient un peu mieux la nature de ces sons extraordinaires. Le docteur reconnut sur-le-champ la voix de son fidèle compagnon, et il allait courir à sa rencontre le long des rives de la rivière sur les ailes de l'affection, quand *asinus* se montra à quelque distance, forcé à un galop qui ne lui était pas naturel, par les coups du brutal Wencha qui s'était placé sur son dos.

Les yeux du Teton et ceux des fugitifs se rencontrèrent. Le sauvage poussa de toutes ses forces un hurlement long, perçant et effrayant, qui semblait en même temps un cri d'appel et de triomphe. Ce signal coupa court à la discussion sur la barque ; le docteur y entra sur-le-champ et s'assit à côté du vieillard, comme si le brouillard qui l'empêchait d'en reconnaître l'excellence se fût dissipé miraculeusement tout d'un coup. Au même instant le coursier du jeune Pawnie commença à lutter contre le torrent.

Il fallut toute la vigueur de cet excellent cheval pour mettre les fugitifs hors de la portée des flèches qui traversèrent l'air quelques moments après. Le cri de Wencha avait amené sur le bord de la rivière une cinquantaine de ses compagnons, mais heureusement aucun d'eux n'était d'un rang suffisant pour avoir le privilége de porter un fusil. Cependant, à peine la fragile nacelle était-elle arrivée au milieu de la rivière, quand on vit paraître sur la rive Mahtoree lui-même ; et une décharge d'armes à feu, qui ne fit aucun mal, annonça la rage et le désappointement de ce chef. Les yeux du jeune Pawnie étincelèrent comme ceux du couguar, à la vue d'un si grand nombre de ses ennemis, et il répondit aux hostilités impuissantes de leur chef, en levant le bras en l'air avec un geste de mépris, et en poussant le cri de guerre de sa nation. Cette insulte ne pouvait être endurée ; tous les Tetons se jetèrent sur-le-champ dans la rivière, et l'eau se couvrit de chevaux et de guerriers.

Chacun des deux partis fit alors des efforts incroyables pour arriver avant l'autre à la rive opposée. Les Dahcotahs étant montés sur des chevaux qui n'avaient pas, comme celui du Pawnie, presque déjà épuisé leurs forces par une double traversée, et qui n'avaient d'autre fardeau que leurs cavaliers, gagnaient rapidement du terrain sur les fugitifs. Le Trappeur, qui sentait parfaitement tout le danger de leur situation, sans rien perdre de son sang-froid, détourna ses yeux des Tetons qui les poursuivaient, pour les fixer sur le jeune Indien son compagnon, afin d'examiner s'il commençait à manquer de résolution, à mesure que la distance qui les séparait de leurs ennemis devenait moins considérable ; mais au lieu de montrer la moindre crainte, ou l'inquiétude que pouvait naturellement inspirer la situation dans laquelle il se trouvait, le Pawnie fronçait le sourcil, et jetait sur les Tetons des regards qui respiraient une animosité mortelle.

— Tenez-vous beaucoup à la vie, ami docteur? demanda le vieillard avec une sorte de calme philosophique qui rendit cette question doublement effrayante pour son compagnon.

— Non pas pour elle-même, répondit le naturaliste en puisant dans la rivière un peu d'eau dans le creux de sa main pour se rafraîchir le gosier; — non pas pour la vie en elle-même; mais j'y tiens beaucoup pour l'histoire naturelle, qui a grand intérêt à mon existence, et par conséquent...

— Oui, dit le Trappeur trop occupé de ses idées pour analyser celles du docteur avec sa sagacité ordinaire, c'est vraiment une histoire toute naturelle, mais c'est un sentiment bas et lâche. La vie est aussi précieuse pour ce jeune Pawnie que pour aucun gouverneur des Etats, et il pourrait se sauver, ou du moins en avoir quelque chance, s'il nous abandonnait au courant de l'eau; et cependant vous voyez qu'il tient fidèlement la parole qu'il nous a donnée, en vrai guerrier indien. Moi, je suis vieux et disposé à tout ce qu'il plaira au Seigneur d'ordonner de moi; vous, je ne vois pas que vous soyez bien utile au genre humain; je suis donc d'avis, si cela vous convient, de dire à ce brave jeune homme de ne songer qu'à lui, et de nous abandonner à la merci des Tetons.

— Je m'y oppose formellement, s'écria le naturaliste alarmé; cette proposition est contraire à la nature, c'est une trahison contre la science. Nous marchons avec une vélocité miraculeuse. Cette admirable invention nous fait voguer avec une facilité si merveilleuse, que dans quelques minutes nous serons sur l'autre rive.

Le vieillard le regarda fixement un instant, et dit en secouant la tête :

— Seigneur! qu'est-ce donc que la peur? Elle transforme en un instant les créatures du monde et les inventions des hommes : elle fait paraître beau à nos yeux ce qui est laid en soi-même, et donne à la beauté tous les attributs de la laideur. Seigneur, Seigneur! qu'est-ce que la peur?

Le danger qui approchait, plus intéressant que cette discussion, mit fin à l'entretien. Les Dahcotahs étaient alors arrivés au milieu de la rivière, et ils poussaient déjà de grands cris de triomphe. En ce moment Middleton et Paul, qui avaient conduit les deux femmes derrière un buisson à peu de distance, se remontrèrent sur la rive le fusil en main, et en menaçant leurs ennemis.

— Montez à cheval, s'écria le Trappeur dès qu'il les aperçut, montez à cheval, et sauvez celles qui ne peuvent compter que sur vous ; fuyez, et laissez-nous entre les mains du Seigneur.

— Baissez la tête, vieux Trappeur, s'écria Paul ; enfoncez-vous tous les deux dans votre ruche. Ce démon de Teton est derrière vous ; baissez la tête, et faites place à une balle du Kentucky.

Le vieillard se retourna, et vit que Mahtoree, qui était à quelque distance en avant de ses compagnons, se trouvait en ligne presque droite avec la barque et le chasseur d'abeilles, qui le couchait déjà en joue ; il se baissa sur-le-champ, le coup partit, le plomb passa sur sa tête pour atteindre son but plus éloigné ; mais l'œil du chef Teton n'était ni moins vif ni moins sûr que celui de son ennemi. Il se jeta à bas de cheval à l'instant qui précéda la détonation, et disparut sous l'eau. Le cheval, blessé à la tête, fit entendre un hennissement de terreur et d'angoisse, et après quelques mouvements convulsifs fut emporté par le torrent, dont les eaux troubles se teignirent de son sang.

Mahtoree reparut bientôt sur la surface de l'eau, et voyant qu'il avait perdu son coursier, il nagea vigoureusement vers le plus voisin de ses guerriers, qui lui céda son cheval avec la déférence due à un guerrier si renommé. Cet incident jeta pourtant quelque confusion parmi les Dahcotahs, qui semblèrent attendre les ordres de leur chef avant de redoubler d'efforts pour gagner le rivage. Pendant ce temps les fugitifs y étaient arrivés, et se trouvaient réunis à leurs compagnons sur le bord de la rivière.

Les sauvages nageaient alors dans une sorte d'indécision, comme on voit souvent une troupe de pigeons voler avec confusion, quand la colombe qui la conduit a essuyé une décharge d'armes à feu ; et ils semblaient hésiter à avancer vers une rive qui se trouvait alors défendue d'une manière si formidable. La prudence bien connue des guerriers indiens l'emporta, et Mahtoree, averti par le risque qu'il venait de courir, reconduisit ses guerriers vers la rive qu'ils venaient de quitter, afin de calmer leurs chevaux, qui commençaient à se montrer indociles.

— Maintenant, montez à cheval avec vos jeunes amies, et courez vers cette colline, dit le Trappeur ; vous trouverez par derrière un autre courant d'eau dans lequel il vous faudra entrer : puis, vous tournant vers le soleil, vous en suivrez le lit pendant un mille, jusqu'à ce que vous arriviez à une plaine haute et sablonneuse. Allons, montez vite ; ce jeune Pawnie et moi, ainsi que mon intrépide ami le médecin, qui est un guerrier comme on en voit peu, nous sommes en nombre suffisant pour garder la rive, attendu qu'il ne s'agit pas ici d'un service actif, mais seulement de paraître faire bonne contenance.

Middleton et Paul ne virent pas la nécessité de s'épuiser à faire des remontrances contre cette proposition. Charmés de savoir que leur retraite serait protégée, même de cette manière imparfaite, ils mirent aussitôt leurs chevaux au galop, et s'élancèrent sur la route qui leur était indiquée. Vingt à trente minutes se passèrent avant que les Tetons sur la rive opposée parussent méditer quelque nouvelle entreprise. Il était facile de distinguer Mahtoree, au milieu de ses guerriers, donnant ses ordres et trahissant son désir de vengeance, en étendant le bras de temps en temps dans la direction des fugitifs; mais il ne se faisait aucun mouvement qui semblât menacer de quelque acte d'hostilité immédiate. A la fin un cri perçant qui se fit entendre au milieu des rangs des sauvages, annonça qu'il se passait quelque chose de nouveau. En effet Ismaël et sa pesante famille parurent dans l'éloignement, et bientôt les deux troupes réunies se dirigèrent vers les bords de la rivière. Le squatter se mit à examiner la position de ses ennemis avec son sang-froid ordinaire, et, comme pour essayer la portée de son fusil, il leur envoya une balle avec tant de force que, malgré la distance, elle tomba presque au milieu d'eux.

— Pour le coup, partons vite! s'écria Obed croyant encore entendre siffler le plomb meurtrier à ses oreilles; voilà bien assez longtemps que nous défendons vaillamment la rive; il y a autant de talent militaire à déployer dans la retraite que dans l'attaque.

Le vieillard jeta un regard derrière lui, et voyant que les fugitifs étaient déjà derrière la colline, il ne fit pas d'objection à cette demande. Le cheval restant fut donné au docteur, qui reçut ses instructions et qui les suivit ponctuellement; c'était de prendre la même route que Paul et Middleton.

Dès que le naturaliste fut monté à cheval et qu'il fut en pleine retraite, le Trappeur et le jeune Pawnie commencèrent à se retirer, mais avec tant de précaution que l'ennemi resta quelque temps indécis sur leurs mouvements. Au lieu d'aller à travers plaine pour gagner la colline, route sur laquelle ils auraient été exposés aux regards, ils prirent un sentier de traverse qui était caché par une légère élévation de terrain; et par ce chemin plus court, ils arrivèrent sur le bord de la petite rivière, à l'endroit même où Middleton avait reçu ordre de la quitter, et précisément à temps pour y retrouver leurs compagnons. Le docteur avait fait de son côté tant de diligence qu'il avait déjà rejoint ses amis, de sorte que tous les fugitifs se trouvaient de nouveau rassemblés.

Le Trappeur regarda alors autour de lui pour chercher quelque endroit convenable où la troupe, dit-il, pût faire halte pendant cinq à six heures.

— Faire halte! s'écria le docteur dès que cette proposition alarmante parvint à ses oreilles; vénérable chasseur, il me semblait au contraire qu'il faudrait passer les jours et les nuits à fuir et, de toute la vitesse dont nous sommes capables.

Middleton et Paul étaient tous deux de la même opinion, et ils l'exprimèrent chacun à leur manière.

Le vieillard les écouta patiemment, mais il branla la tête comme quelqu'un qui n'était point convaincu; et alors il leur répondit à tous en masse pour réfuter leurs arguments.

— Pourquoi fuirions-nous? demanda-t-il; les jambes d'un homme peuvent-elles égaler le galop d'un cheval? Pensez-vous que les Tetons se couchent pour dormir, ou bien qu'ils traversent la rivière pour flairer notre piste? Grâce à Dieu, nous l'avons lavée comme il faut dans ce courant, et si nous nous retirons avec sagesse et prudence, nous pouvons encore leur faire perdre nos traces. Mais une prairie n'est pas un bois. Dans un bois on peut faire une longue route sans laisser d'autre indice de son passage que l'empreinte de son moccassin; mais dans ces plaines ouvertes, un batteur d'estrade, placé, je le suppose, sur cette colline, pourrait plonger ses regards autour de lui comme un faucon qui cherche à fondre sur sa proie. Mais écoutez les paroles du Pawnie; c'est un garçon de courage, et je puis vous attester qu'il a fait plus d'une course forcée avec les hordes sioux. — Mon frère pense-t-il que notre piste soit assez longue? demanda-t-il dans la langue des Indiens.

— Un Sioux est-il un poisson, pour la voir dans la rivière?

— Mais mes jeunes amis pensent que nous devons l'étendre jusqu'à ce qu'elle aille se perdre au milieu de la Prairie.

— Mahtoree a des yeux; il la verra.

— Quel est l'avis de mon frère?

Le jeune guerrier observa le ciel un moment, et parut hésiter.

Il réfléchit quelques instants en lui-même, et ensuite il répondit du ton d'un homme dont l'opinion est irrévocablement fixée :

— Les Dahcotahs ne sont pas endormis, dit-il ; il faut nous coucher dans l'herbe.

— Ah ! le brave garçon pense comme moi, reprit le vieillard après avoir expliqué en peu de mots l'avis du jeune Indien à ses compagnons. Middleton fut obligé de se rendre à leurs raisons, et comme il y avait un danger palpable à rester debout, chacun s'occupa des mesures à prendre pour la sûreté générale. On forma une espèce de lit pour Hélène et Inez avec les peaux de buffle, et au-dessus de ces couvertures chaudes et épaisses, on ramassa de grandes herbes de manière à dérober, s'il était possible, ce lieu de refuge à tous les regards. Paul et le Pawnie débridèrent les chevaux, les firent coucher à terre, et après leur avoir donné à manger, ils les laissèrent également cachés dans l'herbe épaisse de la Prairie. Tous ces arrangements terminés, les hommes ne perdirent pas un instant pour s'occuper d'eux-mêmes ; chacun d'eux choisit la place qui lui parut convenable, et la plaine parut rendue à sa solitude accoutumée.

Le vieillard avait fait sentir à ses compagnons la nécessité absolue de rester ainsi cachés pendant plusieurs heures de suite. Tout leur espoir d'échapper à leurs ennemis reposait sur le succès de cet artifice. S'ils parvenaient à leur donner le change par cet expédient bien simple, et par cela même moins suspect, ils pourraient continuer leur fuite à l'entrée de la nuit, et, en changeant de route, augmenter encore les chances en leur faveur. Chacun d'eux, immobile à sa place, réfléchissait à sa situation, et pesait mûrement ces considérations importantes ; mais bientôt les idées devinrent confuses, et, grâce à l'influence de la fatigue, le sommeil ferma toutes les paupières.

Il y avait plusieurs heures que le plus profond silence régnait parmi eux, lorsqu'un faible cri de surprise jeté par Inez retentit aux oreilles exercées du Trappeur et du jeune Pawnie. En un instant ils furent sur pied, s'apprêtant à vendre chèrement leurs vies, lorsqu'ils s'aperçurent que la vaste plaine, la petite colline, et les bouquets d'arbres épars, étaient couverts également d'une couche éclatante de neige.

— Le Seigneur ait pitié de nous tous ! s'écria le vieillard en jetant un regard consterné autour de lui. Je vois maintenant pourquoi le Pawnie étudiait les astres avec tant de soin ; mais il est trop tard : il est trop tard à présent. Un écureuil laisserait les traces de ses pas sur cette enveloppe légère de la terre. Couchez-vous, couchez-vous tous. Il ne reste que bien peu de chances pour nous ; mais encore ne faut-il pas s'en priver volontairement.

Tous les fugitifs se couchèrent de nouveau, quoique leurs regards inquiets cherchassent à apercevoir les mouvements de leurs ennemis à travers la tige élevée des herbes. A la distance d'un demi-mille, on voyait les Tetons avancer en formant un grand cercle qui se resserrait graduellement, et qui devait évidemment aboutir à l'endroit même que le jeune Pawnie et ses compagnons avaient choisi pour refuge. Il n'était pas difficile d'expliquer la cause de cette manœuvre. La neige était tombée à temps pour leur donner l'assurance que ceux qu'ils poursuivaient étaient derrière eux ; et avec la persévérance infatigable de guerriers indiens, ils s'occupaient à cerner de tous côtés le lieu où ils devaient nécessairement être cachés.

Chaque minute ajoutait à la position critique des fugitifs. Paul et Middleton préparèrent bravement leurs armes ; et au moment où Mahtoree arriva à cinquante pas d'eux, les yeux fixés sur l'herbe à travers laquelle passait son cheval, ils l'ajustèrent en même temps et tirèrent la détente ; mais le coup ne partit point.

— C'est assez, dit le vieillard en se levant avec dignité ; j'ai retiré l'amorce, car une mort certaine était le prix de notre imprudence. Maintenant supportons notre sort comme il convient à des hommes de le faire. Les plaintes et les gémissements ne sont pas en faveur auprès des Indiens.

En le voyant paraître, les Sioux poussèrent un cri qui retentit au loin dans la plaine, et en un instant une centaine de sauvages furent autour de lui. Mahtoree reçut ses prisonniers d'un air calme ; un seul instant la joie brilla dans son regard ; avant qu'il eût le temps de la réprimer, et le cœur de Middleton se glaça en voyant ce regard se porter sur Inez, qui, privée presque de sentiment, n'en était pas moins charmante.

Tous les yeux étaient tellement fixés sur les Visages-Pâles, tel était le plaisir que causait leur capture, que dans le premier moment personne ne remarqua le jeune Indien, qui se tenait debout à l'écart, dédaignant de regarder ses ennemis, et aussi immobile que si le froid l'eût surpris en quelque sorte glacé dans cette attitude de calme et de dignité ; mais au bout d'un certain temps cet objet secondaire attira enfin l'attention des Sioux. Ce fut alors que le Trappeur apprit pour la première fois, aux acclamations réitérées et aux cris prolongés de triomphe qui sortirent à la fois de toutes les bouches, ainsi que par le nom terrible qui retentit dans les airs, que son jeune ami n'était autre que ce guerrier redoutable et jusque alors invincible, le célèbre Cœur-Dur.

CHAPITRE XXV.

Comment! le vieux Pistol est encore votre ami?
SHAKSPEARE.

Nous sommes obligés de baisser le rideau sur cette partie de notre drame pour passer à une autre scène. Il s'est écoulé dans l'entr'acte plusieurs jours pendant lesquels il s'est opéré des changements très-importants dans la situation des personnages. L'heure est midi, et le lieu de la scène une vaste colline s'élevant au-dessus de la vallée fertile qui s'étendait le long des bords de l'une des innombrables rivières de cette contrée. Cette rivière prenait sa source près de la base des Montagnes Rocheuses, et, après avoir arrosé une grande plaine, elle mêlait ses eaux à celles d'un courant encore plus considérable, et finissait par aller se perdre dans le Missouri.

Le paysage n'était plus le même : quoique la main qui avait imprimé si profondément le caractère du désert sur le pays environnant en eût laissé aussi quelque empreinte sur cette colline, cependant la végétation y semblait plus active que dans les autres parties de la Prairie. Les bouquets d'arbres y étaient répartis en plus grande abondance, et un rideau de forêts couvrait l'horizon du côté du nord ; on apercevait çà et là des traces d'une culture imparfaite de ceux des végétaux du pays qui étaient les plus hâtifs, et qui venaient le plus aisément sur un terrain bas et humide.

Sur le bord de la colline s'élevaient les cent habitations d'une horde de Sioux errants. Aucun ordre ne semblait avoir présidé à la disposition de ces légères demeures ; le voisinage de la rivière, voilà tout ce qu'on avait cherché, et encore n'avait-on pas toujours fait attention à cette considération importante. La plupart des tentes bordaient la vallée, mais quelques unes cependant étaient placées à une plus grande distance, selon que tel ou tel endroit avait plu davantage au premier coup d'œil au sauvage indépendant qui l'avait construite.

L'aspect du camp n'avait rien de militaire; rien ne le mettait à l'abri d'un coup de main, ni sa position, ni aucune espèce de barrières ou de défenses; il était ouvert de tous les côtés, et de tous les côtés aussi accessible qu'aucune autre partie de la plaine, si l'on en excepte l'obstacle naturel, mais bien imparfait, qu'opposait la rivière. Tout annonçait que les Sioux étaient restés plus longtemps qu'ils n'en avaient eu d'abord l'intention; mais la disposition en était telle qu'on voyait néanmoins qu'il ne faudrait qu'un instant pour que tout fût prêt pour le départ ou pour la fuite.

C'était là qu'était momentanément campé Mahtoree, qui, à la tête d'une partie de son peuple, était venu chasser sur les terres qui séparaient les demeures fixes de sa nation de celles des tribus guerrières des Pawnies. Les tentes étaient de peau; elles étaient construites de la manière la plus simple, et s'élevaient en forme de cône; le bouclier du maître, sa lance, son arc et son carquois étaient suspendus à un poteau placé devant la porte ou l'entrée. Les divers ustensiles de ménage à l'usage des femmes, chaque brave en ayant une ou plusieurs, suivant son plus ou moins de renom, étaient jetés négligemment sur les côtés de la tente; et de distance en distance on voyait sortir la petite tête ronde d'un enfant du milieu de son berceau d'écorces, qui, suspendu à une courroie de peau de daim, était mollement bercé par le vent. Des enfants plus grands se roulaient les uns sur les autres, les garçons montrant même dans un si bas âge cet esprit de domination qui dans la suite devait établir une si grande distance entre les deux sexes; dans la vallée, de jeunes adolescents s'exerçaient à dompter les coursiers sauvages de leurs pères, tandis que plus d'une jeune fille s'était dérobée à ses travaux pour venir admirer leur audace et leur courage.

Jusque là, le tableau n'offrait que le spectacle journalier d'un camp paisible et tranquille; mais devant les tentes il y avait un rassemblement qui semblait annoncer qu'il se passait quelque chose d'un intérêt plus qu'ordinaire. Quelques unes des femmes les plus ridées et les plus méchantes de la tribu, vraies mégères, formaient un noyau, se tenant prêtes à exciter au besoin leurs enfants de la voix et du geste à leur donner un spectacle qu'elles attendaient avec la même avidité que des êtres plus civilisés montrent quelquefois pour des scènes qui ne sont guère moins affreuses. Les hommes étaient divisés par petits groupes, suivant le renom ou les hauts faits des différents individus.

Ceux qui étaient encore dans cet âge équivoque qui leur donnait le droit de chasser, mais qui ne garantissait pas encore assez leur prudence pour qu'ils fussent admis « sur le sentier de la guerre, » formaient un cercle autour de tous les autres, mais à une distance respectueuse, et ils cherchaient à imiter ce maintien grave, cette réserve dont ils voyaient de nobles exemples devant eux, et qui devait les distinguer si éminemment à leur tour. Quelques uns, d'un âge un peu plus avancé, et qui avaient déjà poussé le cri de guerre, se tenaient un peu plus près des chefs, sans oser cependant prendre part à leurs délibérations, et regardant comme une assez grande faveur de pouvoir recueillir les sages paroles qui sortaient de bouches si vénérées. La foule des guerriers, encore plus hardis, n'hésitaient pas à se mêler aux chefs du second rang; mais ils ne se permettaient jamais de contredire l'opinion d'un brave reconnu, ni de mettre en doute la prudence des mesures qui étaient proposées par les conseillers les plus expérimentés de la nation.

Parmi les chefs eux-mêmes, il était facile de reconnaître des distinctions assez frappantes. Ils pouvaient se diviser en deux classes : ceux qui devaient la plus grande partie de leur influence à la force physique et à de hauts faits d'armes, et ceux qui s'étaient fait une réputation de sagesse plutôt que de bravoure. La première classe était de beaucoup la plus nombreuse et la plus importante. C'étaient des hommes d'une haute stature, dont les traits naturellement durs et farouches le paraissaient encore plus à cause des nombreux sillons que la main de leurs ennemis y avait tracés, cicatrices ineffaçables dont ils se faisaient gloire. La classe de ceux qui avaient pris sur leurs compagnons un ascendant moral était extrêmement restreinte ; on les distinguait à l'expression vive et rapide de leurs regards, à l'air de méfiance qui marquait leurs mouvements, et aussi à la véhémence de leurs gestes lorsque, prenant tout à coup la parole, ils manifestaient leur opinion sur la grande question qui semblait les occuper alors.

Au milieu d'un cercle formé par ces conseillers d'élite, on remarquait la personne de Mahtoree, qui cachait sous un extérieur calme les passions qui le dévoraient. On eût dit qu'il réunissait en lui seul toutes les qualités différentes qui distinguaient ses compagnons. Ses paroles autant que ses actions, son adresse autant que son courage, avaient contribué à établir son autorité. Ses cicatrices étaient aussi profondes et aussi nombreuses que celles du plus brave de ses guerriers; ses membres étaient dans leur plus grande vigueur, son courage parvenu au plus haut point. Doué de cette rare combinaison de qualités morales et physiques, il n'était pas un seul chef dans toute l'assemblée qui n'eût coutume de baisser les yeux devant la foudre de son regard. Cet ascendant, qu'il devait à sa bravoure et à sa supériorité intellectuelle, et que le temps avait en quelque sorte rendu sacré, il savait l'exercer avec tant d'habileté, en déployant tour à tour la force et la raison, que, transporté dans un état de société où il aurait pu déployer toute son énergie, il est probable qu'il eût été tour à tour conquérant et despote.

A quelque distance de ce rassemblement, se tenait un groupe d'hommes d'une origine tout à fait différente. Plus grands et plus robustes dans tous leurs membres, ils conservaient les traces caractéristiques de leur origine saxonne et normande sous les teintes basanées que le soleil de l'Amérique avait imprimées à leurs figures. Il eût été intéressant pour un homme versé dans ces sortes de recherches, d'observer les différences qui existaient encore entre les descendants des Européens les plus occidentaux, et ceux des Asiatiques les plus reculés, à présent que les révolutions du monde ont rapproché les uns des autres, les mettant en quelque sorte en présence, et leur donnant une certaine conformité de goûts, d'habitudes et même de caractères.

Le groupe dont nous parlons se composait de la famille du squatter. Indolents, inactifs, comme ils l'étaient toujours lorsque quelque circonstance extraordinaire ne venait pas les tirer de leur engourdissement, ils étaient rassemblés devant les quatre à cinq tentes qu'ils devaient à l'hospitalité des Tetons, leurs alliés. Cette espèce de confédération inattendue était suffisamment prouvée par la présence des chevaux et des animaux domestiques qui paissaient tranquillement dans la vallée sous la surveillance attentive d'Hetty. Leurs chariots étaient rangés le long de leurs demeures, de manière à former une sorte de barricade irrégulière qui prouvait que leur sécurité n'était pas entière, quoique, d'un autre côté, soit indolence, soit politique, ils n'eussent pas manifesté plus ouvertement leur défiance.

C'était avec un singulier mélange de joie et de curiosité que chacun d'eux, appuyé sur son fusil, considérait les mouvements des Sioux pendant leur conférence. Cependant aucun signe d'intérêt, aucun symptôme des sentiments qui les agitaient intérieurement, n'échappait même aux plus jeunes d'entre eux; on eût dit qu'ils se piquaient d'imiter le flegme et le sang-froid de leurs sauvages alliés. Ils parlaient rarement, et lorsqu'ils le faisaient, c'était par phrases courtes et sèches qui semblaient destinées à faire ressortir la supériorité de l'homme blanc sur l'Indien. En un mot, la famille d'Ismaël semblait alors savourer les jouissances qui lui convenaient le mieux, celles d'une inaction complète, mais non sans le mélange d'une crainte vague qu'elles ne fussent brusquement troublées par quelque acte de perfidie de la part des Tetons. Abiram seul faisait exception à cet état de repos équivoque.

Après avoir passé sa vie à commettre mille bassesses subalternes et insignifiantes, le vendeur de chair humaine avait rassemblé tout son courage pour tenter l'entreprise désespérée que nous avons mise sous les yeux du lecteur dans le cours de notre récit. Il était loin d'exercer une grande influence sur l'esprit plus intrépide, mais moins actif, d'Ismaël; et si celui-ci ne s'était pas vu expulsé d'une vallée fertile dont il avait pris possession, dans l'intention d'y établir sa résidence, sans montrer beaucoup de déférence pour les formalités d'usage, jamais Abiram ne fût parvenu à engager le mari de sa sœur dans une entreprise qui demandait tant d'opiniâtreté et de prévoyance. On a vu comment leurs mesures, qui avaient d'abord été couronnées d'un plein succès, furent déjouées bientôt après; et Abiram se tenait alors à l'écart, calculant les moyens de s'assurer les avantages qu'il avait compté retirer de son entreprise, et qui étaient près de lui échapper par suite de l'admiration non équivoque que Mahtoree manifestait pour l'innocente victime de sa cupidité. Nous le laisserons chercher à concilier ses projets confus et incohérents, pour passer à la description de plusieurs autres personnages de notre histoire.

Un autre coin du tableau était encore occupé. Sur un petit banc, à l'extrême droite du camp, étaient Paul et Middleton. Des courroies, taillées dans la peau d'un bison, liaient fortement leurs membres, et, par une sorte de raffinement de cruauté, ils étaient placés de manière à pouvoir contempler mutuellement leurs souffrances. A vingt pas un poteau avait été enfoncé dans la terre, et l'on y voyait attaché le jeune et intrépide Cœur-Dur, qui, par l'élégance de sa taille et de ses proportions, semblait être l'Apollon du désert. Entre eux se tenait debout le Trappeur. Il n'avait plus son fusil, sa giberne ni sa poire à poudre, mais on lui avait laissé sa liberté, comme si on avait dédaigné de la lui ravir. Cependant cinq à six jeunes guerriers, le carquois sur le dos et l'arc à la main, rangés à peu de distance et l'œil fixé sur eux, montraient assez que toute tentative que pourrait faire le vieillard pour s'évader serait inutile. Bien différents des autres spectateurs silencieux de la conférence importante, les prisonniers s'entretenaient entre eux des choses qui les intéressaient matériellement.

— Capitaine, dit le chasseur d'abeilles, qui dans les circonstances les plus critiques conservait toujours son enjouement, trouvez-vous aussi que ces maudites courroies de cuir non tanné vous coupent l'épaule, ou bien est-ce le picotement que j'éprouve dans le bras qui produit cet effet?

— Lorsque l'âme souffre si vivement, le corps est insensible à la douleur, répondit Middleton, qui avait plus de délicatesse, mais non plus de courage. Plût à Dieu que quelques uns de mes braves artilleurs vinssent tomber sur ce maudit camp!

— Il vaudrait tout autant souhaiter que ces huttes de Tetons fussent autant de ruches remplies de guêpes, et que les insectes sortissent en bataille pour se jeter sur cette horde de sauvages demi-nus. Charmé de sa supposition, qu'il trouvait excellente, le chasseur d'abeilles détourna la tête pour s'y livrer de plus en plus. Il se figurait l'attaque, voyait la patience reconnue des Indiens céder à la longue, et ce jeu de son imagination ardente lui fit du moins oublier un instant son infortune.

Middleton ne jugea pas à propos de rompre le silence; mais le vieillard, qui les avait écoutés, se rapprocha de quelques pas, et reprit l'entretien.

— Voilà une affaire qui prend une maudite tournure, et dans laquelle il n'y a pas de pitié à attendre, dit-il en branlant la tête de manière à prouver que son expérience elle-même était aux abois, et qu'il ne pouvait trouver aucun moyen de sortir d'un pas aussi critique. Le Pawnie notre ami est déjà attaché au poteau pour la torture, et je vois assez, aux regards et aux gestes du Grand-Sioux, qu'il excite sa bande à commettre de plus grandes atrocités.

— Ecoutez, vieux Trappeur, s'écria Paul en se démenant dans ses liens pour apercevoir la figure mélancolique du vieillard: vous, vous connaissez la langue de ces Indiens, et vous êtes aussi tant soit peu au fait de leurs machinations diaboliques. Allez au conseil, et dites à leurs chefs de ma part, — entendez-vous? de la part de Paul Hover, de l'État de Kentucky, que, pourvu qu'ils s'engagent à renvoyer Hélène Wade saine et sauve dans les États, ils peuvent venir lui couper le crâne et prendre sa chevelure quand et comme bon leur semblera; qu'ils seront les bien-venus... Écoutez : si le marché ne leur convient pas à ces conditions, vous n'avez qu'à mettre encore une ou deux heures de torture dans la balance; c'est un petit à-compte qui pourra leur être agréable, et qui décidera sans doute ces bonnes âmes à accepter ma proposition.

— Ah! mon garçon, il n'est guère probable qu'ils écoutent votre offre, attendu qu'ils savent parfaitement que vous êtes déjà comme un ours pris au piége, aussi hors d'état de vous battre que de fuir. Mais ne perdez pas courage; la couleur de l'homme blanc est bien quelque chose pour ces tribus éloignées de sauvages; et, si quelquefois elle est son arrêt de mort, quelquefois aussi elle lui sert de bouclier. Quoiqu'ils ne nous aiment pas, la prudence leur lie souvent les mains. Si les nations rouges étaient libres de faire ce qu'elles veulent, vous verriez bientôt des arbres croître sur les plaines labourées de l'Amérique, et les os des chrétiens blanchiraient le sol. C'est ce dont on ne peut douter quand on connaît le genre d'amour qu'une Peau-Rouge porte à un Visage-Pâle; mais ils ont compté combien nous sommes, jusqu'à ce que leur mémoire fatiguée n'ait pu aller plus loin, et ils ont aussi leur politique. Notre sort, à nous, est donc encore incertain; mais je crains fort qu'il ne reste que bien peu d'espoir pour le Pawnie.

En finissant, il se dirigea vers l'endroit où l'objet de sa sollicitude était attaché, et il s'arrêta à peu de distance du poteau. Au silence que le captif observait, à son maintien noble et fier, on reconnaissait le chef qui avait une si grande renommée, et qui était incapable de la moindre faiblesse. Ses yeux semblaient fixés sur l'horizon, et son extérieur annonçait que ses pensées s'étaient détachées du spectacle qui l'entourait, pour se porter sur d'autres objets.

— Les Sioux sont assemblés en conseil; ils s'occupent de mon frère, dit enfin le Trappeur lorsqu'il vit qu'il ne pouvait attirer autrement l'attention du prisonnier.

Le jeune chef tourna la tête avec un sourire paisible, et répondit:

— Ils comptent les chevelures au-dessus de l'entrée de la hutte de Cœur-Dur.

— Sans doute, sans doute. Leurs têtes commencent à se monter, lorsqu'ils se rappellent le nombre des Tetons que vous avez frappés ; et, entre nous soit dit, il vaudrait mieux pour vous à présent que vous eussiez employé plus de jours à chasser le daim, et un peu moins à suivre le sentier de la guerre, parce qu'alors quelque mère de cette tribu, qui aurait perdu son fils, pourrait vous adopter à sa place, et votre vie se serait écoulée en paix.

— Mon père croit-il donc qu'un guerrier puisse jamais mourir? Le maître de la vie n'ouvre pas la main pour reprendre ensuite ses dons. Lorsqu'il a besoin de ses jeunes guerriers, il les appelle, et ils partent; mais la Peau-Rouge que son souffle a une fois animée vit à jamais.

— Oui, c'est une croyance plus humble et plus consolante à la fois que celle de cet implacable Teton. Il y a dans ces Pawnies-Loups quelque chose qui remue pour eux jusqu'au fond de mes entrailles. Ils semblent avoir le courage, oui, et la grandeur d'âme des Delawares des montagnes. Et ce garçon... c'est prodigieux, c'est prodigieux en vérité... Son âge, son regard, ses membres, — on jurerait qu'ils ont été frères. Dites-moi, Pawnie, avez-vous entendu parler, dans vos traditions, d'un grand peuple qui vivait autrefois sur les bords du lac salé, bien loin du côté du soleil levant?

— La terre est blanche de ceux qu'elle porte avec la couleur de mon père.

— Non, non; je ne parle pas de ces intrus qui se glissent dans le pays pour dépouiller les légitimes possesseurs des droits qu'ils tiennent de leur naissance; je parle d'un peuple qui est ou du moins qui était, autant par nature que par tatouage, aussi rouge que le fruit qui pend à cet arbre.

— J'ai entendu dire aux vieillards qu'il y avait des hordes qui se cachaient dans les bois, sous le soleil levant, parce qu'elles n'osaient pas s'avancer dans les Prairies ouvertes où il se trouve des hommes.

— Vos traditions ne vous parlent-elles pas de la plus grande, de la plus brave et de la plus sage nation de Peaux-Rouges que le Wahcondah ait animée de son souffle!

Cœur-Dur leva la tête, et, malgré ses liens, son attitude était aussi noble qu'imposante.

— L'âge a rendu mon père aveugle, répondit-il, ou bien voit-il un si grand nombre de Sioux qu'il pense qu'il n'existe plus de Pawnies?

— Ah! voilà la vanité, voilà l'orgueil des mortels! s'écria en anglais le vieillard désappointé; la nature n'exerce pas moins d'influence sur une Peau-Rouge que sur un visage pâle. Si un Delaware était là, il se croirait mille fois plus grand qu'un Pawnie, de même qu'un Pawnie pense être le monarque de la terre. Et il en était ainsi entre les Français du Canada et les Habits Rouges[1], que le roi avait coutume d'envoyer dans les Etats. — Je dis Etats, quoiqu'ils ne le fussent pas alors, et que ce ne fussent que de pauvres provinces opprimées et exhalant de vaines plaintes. — Quoi qu'il en soit, ils se battaient, et faisaient au monde des récits merveilleux de leurs victoires et de leurs actes de bravoure, tandis que les deux partis oubliaient également de parler de l'humble soldat du pays qui faisait le véritable service, mais qui, n'ayant pas alors le privilége de fumer au grand feu du conseil de sa nation, entendait rarement parler de ses faits d'armes une fois qu'il les avait accomplis.

Lorsque le vieillard eut exhalé en ces termes cet orgueil militaire qui était assoupi dans son âme, mais qui était loin d'être éteint, et qu'il se fût laissé aller à la faiblesse même qu'il venait de blâmer dans les autres, ses yeux, qui avaient commencé à s'animer et à briller d'une partie du feu de sa jeunesse, prirent une expression plus douce, et ils se tournèrent avec intérêt sur le jeune captif, qui était aussi retombé dans son air profondément pensif et concentré.

— Jeune guerrier, reprit-il d'une voix qui devenait tremblante, je n'ai jamais été ni père ni frère, le Wahcondah m'a fait pour vivre seul. Il n'a jamais attaché mon cœur à une maison ou à un champ par ces liens qui attachent les hommes de ma race à leurs demeures. S'il l'eût fait, je n'aurais pas voyagé si loin, ni vu tant de choses. Mais j'ai vécu longtemps au milieu d'un peuple qui demeurait dans ces bois dont vous parlez, et j'ai trouvé beaucoup de motifs pour imiter leur courage et admirer leur vertu. Le maître de la vie nous a mis à tous dans l'âme un sentiment d'affection pour nos semblables. Je n'ai jamais été père, Pawnie, mais je sais parfaitement quels sont les sentiments d'un père.

---

1. Les Anglais.

Vous ressemblez à un garçon que j'aimais, et je commençais même à me figurer que quelques gouttes de son sang coulaient peut-être dans vos veines. Mais qu'importe? vous êtes un véritable homme, je le vois à la manière dont vous gardez votre foi, et l'honneur est un don trop rare pour ne pas être jaloux. Mon cœur saigne pour vous, jeune homme, car je vous aime et je voudrais vous en donner la preuve.

Le jeune guerrier écouta ces paroles que le vieillard prononça avec un accent simple, mais énergique, qui en attestait la sincérité, et il baissa la tête sur sa poitrine nue pour témoigner le respect avec lequel il recevait ces témoignages d'intérêt. Relevant alors ses yeux noirs et brillants, il les fixa de nouveau dans le lointain, comme s'il contemplait des objets qui échappaient à la vue des autres hommes. Le Trappeur l'observa en silence, il savait à quel point la fierté d'un Pawnie le soutiendrait dans ces moments qu'il croyait être les derniers pour lui; loin de le troubler, il attendit le bon plaisir de son jeune ami avec un calme et une patience, qu'il avait puisés dans ses relations fréquentes avec cette race remarquable. A la fin les regards du Pawnie devinrent moins fixes, puis vifs et brillants comme l'éclair; ils se portèrent successivement du vieillard sur l'espace, et de l'espace sur ces traits profondément sillonnés, comme si l'âme qui dirigeait leurs mouvements commençait à se troubler.

— Mon père, répondit alors le jeune chef d'un ton de confiance et d'amitié, j'ai entendu vos paroles. Elles sont entrées par mes oreilles et sont maintenant en moi. Le Long-Couteau à tête blanche n'a plus de fils; le Cœur-Dur des Pawnies est jeune; mais il est déjà le plus vieux de sa famille. Il a trouvé les os de son père sur le terrain de chasse des Osages, et il les a envoyés dans les Prairies des bons esprits. Point de doute que le grand chef, son père, ne les ait vus, et qu'il ne reconnaisse ce qui fait partie de lui-même. Mais le Wahcondah nous appellera bientôt tous les deux; vous, parce que vous avez vu tout ce qu'il y a à voir dans ce pays, et Cœur-Dur, parce qu'il a besoin d'un guerrier qui est jeune. Il ne reste pas de temps au Pawnie pour rendre au Visage-Pâle les devoirs qu'un fils doit à son père.

—Tout vieux, tout misérable que je suis à présent, auprès de ce que j'étais jadis, je puis vivre pour voir le soleil se coucher encore dans la Prairie. Mon fils croit-il revoir jamais l'obscurité?

— Les Tetons comptent les chevelures suspendues à la porte

de ma hutte, répondit le jeune chef avec un sourire où brillait un éclair de triomphe.

— Et ils en trouvent beaucoup,—beaucoup trop pour la sûreté de celui à qui elle appartient, maintenant qu'il est entre leurs mains, en butte à leur vengeance. Mon fils n'est pas une femme, et il regarde d'un œil ferme la route sur laquelle il va peut-être bientôt voyager. N'a-t-il rien à dire à l'oreille de son peuple avant de partir? Ces jambes sont vieilles, mais elles peuvent encore me porter jusqu'à l'embranchement de la rivière des Loups.

— Dites-leur que Cœur-Dur a fait un nœud à son wampum[1] pour chaque Teton! s'écria le captif avec une véhémence dont la passion est seule capable, lorsqu'elle brise toute contrainte; — s'il rencontre un seul d'entre eux dans les Prairies du maître de la vie, son cœur deviendra sioux!

— Ah! c'est un sentiment qui serait un dangereux compagnon de route pour un homme à peau blanche prêt à entreprendre un voyage aussi solennel, murmura le vieillard en anglais. Ce n'est pas là ce que les bons Moraves disaient aux conseils des Delawares, et ce n'est pas non plus ce qu'on prêche si souvent aux assemblées des Peaux Blanches, dans les habitations, quoique (il faut le dire à la honte de la couleur) ils en retirent si peu de fruit. Pawnie, je vous aime; mais je suis chrétien, et à ce titre je ne puis être porteur d'un pareil message.

— Si mon père craint que les Tetons ne l'entendent, qu'il le dise tout bas à l'oreille de nos vieillards.

— Pour ce qui est de la crainte, jeune guerrier, un Visage Pâle ne la connaît pas plus qu'une Peau Rouge. Le Wahcondah nous apprend à aimer la vie qu'il nous donne; mais c'est comme les hommes aiment la chasse, leurs chiens et leurs carabines, et non pas avec cette tendresse d'une mère qui ne peut se détacher de son enfant. Le maître de la vie n'aura pas à parler deux fois quand il appellera mon nom; je suis aussi prêt à lui répondre aujourd'hui que je le serai demain, ou à tel moment qu'il plaira à sa volonté toute-puissante. Mais qu'est-ce qu'un guerrier sans ses traditions? les miennes me défendent de porter vos paroles.

Le chef fit avec noblesse un signe d'assentiment, et il était à craindre que ces symptômes de confiance qui commençaient à se manifester entre eux d'une manière si singulière ne s'arrêtassent

---

[1]. Voyez les notes du *Dernier des Mohicans* sur ces colliers ou ceintures en coquillages, appelés wampum.

tout à coup pour ne plus reparaître. Mais la force des souvenirs avait fait vibrer une corde trop sensible dans le cœur du vieillard pour qu'il pût se décider à terminer aussi brusquement l'entretien. Il réfléchit une minute, puis il reprit, en attachant ses yeux expressifs sur la figure de son jeune ami :

— Chaque guerrier doit être jugé d'après ses dons. J'ai dit à mon fils ce que je ne pouvais point faire ; mais qu'il ouvre ses oreilles pour entendre ce qui m'est possible. Un élan ne franchira pas la Prairie beaucoup plus vite que ces vieilles jambes, si le Pawnie veut me donner un message qu'un blanc puisse porter.

— Que le Visage Pâle écoute, répondit le jeune captif après un seul instant d'indécision causée par le refus qu'il venait d'éprouver. Il restera ici jusqu'à ce que les Sioux aient fini de compter les têtes scalpées de leurs guerriers morts. Il attendra qu'ils aient essayé de couvrir les têtes de dix-huit Tétons de la peau d'un seul Pawnie, il ouvrira ses yeux tout grands, pour qu'il puisse voir la place où ils enterreront les os d'un guerrier.

— Tout cela, je puis le faire, et je le ferai, brave jeune homme.

— Il fera bien attention à la place, pour qu'il puisse la reconnaître.

— Pas de crainte, croyez-moi, pas de crainte que j'oublie la place, répondit le vieillard attendri, que son courage commençait à abandonner à la vue d'un calme et d'une résignation si héroïques.

— Eh bien ! je compte sur la promesse de mon père. Je sais qu'il ira trouver mon peuple. Sa tête est grise, et ses paroles ne s'envoleront pas comme la fumée. Lorsqu'il sera devant ma hutte, qu'il prononce à haute voix le nom de Cœur-Dur. Aucun Pawnie ne sera sourd. Alors, que mon père demande le poulain qui n'a jamais été monté, mais qui est plus svelte que le daim, et plus agile que l'élan.

— Je vous comprends, mon garçon, je vous comprends, interrompit le Trappeur attentif ; ce que vous désirez sera fait ; oui, et bien fait, entendez-vous, ou bien je me connais peu aux désirs d'un Indien mourant.

— Et lorsque mes jeunes guerriers auront remis à mon père la bride de ce poulain, il l'amènera par un chemin détourné sur le tombeau de Cœur-Dur.

— Si je le ferai ? oui, sans doute, mon brave jeune homme, quand même l'hiver couvrirait ces plaines de montagnes de neige, et quand même le soleil ne se montrerait pas plus le jour que la nuit. Oui, j'amènerai la noble bête à l'endroit sacré, et je la placerai la tête tournée vers le soleil couchant.

— Et mon père lui parlera; il lui dira que le maître qui l'a élevé depuis qu'il est au monde a maintenant besoin de ses services.

— Je le lui dirai, je n'y manquerai pas; quoique le Seigneur sache, ajouta le vieillard en anglais, que, si je converse avec un cheval, ce ne sera pas dans la vaine persuasion que mes paroles seront comprises, mais seulement pour satisfaire aux besoins de la superstition indienne. Hector, qu'en penses-tu, mon vieux? aller parler à un cheval!

— Que la barbe grise lui parle avec la langue d'un Pawnie, dit le jeune captif remarquant que son compagnon venait de parler un idiome qui lui était inconnu.

— La volonté de mon fils sera accomplie; et de ces mains décharnées qui, je l'avais espéré, ne devaient plus verser de sang, quel qu'il fût, j'immolerai le poulain sur votre tombeau.

— C'est bien, répondit la victime, tandis qu'un rayon de joie brillait sur sa figure calme et tranquille. Cœur-Dur montera sur son cheval pour aller dans les Prairies bienheureuses, et il paraîtra devant le maître de la vie, comme il convient à un chef.

Le changement soudain et frappant qui s'opéra à l'instant dans tous les traits de l'Indien étonna le Trappeur; il tourna la tête pour en découvrir la cause, et il s'aperçut que la conférence des Sioux était terminée; et que Mahtorée, suivi d'un ou deux de ses principaux guerriers, s'avançait d'un pas délibéré vers le poteau où était attachée sa victime.

CHAPITRE XXVI.

> Je ne suis point prompte à pleurer comme fait communément mon sexe, mais j'ai là le sentiment de cette noble douleur dont la flamme brûlante est plus cruelle que les larmes ne sont amères.
>
> SHAKSPEARE.

Lorsqu'ils furent à vingt pas des prisonniers, les Tetons s'arrêtèrent, et leur chef fit signe au vieillard d'approcher. Le Trappeur obéit, et quitta le jeune Pawnie, après lui avoir renouvelé l'assurance, par un regard expressif, qu'il n'oublierait jamais sa promesse. Dès qu'il fut près de Mahtoree, celui-ci étendit le bras, et, posant une main sur l'épaule du vieillard attentif, il resta un instant à le regarder avec des yeux qui semblaient vouloir sonder ses plus secrètes pensées.

—Un Visage Pâle a-t-il deux langues? demanda-t-il, lorsqu'il vit que ses regards menaçants ne faisaient pas plus d'impression qu'à l'ordinaire sur le Trappeur, qui semblait inaccessible à la crainte.

—L'honnêteté n'est pas à la surface, comme la peau; sa place est au fond du cœur.

—Soit! Eh bien! que mon père m'écoute: Mahtoree n'a qu'une langue, la tête grise en a plusieurs. Il se peut qu'elles soient toutes droites, et qu'aucune d'elles ne soit fourchue. Un Sioux n'est rien de plus qu'un Sioux; mais un Visage Pâle est tout à la fois: il peut parler au Pawnie, et au Konza, et à l'Omawhaw, et il peut parler en même temps à sa nation.

—Oui, il y a même des hommes dans les habitations qui peuvent faire encore davantage. Mais que leur en revient-il? Le maître de la vie a une oreille pour chaque langue.

—La tête grise a mal agi. Il a dit une chose lorsqu'il en pensait une autre. Il a regardé devant lui avec ses yeux, et derrière lui avec son esprit. Il a fait marcher trop vite le cheval d'un Sioux; il a été l'ami d'un Pawnie et l'ennemi de mon peuple.

—Teton, je suis votre prisonnier. Quoique mes paroles soient blanches, elles n'exhalent pas de plaintes. Mon sort est entre vos mains, disposez de moi comme il vous plaît.

—Non, Mahtoree ne veut pas rendre rouges des cheveux blancs. Mon père est libre. La Prairie est ouverte de tous les côtés autour de lui. Mais avant que la tête grise tourne le dos aux Sioux, qu'il les regarde bien, afin de pouvoir dire à son chef combien un Dahcotah est grand.

—Je ne suis pas pressé de me mettre en route. Vous voyez un homme à tête blanche, Teton, et non pas une femme. Je n'irai donc pas me mettre hors d'haleine pour apprendre aux nations des Prairies ce que font les Sioux.

—Il suffit. Mon père a fumé avec les chefs à bien des conseils, repartit Mahtoree, qui croyait alors s'être concilié la bienveillance du Trappeur, pour en venir plus directement à son but.

Mahtoree va parler par la bouche de son très-cher ami et père. Un jeune Visage Pâle écoutera, lorsqu'un vieillard de sa nation ouvrira la bouche. Mon père arrangera pour une oreille blanche ce que va dire un pauvre Indien.

— Parlez, dit le Trappeur qui comprenait aisément les métaphores employées par le Teton, pour le prier de lui servir d'interprète, et de traduire ses paroles en anglais ; parlez, mes jeunes gens écoutent. Voici le moment, capitaine, et vous aussi, l'ami chasseur d'abeilles, de vous préparer à entendre les diableries de ce sauvage avec la fermeté qui convient à des guerriers blancs. Si vous sentez votre cœur défaillir un peu par suite de ses menaces, tournez un instant les yeux sur ce noble Pawnie, dont le temps est mesuré d'une main aussi avare que celle du marchand qui, dans les villes, distribue les fruits du Seigneur pouce à pouce, pour satisfaire son avarice. Un seul regard jeté sur ce brave jeune homme suffira pour vous donner du courage.

— Mon frère se trompe de chemin, dit Mahtoree d'un ton de douceur qui prouvait avec quel soin il voulait éviter de blesser celui dont il avait besoin pour interprète.

— Le Dahcotah ne veut-il pas parler à mes jeunes amis ?

— Après avoir parlé à l'oreille de la fleur des Visages Pâles.

— Que le Seigneur pardonne à ce damné coquin ! s'écria le vieillard en anglais. Il n'est point de créature si douce, si jeune, si innocente, qui puisse échapper à ses infâmes désirs. Mais de gros mots et de froids regards ne serviraient à rien. Il sera donc sage de lui parler avec mesure. — Que Mahtoree ouvre la bouche.

— Mon père voudrait-il parler tout haut pour que les femmes et les enfants entendent la sagesse d'un chef ? Non ; nous entrerons dans la loge, et nous lui parlerons à l'oreille.

En disant ces mots, le Teton fit un geste expressif pour lui montrer une tente où était peinte en vives couleurs l'histoire d'un de ses exploits les plus hardis et les plus célèbres, et qui était dressée à quelque distance des autres, comme pour montrer que c'était la résidence d'un guerrier hors de ligne. La lance et le carquois, placés à l'entrée, étaient plus richement ornés que ceux des autres Indiens ; et la haute distinction d'un fusil attestait d'une manière non équivoque l'importance de celui qui l'habitait. Sous les autres rapports, on y voyait des traces de pauvreté plutôt que d'opulence. Les ustensiles de ménage étaient en plus petit nombre et d'une forme plus commune que ceux qu'on voyait à l'entrée des plus humbles tentes, et il ne s'y trouvait aucun des articles de la vie civilisée, qui sont d'un si grand prix aux yeux des Indiens, et qu'ils achètent aux marchands en faisant des échanges, dans lesquels leur ignorance est toujours dupe. Le chef généreux s'en procurait pourtant, mais c'était pour les donner aussitôt à ses subordonnés, afin d'acheter une influence qui mettait à sa disposition leurs vies et leurs personnes, espèce de fortune qui était assurément plus noble par elle-même, et qui était bien plus chère à son ambition.

Le vieillard savait parfaitement que c'était la tente de Mahtoree, et, obéissant au geste du chef, il en prit le chemin à pas lents, quoique à regret. Mais il y avait d'autres personnes, également intéressées au résultat de la conférence qui allait avoir lieu, auxquelles il était impossible de surmonter si aisément leurs craintes. Le regard vigilant, l'oreille jalouse de Middleton lui en avaient appris assez pour remplir son âme des plus horribles pressentiments. Faisant un effort incroyable, il parvint à se dresser sur ses pieds, et s'écria en appelant le Trappeur qui s'éloignait :

— Je vous en conjure, vieillard : si l'attachement que vous aviez pour mes parents était plus que de vains mots, ou si l'amour que vous portez à votre Dieu est celui d'un chrétien, ne prononcez pas une syllabe qui puisse blesser les oreilles de l'innocente victime...

Il n'en put dire davantage ; ses forces étaient épuisées ainsi que son courage, et tombant à terre comme une masse inanimée, il y resta étendu dans l'immobilité de la mort.

Paul ne voulut pas que l'exhortation restât incomplète, et il se chargea de l'achever à sa manière.

— Ecoutez, vieux Trappeur, s'écria-t-il en faisant de vains efforts pour joindre le geste aux paroles : si vous vous apprêtez à jouer le rôle d'interprète, ne faites retentir aux oreilles de ces damnés sauvages que les paroles qu'il convient à un blanc de dire et à un païen d'entendre. Dites-lui de ma part que s'il tient le moindre propos, s'il fait la moindre chose à la jeune fille qui se nomme Nelly Wade, je le maudirai à mon dernier soupir, je prierai tous les bons chrétiens du Kentucky de le maudire, assis et debout, buvant et mangeant, se battant et priant, ou aux courses de chevaux, en dehors comme en dedans, en été comme en hiver, ou dans le mois de mars ; en un mot, je... oui, c'est un fait moralement vrai... je reviendrai le poursuivre et m'attacher partout à ses pas, si l'ombre d'un Visage-Pâle peut parvenir à se soulever d'un tombeau creusé par les mains d'une Peau-Rouge.

Ayant ainsi vomi les imprécations les plus terribles qu'il pût imaginer, et les seules aussi qu'il se flattait de pouvoir jamais réaliser, le brave chasseur d'abeilles fut obligé d'attendre le résultat de ses menaces avec la résignation qu'on peut supposer à un homme de son caractère, qui, captif, chargé de liens, n'avait devant les yeux qu'une perspective plus horrible encore. Nous n'arrêterons pas notre récit, pour rappeler les belles phrases morales par lesquelles il s'efforça ensuite de ranimer le courage abattu de son compagnon plus sensible, non plus que les bénédictions énergiques et particulières qu'il adressait à toutes les bandes de Dahcotahs, commençant par celles qu'il accusait de voler et d'assassiner sur les rives éloignées du Mississipi, et finissant, avec un redoublement de ferveur, par cette horde de Tetons. Ces derniers reçurent plus d'une fois de ses lèvres des malédictions aussi sentencieuses et aussi compliquées que ce célèbre anathème de l'Eglise, dont les protestants illettrés doivent connaissance aux pieuses recherches du digne Tristram Shandy [1].

Lorsque Middleton revint à lui, son premier soin fut de calmer l'emportement extrême de son compagnon, en lui faisant observer que tous ses cris ne pouvaient leur être d'aucun secours, et qu'ils ne produiraient d'autre effet que de hâter peut-être le mal qu'il voulait détourner, en irritant le ressentiment d'une race de sauvages qui, même dans leur manière d'être la plus pacifique, n'étaient déjà que trop portés à une férocité qui ne connaissait aucun frein.

Pendant ce temps le Trappeur et le chef sioux avaient continué à se diriger vers la tente. Le vieillard observait avec une pénible anxiété la physionomie de Mahtoree, cherchant à lire dans ses yeux ses secrètes pensées, tandis que la voix perçante de Middleton et de Paul les suivait et retentissait à leurs oreilles ; mais la figure de l'Indien était impassible, et il exerçait une garde trop vigilante sur tous ses sens pour laisser échappper la plus légère émotion à travers ces issues secrètes qui communiquent jusqu'au siége même du volcan intérieur, et qui en découvrent l'agitation. Son regard était fixé sur la hutte dont ils approchaient, et ses

---

[1]. Voyez le livre III, chap. XI de la *Vie et Opinions de Tristram Shandy*, où M. Shandy lit au docteur Slop et à son frère la fameuse excommunication d'Ernulphus, évêque de Rochester : *Ex autoritate Dei omnipotentis*, etc.

pensées semblaient toutes dirigées dans ce moment sur le sujet de cette visite extraordinaire.

L'intérieur de la tente répondait à l'extérieur. Elle était plus grande que la plupart des autres; la forme en était plus élégante; les matières dont elle était faite étaient plus fines et d'un plus beau choix; mais c'était là tout ce qui la distinguait. Rien ne pouvait être plus simple que le genre de vie et les mœurs du chef entreprenant, et son ambition comprenait bien quel parti elle pouvait tirer de l'exemple qu'il donnait à son peuple.

Une collection d'armes choisies pour la chasse, trois ou quatre médailles données par les marchands et les agents politiques du Canada, comme un hommage rendu à son rang et pour capter sa bienveillance, avec un petit nombre de pièces de ménage les plus indispensables, composaient tout l'ameublement. On n'y voyait jamais d'amas de venaison ni de bœuf sauvage des Prairies. La politique du chef comprenait bien que la libéralité d'un seul serait amplement récompensée par les contributions journalières de tous. Aussi, quoiqu'il fût le premier à la chasse ainsi qu'à la guerre, jamais un daim ni un buffle n'entrait entier dans sa tente. En retour il était rare qu'un animal fût apporté dans le camp, sans que la famille de Mahtoree en eût la première part. Mais celui-ci ne gardait jamais que ce qui suffisait aux besoins de la journée, sachant bien que tous s'imposeraient les plus dures privations avant de souffrir que la faim, ce fléau de la vie sauvage, eût pour victime un chef si important.

Immédiatement au-dessous de l'arc favori du chef, et au milieu d'une espèce de cercle magique de lances, de flèches et de boucliers, armes qui dans leur temps avaient rendu toutes d'importants services, était suspendu le saint et mystérieux sac aux médicaments. De tous côtés il était entouré de wampum, et était orné d'une profusion de grains et de piquants de porc-épic, arrangés avec toute l'adresse indienne, de manière à former des sortes de devises. On a déjà pu remarquer plus d'une fois que Mahtoree se donnait une assez libre carrière sous le rapport de la croyance religieuse, et cependant, par une contradiction bizarre, il semblait s'être plu à orner cet emblème d'une intervention surnaturelle avec un soin qui semblait en raison inverse de sa foi. C'était simplement la manière dont le chef sioux imitait l'expédient bien connu des Pharisiens, jaloux surtout d'être vus des hommes.

Mahtoree n'était pas entré dans sa tente depuis son retour de l'expédition qui avait eu pour lui des résultats si importants. Comme le lecteur l'a déjà deviné, elle était devenue la prison d'Inez et d'Hélène. La jeune épouse de Middleton était assise sur une simple couche d'herbes odoriférantes couvertes de peaux. Déjà elle avait tant souffert, déjà elle avait vu tant d'événements terribles et inattendus se passer sous ses yeux, depuis les courts instants de sa captivité, que le malheur semblait ne pouvoir plus porter de coups à sa triste victime, auxquels elle ne fût préparée. Le sang s'était retiré de ses joues. Ses yeux noirs et si vifs ordinairement portaient l'expression d'une profonde mélancolie; il y avait quelque chose de si délicat, de si tremblant dans toute sa personne, qu'on eût dit que sa vie ne tenait qu'à un souffle. Mais au milieu de ces indices de faiblesse, elle avait par moments un air si touchant de résignation, une douce mais sainte espérance se peignait avec tant de charmes sur sa figure, qu'il aurait été difficile de dire quel sentiment la jeune captive méritait le plus d'inspirer, celui de la pitié ou de l'admiration. Tous les préceptes du père Ignace étaient fidèlement gravés dans sa mémoire, et son imagination avait jusqu'à de saintes visions. Soutenue par la religion, la jeune et confiante Inez se soumettait à ce nouveau coup de la Providence avec la même douceur qu'elle se serait soumise à toute autre pénitence qui lui aurait été imposée pour ses péchés, quoique par moments elle eût de terribles combats à soutenir contre la nature.

Hélène s'était montrée beaucoup plus ferme, et toutes les passions l'avaient agitée successivement. Elle avait pleuré au point que ses yeux étaient rouges et enflés. Sa figure était animée; on y voyait l'expression du dépit et du ressentiment, avec une légère teinte d'inquiétude pour l'avenir. Le malheur avait pu la frapper, mais non l'abattre, et tout indiquait que s'il venait un temps plus heureux où la constance du chasseur d'abeilles pût recevoir sa récompense, Paul trouverait dans sa compagne un caractère franc et décidé, en parfaite harmonie avec le sien.

Il nous reste encore un troisième portrait à tracer dans ce petit groupe de femmes, celui d'une jeune Indienne, la plus heureusement douée des femmes du Teton, et jusque alors aussi celle qu'il avait préférée à toutes les autres. Les regards avides de son mari contemplaient délicieusement ses charmes jusqu'à l'instant où ils s'étaient ouverts si inopinément sur la beauté supérieure d'une femme des Visages-Pâles. Depuis ce cruel moment, les grâces, l'attachement, la fidélité de la jeune Indienne avaient perdu le pouvoir de lui plaire. Cependant le teint de Tachechana, sans être aussi éblouissant que celui de sa rivale, avait quelque chose de frais et de transparent qu'on trouve rarement dans une Indienne. Son œil, d'un brun clair, avait la douceur et l'enjouement de celui de la gazelle; le son de sa voix, l'expression de sa figure annonçaient la gaieté de son caractère.

De toutes les jeunes filles sioux, Tachechana (la jeune Biche) était la plus enjouée et la plus jolie. Son père avait été un guerrier célèbre, et ses frères avaient déjà laissé leurs os sur le sentier épineux de la guerre. Innombrables étaient les guerriers qui avaient envoyé des présents à sa tente, mais aucun n'avait été écouté jusqu'au moment où le messager du grand Mahtoree était venu. Elle était sa troisième femme, il est vrai, mais elle était la plus favorisée de toutes. Leur bonheur n'avait encore duré que deux courts printemps, et le fruit de leur union dormait alors à ses pieds, entouré, suivant l'usage, de bandes de peaux et d'écorces, qui forment les langes d'un enfant indien.

Au moment où Mahtoree et le Trappeur arrivèrent à l'entrée de la tente, la jeune femme était assise sur un simple tabouret ; ses yeux se portaient alternativement sur l'enfant endormi et sur ces êtres privilégiés qui avaient rempli sa jeune âme sans expérience d'une si vive admiration ; et leur expression, variant ainsi que les émotions qui l'agitaient, peignait tour à tour la tendresse maternelle et l'étonnement le plus profond. Quoique Inez et Hélène eussent déjà passé un jour entier auprès d'elle, on eût dit que chaque nouveau regard ne faisait qu'ajouter encore à sa curiosité. Elle les regardait comme des êtres d'une nature entièrement différente des femmes de la Prairie. La complication mystérieuse de leur toilette n'était pas sans influence sur la jeune Indienne ; mais c'était surtout cette grâce, ces charmes de leur sexe, auxquels la nature a rendu tous les hommes si sensibles, qui attiraient le plus son admiration.

Tandis que son innocente ingénuité se plaisait à reconnaître la supériorité des étrangères sur les jeunes filles dahcotahs, elle ne voyait aucune raison de s'en alarmer. La visite qu'elle était au moment de recevoir était la première que son mari fît à la tente depuis son retour de l'expédition qui avait eu pour lui des résultats si importants, et il était toujours présent à ses pensées, comme un guerrier intrépide qui ne rougissait pas, dans ses moments d'inaction, d'ouvrir son cœur aux doux sentiments d'un père et d'un époux.

Nous avons cherché dans toutes les occasions à montrer que, si sous beaucoup de rapports Mahtoree était un franc guerrier des Prairies, il était beaucoup plus avancé que son peuple, en cela que son esprit s'était déjà ouvert à quelques idées qui sont comme l'aurore de la civilisation. Il avait eu de fréquentes relations avec les marchands et les troupes du Canada, et elles avaient suffi pour déraciner quelques unes de ces opinions sauvages qui étaient en quelque sorte son droit de naissance, sans cependant en substituer d'autres à la place qui fussent assez distinctes pour qu'il pût en retirer quelque profit. De même qu'une foule d'hommes plus éclairés, qui s'imaginent pouvoir affronter les orages de la vie humaine, sans autre appui que leur propre courage, ses principes de morale étaient fort accommodants, et il ne connaissait d'autre mobile que l'égoïsme. Ces points de ressemblance ne doivent pas étonner entre des hommes qui possèdent essentiellement la même nature, quelque modification qu'elle puisse subir par l'effet des circonstances.

Malgré la présence d'Inez et d'Hélène, l'entrée du guerrier teton dans la tente de son épouse favorite fut celle d'un maître. Le bruit de ses moccassins était presque insensible; mais celui de ses bracelets et des ornements d'argent qui entouraient ses jambes suffit pour annoncer son arrivée, lorsqu'il tira la peau qui fermait l'entrée de la tente, et qu'il parut en présence des trois femmes. A sa vue Tachechana, dans le premier moment de sa surprise, ne put retenir un faible cri de joie ; mais cette émotion fut réprimée au même instant, et fit place à ces manières réservées qui devaient caractériser une matrone de sa tribu. Au lieu de rendre à sa jeune épouse le regard qu'elle jetait sur lui à la dérobée, Mahtoree se dirigea vers la couche occupée par ses captives, et se plaça devant elles dans l'attitude fière et imposante d'un chef indien. Le vieillard s'était glissé derrière lui, et s'était déjà placé de manière à pouvoir s'acquitter des fonctions qu'il avait reçu l'ordre de remplir.

Les deux femmes restèrent un instant muettes de surprise, et respirant à peine. Quoique accoutumées à voir des guerriers sauvages couverts de leur horible armure, il y avait quelque chose de si frappant dans la brusque entrée de Mahtoree, quelque chose de si audacieux dans ses regards, qu'un sentiment de terreur et peut-être d'embarras leur fit baisser simultanément la tête.

Inez fut la première à recueillir ses idées ; et, s'adressant au Trappeur, elle lui demanda, avec la dignité d'une femme qui se sent offensée, mais en même temps avec sa grâce ordinaire, à quelles circonstances elles devaient attribuer cette visite inattendue. Le vieillard hésita; mais toussant deux ou trois fois, comme quelqu'un qui se prépare à faire un effort auquel il est peu accoutumé, il se hasarda enfin à répondre :

— Madame, dit-il, un sauvage est un sauvage, et vous ne devez pas vous attendre à trouver les formes et les politesses des habitations sur une Prairie aride et sans cesse balayée par le vent. Les façons et les cérémonies sont des choses si légères, comme diraient les Indiens, que le moindre souffle aurait bientôt tout emporté. Quant à moi, voyez-vous, quoique j'habite la forêt, j'ai vu les manières des grands dans mon temps, et je n'en suis pas à apprendre en quoi elles diffèrent de celles des inférieurs. J'ai servi longtemps dans ma jeunesse, entendez-vous, non pas comme vos esclaves qui courent en tous sens dans la maison sans savoir pourquoi, mais comme un homme qui a fait le service de la forêt avec son officier ; et je sais comment on doit aborder la femme de son capitaine. Aussi, voyez-vous, si j'avais été le maître, j'aurais commencé par tousser fort à la porte, pour vous faire connaître que des étrangers approchaient ; et ensuite...

— La manière n'y fait rien, dit Inez en l'interrompant, car elle était trop impatiente pour attendre les explications prolixes du vieillard. Quel est le but de cette visite?

— Ah! c'est ce que le sauvage va vous dire lui-même. — Les filles des Visages-Pâles désirent savoir pourquoi le Grand-Teton est venu dans sa tente?

Mahtoree regarda le Trappeur d'un air de surprise qui indiquait combien cette question lui semblait extraordinaire. Après un instant de réflexion, il chercha à donner à sa figure une expression de condescendance, et il répondit :

— Chantez aux oreilles de la fille aux yeux noirs. Dites-lui que la tente de Mahtoree est bien grande, et qu'elle n'est pas remplie. Elle y trouvera de la place, et personne ne sera plus grande qu'elle. Dites aux cheveux blonds qu'elle aussi peut rester dans la tente d'un brave et manger de sa venaison; Mahtoree est un grand chef, sa main n'est jamais fermée.

— Teton, reprit le Trappeur en hochant la tête pour témoigner à quel point il désapprouvait ce langage, la langue d'une Peau Rouge doit prendre une couleur blanche, avant de pouvoir faire de la musique aux oreilles d'une femme des Visages-Pâles. Si je répétais vos paroles, mes filles fermeraient leurs oreilles, et Mahtoree paraîtrait un marchand à leurs yeux. Or, écoutez ce qui sort d'une tête grise, et ensuite parlez en conséquence. Mon peuple est un puissant peuple. Le soleil se lève à l'orient sur les frontières de ses Etats et il se couche aussi sur leurs frontières à l'occident. La terre est remplie de jeunes filles aux yeux brillants et aux doux sourires, telles que celles que vous voyez. Oui, Teton, je ne dis pas d'imposture, ajouta-t-il en voyant que le chef montrait un air d'incrédulité, je vous le répète, aux yeux brillants et aussi agréables à voir que celles qui sont devant vous.

— Mon père a-t-il cent femmes? dit le sauvage en l'interrompant, et en posant la main sur l'épaule du Trappeur, comme s'il prenait un vif intérêt à sa réponse.

— Non, Dahcotah; le maître de la vie m'a dit : Vis seul ; la forêt sera ton asile, les nuages seront le toit de ton wigwam. Mais quoique je n'aie jamais été soumis personnellement à l'influence de cette foi secrète, qui, dans ma nation, attache un homme à une femme, j'ai vu plus d'une fois les effets de cette affection qui des deux n'en fait qu'un seul. Allez dans le pays de mon peuple, vous verrez les filles du sol voltiger à travers les villes comme autant d'oiseaux au brillant plumage dans la saison des fleurs. Vous les verrez chanter et se réjouir le long des grands sentiers, et vous entendrez les bois retentir de leurs joyeux ébats. Elles sont très-bonnes à voir, et les jeunes garçons trouvent du plaisir à les regarder.

— *Wagh!* s'écria Mahtoree attentif.

— Oui, vous pouvez ajouter foi à ce que vous entendez; car ce n'est pas un mensonge. Mais lorsqu'un jeune homme a rencontré une fille qui lui plaît, il lui parle d'une voix si basse qu'elle seule peut l'entendre; il ne lui dit pas : ma tente est vide, et il y a encore place pour une autre; — mais bien : bâtirai-je une tente? et la jeune vierge veut-elle me montrer près de quelle source elle désire habiter? Sa voix est plus douce que le miel du carouge [1], et elle entre délicatement dans l'oreille comme le chant du roi-

---

[1]. Le *carouge* ou *caroubier* est un arbre d'Afrique et de l'Europe méridionale. Il s'agit ici du carouge à miel, nom qu'on donne en Amérique au févier à trois épines, *gleditsia triacanthos*. La pulpe de ses fruits sert à faire une liqueur fermentée.

telet. Ainsi donc, si mon frère désire que ses paroles soient entendues, il faut qu'il parle avec une langue blanche.

Mahtoree éprouvait une surprise qu'il ne cherchait pas à cacher, et il semblait plongé dans de profondes réflexions. C'était bouleverser l'ordre naturel de la société ; c'était, d'après ses opinions, compromettre la dignité d'un chef, que de s'humilier ainsi devant une femme. Mais en voyant l'air imposant et réservé d'Inez, qui était loin de soupçonner le véritable motif d'une visite aussi extraordinaire, le sauvage éprouva l'influence d'un sentiment auquel il n'était pas accoutumé. Baissant la tête comme pour avouer son erreur, il recula de quelques pas, et, prenant une attitude de dignité, il commença à parler avec la confiance d'un guerrier qui n'est pas moins célèbre pour son éloquence que pour ses faits d'armes. Ses yeux restèrent constamment attachés sur la jeune épouse de Middleton pendant qu'il prononçait les paroles suivantes :

— Je suis un homme dont la peau est rouge, mais mes yeux sont noirs. Bien des neiges sont tombées depuis qu'ils se sont ouverts pour la première fois. Ils ont vu bien des choses, et ils savent distinguer un brave d'un poltron. Enfant, je ne voyais que le daim et le bison ; j'allai sur les terrains de chasse, et je vis l'ours et le couguar : ce fut ainsi que Mahtoree devint un homme. Il ne parla plus avec sa mère ; ses oreilles s'ouvrirent à la sagesse des vieillards, qui lui racontèrent tout. Ils lui parlèrent des Longs-Couteaux. Il alla sur le sentier de la guerre : il était alors le dernier, il est le premier maintenant. Quel Dahcotah oserait dire qu'il s'élancera avant Mahtoree sur les terrains de chasse des Pawnies ? Les chefs le rencontrèrent à leurs portes, et ils dirent : Mon fils n'a pas encore d'habitation à lui. Ils lui donnèrent leurs loges, ils lui donnèrent leurs richesses, ils lui donnèrent leurs filles. Alors Mahtoree devint un grand chef, comme ses pères l'avaient été ; il terrassa les guerriers de toutes les nations, et il aurait pu se choisir des femmes chez les Pawnies, les Omawhaws et les Konzas ; mais il songeait aux pays de chasse, et non à son village. Un cheval était plus de son goût qu'une fille dahcotah. Cependant il a trouvé une fleur dans la Prairie ; il l'a cueillie et il l'a apportée dans sa tente. Il oublie qu'il ne possède qu'un seul cheval, il les rend tous aux étrangers, car Mahtoree n'est pas un voleur. Il gardera seulement la fleur qu'il a trouvée sur la Prairie : ses pieds sont bien délicats ; elle ne saurait marcher jusqu'à la porte de son père ; elle restera à jamais dans la tente d'un guerrier.

Lorsqu'il eut fini ce discours extraordinaire, le Teton attendit que son interprète le traduisît, de l'air d'un amant qui ne doute guère du succès. Le Trappeur n'en avait pas perdu un seul mot, et il se disposa à le rendre en anglais de manière à ce que l'idée principale fût encore plus embrouillée et plus confuse dans la traduction que dans l'original. Mais au moment où ses lèvres allaient s'entr'ouvrir, quoique avec une répugnance marquée, Hélène leva un doigt, et jetant un regard expressif sur sa compagne attentive, elle ne lui laissa pas le temps de commencer :

— Dispensez-vous de ce soin, s'écria-t-elle ; ce que dit un sauvage ne doit pas être répété devant une chrétienne.

Inez s'inclina d'un air de réserve ; et la rougeur sur le front, elle remercia le vieillard de ses bonnes intentions, et lui fit entendre qu'elles désiraient être seules.

— Mes filles n'ont pas besoin d'oreilles pour comprendre ce que dit un grand Dahcotah, reprit le Trappeur en s'adressant à Mahtoree ; le regard qu'il a jeté, et les gestes qu'il a faits, suffisent. Elles le comprennent ; elles désirent penser à ses paroles ; car les enfants de braves guerriers, comme le sont leurs pères, ne font jamais rien sans de profondes pensées.

Cette explication si flatteuse pour l'énergie de son éloquence, et d'un si heureux augure pour l'avenir, parut satisfaire entièrement le Teton. Il témoigna son assentiment par l'exclamation d'usage, et après avoir salué les deux amies avec la réserve, mais en même temps avec la dignité d'un chef, il se disposa à sortir de la tente d'un air de triomphe qu'il cherchait en vain à cacher.

Mais il y avait un témoin de la scène qui venait de se passer, un témoin qui, immobile à sa place, n'était observé de personne, mais dont le cœur n'en était pas moins cruellement déchiré. Chaque parole sortie des lèvres de l'époux dont elle attendait si vivement le retour avait été un coup de poignard pour l'infortunée Tachechana. C'étaient là les discours qu'il lui avait adressés lorsqu'il l'avait emmenée de la loge de son père, et c'était pour entendre de pareils récits des faits d'armes du plus grand guerrier, qu'elle avait fermé les oreilles aux tendres propos de tant de jeunes Sioux.

Au moment où le Teton se détournait, comme nous l'avons déjà dit, pour sortir de la tente, il trouva devant lui la femme délaissée à laquelle il ne songeait déjà plus. Elle était debout, dans l'attitude humble et tremblante d'une jeune Indienne, tenant entre ses bras le fruit de leur amour, et placée directement sur son passage. Le chef tressaillit, mais, réprimant aussitôt ce premier mouvement pour reprendre l'air froid et impassible qu'il savait donner à sa figure, quels que fussent les sentiments qui l'agitaient, il lui fit signe, d'un air d'autorité, de lui faire place.

— Tachechana n'est-elle pas la fille d'un chef? demanda une voix douce dans l'expression de laquelle il semblait y avoir un touchant mélange de fierté et de douleur; ses frères n'étaient-ils pas des braves?

— Allez, les hommes appellent leur chef; il n'a pas d'oreilles pour une femme.

— Non, répondit la suppliante; ce n'est pas la voix de Tachechana que vous entendez; c'est celle de cet enfant qui vous parle par la bouche de sa mère. Il est le fils d'un chef, et ses paroles entreront dans les oreilles de son père. Ecoutez ce qu'elle dit : — Quand Mahtoree a-t-il eu faim, et que Tachechana ne lui ait point préparé des aliments? Quand a-t-il trouvé vide le sentier des Pawnies, dans ses expéditions guerrières, sans que ma mère en ait versé des larmes? Quand est-il revenu avec les marques de leurs coups sans qu'elle ait chanté? Quelle fille sioux a jamais donné à un chef un fils comme moi? Regardez-moi bien, afin de me connaître. Mes yeux sont ceux de l'aigle; je regarde le soleil, et je ris; dans un peu de temps les Dahcotahs me suivront à la chasse et sur le sentier de la guerre. Pourquoi mon père détourne-t-il les yeux de dessus la femme qui m'a nourri de son lait? Pourquoi a-t-il oublié si vite la fille d'un puissant Sioux!

Le froid regard de Mahtoree se dirigea sur la figure de l'enfant qui lui souriait en lui tendant les bras; et il y eut un instant où le cœur farouche du Teton parut s'attendrir; mais, secouant aussitôt ces doux sentiments de la nature, devenus pénibles pour lui depuis qu'ils semblaient lui reprocher sa conduite, il prit doucement sa jeune épouse par le bras, et la conduisit en face d'Inez. Après lui avoir montré du doigt la figure séduisante de l'aimable captive qui la regardait d'un air de tendresse et de compassion, il s'arrêta un moment pour laisser à Tachechana le temps de contempler ces charmes qui lui avaient ravi le cœur de son infidèle époux, mais que, dans sa naïveté touchante, elle ne pouvait pourtant pas s'empêcher d'admirer. Lorsqu'il crut lui avoir donné tout le temps nécessaire pour juger du contraste, il prit tout à coup un petit miroir qui pendait à la ceinture de l'infortunée, présent que dans un moment de tendresse il lui avait fait lui-même comme un hommage rendu à sa beauté, et il le lui mit brusquement devant les yeux pour qu'elle y pût voir sa figure basanée. Alors, faisant signe au vieillard de le suivre, il s'éloigna avec fierté en disant :

— Mahtoree est un grand chef ! quelle nation a jamais eu un aussi grand chef que les Dahcotahs ?

Il était déjà loin que Tachechana était encore à la même place, le corps immobile comme une statue ; mais ses traits, dont l'expression était naturellement douce et enjouée, indiquaient une agitation extraordinaire, comme si la lutte qui se livrait dans son cœur allait briser les liens qui unissaient son âme à cette partie plus matérielle dont la difformité lui était devenue si pénible, depuis que le contraste la lui avait fait sentir. Inez et Hélène ne connaissaient nullement le motif de l'entretien qu'elle venait d'avoir avec son époux, quoique l'esprit vif et perçant d'Hélène lui fît concevoir des soupçons qui n'entraient point dans l'âme simple et naïve de sa jeune compagne. Toutes deux néanmoins allaient s'approcher d'elle pour lui prodiguer ces soins affectueux qui semblent naturels aux femmes et qu'elles prodiguent avec tant de grâce, lorsque la cause qui les rendait nécessaires parut cesser tout à coup. Les convulsions qui agitaient les traits de la jeune Indienne disparurent, et sa physionomie redevint calme et tranquille. Seulement, ce front que jusque alors la peine n'avait presque jamais effleuré, conservait encore les traces d'une douleur comprimée. Ces traces ne s'effacèrent jamais. Les saisons, les années se passèrent ; elle les porta dans toutes les vicissitudes de fortune que, dans les variations d'une vie sauvage, la jeune infortunée était condamnée à souffrir ; semblable à une plante délicate qui, frappée par un soleil trop ardent, ne peut jamais relever entièrement sa tige flétrie, mais conserve toujours un air de langueur.

Tachechana commença par se dépouiller de tous ces ornements grossiers, mais bien chers à ses yeux, que son mari s'était plu à lui prodiguer ; et d'un air doux, sans laisser échapper un murmure, elle les offrit à Inez comme un hommage rendu à sa beauté. Elle ôta les rangées de grains qui se jouaient en tresses compliquées autour de ses jambes. Les bracelets furent détachés de ses mains, le large bandeau d'argent de son front... Alors elle s'arrêta longtemps et sembla de nouveau oppressée. Mais il paraîtrait que la résolution qu'elle avait une fois prise était trop forte pour céder à l'influence des sentiments même les plus naturels. Rassemblant tout son courage, elle prit son enfant et le déposa aux pieds de son innocente rivale. Ce fut pour le coup qu'elle put regarder son sacrifice comme consommé; l'infortunée venait de donner plus que sa vie.

Pendant qu'Inez et Hélène suivaient des yeux tous les mouvements de la jeune Indienne avec un muet étonnement, une voix douce et mélodieuse retentit à leurs oreilles, disant dans une langue qui pour elles était inintelligible :

— Une voix étrangère apprendra à mon enfant la manière de devenir homme. Il entendra des sons qui seront nouveaux pour lui; mais il les retiendra, et il oubliera la voix de sa mère. C'est la volonté du Whacondah, et une jeune fille sioux ne doit pas se plaindre. Parlez-lui doucement, car ses oreilles sont bien petites; quand il sera grand, vous pourrez élever la voix. Qu'il ne soit pas une fille, car bien triste est le sort d'une femme! Apprenez-lui à fixer ses yeux sur les hommes. Montrez-lui comment il doit frapper ceux qui lui font du mal, et qu'il n'oublie jamais de rendre coup pour coup. Lorsqu'il ira à la chasse, la fleur des Visages-Pâles, ajouta-t-elle en employant la métaphore qui s'était présentée à l'imagination de son époux inconstant, et qu'elle se rappelait avec amertume, — la fleur des Visages-Pâles lui dira tout bas à l'oreille que la peau de sa mère était rouge, et qu'elle était autrefois la Biche des Dahcotahs.

Tachechana appuya ses lèvres pour la dernière fois sur celles de son fils; puis, se retirant à l'extrémité de la tente, elle se couvrit la tête de sa robe légère, et s'assit, en signe d'humilité, sur la terre nue. Tous les efforts de ses compagnes pour attirer son attention furent inutiles. Elle n'entendait pas leurs remontrances, et ne sentait pas le doux toucher de leurs mains. Seulement une ou deux fois sa voix s'éleva de dessous sa robe flottante, en formant une sorte de cadence mélancolique, mais sans jamais monter jusqu'aux accents sauvages de la musique indienne. Elle resta dans cette position pendant des heures entières, tandis qu'il se passait en dehors de la tente des événements qui devaient, non seulement changer matériellement son sort, mais même influer d'une manière toute particulière sur les mouvements de la peuplade de Sioux errants.

CHAPITRE XXVII.

> Je ne veux point de rodomonts, je suis en bon renom auprès de ce qu'il y a de mieux.—Fermez la porte.—Qu'il n'entre point de rodomonts ici, je n'ai pas vécu tout ce temps pour entendre à présent des rodomontades. — Fermez la porte, je vous prie.
>
> SHAKSPEARE.

MAHTOREE rencontra à la porte de sa tente Ismaël, Abiram et Esther. Il suffit au rusé Teton d'un coup d'œil jeté sur le visage furieux et menaçant du squatter, pour reconnaître que la trève qu'il avait faite avec eux, et dont jusque alors ils étaient les dupes, courait quelque danger d'être brusquement rompue.

— Ecoutez un peu, vieille barbe grise, dit Ismaël en saisissant le Trappeur par le bras et en le faisant tourner comme une toupie. Je suis las de ne parler qu'avec mes doigts, au lieu de faire usage de ma langue, entendez-vous? Ainsi donc vous allez me servir d'interprète, et vous traduirez mes paroles en bon indien, sans vous embarrasser si ces paroles seront, ou non, du goût d'une Peau Rouge.

— Ami, vous pouvez parler, répondit le Trappeur avec calme, ma bouche rendra chaque mot tel que mes oreilles l'auront reçu.

— Ami! répéta le squatter en regardant le vieillard avec une expression indéfinissable; mais ce n'est qu'un mot, et des sons ne font point de mal. Dites à cet infâme Sioux que je viens réclamer l'exécution du traité solennel que nous avons fait au pied du rocher.

Quand le Trappeur eut traduit ces paroles en langage sioux, Mahtoree demanda d'un air de surprise :

—Mon frère a-t-il froid? les peaux de buffle sont abondantes. A-t-il faim? mes jeunes guerriers vont porter de la venaison dans sa tente.

Le squatter leva son poing fermé d'un air menaçant, et l'appuyant avec force sur la paume de son autre main, comme pour confirmer ce qu'il allait dire, il s'écria :

— Dites à cet impudent menteur que je ne viens point comme un mendiant pour ramasser ses os : mais que c'est un homme libre qui vient revendiquer son bien. Oui, c'est mon bien que je demande, et je l'aurai. Dites-lui de plus que j'entends que vous, tout misérable pécheur que vous êtes, vous soyez livré à ma justice. Il n'y a point de malentendu. Il me faut trois personnes, ma captive, ma nièce et vous; oui, il faut que tous les trois soient remis entre mes mains en vertu de la foi jurée.

Le vieillard impassible sourit avec une expression singulière en répondant :

— Ami squatter, vous demandez ce que bien peu d'hommes seraient disposés à vous accorder. Vous arracheriez plutôt la langue de la bouche du Teton et le cœur de son sein.

— Quand Ismaël Bush réclame ce qui lui appartient, peu lui importe que cela arrange ou n'arrange pas les autres. Allons, répétez mes questions en pur et bon indien; point de détours; point d'évasions; et, lorsque vous parlerez de vous, faites un signe qu'un homme blanc puisse comprendre, afin que je sois bien sûr que vous ne vous permettrez point de supercherie.

Le Trappeur sourit à sa manière silencieuse, et murmura quelques mots en lui-même avant de s'adresser au chef.

— Que le Dahcotah ouvre ses oreilles toutes grandes, dit-il alors, afin que de gros mots puissent avoir la place d'y entrer. Son ami le Long-Couteau vient la main vide, et il dit que c'est au Teton de la remplir.

— *Wagh!* Mahtoree est un puissant chef. Il est maître des Prairies.

— Il faut qu'il donne la fille aux cheveux noirs.

Le sourcil du chef se fronça à l'instant d'une manière si terrible, qu'on eût dit qu'il allait pulvériser le squatter; mais trop politique pour ne pas réprimer aussitôt ce premier mouvement, il répondit adroitement avec un sourire perfide :

— Une fille est trop légère pour la main d'un si grand guerrier. Je la remplirai de buffles.

— Il dit qu'il a également besoin de la fille aux cheveux blonds, qui a son sang dans ses veines.

— Elle sera la femme de Mahtoree; alors le Long-Couteau sera le père d'un chef.

— Et quant à ce qui me regarde, ajouta le Trappeur en faisant un de ces signes expressifs par lesquels les Indiens se communiquent presque aussi aisément leurs pensées que par la parole, et en se tournant en même temps du côté d'Ismaël, pour lui montrer qu'il en agissait franchement avec lui, il demande qu'on remette entre ses mains un misérable Trappeur dont la vie ne tient plus qu'à un souffle.

Le Dahcotah étendit son bras sur l'épaule du vieillard, d'un air d'affection particulière, avant de répondre à cette troisième et dernière question.

— Mon père est vieux, dit-il, et il ne saurait voyager loin. Il restera avec les Tetons, afin qu'ils apprennent la sagesse de sa bouche. Quel Sioux a une langue comme mon père? Non! Que ses paroles soient très-douces, mais qu'elles soient très-claires. Mahtoree donnera des peaux et des buffles. Il donnera des femmes aux jeunes guerriers des Visages-Pâles; mais il ne peut rendre rien de ce qui est entré dans sa tente.

Très-satisfait lui-même de cette réponse laconique, le chef allait rejoindre ses conseillers qui l'attendaient, lorsque, se retournant tout à coup, il interrompit la traduction du Trappeur pour ajouter ces paroles :

— Dites au Grand-Buffle (nom sous lequel les Tetons avaient déjà baptisé Ismaël) que Mahtoree a une main qui est toujours ouverte. Voyez, ajouta-t-il en montrant du doigt les traits ridés et repoussants de l'attentive Esther, sa femme est trop vieille pour un si grand chef. Qu'il la renvoie de sa loge. Mahtoree l'aime comme un frère, il est son frère; il aura la plus jeune femme du Teton. Tachechana, l'orgueil des filles des Sioux, apprêtera sa venaison, et bien des braves le regarderont d'un œil d'envie. Allez, un Dahcotah est généreux!

Le sang-froid extraordinaire avec lequel le Teton fit cette proposition audacieuse confondit même le vieux Trappeur. Au moment où l'Indien se retira, il ne put s'empêcher de tressaillir, tandis que la surprise était empreinte dans tous ses traits, et il ne songea à reprendre ses fonctions d'interprète que lorsque Mahtoree était déjà confondu au milieu du cercle de guerriers qui, depuis si longtemps et avec une patience si caractéristique, attendaient son retour.

— Le chef teton a parlé très-clairement, dit alors le vieillard; il ne veut pas vous donner la dame sur laquelle le Seigneur sait que vous n'avez aucun droit, à moins que ce ne soient ceux du loup sur la brebis. Il ne vous donnera pas davantage l'enfant que vous appelez votre nièce, et j'avoue que, sur ce point, je suis loin d'être certain qu'il ait également la justice de son côté. De plus, ami squatter, il refuse net votre demande par rapport à moi, tout exténué, tout décrépit que je suis, et je ne crois pas qu'il ait tort de le faire, attendu que j'aurais plusieurs raisons particulières pour ne pas aimer de voyager très-loin dans votre compagnie. Mais il vous fait une offre dont il est juste et convenable que vous soyez instruit. Le Teton vous dit par ma bouche ; — car n'oubliez pas que c'est lui qui parle, et que je ne suis pas responsable de ce qu'il peut y avoir de criminel dans ses paroles ; — il vous dit donc par ma bouche que, comme cette bonne femme est déjà sur le retour, il est raisonnable que vous soyez fatigué de l'avoir pour épouse. Il vous engage donc à la mettre à la porte, et, lorsque votre loge sera vide, il vous enverra, pour remplir sa place, sa favorite ou plutôt celle qui était sa favorite, la jeune Biche, comme l'appellent les Sioux. Vous voyez, ami squatter, que si ce sauvage à la peau rouge est bien décidé à garder votre bien, il est prêt du moins à vous donner quelque chose en retour.

En entendant ces réponses aux différentes demandes qu'il avait faites, Ismaël sentit s'allumer dans son âme une indignation dont les symptômes étaient d'autant plus effrayants que son caractère lourd et engourdi en semblait moins susceptible. Il affecta même de rire à la seule idée d'abandonner sa vieille et fidèle Esther, pour l'appui plus délicat de la jeune Tachechana, quoique les efforts qu'il fit ne produisissent que des sons creux et gutturaux ; mais Esther fut loin d'accueillir la proposition d'une manière aussi plaisante. Elevant sa voix au diapason qui lui était ordinaire, elle éclata en ces termes, après avoir repris haleine comme quelqu'un qui a couru grand danger de s'étrangler.

— Ouais ! voyez donc un peu de quoi se mêle cet Indien ! Qui l'a chargé d'établir ou de renverser à son gré les droits des femmes mariées ? Pense-t-il qu'une femme soit une bête de la Prairie, qu'il est permis de chasser d'un village à coups de fusil et en lâchant les chiens après elle ? Que la squaw la plus brave d'entre elles se présente et nous dise ce qu'elle a fait ! Peut-elle montrer des enfants comme les miens ? C'est un détestable tyran que cette Peau Rouge, et un effronté coquin, sur ma parole ! Il voudrait être capitaine en dedans aussi bien qu'en dehors. Une honnête femme n'a pas plus de prix à ses yeux que la dernière des brutes. Et vous, Ismaël Bush, vous, père de sept garçons et d'autant de superbes filles, vous l'écoutez tranquillement, et vous n'ouvrez pas la bouche pour le maudire ! Voudriez-vous donc déshonorer votre couleur, votre famille et votre nation en mêlant du sang blanc à du sang rouge? Voudriez-vous être le père d'une race de métis? Le diable vous a tenté bien des fois, mon mari, mais jamais, je pense, il ne vous avait tendu un piége aussi adroit. Retournez parmi vos enfants, mon homme, retournez-y, croyez-moi; et rappelez-vous que vous n'êtes pas une bête féroce, mais un chrétien, et, grâce à Dieu, un bon et légitime mari.

Le Trappeur judicieux s'était attendu aux cris d'Esther; il lui avait été facile de prévoir que la douce compagne d'Ismaël jetterait feu et flamme en entendant faire une proposition aussi abominable que celle de la répudier; il profita de l'orage pour se mettre un peu à l'écart, afin d'être à l'abri de tout acte de violence immédiate de la part du mari, qui, sans montrer autant de fureur, était pour le moins aussi dangereux. Ismaël, qui, avant de faire sa demande, était bien décidé à faire valoir ses droits par tous les moyens qui seraient en son pouvoir, se trouva emporté par le torrent loin du but qu'il se proposait; et, ne songeant plus qu'à apaiser une jalousie qui ressemblait à la fureur avec laquelle la lionne défend ses petits, il se prépara à s'éloigner de la tente où était enfermée la cause immédiate de tout ce tumulte.

— Que votre mijaurée vienne ici avec sa figure de cuivre, et qu'elle montre sa beauté basanée en face d'une femme qui a entendu plus d'une fois la cloche de l'église, et qui sait ce qui en est, s'écria Esther en agitant ses mains d'un air de triomphe, tandis qu'elle faisait marcher devant elle Ismaël et Abiram, comme deux écoliers vagabonds qu'elle eût conduits à l'école. Sur ma vie, elle trouverait à qui parler, et j'aurais bien vite rabattu son caquet. Ne nous amusons pas ici, mes amis, ne perdons pas un instant; il ne faut pas songer à fermer l'œil dans un camp où le diable marche aussi effrontément que le ferait un homme d'honneur, et qu'il fût sûr d'être bien reçu. Allons, Abner, Enoch, Jessé! — où êtes-vous donc fourrés? Allons, dépêchez-vous; si cet homme timide et pusillanime, qui est votre père, mange ou boit encore dans ces environs, vous verrez que ces maudites Peaux Rouges trouveront moyen de l'empoisonner. Ce n'est pas que je me soucie fort peu que ce soit telle ou telle qui prenne ma place, lorsque cette place sera légitimement vacante; mais en vérité, Ismaël, je n'aurais pas cru que vous, qui avez eu une femme à peu près blanche, vous trouveriez quelque plaisir à regarder une figure cuivrée, — oui, cuivrée; elle ne l'est pas, peut-être? — et qui, de plus, a un front d'airain.

A cette explosion de paroles causée par l'amour-propre offensé, l'époux judicieux ne chercha pas à opposer de résistance. Il ne se permettait tout au plus, de loin en loin, qu'une simple exclamation, comme pour protester de son innocence; mais la fureur de sa femme était trop grande pour pouvoir être apaisée. Elle n'écoutait rien; et bientôt on n'entendit plus que sa voix qui donnait les ordres nécessaires pour le départ.

Le squatter avait chargé ses chariots et préparé ses attelages par mesure de précaution, avant d'en venir à l'extrémité, comme il le méditait. Esther trouva donc tout préparé au gré de ses désirs. Ses enfants se regardaient l'un l'autre en voyant l'agitation extraordinaire de leur mère, mais prenaient du reste peu d'intérêt à un événement qui s'était reproduit si souvent dans leur vie vagabonde. Par l'ordre d'Ismaël, les tentes furent placées en un instant sur les chariots, sorte de représailles par lesquelles il voulait punir le manque de foi de son ancien allié : alors il donna le signal du départ, et les lourdes et pesantes voitures s'éloignèrent avec leur lenteur ordinaire.

Comme une escorte assez nombreuse et bien armée protégeait l'arrière-garde, les Sioux les virent partir sans manifester le moindre symptôme de surprise ou de ressentiment. Le sauvage, ainsi que le tigre, attaque rarement l'ennemi qui l'attend de pied ferme; et si les Tetons méditaient quelque acte d'hostilité, c'était avec la patience et la ruse traîtresse du chat qui guette le moment où sa victime n'est pas sur ses gardes pour sauter sur elle et la croquer incontinent.

Cependant les projets de Mahtoree, dont la prudence formait à peu près toute la politique de son peuple, étaient ensevelis dans les replis de ses propres pensées. Peut-être n'était-il pas fâché de se voir délivré sans plus de peine d'un hôte dont les prétentions commençaient à le gêner un peu; peut-être attendait-il une occasion favorable pour déployer ses forces; peut-être enfin des affaires d'une importance majeure absorbaient-elles tellement toutes ses facultés, qu'il lui était impossible de s'occuper pour l'instant d'un incident si futile en comparaison.

Mais, tout en faisant cette concession au caractère ombrageux et à l'irritabilité de son épouse, il paraîtrait qu'Ismaël n'était rien moins que décidé à renoncer à ses intentions premières. A peine avait-il suivi pendant un mille le cours de la rivière, qu'il s'arrêta sur une hauteur où se trouvait réuni tout ce qui était nécessaire à sa troupe. Il y dressa de nouveau ses tentes, détela ses chevaux, les mena dans un bon pâturage au bas de la colline, fit en un mot tous les préparatifs ordinaires pour passer la nuit, avec le même calme et le même sang-froid que s'il ne venait pas de montrer les dents à ses dangereux voisins, et de braver leur ressentiment.

Pendant ce temps, les Tetons s'occupaient d'apprêts non moins importants. Une joie farouche et sauvage s'était répandue dans toutes les tentes, depuis l'instant où la nouvelle s'était répandue que le grand Mahtoree revenait avec le chef de leurs ennemis, ce chef qui était depuis si longtemps l'objet de leur haine et de leurs alarmes. Pendant des heures entières, les vieilles femmes de la tribu avaient été de loge en loge pour exciter l'animosité des guerriers, et étouffer en eux tout sentiment de pitié. A l'un elles parlaient d'un fils dont la chevelure séchait au foyer de la tente d'un Pawnie; à l'autre elles rappelaient ses blessures, sa honte et sa défaite; elles rallumaient dans l'âme d'un troisième la soif de la vengeance, en lui faisant l'énumération des chevaux et des fourrures qui lui avaient été enlevés; et un quatrième agitait son tomahawk d'un air menaçant, au souvenir de quelque aventure malencontreuse, dans laquelle il avait joué un rôle peu honorable, et qu'elles savaient lui rappeler avec adresse.

Les guerriers, excités par les propos insidieux de ces mégères, s'étaient rassemblés de la manière que nous avons déjà rapportée; mais il restait encore indécis jusqu'à quel point ils se proposaient de porter leur vengeance. Les opinions variaient beaucoup sur la question de savoir s'il était politique d'exécuter les prisonniers, et Mahtoree avait suspendu la discussion pour avoir le temps d'examiner l'effet que la mesure devait produire, et si elle serait favorable ou contraire à ses vues particulières. Jusque là, les consultations n'avaient été que préliminaires, chaque chef cherchant à calculer sur combien de guerriers il pourrait compter pour appuyer son opinion, avant que cette délibération importante fût soumise au conseil solennel de la tribu. L'instant fixé pour l'ouverture de ce conseil était arrivé, et les apprêts en furent faits avec une solennité proportionnée à l'importance de la cause pour laquelle il allait s'assembler.

Avec un raffinement de cruauté dont un Indien seul pouvait

être capable, on choisit pour cette grave délibération le lieu même où s'élevait le poteau auquel était attaché l'infortuné sur le sort duquel le conseil allait être appelé plus particulièrement à prononcer. Middleton et Paul furent amenés tout enchaînés et jetés aux pieds du Pawnie. Alors les guerriers commencèrent à prendre leurs places, suivant le degré d'importance et de considération dont ils jouissaient. Chacun d'eux, en s'asseyant dans le vaste cercle, avait l'air aussi composé, le maintien aussi grave, que si son esprit se préparait sérieusement à administrer la justice sans vouloir en séparer le don céleste de l'indulgence. Une place était réservée pour trois ou quatre des principaux chefs, et un petit groupe des plus vieilles femmes, couvertes d'autant de rides que l'âge, la rigueur des saisons, les privations de toute espèce, et la violence des passions sauvages en avaient pu accumuler sur leurs figures, se fit jour jusqu'au premier rang, avec une audace à laquelle elles étaient poussées par une soif insatiable de sang et de vengeance, et que rien ne pouvait excuser que leur âge et leur fidélité éprouvée à la nation.

Tous les guerriers, à l'exception des chefs dont nous venons de parler, étaient alors à leur place. Ceux-ci avaient différé de paraître, dans le vain espoir de se réunir tous à la même opinion, afin que l'unanimité des chefs assurât celle de leurs partisans respectifs; car, malgré l'influence supérieure de Mahtoree, il ne pouvait maintenir son autorité qu'en faisant de fréquents appels à l'opinion de ses inférieurs. Lorsque enfin ces personnages importants entrèrent dans le cercle tous ensemble, leurs regards sombres et leur front rembruni annonçaient assez que, malgré le temps qu'ils avaient mis à se concerter, il régnait entre eux du dissentiment.

Les regards de Mahtoree variaient d'expression à chaque minute. Tantôt ils étaient étincelants, comme s'ils s'allumaient au brasier ardent qui dévorait son âme; tantôt ils étaient froids et réservés, et avaient l'expression grave qui convient à un chef présidant un conseil. Il s'assit à la place qui lui avait été réservée, avec la simplicité étudiée d'un démagogue; quoique le coup d'œil rapide qu'il jeta aussitôt sur l'assemblée silencieuse trahit le caractère plus prononcé d'un tyran.

Lorsque tout le monde fut rassemblé, un vieux guerrier alluma la grande pipe de son peuple, et il en souffla la fumée vers les quatre parties du ciel. Après cette cérémonie propitiatoire, il la présenta à Mahtoree, qui, avec une humilité affectée, la passa à un chef à tête grise qui était auprès de lui. Après que la pipe eut passé de bouche en bouche, il se fit un long silence, comme si personne ne se jugeait digne de le rompre le premier, ou que plutôt chacun fût occupé à réfléchir profondément sur les questions qui leur étaient soumises. Enfin un vieil Indien se leva, et parla en ces termes :

— L'aigle, à la chute de la rivière sans fin, était dans son œuf, bien des neiges après que ma main avait déjà frappé un Pawnie. Ce que ma langue dit mes yeux l'ont vu. Bohrechina est très-vieux. Les rochers restent debout à leur place depuis plus de temps qu'il n'est dans sa tribu, et les rivières étaient pleines et vides avant qu'il vînt au monde ; mais quel est le Sioux qui le sait, si ce n'est lui ? Ce qu'il va dire ses frères l'entendront. Si quelqu'une de ses paroles tombe à terre, ils la ramasseront et la porteront jusqu'à leurs oreilles ; si le vent en emporte quelques unes, mes jeunes guerriers, qui sont très-agiles, les saisiront au passage. Maintenant écoutez. Depuis que l'eau coule et que les arbres croissent, le Sioux a toujours trouvé le Pawnie sur le sentier de la guerre. De même que le couguar aime la gazelle, le Dahcotah aime son ennemi. Lorsque le loup trouve le faon, se couche-t-il pour dormir ? Quand la panthère voit le daim, ferme-t-elle les yeux ? Vous savez qu'elle ne le fait pas. Un Sioux est une panthère bondissante, un Pawnie est un daim tremblant. Que mes enfants m'écoutent : ils trouveront mes paroles bonnes. J'ai parlé.

Des acclamations gutturales s'échappèrent en signe d'assentiment des lèvres de tous les partisans de Mahtoree, en entendant cet avis sanguinaire donné par un Indien qui était certainement l'un des guerriers les plus âgés de la nation. Ses allusions, ses métaphores avaient satisfait cet amour enraciné de vengeance qui formait un des traits distinctifs de leur caractère, et le chef lui-même augura favorablement du succès de ses desseins en voyant le grand nombre de sauvages qui se rangeaient hautement de l'opinion de son ami. Cependant il s'en fallait de beaucoup que l'assentiment fût unanime.

Une pause longue et solennelle suivit ce discours, afin que chacun pût en peser mûrement la sagesse avant qu'un autre chef entreprît de le réfuter. Le second orateur, quoiqu'il ne fût plus au printemps de sa vie, était beaucoup moins âgé que celui auquel il succédait. Il sentit le désavantage qui résultait pour lui de cette circonstance, et il s'efforça d'y obvier, autant que possible, par l'excès de son humilité.

— Je ne suis qu'un enfant, dit-il dans son exorde en jetant un regard furtif autour de lui pour reconnaître jusqu'à quel point sa réputation bien établie de prudence et de courage démentait son assertion. Mon père était déjà un homme, que je vivais encore avec les femmes. Si ma tête devient grise, ce n'est pas que je sois vieux. Une partie de la neige qui est tombée pendant que je dormais sur les sentiers de la guerre, s'y est gelée, et le soleil brûlant, près des villages des Osages, n'a pas été assez fort pour la faire fondre.

Un léger murmure qui se fit entendre dans le conseil exprima l'admiration qu'inspiraient ces services auxquels il avait fait si adroitement allusion. L'orateur attendit modestement que ce mouvement flatteur se fût calmé, et alors il continua sa harangue d'un ton plus assuré et plus énergique, comme si cette approbation tacite avait redoublé son courage.

— Mais les yeux d'un jeune brave sont bons. Il peut voir à une très grande distance. C'est un lynx. Regardez-moi bien. Je vais vous montrer mon dos afin que vous me voyiez de tous côtés. Vous savez maintenant, à n'en pouvoir douter, que je suis votre ami, car vous regardez une partie de mon corps que jamais un Pawnie n'a vue de sa vie. Maintenant, regardez ma figure; non pas à l'endroit de cette cicatrice, car par-là vous ne sauriez voir jusque dans mon esprit. Ce n'est qu'un trou fait par un Konza. Mais voici une ouverture faite par le Wahcondah, à travers laquelle vous pouvez regarder mon âme. Que suis-je? Un Dahcotah en dedans comme en dehors. Vous le savez; ainsi donc écoutez-moi. Le sang de toutes les créatures qui sont sur la Prairie est rouge. Qui saurait distinguer la place où un Pawnie a été frappé, de celle où mes jeunes guerriers ont tué un bison? elles sont de la même couleur. Le maître de la vie les a faites l'une pour l'autre. Il les a faites semblables; mais l'herbe verdira-t-elle de nouveau là où un Visage-Pâle aura été tué? Que mes frères n'aillent pas croire que cette nation soit si nombreuse qu'elle ne s'apercevra pas de la perte d'un guerrier. Elle en fait souvent l'appel, et elle demande: Où sont mes enfants? S'il lui en manque un, elle enverra dans la Prairie pour chercher après lui. Si on ne le trouve pas, elle dira à ses coureurs d'aller le demander au milieu des Sioux. Mes frères, les Longs-Couteaux ne sont pas des fous. Il y a maintenant parmi nous un grand médecin de leur nation : qui pourrait dire jusqu'où sa voix se fait entendre et jusqu'où son bras s'étend?...

La harangue de l'orateur, qui s'échauffait de plus en plus à mesure qu'il entrait dans son sujet, fut interrompue par l'impatient Mahtoree, qui se leva brusquement et s'écria d'un ton d'autorité à travers lequel perçait le dédain, et bientôt après l'ironie :

— Que mes jeunes guerriers amènent le malin esprit des Visages-Pâles. Mon frère verra son médecin face à face!

Un morne et lugubre silence succéda à cette interruption extraordinaire. C'était non seulement manquer formellement aux égards qui devaient toujours présider aux débats, mais c'était même s'exposer à braver la puissance inconnue d'un de ces êtres incompréhensibles que bien peu d'Indiens étaient assez éclairés à cette époque pour ne pas les regarder avec une crainte superstitieuse, bien peu assez hardis pour exercer contre eux quelque acte de violence.

Cependant les jeunes guerriers avaient obéi à l'ordre de leur chef; ils avaient été chercher Obed dans sa tente, et ils l'amenèrent monté sur *asinus*, avec une pompe et une cérémonie qui n'avait d'autre but que de le tourner en ridicule, mais à laquelle la crainte donna un tout autre aspect. Au moment où ils entrèrent dans le cercle, Mahtoree, qui craignait l'influence du docteur, et qui s'était efforcé de la détruire en l'exposant à la risée, jeta un regard autour de l'assemblée pour lire l'effet de sa ruse sur les sombres figures qui l'entouraient.

Il est vrai que la nature et l'art s'étaient réunis pour donner à l'accoutrement et à la figure du naturaliste un aspect tel que partout il eût produit un effet extraordinaire. Sa tête avait été rasée avec soin d'après la mode des Sioux, et dans un goût tout à fait particulier. D'une chevelure extrêmement touffue, et qui dans cette saison particulière de l'année était loin d'être incommode, on ne lui avait laissé sur l'occiput qu'une seule touffe de cheveux, distinction dont le docteur se serait très-bien passé, s'il avait été consulté dans cette affaire. Des couches épaisses de peinture avaient été étalées sur sa tête nue, et des dessins de fantaisie se prolongeaient même jusque autour de ses yeux et de sa bouche, ajoutant à l'expression naturellement vive des uns un air particulier de malice, tandis qu'ils faisaient grimacer l'autre, et lui donnaient quelque chose d'un nécroman. A ses vêtements ordinaires on avait substitué une robe de peau de daim couverte de peintures fantastiques, et qui le protégeait suffisamment contre le froid. Comme par dérision de ses études favorites, une foule de crapauds, de grenouilles, de lézards et de papillons, tous préparés avec soin pour prendre place un jour dans son cabinet particulier, étaient attachés, les uns à son unique boucle de cheveux, d'autres à ses oreilles, ou à d'autres parties saillantes de sa personne. Si, indépendamment de l'effet produit par ces bizarres accessoires de son costume, nous ajoutons l'air soucieux et inquiet qui rendait son visage doublement austère, et qui peignait les tourments intérieurs auxquels le digne docteur était en proie, en voyant sa dignité personnelle ainsi ravalée, et, ce qui était d'une bien plus grande importance à ses yeux, en se voyant traîné pour être, comme il n'en doutait pas, la victime de quelque sacrifice païen, le lecteur concevra sans peine la sensation extraordinaire que son apparition produisit au milieu d'une troupe qui était déjà plus d'à moitié préparée à le regarder comme un agent redoutable de l'esprit du mal.

Wencha conduisit *asinus* droit au milieu du cercle, et les laissant ensemble, car les jambes du naturaliste étaient tellement collées contre sa monture, que la bête et le cavalier semblaient ne faire qu'un, il se retira modestement à sa place en jetant sur le prétendu magicien un regard d'admiration et de surprise où se peignait toute la stupidité de son âme.

Les spectateurs et celui qui jouait le premier rôle dans cette scène étrange paraissaient également frappés de stupeur. Si les Tetons contemplaient les attributs mystérieux du médecin avec un sentiment de respect et de crainte, le docteur portait les regards tout autour de lui, livré à une foule d'émotions tout aussi extraordinaires, dans lesquelles cependant cette dernière sensation dominait d'une manière tout à fait sensible. Ses yeux dans ce moment semblaient doués du pouvoir de multiplier les objets, car à chaque Teton qu'il apercevait, il croyait voir une douzaine de figures farouches et menaçantes, sans découvrir sur aucune d'elles le plus léger signe de sympathie ou de pitié. A la fin son regard errant se porta sur la physionomie grave et honnête du Trappeur, qui, Hector à ses pieds, était debout à l'entrée du cercle, appuyé sur sa carabine, qu'on lui avait permis de reprendre pour lui témoigner qu'on le regardait comme un ami, et qui paraissait réfléchir aux suites probables d'un conseil accompagné de cérémonies si mystérieuses.

— Vénérable *venator*, ou chasseur, ou Trappeur, dit l'inconsolable Obed, je me réjouis grandement de vous revoir. Je crains bien que le temps précieux qui m'avait été accordé pour achever une haute et glorieuse entreprise, ne touche prématurément à sa fin, et je serais charmé de déposer mes dernières idées dans l'âme d'un homme qui, s'il n'est point parvenu à l'apogée de la science, a du moins quelques unes de ces connaissances que la civilisation communique même au dernier de ses enfants. Sans doute il n'est point de recherches que les sociétés savantes de l'univers ne s'empressent de faire pour découvrir ce que je suis devenu, et peut-être des expéditions seront-elles envoyées dans ces contrées lointaines pour lever tous les doutes qui pourraient s'élever sur un sujet si important. Je m'estime heureux qu'un homme qui parle notre langue soit là pour faire la relation de mes derniers moments. Vous direz qu'après une vie glorieuse et honorablement remplie, je mourus martyr de la science et victime des préjugés barbares. Comme je me propose de montrer un calme parfait dans cette conjoncture critique, si vous ajoutiez quelques mots sur le courage et la gravité doctorale avec lesquels j'ai vu venir la mort, ce serait un motif d'encouragement pour ceux qui, par la suite, aspireraient aux mêmes honneurs, et assurément personne ne pourrait s'en offenser. Et à présent, ami Trappeur, pour l'acquit de ma conscience, et pour remplir l'obligation qui m'est imposée envers la nature humaine, permettez-moi de finir par vous demander si toute espérance m'a tout à fait abandonné, ou s'il existe encore quelques moyens d'arracher des griffes de l'ignorance tant de trésors de science, tant de documents précieux, pour en enrichir les pages de l'histoire naturelle.

Le vieillard prêta une oreille attentive à cet appel mélancolique, et il parut réfléchir profondément, comme s'il voulait envisager cette question importante sous ses différentes faces, avant de prendre sur lui de répondre.

— Mon avis est, ami docteur, dit-il enfin d'un ton grave, que les chances de vie et de mort, dans le cas particulier qui vous concerne, dépendent absolument de la manière dont il plaira à la Providence de manifester sa volonté, en se servant des inventions diaboliques de la malice indienne. Quant à moi, je ne vois pas qu'il y ait beaucoup de différence à ce que le grand but soit atteint de telle ou telle manière, puisque votre vie ou votre mort ne saurait intéresser beaucoup personne, si ce n'est vous.

— Comment! s'écria Obed en l'interrompant d'un air d'indignation, pensez-vous donc que si la pierre angulaire venait à être détachée de l'édifice de la science, ce soit une chose indifférente pour les contemporains ou pour la postérité? De plus, mon vieil ami, ajouta-t-il d'un ton de reproche, l'intérêt que chaque homme porte à sa conservation n'est pas tout à fait à dédaigner, quelque disposé qu'il se montre à le faire céder à des vues plus philanthropiques et plus générales.

— Voulez-vous savoir ma façon de penser tout entière? — Eh bien! la voici, repartit le Trappeur, qui était loin de comprendre toutes les distinctions subtiles dont son compagnon plus savant se plaisait souvent à orner ses discours; il n'y a qu'une naissance et qu'une mort pour tout ce qui est au monde; que ce soit un daim ou un lévrier, une Peau-Rouge ou une Peau-Blanche, l'une et l'autre sont entre les mains du Seigneur, et l'homme n'a pas plus le droit de hâter l'une qu'il n'a le pouvoir d'empêcher l'autre. Mais je ne prétends pas dire qu'on ne puisse pas faire quelques efforts pour retarder le fatal quart d'heure, du moins pour quelque temps, et je crois même que chacun a le droit de se demander, dans sa sagesse, jusqu'où il ira et jusqu'à quel point il souffrira pour allonger un temps qui, peut-être, n'a déjà été que trop long. Que d'hivers rigoureux et d'étés brûlants sont passés sur ma tête, depuis que je me suis retourné à droite et à gauche pour ajouter une heure à une vie qui s'est déjà étendue au-delà de quatre-vingts ans! Je me tiens aussi prêt à répondre à mon nom qu'un soldat à l'appel du soir. A mon jugement, si le caractère indien suit sa pente ordinaire, la politique du Grand Sioux décidera son peuple à vous sacrifier tous; et ce n'est pas que je me fie beaucoup à ses démonstrations d'amitié pour moi. Ainsi donc la question est de savoir si vous êtes prêt à entreprendre le grand voyage, et si, étant prêt, il ne vaut pas tout autant partir à présent que plus tard. Si l'on me demande mon avis, le voici tel que je le donnerai : je crois fermement que votre vie a été assez innocente, en ce sens que vous n'avez pas commis de grands crimes; mais l'honnêteté me forcera d'ajouter que la masse totale de ce que vous pourrez faire valoir sous le rapport de l'activité dans les actions ne montera pas à grand'chose dans le compte final.

Obed tourna un œil désespéré sur la physionomie calme et

flegmatique du vieillard dont la réponse était si peu rassurante, et il toussa deux ou trois fois pour chercher à faire bonne contenance et cacher la peur qui commençait à le galoper.

— Il me semble, vénérable chasseur, répondit-il, qu'en considérant la question sous ses différents points de vue, et qu'en admettant même la justesse de votre théorie, il serait beaucoup plus prudent de conclure que je ne suis nullement préparé à me mettre si brusquement en route, et qu'il faut avant tout chercher à gagner du temps.

— S'il en est ainsi, répondit le Trappeur impassible, j'agirai pour vous comme j'agirais pour moi-même, quoique, au train dont le temps commence à aller pour vous, je doive vous engager à pourvoir promptement à vos affaires, car il pourrait arriver que votre nom fût appelé dans un moment où vous seriez tout aussi peu préparé à y répondre qu'à présent.

Après lui avoir donné cet avis charitable, il se retira au bord du cercle, et se mit à réfléchir sur ce qu'il devait faire, avec ce singulier mélange de résolution et d'humilité qui le caractérisait, et qui provenait de l'énergie excessive de son caractère, tempérée par la soumission la plus complète à la volonté de la Providence.

CHAPITRE XXVIII.

> La sorcière sera brûlée à Smithfield, et vous trois vous serez attachés au gibet.
>
> SHAKSPEARE.

Les Sioux avaient attendu la fin du dialogue précédent avec une patience admirable ; la plupart d'entre eux étaient contenus par la crainte secrète que leur imposait le caractère mystérieux d'Obed, tandis qu'un petit nombre de chefs plus éclairés profitaient de cette occasion pour rassembler leurs idées et se préparer aux débats, qui ne pouvaient manquer d'être très animés.

Mahtoree, qui n'éprouvait l'influence d'aucun de ces sentiments, était bien aise de montrer au Trappeur jusqu'où il portait la condescendance pour lui : et lorsque le vieillard discontinua la conversation, le chef jeta sur lui un regard expressif pour lui rappeler la patience avec laquelle il avait attendu qu'il eût fini.

Un profond et morne silence suivit cette courte interruption. Alors Mahtoree se leva, se disposant évidemment à parler ; il commença par prendre une attitude imposante, et il promena un regard ferme et sévère sur toute l'assemblée. L'expression de ses yeux variait cependant selon qu'ils se portaient sur les physionomies différentes de ses adhérents ou de ses adversaires. En regardant les premiers, son air était grave, mais n'avait rien de menaçant, tandis que les regards foudroyants qu'il lançait sur les autres semblaient leur annoncer tout le risque qu'ils couraient en osant braver le ressentiment d'un chef aussi puissant.

Néanmoins au milieu même de tant de hauteur et d'assurance, l'adresse et la sagacité du Teton ne l'abandonnèrent pas. Après avoir jeté en quelque sorte le gant à toute la tribu, son maintien devint plus affable et sa figure moins menaçante. Ce fut alors qu'au milieu de la stupeur générale il éleva sa voix sonore, habile à en varier les inflexions selon les images différentes qu'il employait tour à tour dans son éloquence sauvage et irrégulière.

— Qu'est-ce qu'un Sioux ? demanda le chef avec adresse en commençant. Il est le dominateur des Prairies, et le maître des animaux qu'elles contiennent. Les poissons de la rivière aux Eaux-Troubles le connaissent et viennent à sa voix ; il est un renard dans le conseil, un aigle pour la vue, un ours gris dans les combats. Un Dahcotah est un homme.

Après avoir attendu que le murmure d'approbation qui se fit entendre parmi les guerriers, à ce portrait flatteur de leur peuple, se fût apaisé, le Teton continua :

— Qu'est-ce qu'un Pawnie ? Un voleur qui ne dépouille que les femmes ; une Peau-Rouge qui n'est point brave ; un chasseur qui mendie sa venaison. Dans le conseil, c'est un écureuil qui ne peut rester en place ; c'est un élan dont les jambes sont longues. Un Pawnie est une femme.

Il s'arrêta de nouveau ; des acclamations de joie partirent de plusieurs bouches, et l'on demanda à grands cris que les paroles injurieuses fussent expliquées à celui qui, sans le savoir, était l'objet de ces railleries sanglantes. Le Trappeur regarda Mahtoree comme pour prendre ses ordres, et sur le geste qu'il en reçut, il reprit ses fonctions d'interprète. Cœur-Dur l'écouta gravement, et ensuite, comme s'il trouvait que le temps n'était pas encore venu pour lui de parler, il fixa de nouveau les yeux sur l'horizon.

Mahtoree épiait l'expression de sa figure avec un air qui indiquait la haine implacable qu'il portait au seul chef dont la renommée pût être avantageusement comparée à la sienne. Quoique trompé dans son attente en voyant qu'il n'avait pu réussir à irriter l'orgueil de son ennemi, il se disposa, ce qu'il regardait comme bien plus important, à exciter le ressentiment des guerriers de sa tribu, pour les préparer à seconder ses projets cruels.

— Si la terre, dit-il, était couverte de rats, qui ne sont bons à rien, il ne resterait point de place pour les buffles, qui fournissent de la nourriture et des vêtements à un Indien. Si les Prairies étaient couvertes de Pawnies, il n'y aurait point de place pour le pied d'un Dahcotah. Un Loup est un rat, un Sioux est un grand buffle; que les buffles marchent sur les rats et les écrasent pour se faire place! — Mes frères, un enfant vous a parlé, il vous a dit que ses cheveux ne sont point gris, mais qu'ils sont gelés; il a ajouté que l'herbe ne croît pas là où un Visage-Pâle a été tué! Qu'en sait-il? connaît-il la couleur du sang d'un Long-Couteau? Non; je sais qu'il ne la connaît pas, il ne l'a jamais vue. Quel Dahcotah, autre que Mahtoree, a jamais frappé un Visage-Pâle? Aucun. Mais Mahtoree doit se taire, tous les Tetons ferment les oreilles quand il parle. Les chevelures qui sont sur sa tente ont été prises par les femmes; c'est Mahtoree qui les a prises, et il est une femme. Sa bouche est fermée, il attend les fêtes pour chanter au milieu des filles.

Malgré les exclamations de regrets et d'indignation qui suivirent un discours si humiliant, Mahtoree s'assit à sa place, comme s'il était décidé à n'en pas dire davantage; mais voyant les murmures augmenter de plus en plus, et craignant que, dans la confusion générale, le conseil ne vînt à se dissoudre sans qu'il eût été possible de rien décider, il se leva et reprit la parole, mais sur un ton tout différent de la première fois : c'étaient les accents fiers et énergiques d'un guerrier qui ne respire que vengeance.

— Que mes jeunes guerriers cherchent où est Teato! s'écriat-il; ils trouveront sa chevelure qui sèche au foyer d'un Pawnie. Où est le fils de Borechina? ses os sont plus blancs que le visage de ses meurtriers. Mahhah est-il endormi dans sa tente? vous savez qu'il y a plusieurs lunes qu'il est parti pour les Prairies bienheureuses; plût au ciel qu'il fût ici pour nous dire de quelle couleur était la main qui a enlevé sa chevelure!

Le chef artificieux continua sur ce ton pendant assez longtemps, appelant à haute voix tous les guerriers qui avaient trouvé la mort en se battant contre les Pawnies, ou dans quelqu'une de ces escarmouches irrégulières qui étaient si fréquentes entre les bandes sioux et une classe d'hommes blancs qui n'en différaient guère sous le rapport de la civilisation. Telle était la rapidité avec laquelle il faisait cette adroite énumération, que personne n'avait le temps de réfléchir si l'individu auquel il faisait allusion était véritablement digne de regrets ; mais on se trouvait pour ainsi dire entraîné par son éloquence, car il rappelait chaque incident avec tant d'adresse, sa voix retentissante donnait un caractère si imposant à ces appels de guerriers qui n'étaient plus, que chacune de ses paroles faisait vibrer une corde dans l'âme de quelques uns de ses auditeurs.

Il était au milieu d'une de ses apostrophes les plus énergiques, lorsqu'un vieillard, tellement avancé en âge qu'il avait la plus grande peine à marcher, s'avança au milieu même du cercle, et alla s'asseoir précisément en face de Mahtoree. Une oreille extrêmement fine aurait pu s'apercevoir que la voix de l'orateur baissa un peu lorsque son regard perçant découvrit qu'il avait un auditeur de plus, à la présence duquel il était loin de s'attendre ; mais le changement fut si imperceptible qu'il eût fallu savoir lire jusqu'au fond de son cœur pour le remarquer.

Le vieillard n'avait pas été moins célèbre autrefois pour la force du corps et la beauté des traits que pour son regard vif et terrible ; mais alors sa peau était ridée et sa figure sillonnée par tant de cicatrices que les Français du Canada lui avaient donné, un demi-siècle auparavant, un surnom que la France a donné à plus d'un de ses héros, et qui est passé dans la langue de la horde sauvage qui nous occupe, comme celui qui exprime le mieux le courage et les hauts faits d'un guerrier. Le nom de Balafré, qui vola de bouche en bouche dans l'assemblée au moment où il parut, annonça tout à la fois et la haute estime que tous les chefs avaient pour lui, et la surprise où les jetait sa visite extraordinaire. Lorsqu'on vit cependant qu'il ne prenait point la parole et qu'il ne faisait aucun geste, la sensation causée par son arrivée s'apaisa bientôt ; tous les yeux se portèrent de nouveau sur l'orateur ; toutes les oreilles s'enivrèrent de nouveau du plaisir d'entendre ses terribles appels.

Il était facile de voir le triomphe de Mahtoree dans les yeux de ses auditeurs. Un air de férocité et de vengeance ne tarda pas à se peindre sur la figure de la plupart des guerriers, et chaque nouvelle allusion qu'il faisait adroitement pour démontrer la nécessité d'exterminer leurs ennemis était suivie de marques d'approbation de plus en plus bruyantes. Ne doutant plus du succès, le Teton en appela vivement à l'orgueil et au ressentiment de sa troupe; puis, terminant tout à coup sa harangue, il s'assit à sa place.

Au milieu des murmures favorables qui suivirent un effort d'éloquence aussi remarquable, une voix basse, faible et creuse s'éleva graduellement dans l'air, comme si elle était tirée avec effort des cavités les plus profondes de la poitrine, et qu'elle prît de la force et de l'énergie en sortant. Le plus profond silence s'établit aussitôt, et les lèvres du vieillard s'entr'ouvrirent pour la première fois.

— Les jours du Balafré touchent à leur fin, furent les premiers mots qu'il prononça distinctement. Il est comme un buffle sur lequel le poil ne poussera plus. Il sera bientôt prêt à quitter sa tente pour aller en chercher une autre qui est éloignée des villages des Sioux. Ce qu'il va dire ne le concerne donc pas, mais bien ceux qu'il laissera après lui: ses paroles sont comme le fruit qui pend à l'arbre, mûres et dignes d'être données aux chefs.

— Bien des neiges sont tombées depuis que le Balafré n'a été vu sur le sentier de la guerre; son sang a été bouillant, mais il a eu le bonheur de se calmer. Le Wahcondah ne lui envoie plus de rêves de guerre; il voit qu'il vaut mieux vivre en paix.

— Mes frères, l'un de mes pieds est tourné vers le pays où chassent nos pères, l'autre suivra bientôt, et alors on verra un vieux chef chercher l'empreinte des moccassins de son père, afin qu'il ne se trompe pas, mais qu'il soit bien sûr d'arriver devant le maître de la vie par la même route qui a déjà été frayée par tant de bons Indiens. Mais qui me suivra? le Balafré n'a pas d'enfants. Son aîné a fatigué trop de chevaux pawnies; les os du plus jeune ont été rongés par des chiens Konzas! Le Balafré vient ici pour chercher un jeune bras sur lequel il puisse s'appuyer; il vient chercher un fils, afin que, lorsqu'il sera parti, sa tente ne reste point vide. Tachechana, la jeune Biche des Tetons, est trop faible pour soutenir un guerrier qui est vieux; elle regarde devant elle et non derrière. Son esprit est dans la tente de son époux.

Le vétéran avait parlé d'un ton calme, mais ferme et décidé. Sa déclaration fut reçue en silence; et, quoique plusieurs des partisans de Mahtoree tournassent les yeux sur leur chef, comme pour lui demander qu'il leur traçât leur conduite, aucun d'eux n'osa s'opposer aux désirs d'un vieillard si respecté, dont la demande était d'ailleurs strictement conforme aux usages de la nation. Le Grand Teton lui-même attendit la fin de cette scène avec un sang-froid apparent : seulement il y avait quelquefois dans l'expression de son regard quelque chose de farouche qui trahissait la nature des sentiments avec lesquels il voyait une intervention qui allait sans doute lui arracher celle de toutes ses victimes qu'il haïssait le plus.

Pendant ce temps le Balafré, d'un pas lent et mal assuré, s'était dirigé vers les captifs. Arrivé devant Cœur-Dur, il s'arrêta et il contempla longtemps avec admiration cette taille sans défaut, ce regard immobile, ce maintien noble et fier. Faisant alors un geste d'autorité, il attendit que ses ordres fussent exécutés, et les liens qui attachaient le jeune guerrier tombèrent à l'instant. Lorsque l'intrépide Pawnie fut près de sa vue trouble et affaiblie, il se mit de nouveau à l'examiner des pieds à la tête avec l'attention la plus minutieuse.

— C'est bon, dit-il enfin lorsqu'il se fut assuré qu'il réunissait toutes les qualités d'un guerrier ; c'est bien là une panthère bondissante ! Mon fils parle-t-il avec la langue d'un Sioux?

L'air d'intelligence qui brilla dans les yeux du captif prouva qu'il avait bien compris la question ; mais il était trop fier pour communiquer ses idées par l'intermédiaire d'une langue qui était celle de ses ennemis. Quelques guerriers qui entouraient le vieillard lui expliquèrent que le prisonnier était un Pawnie-Loup.

— Mon fils a ouvert ses yeux sur les eaux des Loups, dit le Balafré dans la langue de cette nation ; mais il les fermera sur les bords de la rivière aux Eaux-Troubles ; il est né Pawnie, mais il mourra Dahcotah. Regardez-moi ; je suis un sycomore qui ai autrefois couvert bien des guerriers de mon ombre : les feuilles sont tombées, et les branches commencent à dépérir ; cependant un seul rejeton est sorti de ses racines ; c'est une petite vigne qui s'est enlacée autour d'un arbre qui est vert. Voilà longtemps que je cherche quelqu'un qui soit digne de croître à mes côtés ; maintenant je l'ai trouvé. Le Balafré n'est plus sans fils ; son nom ne sera pas oublié quand il sera parti. Guerriers tetons, je prends ce jeune homme dans ma tente.

Personne ne fut assez hardi pour contester un droit qui avait été si souvent exercé par des guerriers bien inférieurs à celui qui venait le réclamer alors, et l'adoption fut écoutée dans un grave et respectueux silence. Le Balafré prit par le bras celui dont il voulait faire son fils, et, l'ayant conduit au milieu même du cercle, il se retira de quelques pas d'un air de triomphe, pour que les spectateurs pussent approuver son choix.

Mahtoree ne laissait percer aucune émotion, mais sa politique astucieuse semblait attendre un moment plus favorable pour l'exécution de ses sombres projets. Les chefs les plus expérimentés et les plus prévoyants sentaient parfaitement qu'il était impossible que deux guerriers aussi célèbres que Cœur-Dur et Mahtoree, qui avaient été si longtemps rivaux de gloire, pussent vivre en paix dans la même tribu; mais la personne du Balafré inspirait tant de respect, il invoquait une coutume si sacrée, qu'aucun d'eux n'osa élever la voix pour s'opposer à cette mesure. Ils observaient ce qui se passait avec un intérêt croissant, mais ils cachaient la nature de leurs craintes sous un extérieur impassible. La peuplade était dans cet état de gêne et de contrainte, et bientôt même, peut-être, on eût pu ajouter de désorganisation, lorsque celui qui était le plus intéressé au succès de la demande du vieillard le fit cesser tout à coup.

Pendant toute la scène que nous venons de raconter, il eût été difficile d'apercevoir la moindre trace d'émotion sur les traits du jeune captif. Il avait entendu proclamer sa délivrance avec la même indifférence qu'il avait entendu donner l'ordre de l'attacher au poteau; mais à présent que le moment était venu de faire connaître sa décision, il parla de manière à prouver que le courage qui lui avait acquis un nom si célèbre ne l'avait pas abandonné.

— Mon père est bien vieux; mais il est des choses qu'il n'a pas encore vues, dit Cœur-Dur d'une voix si sonore qu'elle se fit entendre à tous ceux qui l'entouraient. Il n'a jamais vu un buffle se changer en chauve-souris; il ne verra jamais un Pawnie devenir Sioux.

Au ton calme, mais énergique, avec lequel il prononça cette décision, il était bien difficile de ne pas être convaincu qu'elle était inébranlable. Cependant le cœur du Balafré se sentit un faible pour le jeune guerrier; l'affection d'un vieillard ne se laisse pas si aisément rebuter. Jetant un regard sévère sur l'assemblée pour réprimer le cri d'admiration et de triomphe que cette déclaration hardie avait excité en rallumant dans les cœurs l'espoir de la vengeance, le vétéran adressa de nouveau la parole à son fils adoptif, comme si sa propostion n'admettait pas de refus.

— C'est bien, lui dit-il, voilà comme un brave doit parler, afin que les guerriers puissent voir son cœur. Il y a eu un temps où la voix du Balafré était celle qui se faisait entendre avec le plus de force au milieu des tentes des Konzas ; mais la racine des cheveux blancs est la sagesse. Mon enfant montrera aux Tetons qu'il est brave en frappant leurs ennemis. Guerriers Dahcotahs, voilà mon fils.

Le Pawnie hésita un instant ; puis, s'approchant du vieillard, il prit sa main sèche et ridée, et la posa respectueusement sur sa tête, comme pour lui témoigner l'étendue de sa reconnaissance ; alors, reculant d'un pas, il se redressa de toute sa hauteur, et, jetant sur la peuplade ennemie qui l'entourait un regard de dédain et de fierté, il dit à haute voix dans la langue des Sioux :

— Cœur-Dur s'est examiné au dedans comme au dehors ; il a pensé à tout ce qu'il a fait à la chasse comme à la guerre ; partout il est le même, il n'y a point de changement, il est en toutes choses un Pawnie. Il a frappé trop de Tetons pour pouvoir jamais manger dans leurs tentes. Ses flèches s'enfuiraient en arrière, la pointe de sa lance se retournerait du mauvais côté, leurs amis pleureraient à chaque cri de guerre qu'ils l'entendraient pousser, leurs ennemis riraient. Les Tetons connaissent-ils un Loup ? qu'ils le regardent de nouveau ; sa tête est peinte, son bras est de chair, mais son cœur est de roc. Quand les Tetons verront le soleil venir des Montagnes Rocheuses et se diriger vers la terre des Visages-Pâles, l'âme de Cœur-Dur s'adoucira, et son esprit deviendra Sioux ; jusque-là il vivra et mourra Pawnie.

Des cris de joie, dans lesquels l'admiration et la férocité se confondaient d'une manière horrible, interrompirent le guerrier, et n'annoncèrent que trop clairement le sort qui lui était réservé. Le jeune captif attendit un moment que le tumulte fût apaisé, et se tournant vers le Balafré, il continua d'un ton plus doux et plus affable, comme s'il trouvait convenable d'adoucir son refus de manière à ne pas blesser les sentiments d'un vieillard qui lui avait témoigné un intérêt si touchant.

— Que mon père, lui dit-il, s'appuie avec plus de force sur la Biche des Dahcotahs. Elle est faible à présent ; mais à mesure que sa tente se remplira d'enfants, elle sera plus forte. Voyez, ajouta-t-il en lui montrant à quelque distance le Trappeur attentif, Cœur-Dur a près de lui une tête grise pour lui montrer le chemin qui conduit aux Prairies bienheureuses ; s'il a jamais un autre père, ce sera ce digne guerrier.

Le Balafré, trompé dans son espérance, s'éloigna du jeune captif, et alla se placer en face de celui qui l'avait ainsi prévenu. Les deux vieillards s'observèrent mutuellement, et cet examen fut long et rempli d'intérêt. Il n'était pas facile de découvrir la véritable physionomie du Trappeur à travers le masque que les rigueurs de tant d'hivers avaient mis sur ses traits, et l'accoutrement bizarre et particulier dont il s'était affublé. Quelques moments s'écoulèrent avant que le Teton prît la parole, et alors même il semblait encore incertain s'il s'adressait à un Indien comme lui ou bien à quelque vagabond de cette race qui, à ce qu'il avait entendu dire, se répandait sur tout le pays comme autant de sauterelles affamées.

— La tête de mon frère est très-blanche, dit-il enfin ; mais l'œil du Balafré n'est plus comme celui de l'aigle. De quelle couleur est sa peau ?

— Le Wahcondah m'a fait comme ceux que vous voyez, qui attendent l'issue d'un jugement, Dahcotah ; mais le beau et le mauvais temps m'ont donné une couleur plus foncée que celle de la peau d'un renard. Qu'importe? Si l'écorce est fendue et n'est plus reconnaissable, le cœur de l'arbre n'en est pas moins sain.

— Mon frère est un Long-Couteau! Qu'il tourne la figure vers le soleil couchant, et qu'il ouvre les yeux; voit-il le lac salé derrière les montagnes ?

— Il y a eu un temps, Teton, où peu d'hommes pouvaient voir le point blanc sur la tête de l'aigle de plus loin que moi ; mais l'éclat de la lumière de quatre-vingt-sept étés a affaibli mes yeux, et je n'ai guère à me vanter de ma vue dans mes vieux jours. Les Sioux pensent-ils qu'un Visage-Pâle est un dieu, pour qu'il puisse voir à travers les rochers?

— Eh bien! que mon frère me regarde; je suis près de lui, et il peut voir que je ne suis qu'un pauvre homme à peau rouge. Pourquoi son peuple ne vit-il pas partout, puisqu'il veut tout avoir ?

— Je vous comprends, chef, et je ne contesterai point la justice de vos paroles, attendu qu'elles n'ont que trop un fondement de vérité ; mais, quoique né de la race que vous aimez si peu, mon plus cruel ennemi, le mingo même le plus impudent, n'oserait pas dire que j'aie jamais mis les mains sur le bien d'autrui, si ce n'est ce que j'ai pris en bonne et franche guerre, ni que j'aie jamais désiré plus de terrain que le Seigneur n'a voulu que chaque homme en occupât.

— Et cependant mon frère est venu parmi les Peaux-Rouges pour trouver un fils?

Le Trappeur posa un doigt sur l'épaule du Balafré, et, le regardant fixement:

— Oui, lui dit-il à voix basse et d'un air confidentiel, mais ce n'était que pour rendre service à ce brave garçon. Si vous pensez, Dahcotah, que je l'aie adopté pour assurer un appui à ma vieillesse, vous me faites injure, et vous connaissez mal aussi les projets implacables de votre peuple. Je l'ai fait mon fils afin qu'il sache que quelqu'un reste derrière lui... Paix, Hector! paix, mon chien! Est-il décent, lorsque des têtes grises se consultent ensemble, de venir les interrompre par des hurlements hors de saison? Le chien est vieux, Teton, et malgré le soin avec lequel il a été dressé, il commence, je crois, à oublier comme nous les habitudes qu'on lui a fait prendre dans sa jeunesse.

Un plus long entretien entre les deux vieillards fut interrompu par des cris discordants, que poussèrent à l'instant les mégères toutes ridées, qui, comme nous l'avons déjà dit, s'étaient frayé un passage jusque auprès des guerriers assemblés. Un changement soudain qui s'était opéré dans l'extérieur de Cœur-Dur en était la cause. Quand les deux vétérans se tournèrent de son côté, ils le virent debout au milieu du cercle, le cou tendu, l'œil fixé sur l'espace, une jambe en avant et un bras un peu en l'air, comme si toutes ses facultés étaient concentrées dans l'action d'écouter. Un sourire dérida un instant son front, et ensuite l'homme tout entier reprit son air de calme et de dignité, comme s'il était subitement rentré en lui-même.

Le mouvement qu'il avait fait avait été attribué au mépris, et les chefs eux-mêmes commencèrent à s'échauffer. Incapables de retenir leur fureur, les femmes s'élancèrent toutes à la fois dans le cercle, et commencèrent leur attaque en accablant le jeune guerrier des invectives les plus amères. Elles vantaient les divers exploits que leurs fils avaient accomplis aux dépens de différentes peuplades des Pawnies. Elles rabaissaient sa réputation, et lui disaient de regarder Mahtoree, s'il n'avait jamais vu un guerrier. Elles l'accusaient d'avoir été allaité par un daim, et d'avoir sucé la poltronnerie avec le lait de sa mère. En un mot, elles faisaient pleuvoir sur le captif, qui n'en conservait pas moins un sang-froid imperturbable, un déluge d'injures telles que la vengeance pouvait leur en suggérer, et l'on sait ce dont les femmes des sauvages sont capables dans de pareils moments ; leurs transports effrénés, leur rage implacable ont été trop souvent décrits pour qu'il soit nécessaire d'en parler de nouveau.

L'effet de cette irruption soudaine était inévitable. Le Balafré, n'ayant plus rien à espérer, alla se cacher dans la foule, tandis que le Trappeur, dont la physionomie expressive peignait l'émotion qui l'agitait intérieurement, se rapprochait de son jeune ami, comme on voit souvent ceux qui sont unis à quelque grand coupable par des liens assez forts pour leur faire braver l'opinion des hommes, rester debout auprès d'eux sur le lieu même de l'exécution, et les assister à leurs derniers moments.

L'effervescence se communiqua bientôt aux guerriers subalternes, quoique les chefs différassent encore de donner le signal qui devait livrer la victime à leur merci. Mahtoree attendait qu'il se fît un mouvement pareil parmi ses affidés, afin de pouvoir cacher plus sûrement sa haine envenimée ; mais bientôt, emporté par sa fureur, il fit un geste pour encourager les bourreaux à commencer.

A ce signal, Wencha, qui depuis longtemps avait les yeux fixés sur le chef pour épier son moindre coup d'œil, bondit de joie comme un chien altéré de sang qu'on lâche sur sa proie. Se faisant jour à travers les mégères, qui des injures en venaient déjà aux actes de violence, il réprima leur impatience, et leur dit d'attendre qu'un guerrier eût commencé à tourmenter la victime, qu'alors ils lui verraient verser des larmes comme à une femme.

L'Indien féroce préluda par brandir son tomahawk au-dessus de la tête du captif, et à l'agiter dans tous les sens de manière à faire croire à chaque coup que l'arme allait s'enfoncer dans la chair, tandis qu'il la maniait assez adroitement pour ne jamais toucher la peau. Cette épreuve ordinaire ne fit aucun effet sur le jeune guerrier. La hache éclatante avait beau tracer mille cercles de feu autour de sa figure, ses yeux n'en restaient pas moins fixés sur l'espace, sans paraître remarquer les efforts impuissants de son ennemi.

Voyant que cet essai ne réussissait pas, le Sioux implacable appuya le tranchant de son arme sur la tête nue de sa victime, et se mit à décrire les différentes manières dont un prisonnier pouvait être écorché. Les femmes l'accompagnaient de leurs cris farouches, et il n'y avait pas d'injures qu'elles n'inventassent pour tâcher d'émouvoir le Pawnie impassible, et pour l'exciter à leur répondre. Mais il était évident qu'il se réservait pour les chefs, et pour ces moments d'angoisses où l'élévation de son âme pourrait se montrer d'une manière plus digne d'une réputation qui n'avait jamais souffert la moindre atteinte.

Les yeux du Trappeur suivaient tous les mouvements du tomahawk avec l'intérêt d'un véritable père, jusqu'à ce qu'enfin, incapable de réprimer son indignation, il s'écria :

— Mon fils a oublié son adresse. Cet Indien a l'âme basse, et il est facile de l'entraîner à faire une folie ; je ne puis m'en mêler personnellement, parce que mes traditions défendent à un guerrier mourant d'outrager ses persécuteurs ; mais les dons d'une Peau-Rouge sont différents. Que le Pawnie dise les paroles amères, et qu'il achète une mort facile. Je réponds du succès, pourvu qu'il parle avant que les chefs se mettent de la partie.

Le Sioux, qui entendit sa voix sans comprendre ce qu'il disait, se tourna de son côté, et le menaça de punir de mort à l'instant même sa témérité.

— Allez, allez, faites ce qu'il vous plaira, dit le vieillard sans sourciller ; je suis tout aussi prêt aujourd'hui que je le serai demain, quoique ce ne soit point la mort dont un honnête homme aimerait à mourir. Regardez ce noble Pawnie, Teton, et voyez ce dont est capable une Peau-Rouge qui craint le Maître de la Vie et qui suit ses lois. Combien de vos guerriers n'a-t-il pas envoyés dans les Prairies lointaines ! ajouta-t-il par une sorte de fraude pieuse, pensant que, tant que le danger le menaçait lui-même, il ne pouvait y avoir de mal à faire l'éloge de son jeune ami ; combien de Sioux n'a-t-il pas frappés comme un guerrier en bataille ouverte, tandis que les flèches volaient dans l'air en plus grand nombre que les flocons de la neige qui tombe ? Allez ! Wencha peut-il dire le nom d'un seul ennemi qui l'ait jamais frappé ?

— Cœur-Dur ! s'écria le Sioux en se retournant furieux, et en se préparant à asséner un coup mortel à sa victime. Son bras tomba dans le creux de la main du captif. Pendant un moment ils restèrent tous deux immobiles dans la même attitude, l'un étant comme paralysé par une résistance aussi inattendue, tandis que l'autre baissait la tête, non pour aller au-devant du coup, mais pour prêter l'attention la plus profonde. Les femmes poussèrent un cri de triomphe, car elles pensaient que le courage du Pawnie l'avait enfin abandonné. Le Trappeur trembla pour l'honneur de son ami, et Hector, comme s'il devinait ce qui se passait, leva le nez en l'air, et poussa un hurlement plaintif.

Mais l'hésitation du Pawnie ne dura qu'un instant. Il leva son autre main avec la rapidité de l'éclair, le tomahawk brilla en l'air, et Wencha tomba à ses pieds la tête fendue jusqu'à l'œil. Alors, l'arme sanglante à la main, il se fit jour à travers les femmes effrayées, et d'un seul bond il était au bas de la colline.

Si le feu du ciel fût tombé en ce moment au milieu des Tetons, il n'aurait pas jeté dans leurs rangs une plus grande consternation que cet acte de désespoir héroïque. Des cris aigus et plaintifs furent poussés par toutes les femmes, et il y eut un instant où même les plus vieux d'entre les guerriers semblaient avoir perdu l'usage de leurs sens. Cette stupeur ne dura qu'une minute, et elle fit place à des cris de vengeance qui partirent de cent bouches à la fois, tandis qu'autant de guerriers s'élançaient en avant, la bouche écumant de rage. Mais la voix puissante et impérieuse de Mahtoree arrêta tous les pas. Le chef, sur la figure duquel se peignaient le désappointement et la rage, malgré les efforts qu'il faisait pour conserver un air de calme et de dignité, étendit le bras du côté de la rivière, et tout le mystère fut éclairci.

Cœur-Dur avait déjà traversé près de la moitié du bas-fond qui séparait la colline du bord de l'eau. Au moment même une troupe de Pawnies à cheval tourna une hauteur et accourut au grand galop sur l'autre rive. Bientôt les Sioux entendirent le bruit que fit le fugitif en se précipitant dans la rivière; quelques minutes suffirent à son bras vigoureux pour la traverser, et alors les exclamations qui retentirent sur la rive opposée apprirent aux Tetons confondus toute l'étendue du triomphe de leurs ennemis.

CHAPITRE XXIX.

> Si ce berger n'est pas enchaîné, qu'il prenne la fuite. Les malédictions qu'il entendra, les tortures qu'il éprouvera seront plus qu'il ne lui sera possible d'endurer.
>
> SHAKSPEARE.

Il est facile de se figurer la sensation extraordinaire que l'événement que nous venons de rapporter causa parmi les Sioux. En ramenant au camp ceux de ses guerriers qui l'avaient accompagné à la chasse, Mahtoree n'avait négligé aucune des précautions ordinaires de la prudence indienne, pour dérober la trace de ses pas aux regards de ses ennemis. Il paraîtrait cependant que non seulement les Pawnies avaient su le découvrir, mais encore qu'ils avaient eu l'adresse de s'approcher du camp par le seul côté où il avait paru inutile de placer des sentinelles pour en défendre l'abord. Quant à celles qui étaient disséminées sur les petites hauteurs qui se trouvaient derrière les tentes, elles furent les dernières à apprendre le danger.

Dans une crise pareille, il y avait peu de temps à donner à la réflexion ; c'était en déployant une grande énergie de caractère dans ces occasions critiques, que Mahtoree avait su acquérir et conserver de l'ascendant sur ses compagnons, et il n'était pas probable qu'il s'exposât à le perdre en montrant alors de l'indécision. Au milieu des cris des enfants, des gémissements des femmes, et des hurlements sauvages des vieilles mégères, qui auraient suffi pour jeter la confusion dans les pensées d'un homme moins habitué à agir dans les cas d'urgence, il déploya à l'instant même son autorité, et donna ses ordres avec le sang-froid d'un vieillard.

Tandis que les guerriers s'armaient, les enfants descendirent dans la vallée pour aller chercher des chevaux ; les tentes furent abattues en un instant par les femmes, et placées sur ceux des animaux auxquels on ne croyait pas pouvoir se fier pour le combat. Les enfants à peine sevrés furent jetés sur le dos de leurs mères, tandis que ceux qui étaient en état de marcher furent placés à l'arrière-garde, comme un troupeau d'animaux moins raisonnables. Quoique ces différents mouvements fussent exécutés au milieu des cris et des clameurs qui faisaient du camp une nouvelle Babel, ils le furent avec une promptitude et une intelligence incroyables.

Pendant ce temps, Mahtoree ne négligeait pas les devoirs que lui imposait son titre de chef. De la hauteur sur laquelle il était placé, il dominait entièrement l'ennemi, pouvait compter ses forces et voir ses évolutions. Un malin sourire brilla sur sa figure lorsqu'il reconnut que sa troupe était beaucoup supérieure en nombre. Mais en revanche, elle avait sous d'autres rapports un désavantage marqué, de sorte que, si l'on en venait aux mains, l'issue du combat était pour le moins extrêmement douteuse. Habitant une région plus septentrionale et moins hospitalière que leurs ennemis, ses compagnons étaient loin d'avoir en abondance ce qui fait la richesse des Indiens, les biens auxquels ils attachent le plus de prix, les armes et les chevaux. Dans la troupe au contraire qu'ils voyaient devant eux il n'était pas un seul Pawnie qui n'eût son cheval, et comme elle n'était venue aussi loin que dans l'espoir de délivrer ou de venger le plus illustre de ses chefs, il n'était point douteux qu'elle ne fût composée entièrement de guerriers d'élite.

Lorsque ensuite Mahtoree venait à jeter les yeux sur ses compagnons, il ne pouvait se dissimuler que plusieurs d'entre eux étaient plus propres à figurer dans une chasse que dans un combat, machines sans énergie qui pouvaient servir à détourner l'attention de ses ennemis, mais de la part desquels il avait peu de services actifs à attendre. Mais son œil brillait d'une noble fierté en contemplant un corps de guerriers en qui il avait souvent mis toute sa confiance, et qui ne l'avaient jamais trompé; et quoique, dans la position particulière où il se trouvait, il ne pût désirer de hâter le combat, il n'aurait sans doute pas non plus cherché à l'éviter, si la présence des femmes et des enfants n'eût laissé le choix à la disposition des Pawnies.

Ceux-ci, de leur côté, ayant atteint d'une manière si inespérée le but principal de leur expédition, ne manifestaient pas l'intention d'en venir aux mains. La rivière était une barrière dangereuse à franchir en présence d'un ennemi déterminé, et c'eût été une mesure qui aurait été parfaitement d'accord avec leur politique cauteleuse, que de se retirer pour un temps, afin de pouvoir ensuite tomber à l'improviste sur les Sioux lorsque, dans l'ombre de la nuit, ils se livreraient à une trompeuse sécurité.

Mais leur chef était alors en proie à un enthousiasme qui l'élevait au-dessus de lui-même, et lui faisait mépriser les expédients ordinaires auxquels les Indiens ont recours dans leurs expéditions. Son cœur brûlait du désir d'effacer la tache que sa captivité semblait avoir imprimée sur son front, et peut-être aussi pensa-t-il que le camp des Sioux qui se retiraient renfermait un trésor qui commençait à avoir plus de prix à ses yeux que cinquante chevelures de Tetons.

Quoi qu'il en soit, Cœur-Dur n'eut pas plus tôt reçu les félicitations courtes mais énergiques de ses compagnons, que, communiquant aux chefs les détails qu'il était important pour eux de savoir, il se prépara au combat, l'esprit rempli d'un objet propre à justifier la haute réputation qu'il s'était acquise, et à satisfaire ses secrets désirs. Un beau cheval, dressé depuis longtemps à la chasse, avait été amené pour recevoir son maître, quoique avec bien peu d'espoir que celui-ci eût jamais besoin de ses services dans cette vie. Par une attention délicate qui prouvait toute l'estime que les qualités généreuses du jeune guerrier avaient inspirée à son peuple, un arc, une lance et un carquois avaient été attachés à la selle de l'animal, qui devait être immolé sur la tombe de leur chef bien-aimé; espèce de soin qui aurait rendu inutile le pieux devoir que le Trappeur avait promis d'accomplir.

Quoique Cœur-Dur fût sensible à l'attachement de ses guerriers, et qu'il pensât qu'un chef, ainsi équipé, pouvait partir avec honneur pour les terrains de chasse du Maître de la Vie, il semblait disposé à croire que ces armes, préparées pour une autre destination, pourraient lui être tout aussi utiles dans l'état actuel des choses. Une rare satisfaction brilla sur sa figure lorsqu'il essaya l'élasticité de l'arc, et pesa la lance dont les deux côtés se balançaient également; il ne jeta qu'un coup d'œil rapide et indifférent sur le bouclier; mais la joie avec laquelle il s'élança sur le dos de son cheval de bataille favori, fut si grande qu'elle triompha de la gravité du chef et de la réserve de l'Indien. Il se mit à caracoler de côté et d'autre au milieu de ses guerriers non moins ravis que lui, maniant son coursier avec une grâce et une adresse qu'aucune règle artificielle ne saurait donner; tantôt agitant sa lance, comme pour s'assurer qu'il était ferme sur sa selle, et tantôt examinant le fusil qui avait été également remis entre ses mains, avec le soin minutieux et l'affection d'un homme qui recouvre miraculeusement des trésors qui avaient toujours fait sa gloire et son bonheur.

Ce fut dans ce moment que Mahtoree, ayant achevé les dispositions nécessaires, se prépara à faire un mouvement plus décisif. Le Teton n'avait pas éprouvé peu d'embarras à disposer de ses prisonniers. Les tentes du squatter étaient encore en vue, et sa prudence aux aguets ne manquait pas de lui apprendre qu'il était tout aussi nécessaire de se tenir en garde contre une attaque de ce côté, que de surveiller les opérations de ses ennemis plus actifs, qui du moins ne se cachaient pas. Son premier mouvement avait été de se défaire des hommes à l'aide du tomahawk, et de mettre les femmes sous la même protection que celles de sa troupe; mais les sentiments de crainte et de respect avec lesquels plusieurs de ses guerriers continuaient à regarder le grand médecin des Longs-Couteaux, l'avertirent du danger de faire une expérience aussi hasardeuse au moment d'une bataille. On pourrait regarder cet attentat comme le présage d'une défaite. Il changea aussitôt d'avis, appela un vieux guerrier auquel il avait confié le commandement de ceux qui ne pouvaient le suivre sur le sentier de la guerre, et le prenant à l'écart, il lui posa la main sur l'épaule, et lui dit d'un ton où l'autorité semblait tempérée par la confiance.

— Quand mes jeunes guerriers tomberont sur les Pawnies, donnez des couteaux aux femmes. Il suffit; mon père est bien vieux; il n'a pas besoin d'apprendre la sagesse de la bouche d'un enfant.

Le vieux sauvage lui fit entendre par un affreux sourire qu'il exécuterait ses ordres, et le chef, ayant l'esprit en repos sur ce point important, ne s'occupa plus que du soin d'assurer sa vengeance et de soutenir sa réputation de bravoure. Se jetant à cheval, il fit signe, d'un air de prince, à ses compagnons, d'imiter son exemple, ne se faisant aucun scrupule d'interrompre les chants de guerre et les cérémonies solennelles, par lesquels plusieurs d'entre eux cherchaient à aiguiser leur courage et à exciter leur enthousiasme. Quand il vit chacun à son rang, il donna l'ordre du départ, et les Sioux se dirigèrent en bon ordre et en silence vers le bord de l'eau.

Les deux troupes n'étaient plus séparées que par la rivière; mais elle était trop large pour que les armes ordinaires des Indiens pussent parvenir jusqu'à l'autre rive. Les chefs échangèrent quelques coups de fusil, plutôt par bravade que dans l'espoir qu'ils pussent produire quelque effet. Comme pendant quelque temps ils ne firent autre chose que de se menacer de loin ou de se consumer en efforts impuissants, nous les quitterons pour le moment, pour retourner auprès des prisonniers que nous avons laissés entre les mains des sauvages.

Nous avons usé beaucoup d'encre inutilement, et perdu bien du papier, qu'il eût été facile d'employer beaucoup mieux, s'il est nécessaire à présent de dire au lecteur qu'aucun de ces mouvements n'échappa à l'œil clairvoyant du Trappeur. Il avait été aussi surpris que les autres du changement soudain qui s'était opéré dans les manières de Cœur-Dur, et il y eut un seul instant où un sentiment de regret et de mortification succéda au désir qu'il avait de lui sauver la vie. Le bon et simple vieillard, s'il avait vu le moindre symptôme de faiblesse de la part d'un guerrier qui avait excité si vivement son intérêt, aurait éprouvé la même douleur que le chrétien qui assiste aux derniers moments d'un fils impie dont il ne peut dessiller les yeux. Mais lorsqu'au lieu d'efforts vils et impuissants pour conserver la vie, il reconnut que son ami avait montré la noble résignation et le courage héroïque d'un guerrier indien, jusqu'au moment où il avait trouvé l'occasion d'échapper à ses bourreaux, et qu'alors il avait déployé l'énergie et le caractère du brave le plus aguerri, la joie qu'il éprouva fut si vive, qu'il eut peine à la réprimer.

Au milieu des cris et de la confusion qui suivirent la mort de Wencha et l'évasion du prisonnier, il alla se placer près de Paul et de Middleton, bien décidé à les défendre au péril de sa vie, si la fureur des sauvages prenait cette direction. L'arrivée des Pawnies lui épargna une tentative aussi désespérée qu'elle eût été sans doute infructueuse, et le laissa continuer ses observations et mûrir ses projets plus à loisir.

Il remarqua particulièrement que, tandis que la plus grande partie des femmes et tous les enfants, ainsi que le mobilier de la troupe, avaient été dirigés sur les derrières, sans doute pour qu'elles fussent plus à portée de se cacher dans quelques uns des bois adjacents, la tente de Mahtoree était restée seule debout, et continuait à renfermer le dépôt précieux qui lui avait été confié. Seulement deux chevaux choisis étaient à la porte, tenus par deux Indiens trop jeunes pour aller dans la mêlée, mais déjà en âge de savoir les conduire.

Le Trappeur reconnut dans cet arrangement la répugnance de Mahtoree à envoyer ses fleurs récemment découvertes hors de la portée de ses yeux, et en même temps sa prévoyance à prendre ses mesures contre un revers de fortune. L'air du Teton, lorsqu'il avait tiré le vieux sauvage à l'écart, et le plaisir féroce avec lequel celui-ci avait reçu l'ordre sanguinaire de son chef, n'avaient pas échappé non plus à son regard attentif. De tous ces mouvements mystérieux, le vieillard augura que le moment de crise était arrivé, et il rassembla toute l'expérience qu'il avait acquise dans une si longue vie, pour s'en aider dans une conjoncture aussi critique. Ce fut tandis qu'il était à réfléchir sur les moyens à employer, que le docteur appela de nouveau son attention sur lui-même, en faisant un piteux appel à sa compassion.

— Vénérable Trappeur, ou plutôt libérateur, comme je suis en droit de vous appeler à présent, s'écria le plaintif Obed, dans son exorde, il semblerait que le moment propice est enfin arrivé, de faire cesser la connexité irrégulière et tout à fait contre nature qui règne entre mes membres inférieurs et le corps d'*asinus*. Peut-être, si le libre usage de mes membres m'était rendu, et que, mettant convenablement à profit cette circonstance favorable, je fisse une marche forcée pour regagner les habitations, peut-être, dis-je, tout espoir de conserver les trésors de science dont je suis l'indigne réceptacle, ne serait-il pas irrévocablement perdu. Assurément, l'importance des résultats vaut du moins la peine de tenter l'épreuve.

— Je n'en sais rien, je n'en sais rien, répondit le vieillard d'un ton positif; les insectes et les reptiles que vous portez autour de vous ont été destinés par le Seigneur pour les Prairies, et je ne vois pas le bien de les envoyer dans des régions qui peuvent ne pas convenir à leur nature. Et de plus, assis comme vous l'êtes sur votre âne, vous pouvez rendre de grands et d'importants services à vos compagnons, quoique je ne sois pas surpris qu'un homme qui a toujours la tête enfoncée dans les livres s'étonne de pouvoir être de quelque utilité.

— Quel service puis-je donc rendre dans cette pénible position, lorsque les fonctions animales sont en quelque sorte suspendues, et que les fonctions spirituelles ou intellectuelles sont paralysées par la sympathie secrète qui unit l'âme à la matière? Il est probable qu'il va y avoir du sang de versé entre ces deux hordes de mécréants, et quoique je ne me soucie guère de l'emploi, encore vaudrait-il mieux que je m'occupasse d'expériences chirurgicales, que de perdre ainsi des moments précieux à me mortifier tout à la fois l'âme et le corps.

— Une Peau Rouge s'inquiète bien d'avoir un médecin pour panser ses blessures, lorsque le cri de guerre retentit à ses oreilles ! La patience est une vertu dans un Indien, et il n'y a point de quoi rougir pour un chrétien d'en montrer aussi. Regardez ces maudites mégères, ami docteur ; je ne me connais pas au caractère des sauvages, si elles n'ont pas des projets de sang, et si elles ne se préparent à s'en donner sur nous à cœur-joie. Eh bien ! tant que vous resterez sur l'âne, et que vous conserverez cet aspect intrépide qui est loin d'être votre don naturel, il est possible que la crainte que leur inspire un si grand médecin les tienne en respect. Je suis placé ici comme un général au commencement d'une bataille, et il est de mon devoir de disposer mes forces de manière à ce que chacun se trouve au poste qu'il est le plus en état de défendre. Or, si je ne me trompe, votre mine nous rendra plus de services dans ce moment que ne pourraient le faire les exploits les plus éclatants.

— Ecoutez, vieux Trappeur, s'écria Paul ; dont la patience ne put supporter plus longtemps les calculs et les explications prolixes de son compagnon, si vous nous débarrassiez de deux choses que je vais vous dire ? D'abord, de votre conversation, qui a son agrément autour d'une bosse de bison bien apprêtée, mais dont nous nous passerions très-bien dans ce moment, et ensuite de ces maudites courroies de peau, qui, d'après l'expérience que j'en ai faite, ne sont agréables nulle part. Un seul coup de votre couteau nous serait plus utile pour l'instant que le plus long discours qui ait jamais été prononcé dans une cour de justice du Kentucky.

— Ah ! oui, les cours de justice sont les heureux terrains de chasse, comme dirait une Peau Rouge, pour ceux qui n'ont pour tous dons que ceux qui consistent dans la langue. Je fus conduit un jour dans un de ces trous impurs[1], et ce n'était pour rien de plus que pour une misérable peau de daim. Que le Seigneur leur pardonne ! Ils n'en savaient pas plus long, et ils prononcèrent d'après leur faible jugement ; ainsi donc ils n'en sont que plus à plaindre. Et cependant c'était un spectacle solennel que de voir un vieillard qui avait toujours vécu en plein air, traîné sans pitié

---

[1]. Voyez *les Pionniers*.

par la loi, et offert en spectacle aux femmes et aux enfants des habitations!

— Si telle est l'aversion très-naturelle que vous avez pour toute espèce de contrainte, vous feriez mieux de la manifester en nous mettant en liberté sans plus attendre, dit Middleton, qui, de même que son compagnon, commençait à trouver que la lenteur du vieillard, dont ils avaient si souvent éprouvé le zèle, était aussi extraordinaire qu'elle était insupportable.

— Je voudrais bien pouvoir le faire, surtout à cause de vous, capitaine, qui, en votre qualité de militaire, trouveriez non-seulement du plaisir, mais du profit à examiner plus à votre aise les ruses et les détours d'un combat indien. Quant à notre ami que voici, il importe peu pour lui qu'il le voie d'un peu plus loin, attendu qu'une abeille ne se prend pas de la même manière qu'un sauvage.

— Vieillard, ces plaisanteries sont tout à fait hors de saison; je pourrais même dire que c'est insulter à notre infortune, et.....

— Ah! voilà bien comme était votre grand-père, toujours chaud, toujours bouillant! et l'on ne peut s'attendre que le rejeton d'une panthère se traîne à terre comme celui d'un porc-épic. A présent, taisez-vous l'un et l'autre, et ce que je vais dire aura l'air de se rapporter aux manœuvres qui se font là-bas; cela pourra servir à endormir la vigilance et à fermer les yeux de ceux qui ne les tiennent que trop ouverts lorsqu'il y a quelque acte de cruauté à commettre. Vous saurez donc, en premier lieu, que j'ai tout lieu de croire que ce traître de Teton a laissé l'ordre en partant de nous mettre tous à mort aussitôt que le coup pourra se faire secrètement et sans bruit.

— Juste ciel! souffrirez-vous que nous soyons égorgés comme des brebis qui ne peuvent se défendre?

— Silence, capitaine, silence! une tête chaude ne sert à rien lorsque c'est de l'adresse qu'il faut plutôt que du courage. Ah! le Pawnie est un noble garçon. Si vous pouviez voir comme il s'éloigne du bord de la rivière pour inviter ses ennemis à la traverser, vraiment cela vous réjouirait le cœur! et cependant, si j'en crois ma vue qui baisse, ils ne sont qu'un contre deux! Mais pour en revenir à ce que je disais, il y a peu de bien à retirer de la précipitation et de l'imprévoyance. Les faits sont si clairs qu'ils frapperaient même les yeux d'un enfant. Les sauvages sont partagés d'avis sur la manière dont on doit nous traiter. Les uns nous craignent à cause de notre couleur et nous laisseraient volontiers partir, et les autres se préparent à nous montrer la pitié que le daim doit attendre du loup affamé. Lorsqu'il y a deux avis dans le conseil d'une tribu, il est rare que ce soit l'humanité qui l'emporte. A présent, voyez-vous ces squaws ridées et altérées de sang? — Non, dans la position où vous êtes, vous ne sauriez les voir. — Mais elles n'en sont pas moins là, toutes prêtes, comme autant de louves enragées, à se jeter sur vous dès que le moment en sera venu.

— Ecoutez, mon vieux camarade, dit Paul en l'interrompant avec un peu d'amertume; est-ce pour notre plaisir ou pour le vôtre que vous venez nous rabâcher tout cela? Si c'est pour le nôtre, gardez, je vous prie, votre haleine pour la première course que vous aurez à faire; car, pour ma part, je ne suis nullement d'humeur à goûter vos plaisanteries.

— Paix! dit le Trappeur, en coupant avec autant d'adresse que de rapidité la courroie qui attachait un des bras de Paul à son corps, et laissant couler en même temps son couteau dans la main qu'il venait de délivrer. Paix, enfant! paix! vous dis-je; profitez de votre bonheur, et taisez-vous. Les cris qui viennent de retentir des bas-fonds ont attiré les yeux de ces furies d'un autre côté; nous avons donc un instant à nous. Maintenant faites le reste; mais de la prudence, jeune tête, et surtout prenez bien garde que personne ne vous voie.

— Grand merci du service, l'homme aux réflexions éternelles, murmura le chasseur d'abeilles, quoiqu'il arrive comme la neige dans le mois de mai, un peu hors de saison.

— Insensé! s'écria d'un ton de reproche le vieillard qui s'était retiré à quelque distance de ses amis, et qui semblait examiner attentivement les opérations des deux corps ennemis. — Et vous aussi, capitaine, quoique je ne sois pas d'un caractère à me formaliser sur de vaines apparences, je vois que vous gardez le silence parce que vous dédaignez de demander un service à un homme qui vous paraît trop lent à vous le rendre. Sans doute vous êtes jeunes l'un et l'autre, et vous êtes tout pleins du sentiment de votre force et de votre courage; j'ose dire que vous pensez qu'il n'y avait qu'à couper les courroies pour que vous fussiez maîtres de la place. Mais celui qui a beaucoup vu sait qu'il est nécessaire de réfléchir longtemps. Si je m'étais mis à courir comme une femme qui perd la tête, pour vous rendre la liberté, ces infâmes mégères s'en seraient aperçues, et où seriez-vous à présent, je vous prie? Sous le tomahawk et sous le couteau, comme des enfants sans défense et qui jettent les hauts cris. Oui, voilà où vous en seriez, quoique vous soyez des hommes et que vous ayez de la barbe au menton. Demandez à notre ami le chasseur d'abeilles s'il se trouve en état de tenir tête à un Teton, après avoir été garrotté si longtemps, bien moins encore à une douzaine de squaws sans pitié et altérées de sang!

— Le fait est, vieux Trappeur, répondit Paul en étendant ses membres qu'il était parvenu alors à dégager entièrement, et en s'efforçant de rétablir la circulation du sang qui avait été interrompue, — le fait est que ce que vous dites est rigoureusement vrai. Oui, je suis forcé d'en convenir, moi, Paul Hover, un homme qui ne le céderait à personne à la lutte ou à la course, me voilà tout aussi incapable de faire usage de mes pieds et de mes mains que le jour où j'ai paru pour la première fois dans la maison du vieux Paul qui est parti pour le long voyage. Dieu lui pardonne toutes les petites peccadilles qu'il a pu commettre, tandis qu'il était dans le Kentucky! Dans ce moment j'ai le pied posé sur la terre ferme, ou bien mes yeux n'y voient plus, et cependant peu s'en faudrait que je ne fusse prêt à jurer qu'ils ne touchent pas la terre de six pouces pour le moins. Ainsi donc, mon brave ami, puisque vous avez déjà tant fait pour nous, ayez la bonté de tenir un peu à l'écart ces squaws infernales, sur lesquelles vous nous avez donné des détails si intéressants, jusqu'à ce que je sois parvenu à dégourdir un peu ce bras qui est raide comme un piquet, et que je sois prêt à les recevoir poliment.

Le Trappeur lui fit signe qu'il comprenait parfaitement ce qu'il désirait de lui, et il se dirigea vers le vieux sauvage, qui commençait à manifester l'intention d'accomplir l'ordre qui lui avait été donné, laissant le chasseur d'abeilles recouvrer autant que possible l'usage de ses membres, et rendre à Middleton le même service qu'il venait de recevoir lui-même.

Mahtoree avait bien choisi l'homme qui convenait pour accomplir sa mission sanguinaire. C'était un de ces sauvages sans pitié qu'on trouve en plus ou moins grand nombre dans toutes les peuplades, et qui s'était fait une certaine réputation dans les combats, en montrant une sorte de courage féroce qui ne prenait sa source que dans un amour inné pour le sang. Etranger à ce sentiment noble et chevaleresque qui fait que les Indiens des Prairies regardent comme une action encore plus héroïque d'enlever le trophée de la victoire du corps d'un ennemi tombé que de lui arracher la vie, il semblait n'avoir d'autre plaisir que d'en détruire le principe. Tandis que les chefs valeureux ne cherchaient qu'à se couvrir de gloire et à s'illustrer par quelque action d'éclat, on l'avait toujours vu se cacher derrière quelque couvert favorable, et priver les blessés de toute espérance, en achevant ce qu'un guerrier plus généreux avait commencé. Lorsqu'il s'agissait de quelque acte de cruauté, il se montrait toujours le premier, et dans le conseil jamais on ne l'avait vu une seule fois se ranger du côté de l'indulgence.

Il avait attendu, avec une impatience que, tout glacé qu'il était par l'âge, il avait eu peine à modérer, l'instant où il pourrait se mettre à exécuter les ordres du grand chef dont il lui fallait l'approbation et la protection puissante pour entreprendre une démarche qui avait trouvé tant d'opposition dans le conseil. Mais un engagement venait enfin de commencer entre les deux troupes, et à sa grande joie, l'instant était arrivé où il se trouvait libre d'agir à sa volonté.

Le Trappeur le trouva occupé à distribuer des couteaux aux mégères féroces, qui, en les recevant, entonnèrent à voix basse un chant monotone qui rappelait les pertes qu'elles avaient faites dans différents combats de leur peuple contre les blancs, et qui vantait les charmes et la gloire de la vengeance. La vue seule d'un pareil groupe aurait suffi pour détourner un homme moins intrépide que le vieillard d'entrer dans le cercle où elles accomplissaient leurs affreuses cérémonies.

Chaque squaw, en recevant l'arme fatale, commençait une sorte de danse lente et mesurée, mais sans grâce, autour du sauvage, jusqu'à ce qu'elles l'eussent entouré toutes dans une espèce de cercle magique. Leurs mouvements étaient réglés, jusqu'à un certain point, par les paroles de leurs chants sauvages, et leurs gestes, par les idées qu'elles exprimaient. Ainsi, lorsqu'elles parlaient des guerriers qu'elles avaient perdus, elles agitaient en l'air leurs longs cheveux gris tout hérissés, ou bien elles les laissaient retomber en désordre sur leurs cous desséchés; mais lorsque l'une d'entre elles venait à faire allusion à la douceur de rendre coup pour coup, toutes lui répondaient par des cris frénétiques et par des gestes qui prouvaient assez avec quelle ardeur elles cherchaient à s'animer encore davantage, et à redoubler, s'il était possible, la fureur qui les dévorait.

Ce fut au milieu de ce cercle de véritables démons que le Trappeur s'avança avec autant de calme et de gravité que s'il fût entré dans une église de village. Son arrivée ne produisit d'autre effet que de donner une nouvelle activité à leurs gestes menaçants, comme si elles n'en pouvaient trouver d'assez énergiques pour exprimer leurs atroces projets. Le vieillard leur fit signe de s'arrêter.

— Pourquoi, leur demanda-t-il, les mères des Tetons chantent-elles avec des langues amères? Les prisonniers pawnies ne sont pas encore dans leur village; leurs jeunes guerriers ne sont pas encore revenus chargés de chevelures.

On ne lui répondit que par de nouveaux cris, ou plutôt par des hurlements farouches, et quelques unes des furies les plus acharnées allèrent même jusqu'à s'approcher de lui, et agitèrent leurs couteaux autour de sa tête comme si elles s'apprêtaient à l'en frapper.

— C'est un guerrier qui est devant vous, et non pas quelque vagabond de Long-Couteau, dont la figure pâlit encore à la vue d'un tomahawk, reprit le Trappeur sans sourciller. Que les femmes sioux y pensent bien : si une Peau Blanche meurt, cent autres sortent de terre à l'endroit même où il est tombé.

Les mégères ne répondirent encore qu'en pressant le mouvement de leur danse circulaire, et en élevant de temps en temps la voix avec plus de force, lorsque leurs chants exprimaient des idées de vengeance. Tout à coup l'une des plus âgées et des plus féroces de la bande sortit du cercle, et s'élança vers ses victimes avec la rapacité d'un oiseau carnassier qui, ayant balancé quelque temps ses ailes pesantes, prend son essor pour s'abattre sur sa proie. Les autres la suivirent en désordre et en poussant de grands cris, craignant d'arriver trop tard pour avoir le plaisir de plonger aussi leurs mains dans le sang.

— Puissant médecin de mon peuple! s'écria le Trappeur dans la langue des Tetons, élevez votre voix et parlez afin que le peuple sioux entende!

Soit qu'*asinus*, instruit par l'expérience récente qu'il en avait faite, eût appris à connaître tout le pouvoir de ses accents sonores, soit que le spectacle étrange d'une douzaine de sorcières qui accouraient sur lui en frappant l'air de cris perçants capables de faire dresser les oreilles même d'un âne, produisit sur son caractère pacifique une impression extraordinaire, il est certain que l'animal fit ce qu'Obed était invité à faire, et qu'il produisit sans doute un effet beaucoup plus grand que si le naturaliste avait réuni tous les efforts de ses poumons pour se faire entendre. C'était la première fois que cet animal, dont l'espèce leur était inconnue, parlait depuis son arrivée au camp. Effrayées par un bruit aussi terrible, les furies se dispersèrent comme des vautours à qui la peur fait quitter leur proie ; mais tout en fuyant elles continuaient à pousser de grands cris, et ne paraissaient pas avoir encore renoncé complètement à leur projet.

Pendant ce temps, l'approche et l'imminence du danger avaient rétabli la circulation du sang dans les veines de Paul et de Middleton beaucoup plus efficacement que toutes leurs frictions n'avaient pu le faire. Paul était alors debout, et il avait pris une attitude menaçante qui promettait beaucoup plus peut-être que le digne chasseur d'abeilles ne pouvait tenir. Middleton lui-même était parvenu à se soulever sur ses genoux, et il se montrait disposé à vendre chèrement sa vie. La délivrance inexplicable des captifs fut attribuée par les vieilles mégères aux sortiléges du médecin, et cette heureuse méprise ne les servit pas moins que l'intervention miraculeuse d'*asinus* en leur faveur.

— C'est maintenant qu'il faut nous montrer, s'écria le Trappeur en se hâtant de rejoindre ses amis, et qu'il faut faire ouvertement et bravement la guerre. Il eût été d'une bonne politique de différer le combat jusqu'à ce que le capitaine fût plus en état de nous seconder, mais maintenant que nous avons démasqué notre batterie, il faut nous maintenir de pied ferme dans la position...

Il s'interrompit tout à coup en sentant une main gigantesque sur son épaule. Près de se laisser aller à son tour aux idées de magie qu'il avait cherché lui-même à faire naître, il se retourna et vit qu'il était entre les mains d'un magicien non moins puissant et non moins dangereux qu'Ismaël Bush. Le groupe des fils du squatter, bien armés, qui débusquèrent en ce moment de derrière la tente de Mahtoree qui était toujours debout, leur fit voir tout à la fois et la manière dont ils étaient venus les surprendre par derrière, tandis que leur attention se portait si vivement sur ce qui se passait devant eux, et l'impossibilité absolue où ils étaient de se défendre.

Ismaël et ses fils ne crurent pas nécessaire d'entrer dans de longues explications. Middleton et Paul furent de nouveau chargés de liens, dans un profond silence et avec une promptitude extraordinaire, et, pour cette fois, le vieux Trappeur partagea leur sort. La tente fut abattue, les deux femmes furent placées en croupe derrière deux des cavaliers, et toute la troupe reprit le chemin du camp du squatter, et tout cela avec une célérité qui eût pu servir merveilleusement à entretenir les idées de magie.

Pendant ces arrangements, qui ne furent ni longs ni difficiles, l'agent de Mahtoree déconcerté et ses infâmes compagnes s'étaient empressés de fuir à travers la plaine, et quand Ismaël se fut retiré avec ses prisonniers et son butin, l'emplacement qui avait été si récemment animé par le bruit et le tumulte d'un camp indien, fut aussi triste, aussi désert qu'aucune autre partie de ces vastes solitudes.

CHAPITRE XXX.

> Cette conduite est-elle juste et honorable?
> SHAKSPEARE.

PENDANT que ces événements se passaient sur la hauteur, les guerriers qui se trouvaient dans la plaine n'étaient pas restés oisifs. Nous avons laissé les deux corps ennemis s'observant l'un l'autre sur les deux rives, chacun s'efforçant d'exciter l'autre parti à quelque tentative imprudente et téméraire par des invectives sanglantes et d'amères ironies. Mais le chef pawnie ne tarda pas à découvrir que son adroit antagoniste ne demandait pas mieux que de traîner les choses en longueur, et de perdre le temps en essais, en expédients, qui jusque alors s'étaient trouvés de part et d'autre également infructueux. Il changea donc de plan, et s'éloigna du bord de la rivière, mouvement qui avait été remarqué du Trappeur, et que nos lecteurs ont déjà appris de sa bouche, afin d'inviter la troupe plus nombreuse des Sioux à la traverser. Le défi ne fut pas accepté, et les Loups furent obligés d'imaginer quelque autre moyen pour arriver à leur but.

Au lieu de consumer plus longtemps des instants précieux en vains efforts pour décider son ennemi à passer l'eau, le jeune chef des Pawnies se mit à la tête de ses troupes, et suivit la rive au galop, pour chercher quelque endroit favorable où, par une brusque traversée, il pût conduire sans perte ses guerriers sur l'autre bord.

Du moment que son dessein fut découvert, chaque Teton à cheval prit un de ses compagnons en croupe, et Mahtoree eut le temps de concentrer toutes ses forces pour s'opposer au passage. Voyant que son stratagème était prévu, et ne voulant pas essouffler ses chevaux par une course forcée qui les mettrait hors d'haleine quand même ils parviendraient à devancer les chevaux des Sioux plus pesamment chargés, Cœur-Dur s'arrêta, et rangeant sa troupe en bataille, il vint se placer sur le bord même de la rivière.

Le pays était trop découvert pour permettre aucun des stratagèmes de guerre ordinairement employés par les Indiens, et cependant le temps s'écoulait avec une rapidité effrayante. Le valeureux Pawnie n'hésita plus, et il résolut d'entamer le combat en payant lui-même de sa personne, et par une de ces actions d'audace qui sont si communes chez les guerriers indiens, actions auxquelles ils doivent souvent leur plus grande et leur plus précieuse renommée. L'endroit qu'il avait choisi était favorable pour un pareil projet. La rivière, qui, dans la plus grande partie de son cours, était profonde et rapide, y avait plus du double de sa largeur ordinaire, et le bouillonnement de ses eaux prouvait qu'elle coulait sur un bas-fond.

Au milieu du courant s'étendait un banc de sable qui s'élevait un peu au-dessus du niveau de l'eau, et dont la couleur et la consistance garantissaient à un œil exercé que le pied y trouverait un sol ferme et solide.

Ce fut sur cette petite île que Cœur-Dur tourna un regard attentif, et il ne fut pas long à prendre son parti. Il dit un mot à ses guerriers, leur fit part de son projet, et s'élançant dans la rivière, tantôt en nageant, et plus souvent en se servant de son cheval qui avait pied, il atteignit le banc de sable en quelques minutes.

L'expérience de Cœur-Dur ne l'avait pas trompé. Lorsque son cheval sortit de l'eau en ronflant, il se trouva sur un sol tremblant, mais humide et compacte, qui était merveilleusement propre à faire ressortir les brillantes qualités du noble animal. Celui-ci semblait sentir cet avantage, et, comme s'il était fier de porter son maître, il marchait avec une grâce, il levait la tête avec une fierté qui aurait fait honneur au cheval de bataille le mieux dressé et le plus généreux. Les regards du jeune chef étaient étincelants; son sang bouillonnait dans ses veines; on voyait à son air, à son maintien, qu'il sentait que deux peuples avaient les yeux fixés sur ses mouvements, et si rien ne pouvait être plus agréable ni plus flatteur pour ses compagnons que le spectacle de tant de grâce et d'intrépidité, rien n'était plus humiliant ni plus pénible pour leurs ennemis.

L'apparition soudaine du Pawnie sur le banc de sable excita parmi les Tetons les cris les plus sauvages et les plus furieux. Ils se précipitèrent sur le rivage, cinquante flèches furent décochées à la fois, quelques coups de fusil se firent entendre, et plus d'un guerrier manifesta hautement le désir de s'élancer dans la rivière pour aller châtier l'insolence et la témérité de leur ennemi; mais la voix retentissante de Mahtoree les arrêta. Bien loin de permettre qu'un seul pied entrât dans l'eau, ou que ses compagnons se consumassent de nouveau en efforts infructueux pour chasser leur ennemi de la position qu'il avait prise, en faisant usage de leurs armes, il donna l'ordre à toute sa troupe de s'éloigner du rivage, tandis que lui-même il communiquait ses projets à un ou deux des guerriers en qui il avait le plus de confiance.

Lorsque les Pawnies avaient vu le mouvement soudain de leurs ennemis, vingt d'entre eux s'étaient précipités dans la rivière; mais dès qu'ils s'aperçurent que les Tetons s'étaient retirés, ils revinrent tous également sur leurs pas, laissant le jeune chef sans autre appui que son habileté reconnue et son courage à toute épreuve. Les instructions que Cœur-Dur avait données à sa troupe en partant étaient dignes de l'intrépidité de son caractère et de son noble développement. Tant qu'il ne s'avançait contre lui que des guerriers isolés, il devait être laissé à la garde du Wahcondah et de son bras; mais si les Sioux venaient l'attaquer en force, c'était alors que ses compagnons devaient accourir à son secours en nombre égal, guerrier contre guerrier, quand même sa troupe tout entière devrait se trouver engagée.

Ces ordres généreux furent ponctuellement suivis, et quoique un grand nombre de Pawnies brûlassent de partager la gloire et les dangers de leur chef, il ne s'en trouva pas un seul qui ne sût cacher son impatience sous le masque de réserve et de contrainte dont les Indiens se couvrent ordinairement. Ils observaient ses mouvements d'un œil avide et jaloux; mais pas une seule exclamation de surprise ne leur échappa lorsqu'il parut probable, comme on le verra bientôt, que l'épreuve de leur chef amènerait une trêve plutôt qu'un combat.

Mahtoree eut bientôt fait part de ses projets à ses confidents, qu'il congédia aussitôt après en leur donnant l'ordre d'aller rejoindre leurs compagnons. Le Teton entra dans la rivière, fit quelques pas, puis s'arrêta. Alors il leva la main plusieurs fois en tenant la paume en dehors, et fit plusieurs autres signes que les habitants de ces régions sont convenus de regarder comme des démonstrations de paix. Alors, comme pour donner un nouveau gage de la sincérité de ses intentions, il jeta son fusil sur le rivage et continua à avancer au milieu de l'eau. Au bout d'une certaine distance, il s'arrêta de nouveau, afin de voir de quelle manière le Pawnie recevrait ses avances pacifiques.

Le rusé Sioux connaissait bien le caractère noble et généreux de son jeune rival. Pendant tout le temps qu'on avait fait pleuvoir sur lui une grêle de flèches, et que tout semblait annoncer les préparatifs d'une attaque générale, Cœur-Dur avait continué à galoper à travers les sables avec la même fierté et la même audace qu'il avait montrée en affrontant pour la première fois le danger. Quand il vit le chef teton, dont il reconnaissait les traits menaçants, entrer dans la rivière, il agita ses mains d'un air de triomphe, et brandissant sa lance, il fit retentir l'air du cri de guerre de sa nation, comme pour le défier et l'appeler au combat. Mais quand il le vit faire des démonstrations de paix, quoique habitué aux ruses perfides des Indiens, et sachant jusqu'où ils pouvaient pousser la trahison, il dédaigna de montrer moins de confiance que son ennemi, et courant à l'extrémité de l'île, il jeta son fusil loin de lui, et revint à l'endroit d'où il était parti.

Les armes des deux chefs étaient alors égales. Chacun d'eux avait sa lance, son arc et son carquois, son couteau et sa petite hache de bataille; chacun avait aussi son bouclier de peaux, qui pouvait servir à parer tous les coups et toutes les attaques. Le Sioux n'hésita plus; il s'enfonça plus avant dans la rivière, et aborda bientôt sur un point de l'île que son adversaire avait eu la courtoisie de laisser libre pour lui ôter tout sujet d'alarme.

Si quelqu'un se fût trouvé là pour étudier la physionomie de Mahtoree, il aurait pu voir briller une joie secrète à travers le voile épais dont une astuce profonde et une perfidie concentrée avaient su couvrir son visage; et cependant il y avait d'autres moments où l'on aurait pû croire que les éclairs qui jaillissaient de ses yeux et l'élargissement de ses narines provenaient d'un sentiment plus noble et plus digne sous tous les rapports d'un chef indien.

Le Pawnie, immobile dans la partie de l'île où il s'était retiré, attendait son ennemi avec autant de calme que de dignité. Le Teton fit faire un ou deux cercles à son cheval pour modérer son impatience, et pour se remettre d'aplomb sur sa selle, après les efforts qu'il avait fallu faire pour traverser le courant. Ensuite il s'avança au milieu du banc de sable, et par un geste gracieux, il invita l'autre à venir le rejoindre. Cœur-Dur s'approcha aussitôt jusqu'à ce qu'il fût à une distance où il pouvait également avancer ou se retirer selon la tournure que prendrait la conférence. Il s'arrêta alors à son tour, tenant ses yeux fixés sur ceux de son ennemi.

C'était la première fois que ces deux illustres chefs se trouvaient ainsi en présence les armes à la main, et ils restèrent longtemps à se regarder, comme des guerriers qui savent apprécier le courage d'un brave ennemi, quelque odieux qu'il leur soit. Mais l'air de Mahtoree était moins austère et moins belliqueux que celui du chef des Loups. Jetant son bouclier sur son épaule, comme pour donner une nouvelle marque de confiance à son rival, il fit un geste pour le saluer et prit le premier la parole.

— Que les Pawnies montent sur les rochers, dit-il; qu'ils regardent le soleil du matin et celui du soir, depuis le pays des neiges jusqu'à la contrée des fleurs, et ils verront que la terre est très-vaste. Pourquoi les hommes rouges n'y peuvent-ils trouver place pour tous leurs villages ?

— Le Teton a-t-il jamais vu un guerrier Loup venir lui demander une place pour sa tente? répondit le jeune brave d'un air d'orgueil et de dédain qu'il ne cherchait pas à cacher; quand les Pawnies chassent, envoient-ils des coureurs demander à Mahtoree s'il n'y a point de Sioux sur la Prairie ?

— Lorsque la faim entre dans la tente d'un guerrier, il cherche le buffle qui lui est donné pour sa nourriture, repartit le Teton en s'efforçant d'étouffer le ressentiment que le ton dédaigneux de son rival allumait dans son âme. Le Wahcondah en a créé plus qu'il n'a créé d'Indiens. Il n'a pas dit : Ce buffle sera pour un Pawnie, et celui-là pour un Dahcotah; ce castor sera pour un Konza, et celui-là pour un Omahaw. Non; il a dit : Il y en a assez pour tous. J'aime mes enfants rouges, et je leur ai donné de grandes richesses. Le cheval le plus agile ne saurait aller en un grand nombre de soleils du village des Tetons au village des Loups. Il y a loin des villes des Pawnies à la rivière des Osages. Il y a place pour tous ceux que j'aime. Pourquoi donc un homme rouge frapperait-il son frère ?

Cœur-Dur laissa tomber à terre un bout de sa lance, et ayant aussi jeté son bouclier sur son épaule, il s'appuya légèrement sur l'autre bout, et répondit avec un sourire dont l'expression n'était pas douteuse :

— Les Tetons sont-ils las de la chasse et de la guerre? voudraient-ils faire cuire la venaison et ne pas la tuer? ont-ils l'intention de laisser croître leurs cheveux sur leurs têtes, afin que leurs ennemis ne sachent où trouver leurs crânes? Allez, un guerrier pawnie ne viendra jamais chercher une femme parmi les squaws des Sioux.

A cet affront sanglant, une expression de férocité terrible se peignit avec la rapidité de l'éclair sur tous les traits du Dahcotah; mais il se calma aussitôt, et prit un air plus d'accord avec le projet qu'il avait formé.

— C'est ainsi qu'un jeune guerrier doit parler de la guerre, dit-il avec un sang-froid remarquable; mais Mahtoree a vu plus d'hivers rigoureux que son frère. Lorsque les nuits étaient longues, et que l'obscurité régnait dans sa tente, tandis que ses jeunes guerriers dormaient, il a pensé à la condition déplorable de son peuple. Il s'est dit à lui-même : Teton, compte les chevelures suspendues à ton foyer. Elles sont toutes rouges à l'exception de deux! Le Loup mange-t-il son frère? tu sais qu'il ne le fait pas. Tu vois donc bien, Teton, que tu as tort d'aller sur le sentier qui conduit au village d'une Peau-Rouge, le tomahawk à la main.

— Les Sioux voudraient-ils dépouiller le guerrier de sa gloire? Il dirait donc à ses jeunes compagnons : Allez, allez dans la Prairie chercher des trous pour y enterrer vos tomahawks; vous n'êtes plus des braves.

— Si la langue de Mahtoree parle jamais ainsi, s'écria le rusé Teton en affectant une vive indignation, que les femmes la coupent et la jettent au feu avec les rebuts du buffle! Non, ajouta-t-il en s'approchant encore de quelques pas de son rival immobile, comme pour lui donner une nouvelle preuve de confiance, l'homme rouge ne manquera jamais d'ennemis; ils sont plus nombreux que les feuilles sur les arbres, les oiseaux dans les cieux, ou les buffles sur la Prairie. Que mon frère ouvre ses yeux tout grands; ne voit-il nulle part d'ennemi à frapper?

— Y a-t-il longtemps que le Teton n'a compté les chevelures de ses guerriers, qui sèchent au foyer de la loge d'un Pawnie? La main qui les a enlevées est ici, et elle est prête à faire vingt de dix-huit.

— Que l'esprit de mon frère ne prenne pas un chemin fourchu. Si les Peaux-Rouges se frappent éternellement l'un l'autre, qui sera maître des Prairies lorsqu'il ne restera plus de guerriers pour dire : Elles sont à moi? Ecoutez les voix des vieillards; ils nous disent que dans leur temps une quantité d'Indiens sont sortis des bois qui sont sous le soleil levant, et qu'ils ont rempli les Prairies de leurs plaintes sur les vols et les brigandages des Longs-Couteaux. Partout où un Visage-Pâle arrive, un homme rouge ne saurait rester : la terre est trop petite; ils sont toujours affamés. Voyez, ils sont déjà ici.

En disant ces mots, le Teton lui montra du doigt les tentes d'Ismaël, qu'on apercevait à quelque distance, et alors il s'arrêta pour voir l'effet que ses paroles avaient produit sur l'âme sans artifice de son rival. Cœur-Dur avait écouté comme quelqu'un dans l'esprit duquel les raisonnements qui lui étaient présentés faisaient jaillir une source d'idées nouvelles. Il réfléchit près d'une minute, avant de demander :

— Quel est l'avis des sages chefs des Sioux? Que pensent-ils qu'il faille faire?

— Ils pensent que le moccassin de tout Visage-Pâle doit être suivi comme la piste de l'ours; que le Long-Couteau qui s'avance dans la Prairie ne doit jamais retourner sur ses pas; que le chemin doit être ouvert à ceux qui viennent, et fermé à ceux qui s'en vont. Ils sont en grand nombre là-bas; ils ont des chevaux et des fusils; ils sont riches, tandis que nous sommes pauvres, nous. Les Pawnies veulent-ils se réunir avec les Tetons en conseil? et quand le soleil se sera retiré derrière les Montagnes Rocheuses, ils diront: Ceci est pour un Loup, et cela pour un Sioux.

— Non, Teton, Cœur-Dur n'a jamais frappé l'étranger. Ils viennent dans sa loge, et ils repartent sans avoir rien à craindre. Un puissant chef est leur ami. Quand mon peuple appelle ses jeunes guerriers, et leur dit d'aller sur le sentier de la guerre, le moccassin de Cœur-Dur est le dernier. Mais son village n'est pas plutôt caché par les arbres qu'il est le premier. Non, Teton, son bras ne sera jamais levé contre l'étranger.

— Eh bien! meurs donc les mains vides! s'écria Mahtoree; et tendant son arc avec autant de force que de promptitude, il décocha une flèche droit contre la poitrine nue de son généreux et trop confiant ennemi.

L'action du perfide Teton avait été trop rapide et trop bien combinée pour que le Pawnie pût y opposer les moyens ordinaires de défense. Son bouclier était encore suspendu à son épaule, que déjà la flèche, détachée adroitement du carquois, était dans le creux de la main qui tenait l'arc. Mais son prompt regard avait eu le temps de voir le mouvement, et ses pensées, plus promptes encore, ne l'abandonnèrent point. Tirant à lui de toutes ses forces la bride de son cheval, il le fit se dresser sur ses pieds de derrière, se pencha en même temps sur sa selle, et le noble animal servit de bouclier à son maître contre le danger. Telle avait été cependant la justesse du coup d'œil qui avait dirigé la flèche, telle avait été la force du bras qui l'avait lancée, qu'elle entra dans le cou du cheval, et traversant la peau, sortit de l'autre côté.

Plus prompt que la pensée, Cœur-Dur lui envoya la réponse. La flèche transperça le bouclier du Teton, mais ne toucha pas à sa personne. Pendant quelques moments, le son aigu de l'arc et le sifflement des flèches se firent entendre sans interruption, quoique les combattants fussent obligés de donner une si grande partie de leur attention à la défense. Les carquois furent bientôt épuisés, et quoique le sang eût coulé, ce n'était pas en assez grande abondance pour diminuer la fureur du combat.

Ce fut alors que commença une suite d'évolutions rapides et vraiment admirables. Il fallait voir l'adresse avec laquelle les cavaliers maniaient leurs coursiers, courant l'un sur l'autre, puis se retirant à l'instant, décrivant mille cercles dans leur attaque soudaine ainsi que dans leur retraite non moins prompte, comme l'hirondelle qui rase la terre en tournant. La lance frappait des coups terribles, le sable volait dans l'air; telle était la violence du choc que chaque fois il semblait impossible d'y résister, et cependant chaque guerrier n'en restait pas moins ferme sur sa selle, et n'en tenait pas la bride d'une main moins assurée.

A la fin le Teton fut obligé de se jeter à bas de son coursier pour éviter un coup qui, autrement, lui eût été fatal. Le Pawnie passa sa lance à travers le corps de l'animal, et, lançant son cheval au galop, il poussa un cri de triomphe. Revenant tout à coup sur ses pas, il allait profiter de son avantage, lorsque son propre coursier chancela à son tour et tomba, épuisé par le sang qui sortait de sa blessure, et incapable de porter plus longtemps son maître.

Mahtoree répondit à son cri prématuré de victoire, et, le tomahawk à la main, il s'élança sur le jeune guerrier, qui était embarrassé dans les jambes de son cheval. Malgré tous ses efforts et son agilité extraordinaire, Cœur-Dur n'avait pu réussir à se dégager à temps; il sentit que sa position était désespérée. Avec un sang-froid admirable, il chercha son couteau, en prit la lame entre l'index et le pouce, et il le lança avec une dextérité sans égale sur son rival qui accourait sur lui. L'arme tranchante tourna plusieurs fois dans l'air, et la pointe ayant rencontré la poitrine nue de l'impétueux Sioux, la lame s'y enfonça jusqu'au manche.

Mahtoree porta la main sur le couteau, et parut hésiter s'il le retirerait ou non. Pendant un moment, une expression féroce de haine se peignit sur sa figure, et alors, comme si une voix secrète l'avertissait intérieurement qu'il avait bien peu de temps à perdre, il se traîna en chancelant jusqu'au bord du banc de sable, mit un pied dans l'eau, puis s'arrêta. L'astuce et la duplicité qui avaient si longtemps obscurci le caractère plus noble de sa physionomie se perdirent dans le sentiment d'orgueil qu'il avait conçu dès la plus tendre enfance, et qui semblait ne pouvoir s'éteindre qu'avec la vie.

— Enfant des Loups! s'écria-t-il avec un affreux sourire de satisfaction, la chevelure d'un chef Dahcotah ne séchera jamais au foyer d'un Pawnie.

Il dit, et, tirant le couteau de sa blessure, il le jette d'un air dédaigneux à son ennemi. Son bras semble encore le défier; sa langue refuse d'exprimer plus longtemps ce qu'il éprouve, mais son regard supplée à ce silence forcé; la haine, le dédain sortent en quelque façon par tous les traits de sa figure, et, l'œil encore fixé sur son rival, il se précipite dans la rivière, à l'endroit où le courant est le plus rapide. Son corps est déjà plongé pour jamais dans l'abîme, que sa main continue à s'agiter encore en triomphe au-dessus de l'eau.

Le silence qui avait jusque alors régné dans les deux troupes fut rompu tout à coup par des cris inanimes et tumultueux. Déjà, des deux côtés, cinquante guerriers s'étaient précipités dans la rivière, courant, les uns défendre, et les autres venger leur chef, et tout annonçait plutôt le commencement que la fin du combat.

Cœur-Dur s'était alors dégagé de dessous son cheval. Insensible au danger qui le menaçait, sourd aux clameurs affreuses qui retentissaient autour de lui, il ramassa son couteau, et courant sur le sable avec la rapidité de la gazelle, il fixa un œil avide sur l'onde agitée, qui, en se retirant, lui dérobait sa proie. Une tache livide et sanglante indiquait l'endroit où s'était jetée sa victime; armé du couteau fatal, il s'y précipita à son tour, décidé à périr entraîné par le courant, ou à revenir avec son trophée.

Pendant ce temps, le banc de sable était un théâtre d'horreur. Mieux montés, et animés peut-être d'un plus grand enthousiasme, les Pawnies y étaient arrivés en assez grand nombre pour forcer les ennemis à battre en retraite. Ils les poursuivirent jusqu'à la rive opposée, et, échauffés par le succès, ils s'y précipitèrent après eux. Mais alors ils eurent affaire à ce que nous pourrions appeler l'infanterie des Tetons, qui n'avait pas encore donné, et ils se virent repoussés à leur tour.

Le combat offrit alors un spectacle moins tumultueux. A mesure que le premier mouvement qui avait entraîné les deux troupes à se précipiter l'une sur l'autre commença à se calmer, les chefs purent exercer leur autorité, et diriger les opérations avec plus de prudence. Conduits par le conseil des plus expérimentés de leurs guerriers, les Sioux cherchaient tous les couverts que pouvait offrir le terrain, se cachant, tantôt derrière quelques broussailles, tantôt derrière un léger monticule, et les Pawnies se voyaient obligés de mettre plus de circonspection dans leur attaque, qui, par conséquent, devenait moins terrible.

Le combat continua quelque temps de cette manière avec un succès varié, et sans beaucoup de perte de part ni d'autre. Les Sioux avaient réussi à gagner une espèce de pâturage où l'herbe était d'une épaisseur extraordinaire; les chevaux de leurs ennemis ne pouvaient y pénétrer, et quand même ils l'auraient pu, ils leur auraient été plus nuisibles qu'utiles. Il devenait indispensable de déloger les Tetons de ce poste important, ou bien il fallait renoncer au combat. Déjà plusieurs tentatives désespérées avaient été repoussées avec perte, et les Pawnies découragés commençaient à songer à la retraite, quand le cri de guerre bien connu de Cœur-Dur retentit à leurs oreilles, et l'instant d'après leur jeune chef parut au milieu d'eux, tenant à la main la chevelure du Grand-Sioux, comme la bannière qui devait les conduire à la victoire.

Son retour excita des transports unanimes dans sa troupe, et ses compagnons s'élancèrent sur ses pas dans le couvert, avec une impétuosité qui, dans le premier moment, renversa tout ce qui se trouvait sur le passage. Mais le trophée sanglant que le jeune vainqueur portait en triomphe ranima le courage et la fureur des Sioux, en même temps qu'il entretenait l'enthousiasme des assaillants. Mahtoree avait laissé après lui plus d'un guerrier intrépide, et l'orateur qui, dans les débats du matin, avait ouvert un avis si pacifique, montrait alors le dévouement le plus héroïque pour venger la mémoire d'un homme qu'il n'avait jamais aimé, et arracher le trophée qui devait ternir à jamais sa gloire, des mains des ennemis implacables de son peuple.

La fortune se déclara en faveur du nombre. Après une lutte terrible, dans laquelle tous les chefs firent assaut d'intrépidité et de bravoure, les Pawnies furent obligés de se retirer en rase campagne, serrés de près par les Sioux, qui s'emparèrent aussitôt de chaque pouce de terrain que cédaient leurs ennemis. Si les Tetons avaient su se modérer, et qu'ils se fussent arrêtés à l'entrée du pâturage, il est possible que, malgré la perte irréparable qu'ils avaient faite dans la personne de Mahtoree, l'honneur de la journée eût été pour eux. Mais, dans l'ivresse de la victoire, ils commirent une imprudence qui changea tout à coup la face du combat, et qui leur fit perdre l'avantage qu'ils n'avaient acquis qu'avec tant de peine.

Un chef pawnie avait succombé aux nombreuses blessures qu'il avait reçues ; plus de douze flèches l'avaient atteint à la fois au moment où il tombait dans les derniers rangs de ses compagnons qui se retiraient. Aussitôt, sans songer à porter de nouveaux coups à leurs ennemis, sans s'inquiéter de ce qu'il y avait de téméraire dans leur action, les plus braves des Sioux s'élancèrent en poussant des cris de triomphe ; chacun brûlait du désir de se couvrir de gloire, en frappant le cadavre du mort. Ils furent reçus par Cœur-Dur et par une poignée de guerriers choisis, dont tous n'avaient pas moins d'intérêt et n'étaient pas moins décidés à sauver l'honneur de leur nation d'un affront aussi humiliant. Ce fut alors un combat corps à corps, et le sang commença à couler avec plus d'abondance. A mesure que les Pawnies se retiraient avec le corps, les Sioux les poursuivaient pas à pas, et à la fin tous ceux de ces derniers qui étaient restés dans le couvert en sortirent à la fois, en poussant de grands cris, menaçant d'écraser leurs ennemis par la supériorité de leur nombre.

Le sort de Cœur-Dur et de ses compagnons, qui seraient tous morts plutôt que d'abandonner le corps d'un de leurs chefs, aurait été promptement décidé sans une intervention puissante et inespérée qui eut lieu tout à coup en leur faveur. Des cris de guerre partirent du petit bois qu'ils avaient sur la gauche, et ils furent suivis au même instant d'une décharge terrible de mousqueterie. Cinq à six Tetons tombèrent la tête la première dans l'agonie de la mort, et tous les bras des autres guerriers de leur nation restèrent suspendus, comme si la foudre, fendant le sein des nuages pour venir au secours des Pawnies, était tombée inopinément au milieu d'eux. Alors on vit paraître Ismaël et ses vigoureux fils, qui tombèrent sur leurs ci-devant alliés en leur lançant des regards qui semblaient leur reprocher hautement leur perfidie.

C'en était trop pour le courage des Tetons. Plusieurs des plus intrépides de leurs chefs avaient succombé, et ceux qui restaient furent abandonnés à l'instant par la foule des guerriers. Mais ces braves déterminés ne prirent pas pour cela la fuite; la chevelure sanglante de leur chef était pour eux un drapeau dont ils ne pouvaient se décider à s'éloigner, et ils périrent noblement sous les coups des Pawnies, qui avaient repris courage. Une seconde décharge de la petite troupe du squatter acheva la victoire.

Les Sioux s'enfuyaient alors dans toutes les directions pour chercher les couverts plus éloignés avec le même empressement et la même ardeur qu'ils avaient montrés, quelques instants auparavant, à se plonger dans les rangs de leurs ennemis. Les Pawnies triomphants s'élancèrent à leur poursuite comme autant de limiers bien dressés et altérés de sang. De tous côtés on n'entendait que des cris de détresse ou de victoire. Quelques uns des fuyards s'efforçaient d'emporter les corps de leurs guerriers restés sur le champ de bataille; mais la vivacité de la poursuite les obligeait bien vite à abandonner les morts pour sauver les vivants. Parmi tous les efforts qui furent faits dans cette occasion pour préserver l'honneur des Sioux de la tache que, dans leurs idées particulières, ils attachaient à l'enlèvement de la chevelure d'un guerrier, il n'y en eut qu'un seul qui fut couronné du succès.

On a déjà vu qu'un chef s'était prononcé hautement contre tout projet hostile, dans le conseil de la nation. Mais si sa voix s'était élevée inutilement, son bras n'en porta pas des coups moins terribles dans la mêlée. Nous avons déjà parlé de son courage, et ce fut grâce à son intrépidité et à son exemple que les Tetons montrèrent tant d'héroïsme, même après que la mort de Mahtoree leur fut connue.

Ce guerrier qui, dans le langage figuré de sa nation, était appelé l'Aigle-Terrible, avait été le dernier à renoncer à l'espoir de la victoire. Ce ne fut que lorsque l'attaque soudaine du squatter eut enlevé à sa troupe l'avantage qu'elle avait su reprendre, qu'il se retira lentement, au milieu d'une grêle de flèches, jusqu'à l'endroit secret où il avait caché son cheval, dans de hautes touffes d'herbes ; mais à son grand étonnement il y trouva un nouveau compétiteur prêt à lui en disputer la possession. C'était Borechina, le vieil ami de Mahtoree, celui dont la voix s'était élevée contre la sienne dans le conseil pour soutenir les mesures de rigueur. Il avait le corps percé d'une flèche, et souffrait toutes les angoisses d'une mort prochaine.

— J'ai été sur mon dernier sentier de guerre, dit le vieillard en voyant que le véritable maître du cheval venait réclamer son bien ; un Pawnie emporterait-il les cheveux blancs d'un Sioux dans son village, pour les exposer aux outrages des femmes et des enfants ?

L'autre lui serra la main et le regarda en même temps d'un air expressif, comme pour lui dire qu'il l'entendait. Après lui en avoir donné cette muette assurance, il aida le blessé à monter. Dès qu'il eut conduit le cheval à l'entrée du couvert, il se jeta aussi sur son dos, attacha son compagnon à sa ceinture, et s'élança dans la plaine, se fiant à la vitesse bien connue de son cheval pour leur sûreté mutuelle. Les Pawnies ne tardèrent pas à les découvrir ; et plusieurs d'entre eux se mirent aussitôt à leur poursuite. Cette course précipitée dura plus d'un mille sans qu'il échappât un murmure au malheureux vieillard, quoique, indépendamment des souffrances cruelles qui déchiraient son corps, il eût encore la douleur de voir ses ennemis gagner du terrain sur eux à chaque bond de leurs chevaux.

— Arrêtez, dit-il en levant un faible bras pour réprimer l'élan de son compagnon ; l'Aigle de ma tribu doit étendre davantage ses ailes. Qu'il porte les cheveux blancs d'un vieux guerrier dans le village de Bois-Brûlé.

Peu de mots étaient nécessaires entre des hommes qui étaient dominés par les mêmes sentiments de gloire, et qui ne connaissaient d'autre mobile que les principes d'honneur romanesques de leur nation. L'Aigle-Terrible se jeta à bas de son cheval, et aida son compagnon à descendre. Le vieillard se souleva avec peine sur ses genoux, et levant ses yeux sur son compatriote comme pour lui dire adieu, il tendit la tête pour recevoir la mort qu'il avait demandée lui-même. Quelques coups de tomahawk suffirent pour l'achever. Saisissant alors son couteau, le Teton sépara la tête du tronc inanimé, puis il s'élança sur son cheval, juste à temps pour éviter une grêle de flèches que les Pawnies, près de l'atteindre, firent pleuvoir sur lui. Agitant en l'air la chevelure sanglante, il partit comme un trait en poussant un cri de triomphe, et on le vit fendre la Prairie comme s'il était effectivement porté sur les ailes de l'oiseau redoutable dont son peuple lui avait donné le nom. L'Aigle-Terrible arriva sain et sauf dans son village. Il fut du petit nombre des Sioux qui échappèrent au massacre de cette journée, et pendant longtemps, seul de tous ceux qui se sauvèrent, il put élever de nouveau sa voix dans les conseils de sa nation, avec la même confiance et la même autorité.

La lance et le tomahawk coupèrent la retraite au plus grand nombre des vaincus. La troupe de femmes et d'enfants qui se retiraient fut elle-même dispersée par les Pawnies triomphants, et le soleil s'était depuis longtemps caché derrière l'horizon, avant que les horreurs de cette funeste journée fussent entièrement accomplies.

CHAPITRE XXXI.

> Lequel est le marchand, et lequel est le juif?
> SHAKSPEARE.

Le jour se leva, le lendemain matin, sur une scène plus tranquille; l'œuvre de carnage avait entièrement cessé, et lorsque le soleil parut, il n'éclaira qu'une calme et paisible solitude. Les tentes d'Ismaël étaient encore dressées au même endroit où nous les avons vues, mais nul autre signe, dans toute l'étendue du désert, n'annonçait la présence d'êtres humains. De distance en distance on voyait de petites troupes d'oiseaux de proie s'arrêter en étendant les ailes au-dessus du lieu où quelque Teton au pied pesant avait trouvé la mort. Toute autre trace du combat qui venait de se livrer avait disparu; on pouvait suivre à travers les plaines sans fin le cours sinueux de la rivière, à la faveur de la fumée qui sortait de son lit; et les petits nuages argentés qui étaient suspendus au-dessus des lacs et des étangs commençaient à se fondre dans l'air, à mesure qu'ils sentaient l'influence de cette chaleur douce et subtile qui semblait descendre du ciel sur tous les objets de la création.

Ce fut au milieu d'une scène si calme que la famille du squatter s'assembla pour décider du sort des différents individus qui, par suite des variations de fortune que nous venons de raconter, étaient tombés en son pouvoir. Tout ce qui dans le camp jouissait de la vie et de la liberté était sur pied depuis que le premier rayon de l'aurore avait éclairé l'orient, et il n'était pas jusqu'aux plus jeunes membres de la tribu errante qui ne fussent convaincus que le moment était arrivé où il allait peut-être transpirer des circonstances qui pouvaient exercer une impression profonde et durable sur leur vie aventureuse et à demi sauvage.

Ismaël se promenait dans son petit camp, avec le sérieux d'un homme qui se voyait inopinément chargé d'affaires d'une nature beaucoup plus grave que celles qui remplissaient ordinairement son existence irrégulière. Ses fils connaissaient trop bien l'inflexible rigidité du caractère de leur père, pour ne pas voir dans son air sombre et réfléchi l'intention bien marquée de persister dans ses projets, projets qui, tout vagues qu'ils étaient souvent au moment où il les formait, n'en étaient pas moins exécutés avec une sorte d'obstination, du moment qu'ils étaient arrêtés dans son esprit.

Les intérêts majeurs qui semblaient occuper sa famille n'étaient pas non plus sans influence sur le caractère d'Esther. Elle n'en remplissait pas avec moins d'activité ses devoirs domestiques dont elle aurait sans doute continué à s'acquitter dans toutes les circonstances imaginables, de même que le globe continue à tourner, malgré les tremblements de terre qui déchirent sa surface, et les volcans qui consument ses entrailles; mais sa voix n'était pas montée à son diapason ordinaire; elle parlait plus doucement, et les fréquentes réprimandes qu'elle adressait à ses enfants étaient tempérées par un ton où il y avait quelque chose de la dignité d'une mère de famille.

Abiram, suivant son usage, semblait celui qui était le plus en proie au doute et à l'incertitude. Il était facile de soupçonner, d'après les regards fréquents qu'il jetait sur la figure impassible d'Ismaël, que la confiance et la bonne intelligence qui avaient régné entre les deux frères avaient subi une altération sensible; sa physionomie mobile semblait exprimer tour à tour la crainte et l'espérance. Quelquefois une joie sordide se peignait sur son front, lorsque ses yeux se portaient sous la tente qui contenait la captive qui lui avait été rendue; mais l'instant d'après cette impression s'effaçait sans qu'on pût en deviner la cause, et son front se couvrait des ombres d'une profonde inquiétude. Lorsqu'il était sous l'influence de ce dernier sentiment, son œil soucieux ne manquait jamais de chercher à lire dans les traits de son impénétrable parent; mais il y trouvait plutôt des raisons d'alarmes que des sujets d'espérance; car toute la physionomie du squatter exprimait la vérité terrible qu'il avait enfin secoué son engourdissement pour se soustraire à l'influence d'Abiram, et que ses pensées se portaient alors uniquement sur les moyens d'accomplir ses propres desseins.

Ce fut dans cet état de choses que les fils d'Ismaël allèrent par son ordre pour chercher les prisonniers dans l'endroit où ils étaient gardés, pour les faire comparaître devant lui. Personne ne fut excepté; Middleton et Inez, Paul et Hélène, Obed et le Trappeur, tous furent amenés en plein air et placés dans l'ordre qui parut le plus convenable pour recevoir la sentence qu'allait prononcer celui qui s'était constitué arbitrairement leur juge. Les plus jeunes enfants d'Ismaël se groupèrent autour de lui, en proie à la plus vive curiosité, et Esther elle-même suspendit ses travaux ordinaires pour être témoin de ce qui allait se passer.

Cœur-Dur était le seul de sa troupe qui fût présent à un spectacle si nouveau, et qui ne laissait pas que d'être imposant; il était debout et appuyé gravement sur sa lance, tandis que son coursier tout couvert d'écume, qui paissait près de lui, témoignait qu'il avait fait une course longue et forcée pour assister à cette solennité.

Ismaël avait reçu son nouvel allié avec une froideur qui prouvait qu'il était tout à fait insensible à la délicatesse qui avait engagé le jeune chef à venir seul, de crainte que la présence de ses guerriers n'inspirât la méfiance ou l'inquiétude. Il ne recherchait son amitié, ni ne redoutait sa haine, et il se prépara à juger ses prisonniers avec autant de calme que si l'espèce de pouvoir patriarcal qu'il allait exercer avait été universellement reconnu.

Il y a dans l'exercice de l'autorité quelque chose qui nous élève en quelque sorte au-dessus de nous-mêmes, quoiqu'il soit si facile d'en abuser. Nous cherchons à justifier par nos talents le pouvoir que nous nous sommes arrogé ; mais ces efforts, même lorsqu'ils sont impuissants, ne servent qu'à jeter du ridicule sur ce qui auparavant n'excitait que la haine. Ils ne produisirent pas sur Ismaël Bush un effet aussi contraire à ses intentions. Grave dans son maintien, formidable par sa force physique, et dangereux par son obstination qui ne connaissait aucune loi, le tribunal qu'il s'était créé inspirait une sorte de crainte à laquelle l'ingénieux Middleton lui-même ne put tout à fait se soustraire. Il n'eut cependant que peu d'instants pour rassembler ses idées ; car le squatter, quoiqu'il ne fût pas dans l'habitude de se hâter, ayant d'avance tout combiné dans sa tête, ne voulait pas perdre des instants précieux dans de vains délais. Lorsqu'il vit chacun à sa place, il promena un regard sans expression sur ses prisonniers, et s'adressa au capitaine, comme au personnage le plus important de ceux qu'il regardait comme autant de coupables.

— Je suis appelé aujourd'hui à remplir les fonctions de ceux que dans les habitations vous appelez juges, et qui se rassemblent entre quatre murs pour prononcer sur les différends qui peuvent s'élever d'homme à homme. Je connais peu les coutumes d'une cour de justice, mais il est un principe qui est connu partout : c'est qu'il faut rendre œil pour œil, et dent pour dent. Je me soucie peu des tribunaux, et je me soucie encore moins de vivre sur une plantation qu'un arpenteur a mesurée dans tous les sens ; cependant il y a de la raison dans cette loi, et c'est ce qui fait qu'on peut la suivre sans craindre de s'égarer ; aussi est-ce un fait qu'aujourd'hui je la mettrai en vigueur, et que je donnerai à tous et à chacun ce qui lui est dû, et rien de plus.

Après ce préambule, Ismaël s'arrêta et regarda autour de lui, comme pour voir l'effet qu'il avait produit sur ses auditeurs. Lorsque ses yeux rencontrèrent ceux de Middleton, celui-ci lui répondit : — Si le malheur doit être puni, et si celui qui n'a jamais offensé personne doit être mis en liberté, nous devons changer de place, et au lieu d'être mon juge, c'est vous qui serez mon prisonnier.

—Vous voulez dire que je vous ai fait tort en enlevant la jeune dame de la maison de son père, et en l'amenant malgré elle dans ces sauvages contrées, répondit l'impassible squatter manifestant aussi peu de ressentiment que de repentir en entendant l'accusation de Middleton ; — je n'ajouterai pas le mensonge à une mauvaise action, et je ne la nierai point. Depuis que les choses en sont venues à ce point entre nous, j'ai eu le temps de réfléchir, et quoique je ne sois pas un de vos penseurs profonds, qui pénètrent ou plutôt prétendent pénétrer d'un coup d'œil dans la nature des choses, cependant je suis un homme ouvert à la raison et qui ne tarde pas à reconnaître la vérité dès qu'il a le temps de la réflexion. Ainsi donc je me suis bientôt convaincu que c'est un tort d'enlever une fille à son père, et la jeune dame lui sera rendue avec tous les soins et les égards qu'un homme puisse employer.

—Oui, oui, ajouta Esther, l'homme a raison. La pauvreté et le travail ont pesé fortement sur lui, surtout lorsque les officiers de justice du comté le travaillaient, et dans un moment de faiblesse il a commis cette mauvaise action ; mais il a écouté mes paroles, et bientôt il est revenu dans le chemin de l'honnêteté. C'est une chose et terrible et dangereuse que d'amener les filles des autres dans une famille paisible et bien gouvernée !

—Et qui vous remerciera de la rendre après ce qui a été fait ? murmura Abiram dont la hideuse physionomie exprimait à la fois la cupidité déçue, la méchanceté et la terreur. Une fois que le diable a fait son compte, vous pouvez être sûr qu'il vous paiera en bloc sans s'arrêter à examiner chaque article.

—Paix ! dit Ismaël en étendant vers lui sa large main, de manière à lui imposer à l'instant silence. — Votre voix est comme celle du corbeau à mes oreilles. Si vous n'aviez jamais parlé, je n'aurais pas à supporter cette honte.

—Puisque vous avez reconnu vos erreurs et que vous voulez commencer à les réparer, dit Middleton, ne faites pas les choses à moitié, mais par la générosité de votre conduite assurez-vous des amis qui puissent vous garantir de la poursuite des lois...

—Jeune homme, interrompit le squatter en fronçant son épais sourcil, vous aussi, vous en avez dit assez. Si la crainte des lois m'avait saisi, vous ne seriez pas ici pour être témoin de la manière dont Ismaël Bush rend la justice.

— N'abandonnez point vos bonnes résolutions, répondit Middleton, et si vous méditez quelque acte de violence contre aucun de nous, rappelez-vous que le bras de cette loi que vous affectez de mépriser atteint fort loin, et que, quoique ses mouvements soient quelquefois lents, ils n'en sont pas moins certains.

— Oui, oui, ce qu'il dit n'est que trop vrai, squatter, dit le Trappeur dont l'oreille attentive ne perdait jamais une syllabe de ce qui se disait en sa présence; c'est un bras qui a fort à faire et qui est souvent assez incommode, même dans ce pays d'Amérique, quoique l'homme y soit libre de suivre en grande partie ses désirs, en comparaison des autres contrées; et grâce à ce privilége il est plus heureux, plus brave et plus honnête aussi, entendez-vous? Savez-vous bien, mes amis, qu'il y a des régions où la loi va jusqu'à dire à chaque homme : Tu vivras ainsi, tu mourras de telle manière, et de telle autre manière tu prendras congé du monde avant de paraître devant le siége de justice du Seigneur. C'est une odieuse et déplorable perversité que de se mêler ainsi de la grande affaire de celui qui n'a pas fait ses créatures pour qu'elles fussent parquées comme des troupeaux, et traînées de plaine en plaine au gré de leurs stupides et égoïstes gardiens. Ce doit être un triste pays que celui où l'on garrotte l'âme aussi bien que le corps, et dans lequel les créatures du Seigneur sont tenues dans une éternelle enfance par les inventions perverses de ceux qui s'arrogent les droits du grand Gouverneur de tout l'univers.

Pendant que le vieillard tenait ce discours sensé, Ismaël garda un profond silence; mais les regards qu'il jetait sur l'orateur annonçaient tout autre sentiment que celui de l'amitié. Quand le Trappeur eut fini, le squatter se tourna vers Middleton, et continua la conversation que l'autre avait interrompue.

— Quant à nous, jeune capitaine, il y a eu des torts des deux côtés. Si je vous ai blessé dans vos plus chères affections en enlevant votre femme avec l'honnête intention de vous la rendre dès que les vues de ce diable incarné auraient été remplies, vous vous êtes introduit dans mon camp en prêtant main-forte à ceux qui voulaient m'enlever mon bien.

— Mais je ne l'ai fait que pour rendre la liberté...

— Tout est arrangé entre nous, dit Ismaël en l'interrompant

de l'air décidé d'un homme qui, s'étant fait une opinion sur le point contesté, se mettait peu en peine de celle des autres; vous et votre femme vous êtes libres d'aller et de venir où et comme bon vous semblera. Abner, mettez le capitaine en liberté. — Et maintenant, si vous voulez attendre que je me rapproche des habitations, vous aurez l'avantage d'un chariot; sinon, ne dites jamais qu'Ismaël vous a quittés sans vous faire une offre amicale.

— Puisse ma vie être pour toujours abreuvée d'amertumes si j'oublie jamais votre probité, quoiqu'elle ait été un peu lente à se montrer! s'écria Middleton en se précipitant vers Inez pour essuyer ses larmes, dès qu'on eut détaché ses liens. Ami, je vous offre la parole d'un soldat, comme garantie que j'oublierai la part que vous avez eue dans cette affaire, quelque mesure que je puisse juger à propos de prendre, lorsque je serai arrivé dans une ville où le bras du gouvernement puisse se faire sentir.

Le sourire dédaigneux avec lequel le squatter accueillit cette assurance prouvait le peu de prix qu'il attachait à la promesse que le jeune homme s'était empressé de lui faire dans le premier élan de son étonnement et de sa reconnaissance.

—Ce n'est, dit-il, ni la crainte ni la faveur, mais ce que j'appelle la justice, qui m'a seule porté à prononcer ce jugement; faites de votre côté ce qui peut paraître juste à vos yeux, et croyez que le monde est assez grand pour nous contenir tous deux sans que nous nous trouvions de nouveau dans le chemin l'un de l'autre. Si vous êtes content, tant mieux; si vous ne l'êtes pas, tâchez de vous contenter vous-même à votre manière. Si vous me poussez et que je tombe, je ne vous demanderai pas la main pour me relever.— Et maintenant, docteur, à votre tour; j'ai aussi un compte à débrouiller avec vous. C'est le moment d'examiner le petit traité qui a existé quelque temps entre nous. Je l'avais conclu avec bonne foi et loyauté, de quelle manière l'avez-vous observé?

L'adresse singulière avec laquelle le squatter cherchait à rejeter sur ses prisonniers la responsabilité de tout ce qui s'était passé, et à faire peser sur eux le blâme qu'il avait mérité lui-même, rendait assez embarrassante la situation de ceux qui se voyaient inopinément appelés à justifier leur conduite, lorsque dans leur simplicité ils se croyaient en droit de faire des reproches au lieu d'en recevoir d'un homme devant qui les circonstances ne leur permettaient pas de ramener la question sous son véritable point de vue.

La vie d'Obed avait été tellement spéculative, que son étonnement fut beaucoup plus grand que s'il avait eu plus d'expérience du monde; car le digne naturaliste n'était pas le premier qui s'était vu forcé de rendre raison de la conduite sur laquelle il fondait précisément tous ses droits à l'admiration générale, au moment même où il attendait des éloges. Quelque stupéfait qu'il fût de la tournure inattendue que prenait son affaire, le docteur s'efforça de faire bonne contenance, et de présenter les premiers moyens de défense qui s'offriraient à son imagination un peu troublée.

— Qu'il ait existé un certain *compactum* ou traité entre Obed Batt, *M. D.*[1] et Ismaël Bush, *viator*, ou agriculteur errant, dit-il en tâchant d'éviter toutes les expressions qui pourraient blesser son juge, c'est ce qu'il n'est nullement dans mon intention de contester. Je conviendrai donc qu'il avait été convenu ou stipulé qu'un certain voyage s'effectuerait conjointement ou en compagnie pendant un nombre de jours désignés et limités; mais comme ce temps est entièrement écoulé, je présume pouvoir en inférer que le marché n'est plus obligatoire, attendu qu'il y a prescription.

— Ismaël, s'écria en l'interrompant l'impatiente Esther, n'échangez aucunes paroles avec un homme qui peut briser vos os aussi facilement que les remettre, et renvoyez au plus vite ce maudit empoisonneur!... Il n'est que tromperie, lui, ses boîtes et ses fioles; donnez-lui la moitié de la Prairie, et prenez l'autre pour vous. Vous avez besoin de lui pour acclimater les enfants? Allez, allez; je me charge de les acclimater, moi: mettez-les au milieu du terrain le plus humide et le plus fiévreux, et en une semaine ils y seront accoutumés, sans qu'il me faille pour cela prononcer des mots longs d'une aune, ni employer autre chose que l'écorce d'un cerisier, et peut-être une goutte ou deux des consolations des Occidentaux. Une chose est certaine, Ismaël, c'est que je n'aime pas des compagnons de voyage qui savent mettre un poids énorme sur la langue d'une honnête femme, sans s'inquiéter de quelle manière son ménage ira pendant ce temps.

L'air sombre et soucieux du squatter fit place un instant à l'expression d'une grossière raillerie, lorsqu'il répondit:

— Les opinions peuvent varier sur la puissance de l'art de cet

---

1. *M. D. Medicinæ doctor.*

homme, Esther; mais puisque vous désirez le voir partir, je ne labourerai pas la Prairie pour lui rendre la route pénible. Ami, vous êtes libre de retourner dans les habitations, et lorsque vous y serez, je vous conseille d'y rester, car les hommes comme moi, qui font rarement des marchés, n'aiment point à les voir rompre si facilement.

— Et maintenant, Ismaël, lui dit sa compagne d'un air de triomphe, afin d'avoir la paix dans la famille et d'éloigner de nous tout sujet de discorde, montrez à cette Peau Rouge et à sa fille le chemin de leur village, et disons-leur en même temps : — Adieu et Dieu vous bénisse.

Et en disant ces mots, Esther lui montrait le Balafré et la veuve Tachechana.

— Ils sont les captifs des Pawnies, répondit Ismaël, et, d'après les lois de la guerre des Indiens, je n'ai aucun droit sur eux.

— Méfiez-vous du diable, mon homme! c'est un trompeur et un tentateur, et personne ne peut se dire en sûreté tant qu'il a devant les yeux ses perfides illusions! Ecoutez les conseils d'une femme qui a l'honneur de votre nom à cœur, et renvoyez cette Jézabel basanée.

Le squatter posa sa large main sur l'épaule d'Esther, et, la regardant fixement, il lui répondit d'un ton sévère et solennel :

— Femme, ce que nous avons devant les yeux doit appeler nos pensées sur d'autres sujets que les folies qui vous passent par la tête; rappelez-vous ce qui doit suivre, et laissez dormir votre sotte jalousie.

— Cela est vrai, cela est vrai, murmura Esther en retournant au milieu de ses filles; Dieu me pardonne, il me serait difficile de l'oublier.

— Et maintenant, jeune homme, vous qui êtes venu si souvent chez moi, sous le prétexte de suivre l'abeille jusqu'à son trou, reprit Ismaël après avoir fait une courte pause comme pour rétablir l'équilibre de son esprit, le compte que nous avons ensemble ne sera pas si facile à terminer. Non content d'avoir mis le désordre dans mon camp, vous avez enlevé une jeune personne qui est parente de ma femme, et dont je comptais un jour faire ma fille.

Cette interpellation produisit sur l'auditoire une sensation beaucoup plus vive que toutes les précédentes. Tous les jeunes gens fixèrent un œil curieux sur Paul et sur Hélène. Paul le soutint assez bien, quoique intérieurement il éprouvât quelque confusion; mais sa compagne, accablée de honte, baissa la tête sur sa poitrine.

— Ecoutez, ami Ismaël Bush, répondit le chasseur d'abeilles, qui vit qu'il lui fallait répondre à la double accusation de vol et d'enlèvement; je ne dirai point que j'ai traité avec beaucoup de ménagement vos seaux et toute votre poterie; mais si vous voulez m'en dire le prix, le dommage peut être facilement réparé, sans que nous conservions de rancune l'un contre l'autre. Je n'étais pas dans l'humeur d'un homme qui va à l'église, lorsque nous gravîmes votre roc, et il est probable que mon pied fit plus de sermons que mes lèvres au milieu de vos ustensiles; mais il n'est point de trou dans un habit qui ne puisse être facilement raccommodé pour de l'argent. Quant à ce qui regarde Hélène Wade, cela n'est peut-être pas si facile à arranger; les opinions varient à l'infini sur le sujet du mariage. Quelques uns pensent que pour faire un bon ménage il suffit de répondre oui et non aux questions du magistrat ou du curé lorsqu'on en a un sous la main; mais moi je crois que, lorsque le cœur d'une jeune fille a pris une certaine direction, le plus prudent est de laisser le corps suivre la même route. Ce n'est pas que je veuille dire qu'Hélène n'ait pas été forcée à ce qu'elle a fait; je vous assure au contraire qu'elle est tout aussi innocente dans tout ceci que le baudet que vous voyez là-bas, et qui la reçut sur son dos bien malgré lui aussi, je vous jure, comme il vous le dirait lui-même s'il pouvait parler aussi bien qu'il sait braire.

— Nelly, dit le squatter qui avait fait peu d'attention à la justification que Paul croyait si ingénieuse et si plausible; Nelly, c'est un monde bien vaste et bien misérable que celui dans lequel vous étiez si pressée de vous jeter. Vous avez vécu et dormi dans mon camp pendant une année, et j'espère que l'air libre des frontières aura été assez de votre goût pour que vous désiriez rester avec nous.

— Laissez-la faire ce qu'elle voudra, murmura Esther de sa place; celui qui seul aurait pu la décider à rester repose dans la Prairie, sous la terre froide et nue; et il y a peu d'apparence qu'elle change d'idées à présent. Ce n'est pas une chose facile à manier que l'esprit d'une jeune femme, et bien fin serait celui qui l'empêcherait de faire à sa mode; vous en savez quelque chose, mon homme, car sans cela je ne serais pas ici la mère de vos enfants.

Le squatter semblait avoir de la répugnance à abandonner si facilement les projets qu'il avait formés sur Hélène, et avant de répondre aux insinuations de sa femme, il promena son regard apathique sur les figures de ses fils, qu'animait un peu la curiosité, comme s'il eût cherché parmi eux celui qui aurait pu prendre la place d'Asa. Paul ne le perdait pas de vue, et devinant plus facilement que de coutume les secrètes pensées d'Ismaël, il crut avoir trouvé le meilleur de tous les expédients pour sortir d'embarras.

— Il est clair et évident, dit-il, ami Bush, qu'il y a deux parties intéressés dans cette affaire, vous, pour vos fils, et moi, pour moi-même. Je ne vois qu'un moyen de terminer cette dispute à l'amiable, et le voici : choisissez un de vos fils, celui que vous voudrez, cela m'est égal, et laissez-nous aller à quelques milles dans la Prairie arranger cette affaire ensemble ; celui qui y restera ne mettra jamais le désordre dans la maison de qui que ce soit, et celui qui en reviendra sera libre de faire de son mieux pour s'attirer les bonnes grâces de la jeune fille.

— Paul ! s'écria Hélène d'un ton de reproche, quoique d'une voix étouffée.

— N'ayez pas peur, Nelly, lui dit tout bas le chasseur d'abeilles, dont l'esprit, allant toujours droit au fait, ne supposait pas que l'exclamation de son amante pût provenir d'une autre cause que des alarmes qu'elle se créait par rapport à lui ; j'ai pris leur mesure à tous, et vous pouvez avoir confiance dans un œil assez perçant pour suivre une abeille au vol jusque dans son trou.

— Je ne prétends contraindre les inclinations de personne, répondit le squatter. Si le cœur de cette enfant est vraiment dans les habitations, qu'elle me le dise, et elle n'éprouvera aucun obstacle de ma part. Parlez, Nelly, parlez franchement et sans crainte. Voulez-vous nous quitter pour suivre ce jeune homme dans les contrées habitées, ou voulez-vous rester avec nous, et partager le peu que nous avons à vous offrir, mais que nous vous offrirons de bon cœur ?

Ainsi appelée à décider elle-même de son sort, Hélène ne put hésiter plus longtemps. Son regard était d'abord timide et furtif ; mais le vif incarnat qui couvrait ses joues, et sa respiration agitée, prouvaient assez que l'énergie de son caractère allait enfin triompher de la timidité naturelle à son sexe.

— Vous m'avez recueillie lorsque j'étais orpheline, pauvre et sans appui sur la terre, dit-elle en s'efforçant de commander à son émotion, lorsque j'étais abandonnée de ceux qui vivent au sein de l'abondance comparativement à vous, et puisse le ciel vous bénir et vous en récompenser ! car le peu que j'ai fait ne saurait payer un tel acte de bonté. Je n'aime point votre genre de vie; il diffère trop de celui dans lequel j'ai passé mon enfance, pour être d'accord avec mes goûts ; et cependant si vous n'eussiez pas enlevé à sa famille cette jeune femme si douce et si intéressante, jamais je ne vous aurais quitté que vous ne m'eussiez dit vous-même : — Allez, et que la bénédiction de Dieu soit avec vous.

— Cette action n'était pas juste, répondit Ismaël, mais le repentir l'a suivie, et, autant qu'il sera en mon pouvoir, je la réparerai. Maintenant, parlez librement, voulez-vous rester ou partir?

— J'ai promis à cette jeune dame de ne la point quitter, dit Hélène en baissant les yeux à terre; et lorsqu'elle a tant à se plaindre de vous, elle a doublement droit d'exiger que je tienne ma parole.

— Otez les liens de ce jeune homme, dit Ismaël, et dès que cet ordre fut exécuté, il fit signe à tous ses fils d'avancer et de se placer en cercle devant Hélène. — Maintenant, continua-t-il, ce n'est point un badinage, ouvrez-nous votre cœur. Voilà tous ceux que j'ai à vous offrir, sans compter un accueil cordial.

Hélène, embarrassée, promena ses regards timides sur ses jeunes cousins, l'un après l'autre, jusqu'à ce qu'ils tombassent sur la physionomie expressive et inquiète de Paul. Alors la nature l'emporta sur les bienséances ; elle se jeta dans les bras du chasseur d'abeilles, et ses sanglots entrecoupés proclamèrent suffisamment son choix. Ismaël fit signe à ses fils de se retirer, et plus mortifié que surpris du résultat de son épreuve, il n'hésita pas plus longtemps sur ce qu'il avait à faire.

— Prenez-la, dit-il à Paul, et conduisez-vous avec elle honnêtement. Cette jeune fille a des qualités qui doivent la faire bien accueillir dans quelque maison qu'il lui plaise d'entrer, et je serais fâché d'apprendre qu'elle n'est pas heureuse. Maintenant tout est arrangé entre nous d'une manière que vous ne trouverez pas désagréable, je l'espère, mais au contraire équitable et digne d'un homme d'honneur. Je n'ai plus maintenant qu'une question à faire au capitaine. Profiterez-vous ou non de mes chariots pour vous rendre dans les habitations?

— J'ai appris que quelques soldats de ma compagnie me cherchaient près des villages des Pawnies, dit Middleton, et j'ai l'intention d'accompagner ce chef pour aller les rejoindre.

— Alors le plus tôt que nous nous quitterons sera le mieux. Il ne manque pas de chevaux en bas dans la vallée. Allez, faites-y votre choix, et séparons-nous en bonne intelligence.

— Cela est impossible tant que ce vieillard, qui a été l'ami de ma famille pendant un demi-siècle, restera votre prisonnier. Qu'a-t-il donc fait pour n'être pas mis en liberté comme les autres?

— Ne me faites pas de questions auxquelles je ne puisse pas répondre, dit Ismaël d'un ton sévère; j'ai avec ce Trappeur des affaires particulières dont il ne serait pas convenable qu'un officier des Etats vînt se mêler. Allez, tandis que votre route est libre.

— Cet homme vous donne un honnête conseil, et qu'il est très-important pour vous tous d'écouter, dit le Trappeur qui ne semblait nullement inquiet de la situation extraordinaire dans laquelle il se trouvait. Les Sioux sont une race nombreuse et cruelle, et personne ne peut dire combien de temps il s'écoulera avant qu'ils reviennent sur la piste de la vengeance. C'est pourquoi je vous dis aussi : Allez, et prenez bien garde en traversant les bas-fonds de ne point vous laisser de nouveau entourer par le feu; car les bons chasseurs brûlent souvent l'herbe dans cette saison, afin qu'au printemps les buffles trouvent des pâturages plus doux et plus verts.

— J'oublierais non seulement la reconnaissance que je dois à ce vieillard, mais mon devoir envers les lois, si je le laissais entre vos mains, même de son propre consentement, sans connaître la nature de son crime, auquel nous avons peut-être tous participé sans le savoir.

— Serez-vous satisfait d'apprendre qu'il mérite le châtiment qu'il recevra?

— Cela changera du moins entièrement mon opinion sur son compte.

— Regardez donc ceci, dit le squatter en montrant au capitaine la balle qui avait été trouvée dans la blessure d'Asa; avec ce morceau de plomb il a mis à mort le plus beau garçon qui ait jamais porté la joie dans le cœur d'un père!

— Je ne puis croire qu'il ait commis ce meurtre, à moins que ce ne fût pour sa propre défense, ou après une provocation qu'il était impossible de souffrir, répondit Middleton; j'avoue qu'il savait la mort de votre fils, car il m'a montré le petit bois où gisait le corps de la victime; mais qu'il lui ait traîtreusement arraché la vie, son aveu seul pourrait me forcer à le croire.

— J'ai vécu longtemps, dit le Trappeur, instruit par le silence général qu'on attendait qu'il se justifiât lui-même d'une si affreuse imputation, et j'ai été témoin de bien du mal. J'ai vu les ours et les panthères bondissants se déchirer en se disputant le morceau qui avait été jeté dans leur chemin; et j'ai vu des hommes qu'on appelait raisonnables lutter l'un contre l'autre jusqu'à la mort, afin que la folie humaine eût aussi son heure. Quant à moi, je puis dire, sans être taxé de présomption, que quoique ma main ait été souvent employée à combattre la perversité ou l'oppression, je n'ai jamais porté un coup dont je puisse avoir à rougir lorsque je paraîtrai devant un tribunal bien plus imposant que celui-ci.

— Si mon père a arraché la vie d'un homme de sa tribu, dit le jeune Pawnie que son œil perçant avait bientôt instruit de ce qui se passait en voyant la balle et l'expression variée de chaque physionomie; qu'il se remette de lui-même entre les mains des amis du mort, comme un guerrier; il est trop juste pour avoir besoin de liens qui le conduisent au lieu du jugement.

— Enfant, j'espère que vous me rendrez justice. Si j'avais fait la mauvaise action dont on m'accuse, j'aurais assez de courage pour venir offrir ma tête aux coups du châtiment, comme le fait tout bon et honnête homme à peau rouge.

Alors, calmant l'inquiétude de l'Indien par un regard qui l'assurait de son innocence, il se tourna vers ses autres auditeurs attentifs, et continua en anglais : — J'ai une courte histoire à raconter; celui qui la croira, croira la vérité, et celui qui refusera de la croire, s'égarera lui-même, et égarera peut-être aussi les autres. Lorsque nous sûmes que votre camp renfermait une jeune dame qu'on retenait prisonnière malgré elle, nous nous mîmes tous en embuscade aux alentours, ami squatter, comme maintenant vous pouvez commencer à le soupçonner, n'ayant d'autre intention que de la remettre en liberté, comme elle a justement et naturellement droit de l'être. Comme j'étais un batteur d'estrade un peu plus expérimenté que les autres, tandis qu'ils restèrent cachés dans le couvert, je fus envoyé dans la plaine pour faire une reconnaissance. Vous étiez loin de penser que, pendant que vous chassiez, quelqu'un était assez près de vous pour distinguer tous vos tours et détours ; et cependant j'étais là, couché tantôt derrière un buisson, tantôt dans une touffe d'herbes, et quelquefois descendant rapidement une colline pour me cacher dans un bas-fond et pour épier vos moindres mouvements, comme la panthère guette le daim qui se désaltère. Croyez-moi, squatter, lorsque j'étais un homme dans la force et l'orgueil de la jeunesse, j'ai regardé souvent, par la porte, dans l'intérieur de la tente de l'ennemi ; ils dormaient eux, et ils rêvaient peut-être qu'ils étaient dans leur village, tranquilles et en sûreté ! Je voudrais avoir le temps de vous conter les particularités.

— Venez-en donc à votre explication, dit l'impatient Middleton en l'interrompant.

— Ah ! ce fut un spectacle affreux et sanglant ! j'étais couché dans de hautes herbes, lorsque deux chasseurs se rencontrèrent. Leur accueil ne fut point cordial, ni tel que devrait l'être celui de deux hommes qui se retrouvent dans un désert ; cependant ils se séparèrent, et je pensais qu'ils s'étaient quittés en bonne intelligence, lorsque tout à coup l'un d'eux se retourna, fit feu dans le dos de l'autre, et commit ce que j'appelle un lâche et coupable meurtre. C'était une noble et courageuse créature que ce jeune homme ; quoique la poudre brûlât son habit, il supporta le choc pendant plus d'une minute sans tomber, et alors il se soutint encore sur ses genoux, et se traîna jusqu'au petit bois en se défendant en désespéré, comme un ours blessé qui cherche un abri.

— Et par la justice du ciel, pourquoi ne l'avoir pas dit plus tôt ? s'écria Middleton.

— Pourquoi ! Pensez-vous, capitaine, qu'un homme qui a passé plus de soixante ans dans le désert n'ait pas appris à pratiquer la vertu de la discrétion ? Quel est le guerrier rouge qui court raconter les signes qu'il a vus, avant que le temps convenable soit arrivé ? J'allai chercher le docteur et le menai sur les lieux, dans l'espoir que son savoir pourrait encore être de quelque secours à ce malheureux jeune homme, et notre ami le chasseur d'abeilles, qui était avec lui, vit aussi l'endroit où les broussailles cachaient le cadavre.

— Oui, cela est vrai, dit Paul ; mais ne connaissant pas les raisons particulières que pouvait avoir le vieux Trappeur de tenir cette affaire secrète, j'en parlai le moins possible, c'est-à-dire pas du tout.

— Et qui a consommé ce crime? demanda Middleton.

— Consommé! si vous entendez par là celui qui a fait le coup, ce fut cet homme que vous voyez; et à la honte de notre race, celui qu'il a tué était de sa famille et de son sang.

— Il ment! il ment! s'écria Abiram, je ne l'ai point assassiné, je n'ai fait que lui rendre coup pour coup.

La voix d'Ismaël se fit entendre; elle avait quelque chose de lugubre et même de solennel qui fit tressaillir tous ceux qui l'entouraient.

— C'en est assez, dit-il. Relâchez le vieillard, enfants, et mettez à sa place le frère de votre mère.

— Ne me touchez pas! s'écria Abiram, où j'appelle la malédiction de Dieu sur vous.

L'expression farouche et égarée de son regard fit reculer un moment les jeunes gens; mais lorsque Abner, plus âgé et plus déterminé que ses frères, s'élança sur lui, paraissant ne respirer que vengeance, le criminel effrayé se détourna, fit de vains efforts pour fuir, et tomba la face contre terre, ayant toutes les apparences de la mort. Au milieu des exclamations d'horreur qui s'élevèrent de toutes parts, Ismaël fit signe à ses fils d'emporter dans une des tentes le corps d'Abiram.

— Maintenant, dit-il en se tournant vers ceux qui étaient étrangers dans son camp, tout est dit entre nous, que chacun prenne sa route. Je vous souhaite du bonheur à tous; et vous, Hélène, quoique vous n'attachiez peut-être aucun prix à un souhait sorti de ma bouche, je vous dirai : — Que le Seigneur veille sur vous!

Middleton, saisi d'une sorte de crainte respectueuse en voyant ce qu'il regardait comme un jugement de Dieu, ne fit plus de résistance et se prépara au départ. Les arrangements furent courts et bientôt terminés. Dès qu'ils furent tous prêts, ils prirent en silence congé du squatter et de sa famille, et bientôt on vit cette petite troupe, composée d'éléments si hétérogènes et si singulièrement rassemblés, suivre lentement le Pawnie victorieux qui les conduisait à ses villages éloignés.

LA PRAIRIE.

CHAPITRE XXXII.

> Et je vous en conjure, faites une fois plier la loi
> à votre autorité; faites un peu de mal pour
> produire un grand bien.
> **SHAKSPEARE.**

Ismael attendit longtemps et avec patience que la petite troupe qui le quittait fût tout à fait hors de vue. Ce ne fut que lorsque celui de ses fils qu'il avait envoyé à la découverte vint lui dire que le dernier traîneur de la suite d'Indiens qui attendaient leur chef à une assez grande distance du camp pour que leur nombre ne donnât aucune inquiétude, avait disparu derrière les collines ondoyantes de la Prairie, que le squatter donna l'ordre d'abattre ses tentes. Les chevaux étaient déjà attelés, et les meubles furent bientôt transportés de leurs places ordinaires dans les différentes voitures. Lorsque tous ces arrangements furent terminés, le petit chariot qui avait été si longtemps la prison d'Inez fut amené devant la tente où l'on avait déposé le corps d'Abiram, et quelques préparatifs furent évidemment faits pour y recevoir un nouveau prisonnier. Ce fut alors seulement, lorsque Abiram parut, pâle, défait, écrasé sous le poids de sa conscience coupable, que les jeunes membres de la famille apprirent qu'il était encore au nombre des vivants. Une opinion générale et superstitieuse s'était répandue parmi eux, que la main de Dieu s'était déjà appesantie sur Abiram, et que son crime avait attiré sur sa tête un châtiment aussi soudain que terrible; et ils le regardaient comme un être qui appartenait déjà à l'autre monde plutôt que comme un homme qui avait à supporter comme eux la dernière agonie avant que l'anneau qui le liait encore à la chaîne de la vie fût rompu pour toujours.

Le criminel lui-même paraissait être dans un état de terreur où l'irritation nerveuse la plus violente luttait contre une complète apathie physique. La vérité était que, tandis que toute sa personne était comme engourdie par un choc si inattendu, son esprit naturellement inquiet et craintif le retenait dans une cruelle agitation sans relâche. Dès qu'il se trouva en plein air, il regarda autour de lui, afin de lire, s'il était possible, le sort qu'on lui destinait, dans les physionomies de ceux qui l'entouraient. Les voyant graves, mais calmes, et ne trouvant rien dans l'expression de leurs regards qui le menaçât d'une vengeance immédiate, le misérable se sentit revivre; et dès qu'il fut assis dans le chariot, son esprit artificieux se mit à chercher quelque expédient pour calmer le juste ressentiment de sa famille, ou, s'il ne réussissait pas, les moyens de se soustraire à un châtiment que ses pressentiments lui annonçaient devoir être terrible.

Pendant tous ces préparatifs, Ismaël avait à peine prononcé quelques paroles. Un geste ou un simple coup d'œil lui avait suffi pour faire connaître sa volonté à ses fils, et ce mode silencieux de communication paraissait convenir à tout le monde. Après avoir donné le signal du départ, le squatter mit son fusil sous son bras, jeta sa hache sur son épaule, et prit les devants suivant sa coutume. Esther s'était jetée au fond du chariot où étaient ses filles; les jeunes gens prirent leurs places accoutumées au milieu du bétail ou près des attelages, et toute la petite troupe se mit en marche comme d'ordinaire, d'un pas lent mais soutenu.

Pour la première fois depuis bien des jours, le squatter tournait le dos au soleil couchant. La route qu'il suivait était dans la direction des pays habités, et la manière dont il marchait suffisait pour apprendre à ses enfants, qui avaient appris à lire ses projets jusque dans son maintien, que leur voyage dans la Prairie tirait à sa fin. Cependant les heures se passaient sans que rien pût faire présumer qu'il se fût opéré quelque révolution subite ou violente dans les desseins ou dans les sentiments d'Ismaël. Pendant tout ce temps il marchait seul à quelques centaines de verges de sa troupe, mais sans donner aucun signe d'émotion extraordinaire. Une ou deux fois seulement on vit ce lourd colosse, debout sur le haut de quelque colline éloignée, le coude appuyé sur son fusil, la tête penchée vers la terre; mais ces moments d'abstraction étaient rares et de courte durée.

La petite troupe s'avança longtemps dans la direction de l'est sans que le moindre changement fût fait dans l'ordre que nous avons décrit. Habitué depuis longtemps aux difficultés qu'offre la manière de voyager qu'il avait adoptée, le squatter, par une sorte d'instinct, évitait les obstacles les plus insurmontables de la route, se dirigeant à temps à droite ou à gauche, suivant que les inégalités du terrain, l'approche d'un bois ou celle d'une rivière lui en faisaient sentir la nécessité.

Enfin le moment arriva où quelques heures de repos devenaient indispensables pour réparer les forces épuisées des hommes ainsi que des animaux. Ismaël choisit l'endroit convenable avec sa sagacité ordinaire; la forme régulière du pays, telle que nous l'avons décrite dans les premières pages de notre ouvrage, avait fait place depuis longtemps à un terrain plus inégal et à un paysage plus varié. C'était en général, il est vrai, les mêmes solitudes vastes et désertes, les mêmes bas-fonds fertiles et étendus, et ce mélange bizarre et sauvage de plaines verdoyantes et de terres arides qui donnent à cette région l'apparence d'une contrée antique et autrefois peuplée, dont une de ces incompréhensibles convulsions de la nature aurait englouti à la fois les habitants et leurs demeures. Mais l'uniformité de ces Prairies ondoyantes était interrompue par des monticules irréguliers, par d'énormes masses de rochers et par de vastes ceintures de forêts.

Ismaël s'arrêta près d'une source qui sortait de la base d'un roc qui pouvait avoir quarante à cinquante pieds de hauteur, comme à l'endroit le plus convenable pour le besoin de ses bestiaux. L'eau baignait une petite vallée qui était au-dessous, et qui lui devait le peu de verdure dont elle était couverte. Un saule isolé avait pris racine près de l'endroit où coulait la source, et profitant seul des sucs que lui offrait la terre, il s'élevait bien au-dessus du rocher dont ses branches touffues avaient si longtemps ombragé la cime. Mais sa beauté avait disparu avec la séve féconde, principe mystérieux de sa vie; et comme pour insulter à la chétive verdure qui végétait autour de lui, il restait debout, noble et solennel monument de sa fertilité passée. Ses énormes branches, nues et desséchées, s'étendaient bien encore autour de lui, mais elles n'offraient plus une seule feuille, un seul signe de végétation; le tronc blanchi et crevassé conservait dans ses larges fentes l'empreinte que lui avaient laissée les tempêtes, et le vieux saule semblait rester debout pour proclamer la fragilité de l'existence et les cruels effets du temps.

Ismaël, après avoir fait signe à sa petite troupe d'approcher, s'étendit par terre et parut réfléchir à la terrible responsabilité qui pesait sur lui. Ses fils ne tardèrent pas à le joindre; car les chevaux n'avaient pas plus tôt senti l'approche de l'eau et du pâturage qu'ils avaient doublé le pas; et au silence de la route succédèrent bientôt le tumulte et les occupations inséparables d'une halte.

L'impression que la scène du matin avait produite sur les enfants d'Ismaël et d'Esther n'avait été ni assez forte ni assez durable pour leur faire oublier les besoins de la nature. Mais tandis que les aînés cherchaient parmi leurs provisions quelque chose de substantiel pour apaiser leur faim, et que les plus petits se poussaient à qui approcherait le plus près d'une grande écuelle, leurs parents étaient occupés d'une manière bien différente.

Lorsque le squatter vit que tous, même Abiram, ne songeaient qu'à satisfaire leur appétit, il fit signe à sa compagne abattue de le suivre, et gravit une petite éminence qui bornait la vue du côté de l'est. En se trouvant seuls sur cette crête aride, le couple malheureux se crut encore sur le tombeau de leur fils assassiné. Ismaël s'assit auprès de sa femme sur un fragment de roc; puis il se fit un moment de silence que ni l'un ni l'autre ne paraissait disposé à rompre.

— Voilà longtemps que nous voyageons ensemble, tant bien que mal, dit enfin Ismaël; nous avons eu bien des épreuves à subir, et quelques coupes bien amères à vider, femme; mais rien de semblable à ce qui nous arrive ne s'est jamais rencontré dans notre chemin.

— C'est une lourde croix à porter pour une pauvre pécheresse égarée, répondit Esther en baissant la tête presque sur ses genoux et en se cachant la figure dans ses vêtements, un fardeau bien pesant pour les épaules d'une sœur et d'une mère!

— Oui, oui, et c'est bien le plus embarrassant de l'affaire. Je m'étais préparé sans beaucoup de peine à punir ce Trappeur sans asile; car il m'avait rendu peu de services, et que Dieu me pardonne de l'avoir injustement soupçonné d'un tel crime! mais ici je ne puis me venger que par le déshonneur de ma famille. Et cependant un de mes fils aura-t-il été massacré, et son meurtrier restera-t-il impuni? l'enfant n'aurait jamais un instant de repos!

— Oh! Ismaël, nous avons poussé les choses trop loin! voilà ce que c'est que d'avoir voulu trop en savoir. Si l'on n'en eût pas tant dit, nos consciences auraient pu du moins être en repos.

— Esther, lui dit son mari en la regardant d'un air de reproche, il y eut un instant, ma femme, où vous pensiez qu'une autre main avait commis ce meurtre.

— Cela est vrai, cela est vrai; le Seigneur m'envoya cette pensée en punition de mes péchés; mais sa miséricorde ne tarda pas à lever le voile; je regardai dans le livre, Ismaël, et j'y trouvai des paroles de consolation.

— Avez-vous ce livre sous la main, femme? il nous donnerait peut-être un conseil dans cette triste affaire.

Esther fouilla dans ses poches et ne fut pas longtemps à en tirer les restes d'une Bible enfumée qui avait été feuilletée si souvent que les caractères en étaient devenus presque indéchiffrables. C'était le seul livre qui fît partie du mobilier du squatter, et sa femme l'avait toujours conservé comme un triste souvenir de jours plus heureux et peut-être plus innocents. Depuis longtemps elle avait l'habitude d'avoir recours à la Bible, lorsqu'elle était accablée de quelque malheur au-dessus des consolations humaines, et auquel son caractère décidé et résolu ne pouvait trouver de remède. De cette manière Esther s'était fait une sorte d'allié commode de la parole de Dieu, lui demandant rarement un conseil, excepté lorsqu'elle ne pouvait se dissimuler que tous ses efforts pour détourner le fléau qui la menaçait étaient impuissants. Nous laisserons aux casuistes le soin de décider à quel point elle ressemblait en cela à bien des gens plus éclairés, et nous continuerons notre récit.

— Il y a dans ce livre de terribles passages, Ismaël, dit-elle en ouvrant le volume et en tournant lentement les feuillets; il y en a plusieurs qui apprennent comment il faut punir.

Son mari lui fit signe de lui montrer une de ces courtes règles de conduite regardées par toutes les nations chrétiennes comme les ordres directs du Créateur, et qui sont tellement justes, que ceux mêmes qui contestent leur origine divine conviennent de leur sagesse. Ismaël écoutait avec attention, tandis que sa compagne lui lisait tous les versets qu'elle croyait applicables à leur situation. Il lui dit de lui montrer les caractères du livre saint, et il les considéra un instant avec une sorte de respect étrange. Une résolution une fois prise par un homme de ce caractère, qui ne se remuait en quelque sorte qu'avec tant de peine, est presque toujours irrévocable. Il mit sa main sur le livre, et le ferma comme pour montrer à sa femme qu'il était satisfait. Esther, qui le connaissait si bien, trembla en voyant ce geste, et, jetant un regard craintif sur sa physionomie sombre et rembrunie, elle lui dit:

— Et cependant, Ismaël, mon sang et le sang de mes enfants coulent dans ses veines! ne peut-on lui montrer quelque miséricorde?

— Femme, lui répondit-il sévèrement, quand nous pensions que ce pauvre Trappeur était coupable, vous ne parliez pas de miséricorde.

Esther ne répondit pas, mais, croisant les bras sur sa poitrine, elle resta quelques minutes pensive et silencieuse, puis elle jeta encore un regard inquiet sur la figure de son mari; mais la colère et la vengeance y étaient cachées sous la plus froide apathie. Certaine alors que le sort de son frère était décidé, et sentant combien il avait mérité le châtiment qui se préparait pour lui, elle n'essaya plus d'intercéder en sa faveur. La conversation en resta là. Leurs yeux se rencontrèrent un instant, et alors, se levant tous deux, ils s'acheminèrent en silence vers le camp. Le squatter trouva ses enfants qui l'attendaient avec leur insouciance ordinaire. Le bétail était déjà réuni en troupeau, les chevaux étaient attelés, et les enfants étaient remontés dans leurs chariots, tout était prêt enfin pour repartir, et la sauvage famille n'attendait plus que le retour de ses chefs.

— Abner, dit le père du ton délibéré qui caractérisait ordinairement ses ordres, tirez le frère de votre mère de son chariot et mettez-le à terre.

Abiram en sortit, tremblant il est vrai, mais loin d'avoir perdu tout espoir d'apaiser le juste ressentiment d'Ismaël. Après avoir jeté un regard autour de lui, dans le vain désir de trouver sur quelque figure une expression de pitié, il s'efforça d'étouffer les craintes qui reprenaient leur première violence, en tâchant d'établir une sorte de conversation amicale entre lui et le squatter.

— Les chevaux sont éreintés, frère, dit-il, et, après avoir fait une si longue marche, n'est-il pas temps de camper? A mon avis, vous pourriez aller loin avant de trouver une place aussi convenable que celle-ci pour y passer la nuit.

— Je suis charmé qu'elle vous plaise, répondit le squatter, car il est probable que vous y resterez longtemps. — Mes fils, approchez et écoutez. — Abiram White, ajouta-t-il en ôtant son bonnet de fourrure, et d'un ton ferme et solennel qui donnait quelque chose d'imposant à ses traits lourds et grossiers; vous avez assassiné mon premier-né, et d'après les lois de Dieu et des hommes, vous devez mourir.

Le coupable tressaillit en entendant cette affreuse sentence, saisi de la même terreur qu'un homme qui se trouverait inopinément dans les griffes d'un monstre de manière à ne pouvoir s'en arracher. Quoique ses pressentiments eussent dû le préparer à cette conclusion, il n'avait point assez de courage pour envisager la mort en face, et, reculant devant une image qui lui faisait horreur, comme ces êtres lâches et pusillanimes qui cherchent à se cacher à eux-mêmes leur position désespérée, au lieu de se préparer à son sort, il s'était bercé de l'espoir d'y échapper à force de ruse et d'adresse.

— Mourir? répéta-t-il d'une voix à peine articulée; un homme n'est-il pas en sûreté au milieu de ses amis?

— C'est ce que croyait mon enfant, répondit le squatter en donnant le signal du départ au chariot qui contenait sa femme et ses filles et en examinant froidement l'amorce de son arme; — c'est avec un fusil que vous avez tué mon fils, il est juste que vous périssiez par le fusil.

Abiram jeta autour de lui des regards égarés, et fit un horrible sourire, comme s'il eût voulu se persuader à lui-même et persuader aux autres que ce qu'il venait d'entendre n'était qu'une plaisanterie faite pour éprouver son courage. Mais cette effroyable gaieté ne trouva autour de lui aucun écho. Tout était grave et solennel. Ses neveux cachaient sous un extérieur froid et tranquille la haine qu'ils lui portaient, et la figure de son beau-frère n'exprimait qu'une détermination irrévocable. Cette fermeté calme était mille fois plus désespérante que ne l'auraient été l'emportement et la fureur, qui peut-être auraient fini par lui donner quelque énergie et par provoquer sa résistance, tandis qu'il restait abandonné à ses faibles ressources.

— Frère, dit-il d'une voix gutturale et presque éteinte, vous ai-je bien entendu?

— Mes paroles sont simples, Abiram White; vous avez commis un meurtre, et vous devez mourir pour l'expier.

— Où est Esther? Ma sœur, ma sœur, m'avez-vous abandonné? O ma sœur, entendez-vous ma voix?

— J'en entends une qui sort du tombeau, répondit Esther au moment où le chariot passait près du coupable, c'est la voix de mon premier-né qui demande justice; que Dieu vous pardonne! qu'il fasse miséricorde à votre âme!

Le chariot continua lentement sa route, et Abiram, isolé, vit qu'il ne lui restait plus la moindre lueur d'espérance. Cependant il ne pouvait rassembler assez de courage pour supporter l'idée de la mort, et si ses jambes ne lui eussent refusé le service, il aurait encore essayé de fuir. Alors, par une révolution soudaine, s'abandonnant au plus profond désespoir, il se jeta à genoux et commença une prière dans laquelle les noms du Seigneur et de son beau-frère étaient hideusement mêlés, implorant tour à tour le pardon du ciel et celui des hommes, et poussant les cris de détresse les plus sauvages. Les fils d'Ismaël détournèrent les yeux avec horreur d'un pareil spectacle, et le squatter lui-même ne put voir tant d'abjection sans que sa fermeté en fût un peu ébranlée.

— Puisse celui que vous implorez là-haut vous accorder ce que vous lui demandez! dit-il; mais un père ne peut jamais oublier le meurtre de son enfant.

Abiram ne lui répondit qu'en faisant les appels les plus humbles à sa pitié pour obtenir du temps. Il le supplia tour à tour de lui accorder une semaine, un jour, une heure, avec des instances proportionnées à la valeur qu'ils acquéraient lorsque toute une vie se trouvait renfermée dans leur courte durée. Le squatter se laissa ébranler, et il se rendit en partie aux désirs du coupable. La fin qu'il se proposait devait être également remplie; seulement les moyens étaient changés.

— Abner, dit Ismaël, montez sur le rocher, et regardez avec soin de tous côtés pour vous assurer qu'il n'y a personne dans les environs.

Tandis que son neveu accomplissait cet ordre, un nouveau rayon d'espoir ranima les traits éteints d'Abiram. La réponse fut telle qu'on la désirait. On n'apercevait rien à la plus grande distance, à l'exception du chariot qui s'éloignait. Seulement un enfant accourait en toute hâte, sans doute envoyé par Esther. Ismaël attendit son arrivée. Il reçut des mains de l'une de ses petites filles, qui avait l'air effaré et interdit, quelques pages de ce livre qu'Esther avait conservé avec tant de soin. Le squatter fit signe à l'enfant d'aller rejoindre sa mère, et il plaça les feuilles entre les mains du coupable.

— Esther vous envoie ce livre, lui dit-il, afin que dans vos derniers moments vous pensiez à Dieu.

— Je la remercie, je la remercie! elle a toujours été pour moi une bonne et tendre sœur! mais il faut me donner du temps pour que je puisse lire; du temps, mon frère, du temps!

— Le temps ne vous manquera pas : vous serez vous-même votre bourreau, et mes mains n'auront pas du moins à remplir ce misérable office.

Ismaël se mit en devoir d'exécuter ses nouveaux projets. Les craintes immédiates du coupable furent apaisées par l'assurance qu'il reçut qu'il pourrait encore vivre quelques jours, quoique son châtiment fût inévitable. Un moment de répit produit momentanément les mêmes effets qu'un pardon complet sur un homme aussi abject et aussi misérable qu'Abiram. Il fut même le premier à diriger les terribles apprêts de la catastrophe; et de tous les acteurs de cette sanglante tragédie il était celui qui montrait peut-être le plus d'empressement, comme s'il craignait que son beau-frère ne rétractât sa promesse et ne hâtât sa mort.

Un quartier de rocher, formant une espèce de langue étroite, s'avançait sous une des branches dépouillées du saule. Il était à bien des pieds au-dessus de la terre, et convenait parfaitement au projet dont Ismaël n'avait eu effectivement l'idée qu'en l'apercevant. Ce fut sur cette petite plate-forme que le coupable fut placé, les coudes liés derrière le dos, de manière à ce qu'il lui fût impossible de les retirer, tandis qu'une corde, passée autour de son cou, était attachée à la branche de l'arbre. La longueur en avait été calculée de sorte que le corps, une fois suspendu, ne pût trouver aucun point d'appui pour poser le pied. Les feuilles de la Bible furent placées entre ses mains, libre à lui de chercher, s'il le voulait, des consolations dans le livre saint.

— Et maintenant, Abiram White, dit le squatter, lorsque ses fils furent redescendus, et qu'il leur eut fait signe de partir avec le reste des chariots, je vous adresse une dernière et solennelle demande : la mort se présente à vous sous deux formes différentes; ce fusil peut finir à l'instant vos misères, ou tôt ou tard cette corde vous donnera la mort.

— Oh! laissez-moi vivre encore? Vous ne savez pas, Ismaël, combien la vie paraît douce quand la dernière heure est si proche!

— Il suffit, dit Ismaël. Je vous quitte, malheureux, et pour que ce soit une consolation pour vous dans vos derniers moments, je vous pardonne le mal que vous m'avez fait, et je vous laisse entre les mains de votre Dieu.

Ismaël se détourna alors, et continua sa route à travers la plaine du pas lourd et pesant qui lui était habituel. Quoiqu'il marchât la tête un peu penchée vers la terre, il n'eut pas un seul instant la pensée de jeter un regard derrière lui. Une ou deux fois seulement il crut entendre prononcer son nom d'une voix qui était un peu étouffée; mais il n'en poursuivit pas moins son chemin.

Ce ne fut que lorsqu'il fut arrivé à l'endroit où il avait eu une conférence solennelle avec Esther, qu'il s'arrêta. C'étaient les limites de l'horizon, par rapport au rocher, et il hasarda alors un coup d'œil dans la direction qu'il venait de quitter. Le soleil était près de se plonger dans les plaines les plus éloignées, et ses derniers rayons éclairaient les branches dépouillées du saule. Tous les contours du rocher se dessinaient contre le firmament en feu, et il aperçut même le malheureux Abiram debout dans la même attitude où il l'avait laissé. Cette vue réveilla dans son cœur les sentiments qu'éprouve celui qui se voit séparé brusquement et pour toujours d'un ancien compagnon, et il descendit le monticule à pas plus précipités qu'il ne l'avait gravi.

A la distance d'un mille, le squatter rejoignit ses enfants. Ils avaient trouvé un endroit convenable pour y dresser leurs tentes, et ils n'attendaient que son arrivée pour savoir s'il approuverait leur choix. Quelques mots suffirent pour exprimer son assentiment. Tous les préparatifs se firent dans un silence plus général et plus remarquable que jamais. La voix d'Esther ne se fit pas entendre au milieu de ses marmots turbulents, ou si elle s'éleva quelquefois, ce ne fut que pour donner un léger avertissement, mais sans jamais monter à son diapason ordinaire.

Aucune question, aucune explication n'eut lieu entre le squatter et sa femme. Ce ne fut qu'au moment où Esther se retira dans sa tente pour coucher ses petits qu'Ismaël remarqua qu'elle jeta un regard furtif sur le bassinet de son fusil. Il dit à ses fils d'aller se livrer au repos, en leur déclarant que son intention était de veiller lui-même à la sûreté du camp. Lorsque tout fut tranquille, il sortit dans la Prairie, comme s'il trouvait qu'il ne respirait pas assez librement au milieu des tentes. La nuit était bien propre à ajouter encore aux sensations que les incidents de la journée avaient dû faire naître dans son âme.

Le vent s'était élevé au moment où la lune avait paru, et tels étaient parfois ses sifflements affreux, lorsque se déchaînant sur la Prairie il balayait tout sur son passage, que l'imagination n'avait pas beaucoup à faire pour se figurer que des sons étranges et surnaturels se faisaient entendre au milieu des airs. Cédant à l'impulsion extraordinaire qui l'entraînait, le squatter jeta un regard autour de lui pour s'assurer que tout ce qui lui était cher reposait en sûreté, et alors il se dirigea vers le monticule dont nous avons déjà parlé. De cette hauteur, la vue plongeait sans obstacle de l'orient à l'occident. De légers nuages passaient rapidement devant la lune, dont le disque obscurci avait en quelque sorte quelque chose d'humide et de vaporeux, quoique, dans d'autres moments, sa paisible lumière, brillant au milieu d'un ciel d'azur, jetât sur tous les objets une teinte douce et agréable.

Pour la première fois, dans une vie passée presque tout entière au milieu des déserts, Ismaël comprit ce que c'était que la solitude. Les Prairies dépouillées commençaient à prendre l'aspect de déserts interminables, et les murmures du vent retentissaient à son oreille comme autant de sons de mort.

Il ne se passa pas longtemps sans qu'il crût entendre un cri perçant que le vent furieux apportait jusqu'à lui. Ce cri ne semblait pas venir de terre, mais il avait traversé les régions supérieures de l'air, mêlé aux accompagnements terribles de l'aquilon. Les dents du squatter claquèrent fortement, et sa main vigoureuse serra son fusil avec autant de force que s'il eût voulu le briser comme un ver. Le vent parut s'apaiser un instant, et, dans ce court intervalle, un cri d'horreur vint frapper son oreille aussi distinctement que si la voix qui le proférait était partie d'auprès de lui. Ismaël, dans le premier moment de stupeur, ne put s'empêcher d'en pousser un semblable, et jetant son fusil sur ses épaules il se dirigea vers le roc à pas de géant.

Il était rare que le sang du squatter coulât avec la même rapidité qu'il circule ordinairement dans les veines des autres hommes ; mais dans ce moment il semblait près de s'échapper par tous ses pores. Toute la machine avait été trop fortement secouée pour ne pas sortir de son engourdissement ordinaire. Plus il avançait, plus ces sons effrayants devenaient distincts ; tantôt ils semblaient se perdre au milieu des nuages, tantôt au contraire ils rasaient la terre en sifflant. Enfin un cri retentit qui n'avait rien d'équivoque, et que l'imagination ne pouvait faire paraître plus horrible qu'il ne l'était en effet. On eût dit qu'il remplissait les plus petites cavités de l'air, de même que l'éclair, au moment où il fend la nue, couvre de son reflet éclatant l'immensité de l'horizon. Le nom de Dieu résonnait à chaque instant, mais il était mêlé d'affreux blasphèmes qu'il est impossible de répéter.

Le squatter s'arrêta, et il se couvrit un instant les oreilles de ses deux mains. Lorsqu'il les releva, une voix sourde et gutturale lui dit tout bas :

— Ismaël, mon homme, n'avez-vous rien entendu?

— Chut! répondit le squatter en appuyant sa main sur l'épaule d'Esther, sans manifester la moindre surprise de sa présence imprévue; chut! femme, si vous craignez le Seigneur, restez tranquille.

Un profond silence succéda. Quoique le vent continuât à s'élever et à tomber tour à tour comme auparavant, des cris affreux ne se mêlaient plus à ses sifflements. Les sons étaient imposants et solennels; mais c'était la solennité et la majesté de la nature dans la solitude.

— Avançons, dit Esther, tout est fini.

— Femme, qui vous a amenée ici? demanda son mari dont le sang avait repris sa circulation ordinaire, et dont les pensées étaient devenues plus calmes.

— Ismaël, il a immolé notre premier-né; mais enfin c'est le fils de ma mère, et il n'est pas convenable que son corps reste étendu sur la terre, comme la carcasse d'un chien.

— Suivez-moi, reprit le squatter en saisissant de nouveau son fusil, et en s'avançant vers le roc. La distance qui l'en séparait était encore considérable, et plus ils approchaient de l'endroit fatal, plus une sorte de terreur superstitieuse leur faisait ralentir le pas. Il se passa bien des minutes avant qu'ils fussent assez près du rocher pour pouvoir distinguer la forme des objets.

— Où avez-vous mis le corps? demanda tout bas Esther. Voyez, j'ai apporté une pioche et une bêche, afin qu'un frère à moi puisse reposer dans le sein de la terre.

La lune sortit en ce moment du sein des nuages, et les yeux d'Esther purent suivre la direction que lui indiquait le doigt de son mari; elle vit une forme humaine qui flottait au gré du vent, au-dessous de l'une des branches desséchées du saule. A cet affreux spectacle elle baissa la tête et se couvrit les yeux de ses deux mains; mais Ismaël s'approcha davantage, et contempla longtemps son ouvrage d'un air de stupeur, mais non de regret. Les feuilles du livre saint étaient disséminées à terre, et même une pierre du rocher avait été détachée par Abiram dans son agonie. Mais à présent tout était dans l'immobilité de la mort. Quelquefois la lune donnait en plein sur les traits livides et décomposés de la victime, tandis que dans d'autres moments, lorsque le vent tombait, la corde immobile traçait une ligne sombre sur son disque éclatant. Le squatter leva son fusil avec beaucoup de soin et fit feu. La corde fut coupée, et le corps vint tomber à terre, comme une masse lourde et insensible.

Jusque-là Esther n'avait ni fait un mouvement, ni prononcé une parole. Mais alors sa main ne fut pas lente à prendre sa part des travaux du moment. La fosse fut bientôt creusée, et prête à recevoir la déplorable victime. Au moment où le corps allait y être descendu, Esther, qui soutenait la tête, regarda son mari avec une expression d'angoisse, et lui dit :

— Ismaël, mon homme, c'est bien terrible ! Je ne puis baiser le corps de l'enfant de mon père !

Le squatter posa sa large main sur le cadavre, et dit d'une voix solennelle :

— Abiram White, nous avons tous besoin d'indulgence ; je te pardonne du fond du cœur. Puisse le Seigneur qui est au ciel oublier tes péchés !

Esther pencha la tête, et imprima longtemps ses lèvres sur la figure décolorée de son frère. Enfin il fallut remplir la fosse, et ce bruit de la terre qui tombait sur le mort avait quelque chose d'imposant et de solennel. Esther se laissa tomber à genoux, et Ismaël resta debout, la tête découverte, tandis que sa femme balbutiait une prière. Telle fut la fin de cette lugubre cérémonie.

Le lendemain matin, le squatter et sa famille continuèrent leur route en se dirigeant toujours vers les habitations. En approchant des confins de la société, leurs chariots se confondirent au milieu de mille autres. Quelques uns des nombreux descendants de ce couple singulier furent arrachés à leur vie à demi barbare par l'influence toujours croissante de la civilisation ; mais quant aux chefs même de la famille, on ne sut jamais ce qu'ils étaient devenus.

CHAPITRE XXXIII.

> Oui, je vous suis encore. J'ai peine à vous quitter,
> il le faudra pourtant.
> SHAKSPEARE.

La marche du Pawnie jusqu'à son village ne fut interrompue par aucune scène de violence. Sa vengeance avait été tout à la fois prompte et complète. Il ne rencontra pas un seul Sioux sur les terrains de chasse qu'il fut obligé de traverser; et Middleton, ainsi que ses amis, n'aurait pu voyager d'une manière plus paisible au milieu même des États. Cœur-Dur eut plusieurs fois l'attention de faire ralentir le pas à sa troupe pour que les femmes pussent suivre sans fatigue. En un mot, les vainqueurs semblaient avoir dépouillé tout sentiment de férocité après le combat, et ils paraissaient disposés à consulter les moindres désirs de leurs nouveaux amis, et à oublier qu'ils faisaient partie de ce peuple avide qui empiétait tous les jours sur leurs droits, et qui, dépouillant les hommes rouges de l'occident de leur fière indépendance, les réduisait à être toujours errants et fugitifs.

Les limites qui nous sont imposées ne nous permettent pas de décrire l'entrée triomphante des vainqueurs. Les transports de joie que fit éclater la tribu furent proportionnés à l'abattement dans lequel elle avait été plongée en croyant avoir perdu son chef. Les mères racontaient avec orgueil la mort honorable de leurs fils; les femmes proclamaient le courage de leurs époux, et montraient leurs cicatrices, tandis que les jeunes filles indiennes récompensaient les jeunes braves en répétant leurs chants de victoire. Les chevelures qu'ils avaient enlevées sur le champ de bataille étaient étalées en triomphe, de même que dans les régions plus civilisées on déploie les drapeaux conquis. Les vieillards racontaient les exploits des anciens guerriers, et déclaraient qu'ils étaient éclipsés par la gloire de ce combat, tandis que Cœur-Dur lui-même, qui depuis l'enfance s'était toujours distingué par les actions les plus éclatantes, était proclamé unanimement, et au milieu d'acclamations réitérées, le chef le plus digne et le brave le plus intrépide que le Wahcondah eût jamais envoyé à ses enfants de prédilection, les Pawnies-Loups.

Quoique Middleton n'eût plus à craindre pour le trésor qu'il venait de recouvrer, ou que du moins il se trouvât comparativement dans un état de sécurité, il ne fut pas fâché de trouver à l'entrée du village ses braves et fidèles artilleurs, qui poussèrent des cris de joie en le revoyant. La présence de cette troupe, quelque peu nombreuse qu'elle fût, suffit pour écarter toute ombre d'inquiétude de son esprit. Elle lui assurait la liberté de ses mouvements; elle lui donnait de l'importance et de la considération aux yeux de ses nouveaux amis, et lui permettait de franchir sans obstacle l'intervalle considérable qui séparait encore le village des Pawnies de la forteresse la plus voisine, occupée par ses compatriotes.

Une loge fut abandonnée à la possession exclusive d'Inez et d'Hélène, et Paul lui-même, quand il vit une sentinelle dans l'uniforme des Etats se promener devant l'entrée, se sentit le cœur plus libre, et alla rôder au milieu des habitations des Peaux-Rouges, examinant sans beaucoup de réserve l'intérieur de leurs ménages, faisant des commentaires sur tout ce qu'il voyait, tantôt en riant, tantôt d'un ton grave, mais toujours avec la plus grande liberté, ou entrant dans les explications les plus comiques, pour faire comprendre aux ménagères tout ébahies que, dans tel ou tel cas, les femmes blanches s'y prenaient beaucoup mieux, et qu'il fallait faire comme elles.

Heureusement cet esprit de curiosité, si incommode et si gênant, ne se manifesta point parmi les Indiens. La réserve et la délicatesse de Cœur-Dur s'étaient communiquées à son peuple. Après avoir eu pour leurs hôtes toutes les attentions que leurs mœurs simples et leurs goûts peu difficiles à contenter purent leur suggérer, aucun Indien n'eut la présomption de s'approcher des cabanes qui avaient été mises à la disposition des étrangers. On les laissa se retirer et s'arranger dans leurs nouvelles demeures de la manière la plus conforme à leurs habitudes et à leurs goûts. Mais les chants et les réjouissances de la tribu ne s'en prolongèrent pas moins pendant la nuit, et elle était déjà fort avancée que l'on entendait encore la voix de plus d'un chef qui, du haut de sa tente, racontait les exploits de ses guerriers et la gloire dont ils s'étaient couverts.

Malgré les fatigues de la veille, dès le point du jour tout était sur pied. L'air de triomphe qui peu d'heures auparavant brillait sur toutes les figures, avait fait place à une expression mieux appropriée à la circonstance actuelle. Le bruit s'était répandu que les Visages-Pâles, qui étaient les amis de leur chef, étaient au moment de prendre congé de la tribu. Les soldats de Middleton, en attendant son arrivée, s'étaient arrangés avec un marchand qui n'avait pas réussi dans ses spéculations, et lui avaient loué sa barque, qui était sur le bord de la rivière, prête à recevoir sa cargaison. Il ne restait donc plus qu'à se disposer au départ.

Middleton ne voyait pas arriver ce moment sans quelque sentiment de défiance. L'admiration avec laquelle Cœur-Dur contemplait Inez n'avait pas plus échappé à son regard jaloux que les désirs infâmes de Mahtoree. Il savait avec quelle adresse consommée un sauvage cachait ses desseins, et il sentait que ce serait le comble de l'imprudence que de ne pas se tenir sur ses gardes. Des instructions secrètes furent données en conséquence à ses artilleurs, avec ordre de cacher les précautions qu'il jugeait à propos de prendre en ayant l'air de vouloir étaler quelque pompe militaire pour signaler leur départ.

Le jeune capitaine ne tarda pas à éprouver quelques remords de conscience quand il vit la peuplade tout entière les accompagner jusqu'au bord de la rivière, les mains désarmées, et la tristesse peinte sur la figure ; les Indiens se groupèrent en cercle autour de leur chef, et gardèrent un profond silence, paraissant observer avec un grand intérêt ce qui se passait. Comme il était évident que Cœur-Dur se disposait à parler, la petite troupe s'arrêta pour l'écouter, et le Trappeur s'apprêta à remplir les fonctions d'interprète.

Le jeune chef s'adressa d'abord à son peuple dans le langage figuré des Indiens. Il commença par faire allusion à l'antiquité et à la gloire de sa nation. Il parla de leurs succès dans les chasses et sur les sentiers de guerre ; de la manière dont ils avaient toujours su défendre leurs droits et se venger de leurs ennemis. Après en avoir dit assez pour témoigner son respect pour la grandeur des Loups, et pour satisfaire l'orgueil de son peuple, il passa par une transition soudaine à la race dont les étrangers faisaient partie. Il compara leur multitude innombrable à ces troupes d'oiseaux qui émigrent dans la saison des fleurs ou à la chute de l'année. Avec une délicatesse dont personne n'était plus susceptible qu'un guerrier indien, il ne fit aucune mention directe du caractère rapace que tant de leurs compatriotes avaient montré dans leurs relations commerciales avec les Peaux-Rouges. Sachant qu'un sentiment de défiance était fortement enraciné dans l'âme de son peuple, il chercha plutôt à calmer les justes sujets de ressentiment que ses auditeurs pouvaient conserver, par des excuses et des apologies indirectes. Il leur rappela que les Pawnies-Loups eux-mêmes avaient été plus d'une fois obligés de chasser d'indignes frères de leurs villages. Le Wahcondah se voilait souvent la figure pour ne point voir une Peau-Rouge. Point de doute que le Grand-Esprit des Visages-Pâles n'en fît parfois autant à l'égard de ses enfants. Ceux qui étaient abandonnés à l'artisan du mal ne pouvaient jamais être ni braves ni vertueux, quelle que fût la couleur de leur peau. Il engageait ses jeunes guerriers à regarder les mains des Longs-Couteaux. Elles n'étaient point vides, comme celles de mendiants affamés ; elles n'étaient pas non plus remplies de marchandises, comme celles des fripons de marchands. Ils étaient des guerriers comme eux, et ils portaient des armes dont ils savaient faire un noble usage. Ils étaient dignes d'être appelés frères.

Ensuite il dirigea l'attention des Indiens sur le chef des étrangers. C'était un fils de leur grand-père blanc. Il n'était pas venu dans la Prairie pour effrayer les buffles et les chasser de leurs pâturages, ni pour chercher le gibier des Indiens. Des méchants lui avaient enlevé une de ses femmes ; et c'était sans doute la plus obéissante, la plus douce et la plus charmante de toutes. Ils n'avaient qu'à ouvrir les yeux pour voir que ce qu'il disait devait être vrai. A présent que le chef blanc avait retrouvé sa femme, il allait retourner en paix dans son pays. Il dirait à son peuple que les Pawnies étaient justes, et les deux nations vivraient en bonne intelligence. Tous ses guerriers souhaitaient aux étrangers un heureux retour dans leurs habitations. Les Loups savaient tout à la fois recevoir leurs ennemis, et ôter les ronces du sentier de leurs amis.

Le cœur de Middleton avait battu fortement, quand le jeune partisan [1] ou chef avait fait allusion à la beauté d'Inez, et il n'avait pu s'empêcher de jeter un regard sur sa petite troupe d'artilleurs, comme pour lui dire de se tenir prête au premier signal ; mais à partir de ce moment le jeune et brave Pawnie parut oublier entièrement qu'il eût jamais vu un objet aussi séduisant. Ses sentiments, s'il en éprouvait à cet égard, étaient concentrés au fond de son âme, et rien n'annonçait sur sa figure la contrainte qu'il s'imposait. Il prit chaque guerrier l'un après l'autre par la main, sans oublier le dernier soldat ; mais aucun de ses regards ne se dirigea vers les jeunes amies. Il avait veillé à ce que rien ne leur manquât pour la route, avec un soin qui n'avait pas manqué d'exciter quelque surprise parmi ses jeunes compagnons ; ce fut la seule marque d'intérêt qu'il laissa échapper, et rien dans tout le reste de sa conduite ne put éveiller le moindre

---

1. Les Américains ont adopté plusieurs mots qui appartiennent réciproquement au langage les uns des autres. Ainsi, « squaw, papoose ou enfant, wigwam, » etc., etc., quoiqu'il soit douteux s'ils appartiennent à aucun dialecte indien, sont d'usage entre les Peaux-Rouges et les blancs dans leurs rapports. Plusieurs mots ont été adoptés du français dans ces prairies, *partisans*, *braves*, sont du nombre.

sentiment d'inquiétude dans le cœur de Paul et de Middleton.

La cérémonie des adieux fut longue et imposante. Chaque guerrier pawnie eut soin de n'oublier aucun étranger dans les attentions qu'il prodiguait à ses hôtes. La seule exception, et encore fut-elle loin d'être générale, fut à l'égard du docteur Battius. Un assez grand nombre de jeunes Indiens ne se montrèrent pas, il est vrai, très-empressés de faire de grandes avances à un homme d'une profession aussi douteuse; mais le digne naturaliste trouva quelques consolations dans les égards que lui témoignèrent les vieillards qui avaient compris que, si le médecin des Longs-Couteaux n'était pas d'une grande utilité pendant la guerre, il pouvait du moins rendre quelques services pendant la paix.

Lorsque toute la troupe de Middleton fut embarquée, le Trappeur prit un petit paquet qui était resté à ses pieds pendant les opérations précédentes, puis il se mit à siffler pour appeler Hector auprès de lui, et il fut le dernier à prendre place sur le bateau. Les artilleurs poussèrent les acclamations d'usage, les Indiens y répondirent par de grands cris, et la barque, entrant dans le courant, commença à descendre légèrement la rivière.

Un long silence causé par la réflexion, sinon par un sentiment de tristesse, suivit ce départ. Il fut rompu en premier lieu par le Trappeur, dont les traits mornes et abattus exprimaient éloquemment les regrets qu'il éprouvait.

— C'est une brave et honnête tribu, dit-il; oui, je ne craindrai pas de l'affirmer hautement, et qui ne le cède qu'à ce peuple autrefois puissant, aujourd'hui disséminé, les Delawares des montagnes. Ah! capitaine, si vous aviez vu autant de bien et de mal que j'en ai vu dans ces nations de Peaux-Rouges, vous connaîtriez combien il y a encore de guerriers parmi eux dont on ne saurait trop admirer la bravoure et la simplicité. Je sais qu'il se trouve des gens qui pensent et qui disent qu'un Indien ne vaut pas beaucoup mieux que les bêtes de ces plaines. Mais il faut être bien honnête soi-même pour s'établir juge de l'honnêteté des autres. Sans doute ils connaissent leurs ennemis, et ils s'inquiètent peu de leur témoigner beaucoup d'amour et de confiance.

— C'est dans le caractère de l'homme, répondit le capitaine, et il est probable qu'ils ne sont dépourvus d'aucune de ces qualités naturelles.

— Non, non, il ne leur manque rien de ce que donne la nature. Mais celui qui n'a jamais vu qu'un Indien ou qu'une peuplade ne connaît pas mieux le caractère d'une Peau-Rouge que l'homme qui n'a jamais regardé que des corneilles ne connaît la couleur des plumes. A présent, l'ami pilote, dirigez un peu la proue de votre barque vers cette côte basse et sablonneuse, et vous rendrez en une minute un service demandé en peu de paroles.

— Pourquoi donc? demanda Middleton; nous sommes en plein courant, et nous détourner vers le rivage c'est perdre un temps précieux.

— Vous n'en perdrez pas beaucoup, répondit le vieillard en mettant lui-même la main à l'œuvre pour exécuter ce qu'il avait demandé. Les rameurs avaient trop bien remarqué l'influence qu'il exerçait sur l'esprit de leur capitaine, pour ne pas se prêter à ses désirs, et avant qu'on eût eu le temps de pousser plus loin la discussion, la barque avait déjà touché le rivage.

— Capitaine, reprit le Trappeur en déliant sa petite valise avec une lenteur qui prouvait qu'il n'était pas fâché d'éprouver quelque difficulté à l'ouvrir, je voudrais faire un petit marché avec vous. Ce que j'ai à donner n'est pas grand'chose sans doute; mais enfin c'est ce qu'un homme dont la main n'est plus douée de l'art du fusil, et qui n'est rien de plus qu'un misérable Trappeur, a de mieux à offrir avant que nous nous quittions.

— Que nous nous quittions! répétèrent en même temps tous ceux qui avaient si récemment partagé ses dangers et profité des leçons de son expérience.

— Comment diable! vieux Trappeur, s'écria Paul, avez-vous le projet de trotter à pied jusqu'aux habitations, tandis que voici une barque qui franchira la distance en deux fois moins de temps qu'il n'en faudrait au baudet que le docteur a donné au Pawnie?

— Les habitations, mon garçon! il y a longtemps que j'ai dit adieu aux prodigalités et à la perversité des habitations et des villages. Si je vis ici au milieu d'une clairière, c'en est une du moins que le Seigneur a faite lui-même, et il ne s'y rattache point d'idées pénibles. Mais jamais, non, jamais je ne me plongerai volontairement dans les dangers de la contagion.

— Je ne m'attendais nullement à cette séparation, dit Middleton en regardant ses amis tour à tour pour secouer l'impression pénible que le discours du vieillard avait produite sur son esprit; au contraire, je me flattais, je croyais sincèrement que vous nous accompagneriez chez nous, où je vous donne l'assurance que nous aurions tous réuni nos efforts pour assurer votre bonheur.

— Oui, mon garçon, oui, je vous crois; vous auriez fait tous vos efforts; mais que peuvent les efforts de l'homme contre les manœuvres du diable? Parbleu, si des offres faites de bon cœur, si la bonne volonté, si la franchise avaient pu me tenter, j'aurais pu être il y a bien des années membre du congrès, que sais-je? gouverneur même. C'était aussi le désir de votre grand-père; et il y a encore dans les montagnes de l'Ostego, oui, j'espère qu'il s'y trouve encore des hommes qui m'auraient volontiers donné un palais pour demeure[1]. Mais que sont les richesses sans le contentement? De toute manière ma vie ne saurait plus être longue à présent, et il n'y a pas, je crois, grand mal à un vieillard qui a rempli honnêtement son rôle pendant près de quatre-vingt-dix étés et autant d'hivers, de désirer passer en paix et loin du bruit le peu d'heures qui lui restent à vivre. Si vous pensez, capitaine, que j'aie eu tort de vous accompagner jusqu'ici pour vous quitter ensuite, je vais vous en avouer la raison sans hésiter et sans rougir. Quoique j'aie vécu si longtemps dans le désert, je ne puis disconvenir que mes affections ne soient blanches aussi bien que ma peau. Or, voyez-vous, il n'eût pas été convenable que les Pawnies-Loups qui sont là-bas eussent été témoins de la faiblesse d'un vieux guerrier, s'il vient à en montrer en se séparant pour jamais de ceux qu'il a toute raison d'aimer, quoique son amour pour eux ne puisse aller jusqu'à les suivre au milieu des habitations.

— Ecoutez, vieux Trappeur, s'écria Paul en toussant de toutes ses forces pour s'éclaircir la voix, puisque vous parlez de marché, j'en ai justement un à vous proposer, et ce n'est ni plus ni moins que celui-ci: je vous offre, moi, la moitié de tout ce que je possède, et je m'embarrasse peu que ce soit la plus grosse moitié; de plus, le miel le plus doux et le plus pur qu'on puisse tirer du caroubier; toujours suffisamment de quoi manger, et de temps en temps une bouchée de venaison, ou bien encore un morceau de bosse de bison, attendu que c'est un animal avec lequel j'ai intention de faire plus ample connaissance, et le tout apprêté par les mains d'une ménagère non moins habile qu'Hélène Wade que voici, et qui sera bientôt Hélène quelque autre chose, sans parler

---

1. Voyez *les Pionniers*.

des égards que tout honnête homme ne peut manquer d'avoir pour son meilleur ami, je voudrais dire pour son propre père. Voilà ma part à moi ; quant à vous, vous nous donnerez en échange, à vos moments perdus, quelques unes de vos anciennes traditions, peut-être un petit avis salutaire à l'occasion, par petites quantités à la fois, et autant de votre agréable compagnie que vous pourrez le faire sans vous gêner.

— Merci, mon garçon, grand merci, répondit le vieillard en promenant une main mal assurée sur sa valise ; l'offre est faite de bon cœur, et ce n'est pas sans reconnaissance qu'elle a été entendue ; mais je ne saurais l'accepter ; non, je ne puis jamais l'accepter.

— Vénérable *venator*, dit le docteur Battius, tout homme a des obligations à remplir à l'égard de la société et de la nature humaine. Il est temps que vous retourniez auprès de vos compatriotes pour déposer entre leurs mains les provisions de connaissances expérimentales que vous n'avez pu manquer d'acquérir par un si long séjour dans les déserts ; et si les préjugés ont pu les altérer tant soit peu, ce n'en sera pas moins un héritage précieux pour ceux que vous devez, dites-vous, quitter bientôt pour jamais.

— Ami docteur, répondit le Trappeur en le regardant fixement en face, de même qu'il ne serait pas facile de juger du caractère du daim en considérant les habitudes du renard, il serait injuste de parler des services que peut rendre un homme en pensant trop aux actions d'un autre. Vous avez vos dons comme les autres, je présume, et je suis loin de vouloir les contester. Mais quant à moi, le Seigneur m'a fait pour agir, et non point pour parler : ainsi donc je ne crois pas faire grand mal en fermant mes oreilles à votre invitation.

— C'en est assez, interrompit Middleton. J'ai assez vu et assez entendu de cet homme extraordinaire pour être convaincu que nos instances ne le feront point changer de résolution. Nous commencerons d'abord par entendre votre demande, mon digne ami, et nous examinerons ensuite de quelle manière il nous sera possible de vous être utile.

— C'est bien peu de chose, capitaine, dit le vieillard, qui avait enfin réussi à ouvrir sa valise ; — bien peu de chose, sans doute, auprès de ce que j'avais coutume d'offrir autrefois en guise d'échange ; mais enfin c'est ce que j'ai de mieux, et c'est pour cela que ce n'est point à dédaigner. Voilà les peaux de quatre castors que j'ai prises un mois environ avant de vous rencontrer, et en voilà une autre d'un raton, qui n'est pas d'un grand prix sans doute, mais qui peut pourtant servir à faire le poids.

— Et que vous proposez-vous d'en faire ?

— Je les offre en échange légitime. Ces coquins de Sioux, — le Seigneur me pardonne d'avoir cru un moment que c'étaient des Konzas! — m'ont ravi les meilleures de mes trappes, et ne m'ont laissé d'autre ressource que d'inventer de misérables piéges, qui pourraient me faire passer un hiver bien rigoureux, si ma vie se prolongeait jusqu'à une autre saison. Je vous prie donc d'emporter ces peaux, de les offrir à quelques uns des trappeurs que vous ne manquerez pas de rencontrer là-bas, en échange de quelques trappes, que vous enverriez alors en mon nom au village pawnie. Ayez soin d'y faire mettre ma marque : un N avec une oreille de chien et la platine d'un fusil. Il n'y a point de Peau-Rouge qui conteste alors mes droits. Pour toutes ces peines, je n'ai guère plus à vous offrir que mes remerciements, à moins que mon ami le chasseur d'abeilles ne veuille accepter la peau de raton, et se charger personnellement de toute l'affaire.

— Si je le fais, puissé-je...

La jolie main d'Hélène vint se mettre sur la bouche de Paul, et il fut obligé d'avaler le reste de sa phrase, ce qu'il fit avec autant de peine en apparence que s'il eût été sur le point d'étouffer.

— C'est bon, c'est bon, reprit le vieillard avec douceur ; j'espère qu'il n'y a pas grand mal à avoir fait une pareille offre. Je sais que la peau d'un raton est de bien peu de valeur ; mais aussi ce que je demandais en retour n'exigeait pas de grandes peines.

— Vous ne rendez pas justice à notre ami, interrompit Middleton en voyant que le chasseur d'abeilles regardait partout ailleurs qu'où il fallait, et qu'il était tout à fait hors d'état de se disculper lui-même ; il n'a pas voulu dire qu'il refusait de remplir votre commission, mais seulement qu'il ne voulait pas entendre parler de dédommagement. Au reste, il est inutile d'en dire davantage à ce sujet ; c'est à moi qu'il appartient de veiller à ce que la dette de la reconnaissance que nous avons contractée soit payée exactement, et à ce que tous vos besoins soient prévenus.

— Hem ! dit le vieillard en regardant le jeune militaire en face, comme pour lui demander une explication.

— Tout sera fait ainsi que vous le désirez. Laissez-nous les peaux : nous ferons le marché pour vous, comme si c'était pour nous-mêmes.

— Merci, merci, capitaine : votre grand-père avait l'âme noble et généreuse, à tel point vraiment que ce peuple juste, les Delawares, l'avaient appelé la Main-Ouverte. Je voudrais être encore à présent ce que j'étais autrefois, afin de pouvoir envoyer à la jeune dame quelques fourrures délicates pour ses palatines et ses manteaux, seulement pour montrer que je sais rendre politesse pour politesse. Mais n'attendez plus pareille chose de ma part; car je suis trop vieux pour m'embarquer dans des promesses. En tout cas, ce sera comme il plaira au Seigneur. A vous, je ne puis offrir rien autre chose, car je n'ai pas vécu si longtemps dans les déserts que je ne connaisse point les scrupules d'un gentilhomme.

— Ecoutez, vieux Trappeur, s'écria le chasseur en frappant dans la main que le vieillard venait d'étendre, avec un bruit presque égal à celui d'un coup de fusil, j'ai tout juste deux choses à vous dire : la première, c'est que le capitaine vous a dit ma façon de penser mieux que je n'aurais pu le faire moi-même, et la seconde, c'est que si vous avez besoin d'une peau, soit pour votre service particulier, soit pour quelque échange, j'en ai une à votre service, et cette peau, c'est celle d'un certain Paul Hover.

Le vieillard lui rendit son serrement de main, et il ouvrit la bouche dans sa plus grande largeur, avec cette manière de rire sans bruit qui lui était habituelle.

— Vous n'auriez pu me serrer la main de cette manière, mon garçon, lui dit-il, lorsque les squaws des Tetons étaient autour de vous, leurs couteaux à la main. Ah! vous êtes dans la fleur et dans la force de l'âge, et sur le chemin du bonheur, si vous prenez toujours l'honnêteté pour guide.

L'expression des traits du vieillard changea tout à coup, et il prit un air grave et sérieux. — Venez avec moi, mon enfant, ajouta-t-il en tirant le chasseur d'abeilles par un bouton de son habit, et en l'emmenant sur le rivage, tandis qu'il lui parlait tout bas d'un ton de confiance et d'amitié.—Il s'est dit bien des choses entre nous sur les plaisirs et les jouissances d'une vie passée dans les bois ou sur les frontières. Je ne prétends pas nier que tout ce que vous avez entendu ne soit parfaitement vrai : mais le même genre de vie ne convient pas à tous les caractères. Vous avez pris sous votre bras cette bonne et brave fille que voilà, et il est de votre devoir à présent de songer à elle autant qu'à vous, en continuant le pénible voyage de la vie. Vous êtes un peu porté à rester en dehors des habitations; mais, à mon avis, et je vous le dis en toute humilité, c'est une jeune fleur qui viendrait mieux au soleil, au milieu des défrichements, qu'exposée aux vents d'une Prairie. Ainsi donc, oubliez tout ce que vous avez pu m'entendre dire, quoique pourtant je n'aie rien dit que de vrai, et songez à rentrer dans l'intérieur.

Paul ne put lui répondre que par un nouveau serrement de main, qui aurait arraché des larmes des yeux de la plupart des hommes, mais qui ne produisit d'autre effet sur les muscles endurcis du vieillard, que de le faire sourire et incliner la tête, comme s'il voulait dire qu'il recevait ses démonstrations comme une assurance que le chasseur d'abeilles se souviendrait de ses conseils. Le Trappeur se détourna alors de son compagnon, qui, sous des manières un peu rudes, cachait le meilleur cœur, et appelant Hector qui était sur la barque, il parut avoir encore quelque chose à dire.

—Capitaine, reprit-il enfin après un moment d'hésitation, lorsqu'un homme pauvre parle de crédit, il se sert d'un mot bien délicat, d'après la manière de voir du monde; et lorsqu'un vieillard parle de l'avenir, il parle de ce qu'il ne verra peut-être jamais. Cependant j'ai une demande à vous faire, et ce n'est pas tant pour moi que pour une autre personne. Voici Hector, un bon et fidèle animal, qui a dépassé depuis bien longtemps la durée de la vie d'un chien, et qui, comme son maître, pense moins à présent à courir après le gibier qu'à finir doucement ses jours. Cette pauvre créature a ses affections aussi bien qu'un chrétien. Depuis qu'il a trouvé son parent, qui est là bas, il ne l'a pas quitté un seul instant, et il paraît se plaire beaucoup dans sa société. J'avouerai qu'il m'en coûte de les séparer si vite. Si vous voulez estimer votre chien, je m'efforcerai de vous en envoyer la valeur au printemps, ce qui ne me sera pas difficile, si les trappes en question me sont fidèlement apportées; ou bien, si vous avez de la répugnance à vous défaire pour toujours de la bête, prêtez-le-moi seulement pour l'hiver. Je crois m'apercevoir que mon pauvre chien n'ira pas plus loin, car j'ai de l'expérience pour ces sortes de choses, attendu le grand nombre d'amis que j'ai vus partir sous mes yeux, tant chiens que Peaux-Rouges, quoique le Seigneur n'ait pas jugé encore convenable d'ordonner à ses anges d'appeler mon nom.

— Prenez-le, prenez-le, s'écria Middleton, lui et tout ce que je possède.

Le vieillard siffla pour appeler le jeune chien sur le rivage, et alors il commença la cérémonie touchante des adieux. Il prit tous ses compagnons par la main l'un après l'autre, et adressa à chacun d'eux quelques mots d'amitié. Middleton semblait avoir perdu la parole, et il fut obligé de paraître chercher quelque chose au milieu des bagages. Paul se mit à siffler de toutes ses forces, et Obed lui-même fut obligé de recueillir toutes les forces de sa philosophie pour recevoir les adieux du Trappeur.

Quand le vieillard eut fait le tour du cercle, il poussa de la main la barque au milieu du courant, en priant le ciel de hâter le voyage. Pas un mot ne fut prononcé, pas un coup de rame ne fut donné, avant que les voyageurs eussent doublé un monticule qui déroba leur vieil ami à leurs yeux. La dernière fois qu'ils l'avaient aperçu, il était debout sur le rivage, appuyé sur son fusil, et Hector était couché à ses pieds, tandis que le jeune chien folâtrait sur le sable, avec tout l'enjouement de son âge.

CHAPITRE XXXIV.

> N'est-ce pas sa voix que j'entends?
> SHAKSPEARE.

Les eaux étaient très-hautes à cette époque, et la barque descendit le courant avec la rapidité d'une flèche. La traversée fut aussi prompte qu'heureuse. Nos voyageurs ne mirent pas à la faire le tiers du temps qu'il aurait fallu pour le même voyage par terre. Passant d'une rivière dans une autre, de même que les veines communiquent aux autres vaisseaux du corps humain, ils entrèrent bientôt dans la grande artère des eaux de l'Ouest[1], et débarquèrent sains et saufs à la porte même du père d'Inez.

La joie de don Augustin et l'embarras du père Ignace peuvent aisément se concevoir. Le premier versa des larmes et rendit

---

1. Le Mississipi.

grâce au ciel; l'autre rendit également grâce, mais sans verser de larmes. Les bons habitants des environs étaient trop heureux pour se rappeler les anciennes insinuations du révérend père, et par une sorte de consentement général, l'opinion s'établit dans le pays qu'elle avait été enlevée par un infâme trafic, et qu'elle venait d'être rendue à ses amis par une intervention tout humaine. Il y eut bien encore quelques incrédules, mais ils renfermèrent leurs doutes en eux-mêmes, et ils en jouirent en secret, avec cette espèce de plaisir solitaire que l'avare trouve à regarder des monceaux d'or qui s'accumulent sous ses yeux sans lui servir à rien.

Afin d'occuper le digne prêtre à quelque chose, Middleton le choisit pour unir Paul et Hélène. Paul consentit à la cérémonie, parce qu'il vit que tous ses amis y attachaient une grande importance; mais bientôt après il conduisit Hélène dans les plaines du Kentucky, sous prétexte de rendre quelques visites indispensables à plusieurs membres de la famille des Hover; et là il fit recommencer la cérémonie par un juge de paix de sa connaissance, qu'il croyait beaucoup plus propre que le père Ignace à former les nœuds conjugaux. Hélène, convaincue qu'on ne pouvait trop multiplier les entraves pour retenir un caractère aussi bouillant que celui de son mari dans les limites du mariage, consentit volontiers à cette double chaîne, et de cette manière tout le monde fut content.

L'importance locale que Middleton venait d'acquérir par son mariage avec la fille d'un propriétaire aussi riche que don Augustin, attira sur lui l'attention du gouvernement. Il fut chargé successivement de plusieurs fonctions délicates, propres à faire valoir ses talents, et qui contribuèrent à lui donner une grande considération. Il eut bientôt lui-même beaucoup de crédit, et le premier usage qu'il en fit fut en faveur du chasseur d'abeilles. Il n'était pas difficile de trouver à occuper Paul d'une manière conforme à ses goûts, dans l'état de société qui existait dans ces régions il y a vingt-trois ans. Middleton et Inez, secondés avec autant de persévérance que de sagacité par Hélène, réussirent aussi avec le temps à opérer un changement très-avantageux dans son caractère. Il eut bientôt des terres, les cultiva avec un rare bonheur, et fut nommé, peu de temps après, officier municipal. Ces changements progressifs dans sa fortune amenèrent, ainsi qu'on le voit souvent dans une république, une amélioration semblable dans ses idées. Le cercle de ses connaissances s'agrandit; il prit de l'importance à ses propres yeux, et il s'éleva de degré en degré, jusqu'à ce que sa femme eût la douce assurance que ses enfants ne retomberaient jamais dans cet état à demi barbare d'où leur père avait eu tant de peine à sortir.

Paul est à présent membre de la chambre basse de l'État dans lequel il réside depuis longtemps; et il est même connu pour faire des discours qui ont le privilége de mettre ce corps délibérant en gaieté, et qui, étant basés sur une connaissance positive de l'état du pays, ont un mérite qui manque souvent à beaucoup de théories plus subtiles et plus raffinées, que dans des assemblées semblables on entend tous les jours sortir de la bouche de certains politiques qui passent pour profonds. Mais ces heureux résultats ne se firent vraiment sentir qu'au bout d'un certain temps, et grâce à la constance assidue que Paul mit toujours à s'instruire de ses devoirs.

Middleton, distingué par les avantages d'une éducation supérieure, est placé dans une branche beaucoup plus élevée de l'autorité législative. C'est de lui que nous tenons la plupart des détails de cette légende. Après nous avoir raconté le bonheur dont il jouissait ainsi que Paul, il nous a fait en peu de mots la relation d'un voyage qu'il entreprit quelque temps après dans la Prairie. Comme cette relation se rapporte aux événements dont nous avons été l'historien fidèle, nous croyons devoir, en finissant, la mettre sous les yeux de nos lecteurs.

Au commencement de l'automne de l'année suivante, le jeune capitaine, car il était toujours au service, se trouva sur les bords du Missouri, à peu de distance des villages des Pawnies. N'ayant aucun devoir à remplir qui exigeât immédiatement son retour, et cédant aux instances pressantes de Paul qui l'accompagnait, il se détermina à traverser la plaine pour aller rendre visite à Cœur-Dur, et s'informer de ce qu'était devenu son ami le Trappeur. Comme il avait une escorte proportionnée à son rang et aux fonctions qu'il remplissait, le voyage ne fut interrompu par aucune de ces alarmes et de ces dangers qui avaient accompagné sa marche la première fois qu'il avait traversé ces régions incultes, quoiqu'il eût encore à souffrir les privations et à surmonter les obstacles qui sont les accompagnements obligés d'une marche à travers un désert.

Arrivé à une distance convenable, Middleton dépêcha un coureur indien, qui faisait partie d'une peuplade amie, pour annoncer son approche et celle de sa petite troupe, et il continua sa route d'un pas modéré, afin que, suivant l'usage, le message précédât son arrivée. A la grande surprise des voyageurs, ils ne reçurent aucune réponse. Les heures se passèrent, et ils avançaient de plus en plus sans que rien indiquât qu'on s'apprêtât à leur faire une réception honorable, ou même simplement un accueil amical.

A la fin la cavalcade, en tête de laquelle marchaient Paul et Middleton, descendit de la colline élevée qu'ils suivaient depuis longtemps, pour entrer dans une vallée fertile au bout de laquelle s'élevait le village des Loups. Le soleil commençait à se retirer, et un réseau de pourpre s'étendait insensiblement sur la plaine, donnant à sa surface unie ces couleurs et ces teintes brillantes dont l'imagination humaine se plaît à embellir des scènes plus imposantes encore. L'herbe n'était pas encore desséchée, et des troupeaux de chevaux paissaient paisiblement dans ces vastes pâturages, sous la surveillance attentive de jeunes garçons pawnies. Paul reconnut au milieu d'eux le cher *asinus*, qui, gros et gras, et semblant savourer toutes les douceurs de la vie, était mollement étendu sur l'herbe, l'oreille penchée, la paupière à demi fermée, comme s'il réfléchissait aux jouissances pures et sans mélange d'une heureuse oisiveté.

Nos voyageurs passèrent près d'un de ces jeunes gardiens auxquels était confié l'emploi important de veiller sur ce qui faisait la principale richesse de la tribu. Il entendit le pas des chevaux, et tourna un instant la tête; mais, sans témoigner aucun sentiment de curiosité ni d'alarme, il reporta aussitôt ses regards sur le village.

— Il y a quelque chose de bien singulier dans tout ceci, murmura Middleton, un peu piqué de ce qu'il regardait non seulement comme un outrage fait à son rang, mais même, jusqu'à un certain point, comme une offense personnelle; ce marmot a su que nous allions arriver, autrement il ne manquerait pas de courir avertir sa tribu, et cependant c'est tout au plus s'il daigne nous favoriser d'un regard. Ayez l'œil sur vos armes, mes amis; il sera peut-être nécessaire d'intimider un peu ces sauvages.

— Pour le coup, capitaine, répondit Paul, je pense que vous êtes dans l'erreur. Si l'honneur est une chose qu'on puisse trouver dans la Prairie, c'est surtout dans notre ami Cœur-Dur qu'il fait sa résidence. Il ne faut pas non plus juger un Indien d'après les mêmes règles qu'un blanc. Voyez! voici pourtant qu'on fait quelque attention à nous; car je vois s'avancer quelques cavaliers, quoique leur nombre et leur apparence soient un peu pitoyables.

Paul ne se trompait pas. Un groupe d'hommes à cheval sortit en ce moment de derrière un petit bois, et venait droit à eux. Leur marche était lente et grave. Lorsqu'ils furent plus près, Paul reconnut à la tête le chef des Loups, qui était suivi de douze de ses jeunes guerriers. Ils étaient tous sans armes, et n'avaient même sur leur personne aucune de ces plumes, aucun de ces ornements qui annoncent tout à la fois le rang et l'importance de l'Indien et le respect qu'il désire témoigner à l'hôte qu'il reçoit.

L'entrevue fut amicale, quoiqu'il y eût un peu de contrainte des deux côtés. Middleton soupçonna que c'était l'effet de quelques trames ourdies par les agents du Canada, et, décidé à faire respecter son rang et l'autorité de son gouvernement, il se vit contraint de montrer une hauteur qui était bien éloignée de ses sentiments. Il n'était pas si facile de pénétrer les motifs qui faisaient agir les Pawnies. Calmes et graves dans leur maintien, affables tout en se tenant sur la réserve, ils donnaient un exemple que plus d'un diplomate de cour aurait fait de vains efforts pour imiter.

Les deux troupes continuèrent ainsi leur route jusqu'au village; Middleton eut le temps, pendant le reste de la marche, de repasser dans son esprit toutes les raisons qu'il pouvait inventer pour expliquer cette réception étrange. Quoiqu'il fût accompagné d'un interprète, les chefs s'étaient abordés et s'étaient salués sans témoigner le désir d'avoir recours à ses services. Vingt fois le capitaine tourna les yeux sur son ancien ami, pour tâcher de lire sur sa figure ses secrètes pensées; mais tous ses efforts, toutes ses conjectures furent également inutiles. Le regard de Cœur-Dur était fixe, immobile, et n'avait d'autre expression que celle d'une légère inquiétude. Il ne dit pas un mot et ne parut pas désirer que les voyageurs rompissent davantage le silence. Il fallut donc bien que Middleton se décidât à faire comme lui; et laissât au temps à lui expliquer ce mystère.

En entrant dans la ville [1] ils trouvèrent tous les habitants rassemblés dans une grande place où ils étaient rangés selon leur âge et leur rang. Ils formaient un vaste cercle, au centre duquel

---

1. *Town*: ce mot signifie à la fois ville, bourg et même village.

pouvaient être une douzaine des principaux chefs. Cœur-Dur agita la main en approchant, et aussitôt le cercle s'ouvrit pour le laisser passer. Il s'avança dans l'enceinte, suivi de tous ses compagnons. Là ils mirent tous pied à terre, et les étrangers se trouvèrent environnés d'un millier de figures, toutes graves et soucieuses.

Middleton regarda autour de lui avec une inquiétude toujours croissante; aucun chant, aucun cri de joie ne s'était fait entendre pour fêter sa bienvenue, et ce peuple qu'il avait quitté si récemment et avec peine ne l'accueillait que par son silence. Son anxiété, disons plus, ses alarmes furent partagées par tous ses compagnons. La résolution et le courage commencèrent à se peindre sur toutes les figures à la place d'une vaine terreur, et chaque soldat porta en silence la main sur ses armes, comme pour s'assurer que rien ne lui manquait pour vendre chèrement sa vie. Mais les mêmes symptômes d'hostilité ne se manifestèrent point chez leurs hôtes. Cœur-Dur fit signe à Middleton et à Paul de le suivre, et il s'avança vers le petit groupe qui occupait le milieu du cercle. Ce fut là que les deux amis trouvèrent l'explication d'une conduite qui leur avait causé de si vives inquiétudes.

Le Trappeur était assis sur un siège grossier, que les Indiens avaient fait eux-mêmes avec beaucoup de soin pour que toutes les parties de son corps y trouvassent un appui facile. Il ne fallut qu'un coup d'œil à ses anciens amis pour les convaincre que le vieillard était enfin appelé à payer son dernier tribut à la nature. Son œil était terne, il n'avait plus d'expression, et semblait même ne plus voir. Ses joues étaient encore plus creuses et plus enfoncées qu'à l'ordinaire; mais c'était le seul changement qui se fît remarquer dans toute sa personne. La dissolution qui se préparait ne provenait pas d'une maladie; ce n'était qu'un affaiblissement graduel de toutes les facultés. La vie n'avait pas encore abandonné le corps, quoique parfois elle parût au moment même de s'échapper, tandis que dans d'autres instants ce flambeau presque éteint se ranimait, comme s'il lui en coûtait de quitter une demeure qui n'avait jamais été souillée par le vice, ni corrompue par la maladie. Il n'aurait pas fallu de grands efforts d'imagination pour se figurer que l'âme flottait sur les lèvres du bon vieillard, cherchant à prolonger ces espèces d'adieux pour s'éloigner le plus tard possible du lieu où elle avait trouvé depuis si longtemps l'asile le plus honorable.

Son corps était placé de manière à ce que les derniers rayons du soleil couchant tombassent en plein sur sa figure. Il avait la tête nue, et de longues boucles de cheveux gris flottaient légèrement au gré des vents du soir. Sa carabine était posée sur ses genoux, et tout le reste de l'attirail de la chasse était placé à côté de lui, à portée de sa main. Entre ses jambes était étendu un chien, la tête penchée jusqu'à terre comme s'il dormait, et dans une position si naturelle, que ce ne fut qu'au second coup d'œil que Middleton découvrit qu'il ne voyait que la peau d'Hector que ces bons Indiens avaient eu l'attention délicate d'empailler de manière à faire croire à son maître que son vieux compagnon vivait encore. Son jeune chien jouait à quelque distance avec l'enfant de Tachechana et de Mahtoree. La mère elle-même était debout auprès de lui, tenant dans ses bras un second enfant qui ne descendait pas d'un père moins illustre que Cœur-Dur. Le Balafré était assis auprès du Trappeur mourant, et tout en lui annonçait qu'il ne tarderait pas beaucoup à le suivre. Les autres spectateurs de cette scène lugubre, placés immédiatement au centre, étaient des vieillards qui s'étaient approchés pour observer la manière dont un guerrier juste et intrépide partirait pour le plus long de ses voyages.

Le vieillard recueillait, dans une mort douce et tranquille, la récompense d'une vie passée au sein de la tempérance et de l'activité. Sa vigueur s'était soutenue jusqu'au dernier moment; la dissolution de son être fut rapide, mais dégagée de toute douleur. Il avait accompagné la tribu à la chasse au printemps, et même pendant la plus grande partie de l'été, lorsque les jambes lui refusèrent tout à coup le service. La même faiblesse se fit sentir en même temps dans toutes ses facultés, et les Pawnies crurent qu'ils allaient perdre de cette manière inattendue un sage vieillard qu'ils aimaient déjà et dont ils respectaient les conseils. Mais, comme nous l'avons déjà dit, l'habitante immortelle semblait répugner à quitter sa demeure, et le flambeau de la vie vacillait sans s'éteindre.

Le matin du jour où Middleton arriva, toutes les facultés du Trappeur parurent se ranimer en même temps. Sa bouche s'ouvrit encore pour proférer de salutaires maximes, et de temps en temps ses regards semblaient reconnaître ses amis. C'étaient les dernières et courtes relations avec le monde d'une âme qui semblait en avoir pris congé pour jamais.

Après avoir placé ses hôtes en face du mourant, Cœur-Dur s'arrêta un instant, autant par un sentiment de douleur que de dignité; puis se penchant à l'oreille du vieillard, il lui dit :

— Mon père entend-il les paroles de son fils?

— Parlez, répondit une voix creuse et sépulcrale qui sortait de la poitrine, mais qu'on entendait parfaitement à cause du religieux silence qui régnait à l'entour; — je vais quitter le village des Loups, et je serai bientôt hors de la portée de votre voix.

— Que le sage guerrier n'ait point d'inquiétudes pour son voyage, reprit vivement Cœur-Dur, sa tendre sollicitude lui faisant oublier que d'autres attendaient leur tour pour parler à son père adoptif; — cent Loups auront soin d'écarter les ronces qui pourraient se trouver sur sa route.

— Pawnie, je meurs comme j'ai vécu, en chrétien, dit le Trappeur, et il prononça ces mots d'une voix forte et sonore, qui fit tressaillir les assistants, et produisit sur eux le même effet que cause le bruit de la trompette, lorsque ses sons, longtemps comprimés entre des gorges de montagnes, se frayent tout à coup un libre passage dans les airs; tel je suis venu au monde, tel je le quitterai. Il n'est besoin ni d'armes ni de chevaux pour paraître en présence du Grand-Esprit de mon peuple. Il connaît ma couleur, et c'est d'après les dons dont il m'a doué qu'il jugera mes actions.

— Mon père dira à mes jeunes guerriers combien de Mingos il a frappés, et quels actes de valeur et de justice il a accomplis, afin qu'ils sachent comment l'imiter.

— Une langue qui se vante n'est pas entendue dans le ciel d'un blanc ! dit le vieillard d'un ton solennel. Ce que j'ai fait, il l'a vu, LUI. Ses yeux sont toujours ouverts. Si j'ai fait quelque chose de bien, il m'en récompensera; le mal que j'ai pu faire, il le punira, mais ce sera toujours avec bonté. Non, mon fils, un Visage-Pâle ne peut pas chanter lui-même ses louanges, et espérer de les faire agréer à son Dieu.

Le jeune chef, légèrement mortifié, se retira en arrière pour faire place à ses hôtes. Middleton prit une des mains décharnées du Trappeur entre les siennes, et faisant un effort pour donner quelque assurance à sa voix, il réussit à annoncer sa présence. Le vieillard écouta d'abord de l'air d'un homme dont les pensées se portent sur un objet bien différent; mais lorsque le capitaine fut parvenu à lui faire comprendre quels étaient les amis qui venaient le voir, un sourire bienveillant anima ses traits décolorés, et prouva qu'il les reconnaissait.

— J'espère que vous n'avez pas oublié si vite ceux à qui vous avez rendu tant de services, dit Middleton en finissant. Il serait pénible pour moi de penser que je n'avais laissé dans votre mémoire qu'une trace aussi légère.

— Je n'oublie guère ce que j'ai vu une fois, répondit le Trappeur ; je suis à la fin de bien des longs jours ; mais il n'en est pas un seul sur lequel je craigne de reporter les yeux. Je vous remets très-bien, vous et tous ceux qui vous accompagnent ; oui, et votre grand-père aussi, qui est parti avant vous. Je suis bien aise que vous soyez revenu dans cette Prairie, car j'ai besoin de quelqu'un qui parle anglais, attendu qu'on ne peut guère se fier aux marchands de ces contrées. Voulez-vous rendre un service, mon garçon, à un vieillard mourant ?

— Parlez ! s'écria Middleton ; que ne ferais-je pas pour vous ?

— C'est un long voyage pour envoyer de pareilles bagatelles, reprit le vieillard qui ne parlait qu'à de courts intervalles, selon que ses forces et son haleine le lui permettaient ; — qui dit un long voyage dit un voyage fatigant ; mais la bienveillance et l'amitié sont des choses qu'on ne doit pas oublier. Il y a des habitations au milieu des montagnes de l'Otsego.....

— Je connais l'endroit, interrompit Middleton en voyant qu'il parlait avec plus de peine ; veuillez me dire ce que vous désirez.

— Prenez donc cette carabine, ce sac à plomb et cette corne à poudre, et faites-les remettre à la personne dont le nom est gravé sur la platine du fusil. Un marchand a taillé les lettres avec son couteau, car il y a longtemps que j'ai le projet de lui envoyer cette preuve de mon attachement[1].

— Vos intentions seront remplies. Est-il quelque autre chose que vous désiriez ?

— Je n'ai rien autre chose à donner. Mes trappes, je les laisse à mon fils l'Indien, car il a gardé franchement et loyalement sa promesse. Que je le voie un moment devant moi.

Middleton expliqua au jeune chef ce que le Trappeur avait dit, et lui céda sa place.

— Pawnie, continua le vieillard en changeant toujours de lan-

---

[1]. Les lecteurs des *Pionniers* ne peuvent avoir oublié l'attachement de Bas-de-Cuir pour son jeune ami Olivier Edwards, autrement appelé le jeune Effingham : on doit rapprocher le dernier chapitre des *Pionniers* de celui-ci.

gage, suivant la personne à laquelle il s'adressait, et quelquefois même suivant les idées qu'il exprimait ; c'est un usage chez mon peuple que le père laisse sa bénédiction à son fils avant de fermer les yeux pour jamais. Cette bénédiction, je vous la donne ; prenez-la, car les prières d'un chrétien ne rendront jamais la route qui conduit le brave guerrier aux Prairies bienheureuses, ni plus longue, ni plus difficile. Puisse le Dieu des blancs jeter sur vous un regard bienveillant, et puissiez-vous ne jamais commettre une action qui le force à se voiler la figure ! Je ne sais si nous nous retrouverons jamais. Il y a plusieurs traditions sur ce qui concerne le séjour des bons esprits. Il ne m'appartient pas, tout vieux, tout expérimenté que je suis, de prétendre faire prévaloir mon opinion sur celle de toute une nation. Vous croyez aux Prairies bienheureuses, et moi j'ai toute confiance dans les traditions de mes pères. Si nous ne nous trompons ni les uns ni les autres, notre séparation sera éternelle ; mais s'il se trouvait que le même sens soit caché sous des paroles différentes, nous paraîtrons ensemble, Pawnie, devant votre Wahcondah, qui alors ne sera autre que mon Dieu. Il y a beaucoup à dire en faveur des deux religions ; car chacune d'elles semble faite pour le peuple qui la suit, et c'est sans doute ainsi qu'IL l'a ordonné dans sa sagesse. Je crains de n'avoir pas mis bien à profit les dons de ma couleur, attendu que je trouve un peu pénible de renoncer pour jamais au maniement du fusil et aux plaisirs de la chasse ; mais la faute en est à moi, et non pas à LUI. Eh bien ! Hector, ajouta-t-il en se penchant un peu et en cherchant les oreilles de son chien, l'instant de notre séparation est enfin arrivé, mon vieux, et ce sera une longue chasse. Tu as toujours été un bon, un brave et fidèle animal. Pawnie, vous n'immolerez pas cette pauvre bête sur ma tombe, car une fois mort, un chien chrétien ne se réveille plus ; mais quand je serai parti, vous aurez soin de lui, n'est-ce pas ? en souvenir de l'amitié que vous portiez à son maître.

— Les paroles de mon père sont dans mes oreilles, répondit le jeune chef en faisant un signe d'assentiment d'un air grave et respectueux.

— Entends-tu ce que le chef a promis, mon vieux ? demanda le Trappeur en faisant un effort pour attirer l'attention de l'effigie insensible de son chien. Voyant qu'il ne levait pas la tête pour le regarder, qu'il ne poussait aucun gémissement d'amitié pour lui répondre, le vieillard chercha la gueule de son vieil ami, et s'efforça de passer la main entre ses lèvres glacées. Ce fut alors que la triste vérité frappa tout à coup son esprit, quoiqu'il fût loin de soupçonner le pieux artifice des Indiens. Il se renfonça sur son siége et laissa tomber sa tête comme un homme qui vient d'éprouver un choc aussi violent qu'inattendu. Deux jeunes Pawnies profitèrent de cet accablement momentané pour retirer la peau, toujours guidés par le même sentiment de délicatesse qui leur avait fait tenter cette fraude innocente.

— Hector est mort! murmura le Trappeur après une pause de plusieurs minutes; un chien a son temps aussi bien qu'un homme, et celui-là a bien rempli ses jours! Capitaine, ajouta-t-il en faisant un effort pour lever la main et faire signe à Middleton d'approcher, je suis bien aise que vous soyez venu ; car, quoique bons, et tout en ayant de bonnes intentions d'après les dons de leur couleur, ces Indiens ne sont pas les hommes qu'il faut pour déposer la tête d'un blanc dans sa tombe. J'ai pensé aussi à ce chien qui est à mes pieds. Il ne conviendrait pas de donner à croire qu'un chrétien s'attend à retrouver jamais son chien ; cependant il ne saurait y avoir beaucoup de mal à placer ce qui reste d'un si fidèle serviteur auprès des os de son maître.

— Pas le moindre, et vous pouvez compter que vos désirs seront accomplis.

— Je suis bien aise que vous pensiez comme moi sur ce sujet. Pour vous épargner toute peine, vous n'aurez qu'à placer Hector à mes pieds; ou bien, si vous voulez, mettez-nous côte à côte. Un chasseur ne doit jamais rougir de se trouver en compagnie de son chien.

— Soyez tranquille, je me charge de tout.

Le vieillard fit alors une longue pause et parut réfléchir. De temps en temps il levait les yeux sur Middleton comme s'il avait encore quelque chose à lui dire, mais quelque sentiment intérieur semblait toujours le décider au silence. Le jeune militaire, remarquant son hésitation, lui demanda du ton le plus propre à l'encourager, s'il n'y avait plus rien qu'il pût faire pour lui prouver son attachement.

— Je n'ai ni parents ni alliés dans le vaste univers, répondit le Trappeur. Quand je serai parti, il n'y aura plus personne de ma race. Nous n'avons jamais été des chefs, mais nous nous sommes toujours montrés honnêtes, et nous nous sommes rendus utiles autant que nous l'avons pu ; c'est ce que, je l'espère, personne ne contestera. Mon père repose près de la mer, et les os de son fils blanchiront sur la Prairie.

— Indiquez-moi la place, interrompit Middleton, et vos restes seront déposés auprès de ceux de votre père.

— Non pas, capitaine, non, s'il vous plaît. Je veux dormir où j'ai vécu, loin du tapage des habitations. Cependant je ne vois pas pourquoi le tombeau d'un honnête homme serait caché, comme une Peau-Rouge qui se tient en embuscade. Je payai un homme des habitations pour poser une pierre à l'entrée de la sépulture de mon père. Elle était de la valeur de douze peaux de castor, et il fallait voir comme elle était bien taillée. Elle apprenait à tous les passants que le corps d'un chrétien était déposé dans ce lieu, et ensuite elle parlait de sa manière de vivre, de son âge et de son honnêteté. Lorsque nous en eûmes fini avec les Français, dans l'ancienne guerre, je fis le voyage pour aller voir si tout avait été fait comme je le voulais, et je puis dire que l'ouvrier n'avait pas manqué à sa parole.

— Et vous voudriez avoir une pierre semblable sur votre tombeau ?

— Moi! non, non, je n'ai de fils que Cœur-Dur, et un Indien connaît peu les usages et les façons des blancs. D'ailleurs, je suis déjà son débiteur, attendu que je n'ai presque rien fait depuis que je suis dans sa tribu. La carabine pourrait bien payer la valeur... Mais non, je sais que le cher garçon aura du plaisir à la suspendre chez lui, car nombreux sont les daims et les oiseaux qu'il lui a vu abattre. Non, non, le fusil doit être envoyé à celui dont le nom est gravé sur la platine.

— Mais il est quelqu'un qui aura bien du plaisir à vous témoigner son affection de la manière que vous désirez; quelqu'un qui vous doit non seulement d'avoir échappé à tant de dangers, mais qui a encore à acquitter la dette de reconnaissance que ses ancêtres lui ont transmise. La pierre sera posée à l'entrée de votre tombeau.

Le vieillard étendit sa main décharnée, et serra vivement celle de son jeune ami.

— Je pensais que vous pourriez être disposé à le faire, dit-il, mais je ne savais trop comment m'y prendre pour vous le demander, attendu que je ne suis rien pour vous. N'y mettez pas de mots emphatiques, mais seulement le nom, l'âge et l'époque de la mort, avec quelque chose tirée du Livre saint; rien de plus, rien de plus. Alors mon nom ne sera pas entièrement perdu sur la terre ; c'est tout ce que je veux.

Middleton lui fit un signe d'assentiment, et alors suivit une nouvelle pause qui n'était interrompue de loin en loin que par des phrases décousues qui s'échappèrent des lèvres du vieillard. Il semblait avoir terminé ses comptes avec ce monde, et ne plus attendre que le dernier signal pour le quitter. Middleton et Cœur-Dur se placèrent des deux côtés de son siége, et observèrent avec une triste anxiété les variations de sa physionomie. Pendant deux heures il n'y eut presque pas d'altération sensible. L'expression de ses traits usés par le temps était celle d'un repos calme et paisible. De temps en temps il prenait la parole, proférant quelque courte maxime sous la forme d'avis, ou faisant quelques questions sur ceux auxquels il continuait à porter un vif intérêt. Tant que dura cette scène lugubre et solennelle, il n'y eut pas un Indien qui ne restât immobile à sa place avec une patience admirable. Lorsque le vieillard parlait, tous penchaient la tête pour écouter; et lorsqu'il s'arrêtait, ils semblaient méditer sur la sagesse et l'utilité de ses paroles.

A mesure que l'huile de la lampe se consumait, la voix était plus étouffée, et il y avait des moments où ses amis doutaient s'il appartenait encore à la classe des vivants. Middleton, qui épiait le moindre changement qui s'opérait dans sa figure, avec l'intérêt d'un observateur attentif de la nature humaine, intérêt augmenté encore par l'affection qu'il portait au Trappeur, s'imagina qu'il distinguait sur sa physionomie ces efforts de l'âme qui cherche à s'envoler. Peut-être ce que le capitaine éclairé prenait pour une illusion de ses sens avait-il lieu effectivement, car qui est revenu de l'autre monde pour expliquer de quelle manière et par quels moyens il y a été introduit? Sans prétendre expliquer ce qui doit toujours rester un mystère même pour les plus clairvoyants, nous nous bornerons à raconter les faits tels qu'ils sont arrivés.

Le Trappeur était resté presque sans mouvement pendant une heure entière. Ses yeux seuls s'étaient de temps en temps ouverts et refermés. Lorsqu'ils étaient ouverts, ils semblaient attachés sur les nuages transparents qui, à l'occident, se jouaient sur l'horizon, et où venaient se refléter les brillantes couleurs d'un coucher de soleil américain. L'heure, l'occasion, la beauté calme de la saison, tout se réunissait pour remplir les spectateurs d'un respect religieux. Tout à coup, tandis que Middleton réfléchissait à la position remarquable dans laquelle il se trouvait, il sentit la main du vieillard qui serrait la sienne avec une force incroyable, et le Trappeur, soutenu des deux côtés par ses amis, se leva droit sur ses pieds. Il jeta un seul regard autour de lui, comme pour inviter tous ceux qui étaient présents à l'écouter, dernier reste de faiblesse humaine! — et alors, levant noblement la tête en prenant une attitude militaire, comme s'il se préparait à répondre à l'appel de son nom, et d'une voix qui pouvait être facilement entendue dans toutes les parties de cette nombreuse assemblée, il prononça emphatiquement ce mot

—Présent[1] !

Un mouvement si inattendu, l'air de grandeur et en même temps d'humilité qu'avait la figure du Trappeur, et surtout le son ferme et clair de sa voix, produisirent sur toute l'assemblée un effet difficile à décrire, et qui parut un instant paralyser en quelque sorte toutes les facultés. Lorsque Middleton et Cœur-Dur, qui avaient étendu machinalement la main pour soutenir le vieillard, se retournèrent de son côté, ils virent que l'objet de leur sollicitude avait cessé pour jamais d'avoir besoin de leurs secours. Ils replacèrent tristement le corps sur son siége, et le Balafré se leva pour annoncer la fin de la scène à la tribu. La voix du vieil Indien semblait une sorte d'écho sortant de ce monde invisible vers lequel l'âme de l'honnête Trappeur venait de prendre son vol.

— Un juste, un sage, un vaillant guerrier est entré sur la route qui le conduira aux Prairies bienheureuses de son peuple, dit-il. Quand la voix du Wahcondah l'appela, il fut prêt à répondre. Allez, mes enfants, rappelez-vous le brave chef des Visages-Pâles, et ne laissez pas de ronces sur votre passage.

La tombe fut creusée sous l'ombrage solennel de quelques vieux chênes. Elle a été gardée soigneusement jusqu'à ce jour par les Pawnies-Loups, qui la montrent souvent aux voyageurs et aux

---

1. *Here!* Ici! Me voici! C'est la réponse que fait en Amérique le soldat sous les armes à l'appel de sa compagnie. Ce mot du vieillard mourant doit rappeler au lecteur le passage des *Pionniers*, où le même Natty Bumppo se trouve cité devant le juge Temple.

marchands, comme l'endroit où dort un homme blanc, un juste. Quelque temps après, une pierre fut placée sur le tombeau, avec la simple inscription que le Trappeur avait demandée lui-même. La seule liberté prise par Middleton fut d'ajouter : — Qu'aucune main profane ne trouble jamais ses cendres.

FIN DE LA PRAIRIE.

www.ingramcontent.com/pod-product-compliance
Lightning Source LLC
Chambersburg PA
CBHW070611230426
43670CB00010B/1491